Erich von Däniken

Beweise

Lokaltermin in fünf Kontinenten

WILHELM HEYNE VERLAG
MÜNCHEN

HEYNE-BUCH Nr. 7082
im Wilhelm Heyne Verlag, München

Genehmigte, ungekürzte Taschenbuchausgabe
Copyright © 1974 by Econ Verlag GmbH Düsseldorf/Wien
Printed in Germany 1979
Umschlaggestaltung: Atelier Heinrichs, München
Satz: Friedrich Pustet, Regensburg
Druck und Bindung: Presse-Druck, Augsburg

ISBN 3–453–00907–X

In vorgeschichtlichen und früh-
geschichtlichen Zeiten erhielt die
Erde mehrmals Besuche von
unbekannten Wesen aus
dem All

Diese unbekannten Wesen schufen
die menschliche Intelligenz durch eine
gezielte, künstliche Mutation

MEINE THEORIE

Die Außerirdischen veredelten die
Hominiden »nach ihrem Ebenbild«.
Deshalb haben wir Ähnlichkeit
mit ihnen.
Jene nicht Ähnlichkeit mit uns

Die Erdenbesuche fremder Wesen
aus dem Weltall wurden in Religionen,
Mythologien und Volkslegenden
registriert und überliefert – irgendwo
durch das Depot von Zeichen ihrer
Anwesenheit markiert

Für Anregungen, Hilfe und Kritik danke ich:
Herrn Professor Dr. Janvier Cabrera, Ica, Peru –
Herrn Professor Dr. F. M. Hassnain, Srinagar, Indien –
Herrn Professor Dr. Edgar Lüscher, München –
Herrn Professor Dr. Luis Navia, New York –
Herrn Professor Dr. Harry O. Ruppe, München –
Herrn Professor Dr. Pasqual S. Schievella, New York –
Herrn Professor Dr. Dr. Dr. Wilder-Smith, Einigen/Thun,
Schweiz.

Bonstetten bei Zürich
Januar 1977

R. v. Mänikm

Inhalt

Über rauhe Pfade zu den Sternen 9

Kosmische Dimensionen 32

Mythen sind Reportagen 99

Die »Götter« waren körperlich 184

Eine Schöpfung findet statt 249

Plädoyer für die Zukunft 332

Literaturverzeichnis 396

Bildquellenverzeichnis 407

Register 409

In einem kleinen Städtchen in Missouri gab es Anfang der 70er Jahre ein Ereignis, das Schlagzeilen verdient gehabt hätte, das aber keine bekam.

Morgens kam ein Junge von zehn Jahren aufgeregt in die Schule und erzählte atemlos, ihm sei eben eine Katze mit zwei Schwänzen, direkt vor seinen Füßen, über den Weg gelaufen. Die Mitschüler lachten ihn aus und sagten, er habe sich geirrt, Als aber der Junge auf der Wahrhaftigkeit seines Erlebnisses beharrte, erklärten sie ihn für verrückt.

Der Trubel hatte sich noch nicht gelegt, als der Lehrer den Schulraum betrat und fragte, was denn der Anlaß des ungebührlichen Benehmens sei. Er ließ sich berichten und rief dann den Jungen zum Katheder; dort forderte er ihn auf, vor der Klasse zu gestehen, daß er gelogen habe. Der Junge weigerte sich beharrlich und wiederholte: »Ich habe eine Katze mit zwei Schwänzen gesehen!« – Während die Burschen lachten, legte der Lehrer den Jungen übers Knie, griff zum Rohrstock und versohlte ihm das Hinterteil.

Von da an galt der Junge als Lügenbold, er wurde gehänselt und sogar gemieden. Bald wurde er auch ein schlechter Schüler, denn er hörte während des Unterrichts nicht mehr zu und machte auch keine Hausaufgaben. Sobald die Glocke ertönte, rannte er davon, durch die Straßen, über die Felder, in den Wald, zum Fluß. Er suchte »seine« Katze, den lebendigen Beweis dafür, daß es sie gab und daß er nicht gelogen hatte.

Das ging einige Wochen so, bis er an einem Abend nicht nach Hause kam. Die Eltern, die ihn wegen seines Starrsinns oft gescholten hatten, alarmierten den Sheriff und der die Nachbarn, die dann zusammen auszogen, um den Vermißten im Schein der Fakkeln zu suchen.

Sie fanden seine Leiche, am Ast einer Weide hängend.

An der Beerdigung nahmen viele Menschen teil und natürlich auch die Klassenkameraden, und alle spürten ein schlechtes Gewissen. Während des Beisetzungszeremoniells sahen alle, wie eine Katze mit zwei Schwänzen über die Gräber hüpfte.

Die Katze beim Schwanz packen

Dachte ich mir, es wäre eine haarige Sache, BEWEISE zu liefern, wenn man die Katze zwar kennt, sie aber nicht beim Schwanz packken kann.

Naturwissenschaftler setzen an den Anfang ihrer Beweisführrungen, also dann, wenn sie die Katze noch nicht beim Schwanz haben, Hypothesen, unbewiesene Grundlagen, und experimentieren so lange, bis sich aus Versuchsreihen die erhofften Resultate ergeben, die sich in gleicher Qualität wiederholen lassen oder aber so viele Abweichungen vom gedachten Resultat zeigen, daß sie die Hypothese fallenlassen müssen.

Der juristische Beweis – und an den denkt man ja, wenn von Beweisen die Rede ist – hat andere Qualitäten. Die sind (im Gegensatz zu naturwissenschaftlichen Beweisen), je nach dem Land, in dem sie erbracht werden müssen, sehr unterschiedlich. Generell aber gilt, daß jede Partei *die* Tatsachen beweisen muß, aus denen sie Rechte und Behauptungen herleitet.

Vor dem hohen Gericht behauptet eine Partei Ansprüche, gegen welche die andere Partei Einwendungen machen kann. Das ist das sprichwörtlich »gute Recht«. Die fordernde Partei muß ihre Ansprüche mit Tatsachen belegen, die andere ihre Einwendungen ebenso mit Tatsachen begründen. Aber, wir werden es sehen, Tatsachen sind nicht immer gleich »Tatsachen«.

Wenn ich mir die Literatur der internationalen Rechtsprechung ansehe, ist mir dieser Kommentar wichtig:

Der *Anscheinsbeweis* kann zum Nachweis der *Kausalität* verwendet werden. Dabei kann mit seiner Hilfe nicht nur von einem eingetretenen Erfolg, sondern umgekehrt auch *von einem Erfolg auf ein bestimmtes Ereignis als Ursache* geschlossen werden.

Die Rechtsprechung sagt, daß das Augenscheinobjekt, die Urkunde, der Sachverständige ebenso zu würdigen sind wie *Hilfstatsachen*, die auf der Identität und Unversehrtheit sowie der Anschaulichkeit des Augenscheinobjektes, der Echtheit und dem Inhalt von Urkunden sowie der Fachkenntnis von Sachverständigen beruhen.

Da ich schon die Dame Justitia mit den verbundenen Augen, zweifelhaftes Symbol der Gerechtigkeit, befragte, weiß ich nun auch, daß der mittelbare, der *Indizienbeweis* ihrer Ansicht nach nicht von minderem Ruf ist. Indizien *(indicium* = Anzeichen) sind erwiesene Tatsachen, aus denen in mittelbarer Schlußfolgerung der Beweis für andere, nicht unmittelbar beweisbare Tatsachen abgeleitet werden. Allerdings muß man mit der Wahrheit der indizierenden Tatsache positiv überzeugen können, wenn sie die Grundlage des Beweises bilden soll.

Justitia sieht die Zukunft nicht

Im Zuge der juristischen Ortung meines Beweisgegenstandes darf ich meinen geschätzten Kritikern ins Stammbuch schreiben, daß Parteivereinbarungen unzulässig sind, die vorschreiben sollen, *wie* ein bestimmtes Beweisergebnis zu würdigen ist, oder wenn Parteivereinbarungen die freie Beweisführung einschränken können.

Außer Augenscheinobjekten und Urkunden führe ich selbstverständlich Sachverständige in meinen Indizienbeweis ein. Sachverständige bringen Erfahrungssätze oder Gutachten aus eigener Forschung ein. Leider erfährt man es immer wieder, daß Sachverständige sich irren. So werden sich vielleicht »meine« Sachverständigen irren – aber auch die der Gegenpartei sind Menschen und vor Irrtümern nicht gefeit.

Die Urteile sollte ein »Tatsachengericht« fällen – wenn es eins gäbe! Aber: wer hat denn die absolute Wahrheit in Erbpacht? Meine Kritiker – juristisch gesprochen: die andere Partei – tun so, als wären sie die Gralshüter letzter Wahrheit. Sind sie oftmals nicht nur die Stafettenträger von vorgeblichen »Tatsachen«, die sie von ihren Ahnherren übernehmen und weitertragen? Wahrheiten, Erkenntnisse, Kenntnisse und »Tatsachen« sind zeitabhängig: sie werden von der Zeit überholt, und die Zeit dekuvriert sie oft als Irrtümer. Die Zeit macht das Wissen von gestern immer wieder zu Treppenwitzen wissenschaftlicher Irrgänge. Zeitablauf = Fortschritt erzwingt Tag für Tag, von »Tatsachen« Abschied zu nehmen, die gestern noch »unumstößlich« als der Weisheit letzter Schluß galten.

Ein Tatsachengericht, das Herz und Stirn hätte, *heute* über Wahrheit oder Unwahrheit, über die Beweiskraft der Indizien zu meinen Theorien zu entscheiden, müßte ja mit Wissen und Kenntnissen der Zukunft ausgestattet sein! Wer in der Gegenwart richtet, richtet mit verbundenen Augen, er sieht die Zukunft nicht.

Bewiesene Irrtümer der Wissenschaft

Wenn nur ein einziger weiser Mann im Besitz der absoluten Wahrheit wäre (sein könnte!), würde ich mich als erster einem Prozeß der Meinungen und »Tatsachen« stellen. Wissenschaftliche Wortführer haben sich immer wieder geirrt, und oft waren sie stockblind. Sie können drum für mich nicht die Qualität eines Tatsachengerichts haben, das das letzte und entscheidende Urteil spricht.

Irrtümer sind keine Schande, wenn man daraus die nützliche Lehre zieht, mit Urteilen und Verurteilungen zurückhaltend zu sein. Diese Bescheidenheit vermisse ich.

Weil in der Vergangenheit geschehen und bis in die jüngste Zeit wiederholt, kann ich für grandiose Irrtümer sogar den Tatsachenbeweis antreten. Es macht nicht die geringste Mühe, eine unendliche Reihe von Beispielen der Blindheit wissenschaftlicher Päpste zu bilden, wohl aber auszuwählen, um die Reihe nicht zu lang werden zu lassen. Sie ergäbe eine Enzyklopädie vom Umfang des Alten Testaments.

Ich hüte mich, tief in die Truhe geisteswissenschaftlicher Entwicklungen zu greifen. Trotzdem tippe ich einige Wendemarken epochalen Denkens an.

Wenn ich Nikolaus Kopernikus (1473–1543) erwähne, der das Weltbild zertrümmerte, als er die Sonne als Zentrum der kreisförmigen Planetenbahnen postulierte . . .

Wenn ich von Johannes Kepler (1571–1630) spreche, der die Richtigkeit des heliozentrischen Weltbildes bewies . . .

Kopernikus   Kepler   Bruno   Galilei

Wenn ich Giordano Bruno (1548–1600) anführe, der die Keck-heit besaß, zu behaupten, daß es mehrere Welten gäbe . . .

Wenn ich Galileo Galilei (1564–1642) zitiere, der endgültig die Erde aus dem zentralen Mittelpunkt des Weltalls verdrängte . . .

. . . dann wird die »andere Partei« behaupten, diese großen Männer wären aus religiösen Gründen von der Kurie verfolgt wor-den. Das wird man sagen, wenn auch die Forschung längst weiß: die zeitgenössischen Wissenschaftler lehnten in üppiger Mehrheit die grundstürzend neuen Ideen ab.

Nun gut. Es gibt schon lange keine Inquisition mehr, keinen Scheiterhaufen und keine Bannbulle für die Verfechter neuer und kühner Ideen. Verfocht die Kirche einstmals Bastionen ihrer Glaubenslehre, könnte die Wissenschaft nun, frei von Ängsten, Tür und Tor der Wissensmehrung durch neue Theorien und Hypo-thesen öffnen, also die Blockade für revolutionäre Ideen öffnen.

Ich denke nicht an jene Spinner, die, alle Jahre wieder, das *per-petuum mobile* erfinden. Ich denke an jene, die ihre neuen Theo-rien mit guten Indizien, ja, mit Tatsachenbeweisen auszustatten vermochten und vermögen.

Aber: wortführende Wissenschaftler legen sich quer, wenn Neues ihr aus Fertigteilen errichtetes Gebäude zum Einsturz brin-gen könnte. Darum geht es heute oft viel odiöser zu als damals, als der Scheiterhaufen ein, wenn auch unangenehmes, schnelles Ende für die Störenfriede des Establishments brachte. Manche der eh-renwerten Klugen haben, wohlgenährt am nie versiegenden Busen der *alma mater*, Speck angesetzt, den sie wie einen quabbeligen

Panzer den Unbequemen entgegenrollen. Sie sind sich untereinander zwar nicht grün, aber nach außen hin – »immer gemeinsam«! sei die Maxime – errichten sie eine trotzige Fassade um das Gehege, das ihnen auf eine irrationale Weise »heilig« zu sein scheint. So sind denn die Methoden subtil bis aggressiv, je nach Fall werden kräftige allopathische Dosen eingesetzt. Angemessenheit der Mittel nennt man das. Mit *killerphrases*, wie Amerikaner rüde Schlagworte nennen, werden lästige Kunden wie Fliegen abgeklatscht.

Für alles hätte ich Verständnis, auch für die kosmetisch gepflegte Eitelkeit der Senioren, wenn diese gehegte Eitelkeit nicht derart fortschrittshemmend wäre. Man muß sich nur das Maß an Selbstentäußerung vorstellen, das einer aufbringen muß, der die Festung, die er sich im Studienfleiß seines Angesichts gegraben hat, aufgeben soll.

Killerphrasen!

Der oberflächlichen »Argumente« gibt es viele. Ehe sie durchschaut werden, können sie Naive durchaus blenden:

Diese Theorie ist entschieden zu wenig klassisch unterbaut! – Eine Phrase von großem Imponiergehabe und oft zuverlässiger Wirkung.

Diese Theorie ist zu radikal, sie ruiniert die Basis wissenschaftlicher Erkenntnis! – Eine Killerphrase, die in ihrer abschreckenden Wirkung ohne Vergleich ist.

Da machen die Universitäten nicht mit! – Ein in seiner Schlichtheit ergreifendes, in seinem Effekt verblüffendes »Argument«.

Unsinn! Das haben andere auch schon versucht! – Ob mit Erfolg oder aus welchem Grund ohne Erfolg, das bleibt das Geheimnis der Phrasenschleuderer.

Darin können wir keinen Sinn erkennen! – Wirksam, denn die Betriebsblindheit wird souverän überspielt.

Das Gegenteil ist ja längst bewiesen! – Möglich, aber vielleicht mit antiquiertem Wissen?

Das zu akzeptieren verbietet die Religion! – Nicht zu fassen, aber dieses »Argument« lebt noch.

Das ist doch noch nicht bewiesen! – *Quod erat demonstrandum,* was zu beweisen war, sagte schon der Alexandriner Euklid um 300 v. Chr.

Wissenschaftliche Gralshüter gebieten über einen von Generation zu Generation vererbten Respekt ... und über eine sagenhafte, automatisch laufende *Public-Relationship*. Hellwache Journalisten, die in *politices* stets auf dem Quivive sind, lassen sich von dieser PR willig in Vollnarkose nehmen und dadurch für den wirklichen Fortschritt blind und taub machen. In dieser Art von PR sehe ich eine der größten und bewundernswertesten Leistungen der Bewohner des Elfenbeinturms.

Zurück in die Beweisaufnahme wissenschaftlicher Irrtümer!

Unwiderlegbar

Bis weit ins 17. Jahrhundert hinein war die wissenschaftliche Vorstellung vom *horror vacui* (Scheu vor dem leeren Raum) vorherrschend: die Natur dulde und besitze, sagte man, keinen luftleeren Raum, weil sie ihn, dem Willen Gottes entsprechend, mit aller Kraft ausfülle.

Wenn in eine solche festverankerte Lehrmeinung dann auch noch ein Außenseiter Verwirrung bringt, fängt der sich blitzschnell den Vorwurf ein, ein Spinner zu sein. So erging es dem Staatsmann und Physiker Otto von Guericke (1602–1686), der in seiner Vaterstadt Hamburg Ratsherr und später in Magdeburg Bürgermeister war.

Guericke schreckte die religiöse Warnung vor dem *horror vacui* nicht. Er bastelte, er experimentierte ... und erfand die Luftpumpe: er stellte ein Vakuum her. Auf dem Reichstag zu Regensburg demonstrierte er 1654, daß eine im luftleeren Raum angeschlagene Glocke nicht zu hören ist und daß Kerzenlichter wie andere offene Flammen darin sofort verlöschen. Berühmt wurden seine »Magdeburger Halbkugeln«: aus zwei genau aufeinanderpassenden kupfernen Halbkugeln von vier Metern Durchmesser ließ er nach dem Prinzip seiner Luftpumpe die Luft absaugen. Acht starke Pferde konnten danach die Hälften nicht voneinander trennen. Mit große Selbstverständlichkeit öffnete der Bürgermeister an den Kugeln ein Ventil, durch das zischend Luft ins Vakuum strömte. Die Halbkugeln lösten sich.

Was nun? Alle Welt war von den Wissenschaftlern belehrt worden, daß es ein Vakuum nicht geben könne, und nun hatte der Bürgermeister Guericke vor aller Augen demonstriert, daß es den luftleeren Raum sehr wohl gab und daß die Luft selbst über einen enormen Druck verfügte. Man praktizierte die uralte, immer wieder neue Masche, um den Mann madig zu machen: das, was er gezeigt habe, sei nur ein Produkt des Zufalls gewesen.

Guericke ließ sich nicht irre machen. Mit »seinem« Vakuum widerlegte er die wissenschaftliche Ansicht, daß Licht sich im luftleeren Raum nicht ausbreiten könne, und wies auch nach, daß der Schall im Vakuum verschluckt wurde.

Otto
von Guericke

Johann
Philipp Reis

Erst als die wirklich schlagenden Tatsachen seiner Entdeckung nicht mehr zu leugnen waren, setzten sich neue Gegner hochgemut an die Spitze der Verkünder dieser physikalischen Revolution. An den Universitäten wurden kluge Abhandlungen darüber verfaßt, aber das Copyright: Otto von Guericke wurde vergessen. Man kann nicht behaupten, daß das die feine Art gewesen ist.

Reis telefonierte ohne Resonanz

Am 26. Oktober 1861 führte der Kaufmann und spätere Privatlehrer Johann Philipp Reis (1834–1874) auf einer Sitzung des Physikalischen Vereins in Frankfurt und 1864 auf der Naturforscherversammlung in Gießen den ersten Fernsprecher vor. Zwar war die Übertragung zusammenhängender Sätze noch mangelhaft, aber für die Möglichkeit des Systems seiner Erfindung konnte er den Tatsachenbeweis erbringen. Man ging darüber hinweg. Reis fand bei den Wissenschaftlern keine Resonanz.

Als 1872 Karl Kramarsch in München die »Geschichte der Technologie« herausgab, war darin weder der Name von Reis noch die von ihm geprägte Bezeichnung »Telephon« zu finden. Die Erfindung war bereits so gründlich vergessen, daß sie nicht mal erwähnt wurde. Vielleicht wäre der Name Reis im Buch der großen Erfinder überhaupt nicht mehr zu finden, wenn nicht Alexander Graham Bell (1847–1922) im Jahre 1872 mit seinem verbesserten Reis'schen Apparat die Idee des Telefons für sich allein in Anspruch genommen hätte. Da erinnerte man sich plötzlich an den Autodidakten aus dem hessischen Dorf. Zwei Jahre später starb Reis völlig verarmt. Sein Tatsachenbeweis hatte ihm nichts genutzt. Mit einer Beteiligung von nur wenigen Pfennigen an jedem Telefon müßte er wohl zu den reichsten Männern aller Zeiten gezählt werden.

Die Unverfrorenheit des kleinen Doktor Mayer

Daß das »Gesetz von der Erhaltung der Energie« 1845 in unbestreitbarer Weise sage und schreibe von dem kleinen Schiffsarzt Doktor Robert Mayer (1814–1878) bewiesen wurde, trieb die Wissenschaft auf die Palme. Wie kam dieser Outsider, weder durch Ausbildung noch Lehrstuhl legitimiert, dazu, ausgerechnet in Batavia über die Köpfe der Gelehrten hinweg einen Grundsatz von ewiger Gültigkeit aufzustellen?

Während Doktor Mayer kranke Matrosen der Schiffsbesatzung mit dem damals üblichen Aderlaß behandelte, fiel ihm auf, daß der Farbunterschied zwischen venösem (*zuhaus* von dunklem Blau) und arteriellem (hellrotem) Blut bei eben in den Tropen angekommenen Europäern geringer war als beim Aufenthalt in gemäßigten europäischen Breiten. Mit dieser Beobachtung gab sich Mayer nicht zufrieden. Er fragte: Warum ist das so? Und er erkannte die Äquivalenz von Wärme und Arbeit: in den Tropen benötigt der Körper eine geringere eigene Wärmeproduktion, die Verbrennung wird herabgesetzt, es wird weniger Sauerstoff verbraucht, der dem Blut seine hellrote Farbe erhält. Wie ist es, fragte Mayer weiter, wenn Arbeit die Wärme vermehrt? Wenn sie das kann, muß Arbeit in Wärme, Wärme in Arbeit umsetzbar sein. Nach langdauernden Experimenten, die er im Hinterstübchen der väterlichen Apotheke in Heilbronn machte, war die Jahrtausendentdeckung der Naturwissenschaft perfekt.

Wenn es mit rechten, gerechten Dingen zuginge, müßte man nun annehmen, daß das Mayersche Energiegesetz begeistert aufgenommen worden wäre. Denkste! Ich mag hier den Leidensweg des Schiffsarztes nicht erzählen, sondern nur zu den Akten geben, daß die Wissenschaftler – bis auf Justus von Liebig, der einen Beitrag Mayers in seinen »Annalen der Chemie« abdruckte, allerdings ohne Wirkung auf die Kollegenschaft – es durch Dauerangriffe und Verhöhnungen schafften, daß Mayer eine Enzephalitis (Gehirnhautentzündung) bekam und später durch Intrigen sogar wegen Größenwahn in eine Irrenanstalt eingewiesen wurde. Das Ziel war erreicht: Mayers Energiegesetz konnte als das Phantasieprodukt eines Irren abgetan werden.

Robert Mayer

Gregor Johann Mendel

Nach diesem »Erfolg« von der deutschen Wissenschaft fast zehn Jahre totgeschwiegen, ja, sogar als im Irrenhaus Verstorbener gemeldet, wäre Mayers naturwissenschaftliche Grundsatzentdeckung wohl kaum mit seinem Namen verbunden geblieben, wenn nicht der englische Physiker John Tyndall (1820–1893) vor einer Versammlung der Royal Society im Jahre 1852 durch sein vorbehaltloses Eintreten für Mayer vor Augen und Ohren der Erlauchten und Erleuchteten dem Outsider mit der Anerkennung zugleich das Erstgeburtsrecht am Energiegesetz verschafft hätte. Denn: ehrenwerte und integre Männer der Wissenschaft wie etwa Hermann von Helmholtz (1821–1894), Rudolf Clausius (1822–1888) und andere Koryphäen machten Mayer die Priorität seiner Entdeckung streitig und halfen, seine Heilbronner Privatpraxis zu ruinieren: Wer mag sich schon von einem Verrückten behandeln lassen?

Der rebellische Augustiner-Abt

Manchmal scheint nicht mal die »Mordwaffe« in der Hand des »Täters« ein ausreichendes Beweismittel zu sein!

Da hatte der Augustiner Gregor Johann Mendel (1822–1884) in jahrelangen Kreuzungsversuchen an Erbsen und Bohnen, sehr augenfälligen und ganz und gar unakademischen Objekten also, die Vererbung einfacher Merkmale in seiner kleinen botanischen Station hinter dem Brünner Augustinerstift nachgewiesen und die Ergebnisse publiziert.

Die zünftigen Forscher, ganz vom Darwinschen Denken von der Veränderlichkeit alles Lebendigen eingenebelt, machten sich über den provinziellen Augustiner, der soeben die Beständigkeit der Arten demonstriert hatte, lustig. Mendel ging sehr gründlich vor, und weil er von den Ergebnissen seiner Versuche überzeugt war, schickte er Berichte an alle Kapazitäten im europäischen Raum, darunter auch an den prominentesten zeitgenössischen Botaniker Professor Karl Wilhelm von Nägeli (1817–1891) in München. Der müßte, unterstellte Mendel, alle Kenntnisse für das Begreifen seiner Versuchsreihen besitzen. Herr von Nägeli mokierte sich wie alle seine Kollegen über die Einfalt des Augustiners. Man hatte doch gerade Darwin mit Haut und Haaren vereinnahmt. Bellte da nicht ein Kläffer den Mond an? – Nachdem Mendel zum Abt gewählt worden war, hatte er kaum noch Zeit, seinem Forscherhobby nachzugehen. Die Akademiker nutzten das freie Feld, um auf ihn einzudreschen.

Erst 1900 wurden die »Mendelschen Gesetze«, gehärtet im Fegefeuer von Kritik, Hohn und Verschweigen, allgemein und endgültig als richtig anerkannt. Der Augustiner erfuhr, mindestens im Diesseits, nichts mehr von seinem späten Ruhm, aber er hatte die Grundlage seines Glaubens, sonst hätte er nicht in so ruhiger Überzeugung sagen können, daß seine Zeit kommen werde.

Edison und der Bauchredner

Selbst ein so erfolgreicher und anerkannter Erfinder wie Thomas Alva Edison (1847–1931), dessen Name für über 2500 Patente in aller Welt gut war, hatte ein anekdotenreifes Erlebnis mit den Wissenschaftlern.

Am 11. März 1878 ließ Edison durch den Physiker Du Moucel vor den Großen der Académie des Sciences in Paris seinen mit Stanniolwalzen arbeitenden ersten Phonographen vorführen.

Als die ersten Laute einer menschlichen Stimme zu hören waren, erhob sich das Mitglied der piekfeinen Akademie, Bouillaud, und rief dem Kollegen Du Moucel zu: »Sie Betrüger! Glauben Sie denn, daß wir uns hier durch einen Bauchredner zum besten halten lassen?« Nach eingehender Prüfung erklärte der Akademiker noch am 30. September 1878, er sei und bleibe überzeugt, daß es sich bei der Vorführung um einen besonders raffinierten Fall von Bauchrednerei gehandelt habe, denn es sei nicht anzunehmen, daß schäbiges Metall den edlen Klang der menschlichen Stimme wiedergeben könne.

Thomas Alva Edison

Antoine Laurent Lavoisier

Sehr oft sehr viel zu spät

Monsieur Bouillaud wußte nicht, daß dem Edinsonschen Phonographen bereits am 19. Februar 1878 ein US-Patent erteilt worden war. Manchmal sind auch die klügsten Leute nicht auf dem jüngsten Wissensstand, ganz abgesehen von der fragwürdigen Qualität der Beweismittel. »Glauben« an eine ererbte und darum vorge-faßte Meinung, daß das, was man gelernt hat und was schwarz auf weiß in den Büchern steht, in alle Ewigkeit richtig bliebe, hat keine Beweiskraft. Das ist nun wirklich Bauchrednerei.

Beim genauen Hinsehen zeigt es sich, daß sogar weltbekannte Mitglieder elitärer Vereinigungen ziemlich erstaunlicher Irrtümer fähig sind. Sie haben, leider, trotz allen Wissens, die absolute Wahrheit nicht in Besitz, wie wir tumben Normalbürger es anzu-nehmen nur zu gern immer wieder bereit sind.

Ein geradezu klassisches Beispiel dafür, daß niemand vor wissenschaftlichem Irrtum gefeit ist, stellt sich uns in Antoine Laurent Lavoisier (1743–1794) dar, der unter der Guillotine en-dete.

Lavoisier war Direktor und Schatzmeister der Akademie der Wissenschaften, Abgeordneter der Nationalversammlung, Bank-direktor, aber auch der Begründer der modernen Chemie, einer der großen Revolutionäre der Wissenschaft. Er zerlegte die Luft in ihre Bestandteile und erdreistete sich zu behaupten, daß Wasser eine zusammengesetzte Substanz wäre. Lehrmeinung war, Luft und Wasser seien Elemente. Die Vorstellung, sie könnte durch La-voisier über den Haufen geworfen werden, rief den Sprecher der Akademie, Antoine Baumé, Erfinder des Aräometers, auf den Plan. Im Plenum erklärte er:

Die Elemente oder Grundbestandteile der Körper sind von den Physikern aller Jahrhunderte und aller Nationen anerkannt und festgestellt worden. Es ist nicht zulässig, daß die seit 2000 Jahren anerkannten Elemente jetzt und heute in die Kategorie der zusam-mengesetzten Stubstanzen eingereiht werden. Sie haben als Basis für Entdeckungen und Theorien gedient . . . Man würde diesen Lehren alle Glaubwürdigkeit nehmen, wenn Feuer, Wasser, Luft und Erde nicht mehr als Elemente dienen sollten.

Wissenschaftler kennen, wenn sie sich irren, kein Pardon. Sie stürzen sich ebenso vehement auf unbequeme eigene Leute, wenn-gleich Außenseiter bevorzugt werden.

Eisenbahn – mit Verspätung
1814 konstruierte der englische Ingenieur George Stephenson (1781–1848) die erste Dampflokomotive. Obwohl sie bereits in

den Killingworther Kohlengruben erfolgreich eingesetzt worden war, bekam der Praktiker akademische Warnungen, und selbst die Politiker brauchten sieben Jahre, um die Chance dieser Entdeckung zu begreifen. Als Stephenson ihnen im Parlament den Plan vorlegte, Eisenbahnlinien zu bauen, lachten sie ihn aus und schrien ihn nach schöner Parlamentariersitte nieder. Er bekam Einwände zu hören, die längst nur noch komisch anmuten: Die Lokomitiven würden die Häuser in Brand setzen, ihr Lärm würde die Menschen zur Verzweiflung bringen, die Grundstücke entlang der Strecke würden ihren Wert verlieren. Gleichwohl erkannten die Politiker die Möglichkeiten der neuen Technik schneller, als Wissenschaftler das meistens zu tun pflegen, vor allen Dingen korrigierten sie ihren Irrtum. 1821 akzeptierten sie mit 36 zu 35 Stimmen das Gesetz zur Errichtung der ersten Eisenbahnlinie Liverpool–Manchester. Die Gegner blieben bei ihrer Meinung, daß nun die Zeit des Unheils anbrechen würde.

George
Stephenson

Hermann
Oberth

Hätten, um noch ein Fortbewegungsmittel zu nennen, die Automobilbauer auf den europäischen Experten für Straßen- und Brückenbau, den Direktor der Polytechnischen Hochschule in Hannover, Wilhelm Launhardt (1832–1918) gehört, würden wir vielleicht heute noch nicht in unserem liebsten Spielzeug kutschieren können. Der Wissenschaftler riet den Konstrukteuren dringend ab, sich mit den aussichtslosen Versuchen weiterhin abzugeben.

Es wäre beruhigend, wenn man sagen könnte, daß akademische Betriebsblindheit längst der Vergangenheit angehört. Einer, der bittere Kämpfe durchstehen mußte, Verunglimpfungen zu ertragen hatte, lebt unter uns: Hermann Oberth (*1894), der – heute! – unbestrittene »Vater der Raumfahrt«. 1917 entwarf Oberth eine Rakete von 25 m Länge und 5 m Druchmesser mit einer Nutzlast von 10 Tonnen; als Treibstoff sah er Alkohol und Sauerstoff vor. Seine Kritiker posaunten ihm in die Ohren: Niemals wird das Ding fliegen können!

Als Oberth dann 1923 sein realistisch-prophetisches Buch »Die Rakete zu den Planetenräumen« veröffentlichte und 1929 mit »Wege zur Raumschiffahrt« ergänzte, war es aus der Perspektive seiner Kritiker keiner ernsthaften Würdigung mehr wert. Die weltbekannte wissenschaftliche Zeitschrift NATURE kommentierte 1924 Professor Oberths Buch mit der Bemerkung, das Projekt einer Raumfahrtrakete werde vermutlich kurz vor dem Aussterben der Menschheit verwirklicht. Oberth ließ sich nicht beirren; er blieb dabei, seine Pläne gegen alle wissenschaftlichen Zweifler zu vertreten.

Der lächerlich gemachte Hermann Oberth wurde auf der ganzen Linie bestätigt. Raketen sind für uns längst ein vertrauter Anblick. Die Menschheit ist nicht ausgestorben, und von den damals so giftigen Kritikern hat man nichts mehr gehört.

Es ist schön, daß Hermann Oberth die Verwirklichung seiner kühnen Zukunftsperspektiven noch erleben kann!

Immerhin urteilte noch 1953 ein deutscher Gelehrter: »Astronautik steht auf der gleichen Stufe wie Astrologie!« Und Sir Harold Spencer Jones (1890–1960), Direktor der Sternwarte in Greenwich, erklärte 1957: »Niemals wird der Mensch seinen Fuß auf den Mond oder den Mars setzen!« 12 Jahre später, am 20. Juli 1969, landete APOLLO 11 auf dem Mond.

Schwindel-Pingpong

Man komme mir nicht mit der Behauptung, es handle sich in der non-stop-Reihe wissenschaftlicher Irrtümer (es sollte mal ein dickes Buch darüber geschrieben werden!) stets um eine den Akademikern wohlanstehende »Reserve« gegenüber unbeweisbar Neuem. Über »Reserve« und durchaus verzeihliche Irrtümer hinaus geht es oftmals um ganz handfeste Diffamierungen. Welchen Grund hätten sonst die Gelehrten gehabt, auf dem 29. Internationalen Amerikanisten-Kongreß zu beschließen, Thor Heyerdahls Kon-Tiki-Fahrt nicht zu erwähnen? Vor der Presse bezeichnete der einflußreiche Professor Raphael Carstens die Kon-Tiki-Expedition gar als »Schwindel«!

Da haben wir es, das Etikett, mit dem sich billige Schlagzeilen machen lassen. In meinem Archiv schmoren rund 35000 Artikel, die weltweit über mich und meine Theorien publiziert wurden. Mühelos läßt sich das Schneeballsystem nachweisen: ein Ball mit der Aufschrift SCHWINDEL wird in die Gegend geworfen. Mit Sicherheit ist ein Fänger da. Nun spielen schon zwei tapfere Knaben das Schwindel-Pingpong. Bald trudelt der Ball in einer kompletten Mannschaft, die dann – es gibt keine Kommunikationshürden – in schöner Eintracht in Windeseile mit einer weiteren Mannschaft zu internationalen Wettkämpfen antritt.

Taschenspielertricks

Unschwer läßt sich eine zweite, nicht minder unfaire Spielregel nachweisen. Da gibt irgendwer irgendwo ein Statement zu Details meiner Theorie ab. Ein Reporter bittet dazu um meine Stellungnahme. Findet ein solches Gespräch in Griffnähe meines Archivs statt, kann ich sofort zum in Rede stehenden Stichwort handfeste Belege für meine Darstellungen auf den Tisch legen. Aber: trotz der vorgelegten Dokumente, Abhandlungen etc. wird meine Stellungnahme nicht oder verstümmelt oder frisiert gedruckt.

Die dritte Regel regelrechter Falschspielerei im Grunde klagereif: ein Interview wird auf Tonband aufgenommen. Klare Fragen, eindeutige Antworten. Diesmal, denke ich, immer noch an Fairneß glaubend, obwohl vielfach gebranntes Kind, kann nichts schieflaufen. Wochen später liegt das Interview gedruckt vor. Da beantworte ich Fragen, die nicht gestellt wurden – da sind meine Antworten sinnlos aus dem Zusammenhang gerissen. Ich traue meinen Augen nicht. Ich versuche, mir zu merken: Selbst das Tonband schützt vor gewollter Verdrehung von Fakten nicht, und fragende PLAYBOYS gibts nicht nur in New York. Nein, es ist nicht die feine Art, die oft geübt wird, wenn der Dauerbrenner Däniken wieder mal für eine Schlagzeile herhalten muß.

Mein Jiu-Jitsu

Wohlgesinnte meinen, ich könnte mich doch wehren. Das wäre möglich, wenn ich solche Artikel jeweils *sofort* lesen würde, aber ich bin an die 300 Tage im Jahr auf Reisen. Ich finde das bedruckte Papier erst vor, wenn ich mal zu Hause bin. Dann ist es für eine Replik zu spät, die Mär ist längst auf der Achse. Pingpong. Der aktuelle Zugriff ist verpaßt: Keiner Zeitung kann und mag ich zumuten, zu einem monatealten Vorgang eine Richtigstellung zu veröffentlichen. Die Sache mit der Richtigstellung hat noch einen Haken: Ich bin der Leser wegen gezwungen, knapp zu resümieren, was man mir vorgehalten hat, sie verstehen sonst meine Replik nicht. Da wächst sich ein »Leserbrief« zwangsläufig zu einem Artikelchen aus, und das hat dann, so die Redaktion, keinen Raum mehr in der ihm zukommenden Rubrik.

Da ich keine Lust mehr habe, in einem Schwaden von Lügen, Verdrehungen, Halbwahrheiten und Diffamierungen zu atmen, habe ich mir meine eigene Spielregel für Interviews gezimmert: Ich verlange in Hinkunft eine schriftliche Abmachung über den zu veröffentlichenden Text. Die amerikanische Maxime: »Egal, was geredet wird – Hauptsache, es wird geredet!« mag für Filmstars und Boxer ihren Wert haben. Für mich nicht, weil es mir um die Sache geht. Das ist nun mein neues Jiu-Jitsu, meine sanfte Kunst der Selbstverteidigung.

Da ich schon beim Großreinemachen bin, zudem einen Riecher für das entwickelt habe, was mir über den kleinen Weg ins Haus steht, fange ich hier gleich einen stumpfen Pfeil ab, den man sicher versuchen wird, ins Zentrum meiner BEWEISE abzuschießen.

Man wird – wetten? – sagen, ich würde selektionieren, also aus dem umfangreichen Material eine Auswahl treffen, die mir in den Kram paßt. Und dies, wird man sagen, sei unstatthaft.

Ja, wie haben wir's denn? Selektioniert die Wissenschaft denn nicht? Jedes wissenschaftliche Buch, das in meiner Biblothek steht, ist das Produkt einer Auswahl. Ich kenne einige hundert Museen, und jedes kann nur eine Auswahl präsentieren. Schon der lateinische Komödiendichter Plautus (um 250 v. Chr.) hatte da seine Erfahrungen: *Duo quum idem faciunt, non est idem* – Wenn zwei dasselbe tun, so ist es nicht dasselbe. Ich nehme mir die kleine Freiheit, zu operieren, wie es die Approbierten tun. Bei der Fülle des Materials gibt es bei jenen wie bei mir überhaupt keine andere Methode. Dabei kann ich, Zeus sei mein Zeuge, so viele Pfeile aus dem Köcher ziehen, daß es meinen notorischen Widersachern vor den Augen nur so schwirren wird, und das sogar noch bei der Auswahl, die ich vorlege.

Immanuel Velikowsky veröffentlichte 1950 sein Buch WELTEN IM ZUSAMMENSTOSS. Er war damals ein wenig bekannter Arzt und Psychoanalytiker in Amerika. Heute hat er einen Namen, weil er Zielscheibe von Dauerattacken geworden ist. Der Außenseiter, der den lieben Göttern ins Handwerk pfuschte, behauptete:

Ein Arzt diagnostiziert das Weltall

Das Weltall ist kein Vakuum; es wird von Magnetfeldern zerrissen und von geladenen Teilen durchrast. Der Planet Venus ist jünger als die anderen Planeten. Die Venus entstand durch einen gewaltigen Ausbruch des Jupiter.

In der Frühzeit wurde die Erde mehrmals von Beinahe-Zusammenstößen mit anderen Himmelskörpern erschüttert. Dadurch wurden Katastrophenserien ausgelöst, die sich in Mythen und Legenden niederschlugen.

Im 15. Jahrhundert v. Chr. trat die Erde auf ihrer Bahn um die Sonne in die äußeren Zonen des Staub- und Gasstreifens des Protoplaneten ein. Durch den roten Staub in der Luft färbten sich Kontinente und Gewässer rot.

Die Gase im Schweif des neuen Planeten Venus verbanden sich mit dem Sauerstoff der Erdatmosphäre und verbrannten teilweise, so daß »der Himmel rot erglühte«. Ein anderer Teil regnete als klebrige Masse, dem Rohöl ähnlich, auf die Erdoberfläche.

Die Erdkruste hob sich. Beben erschütterten unseren Planeten. Inseln versanken. Ozeane überspülten Kontinente. Die Erdachse kippte, Damals wurde der größte Teil der Erdbevölkerung vernichtet. Das Chaos war vollständig.

Das sozusagen amtliche Echo? Alles Unsinn! Professor Harlow Shapley, bekannter Astronom und damals Direktor des Harvard-

College-Observatoriums, sagte nach der Lektüre des Manuskripts: »Wenn dieser Doktor Velikowsky recht hat, sind wir anderen alle Idioten!« Er drohte dem New Yorker Verlag McMillan, der WELTEN IM ZUSAMMENSTOSS herausbringen wollte, mit dem Abbruch der Beziehungen. Keineswegs errötend, folgten Kollegen seiner Spur: auch sie wollten ihre Publikationen nicht in einem Verlag sehen, der einen Velikowsky edierte. McMillan brachte das Buch heraus, und seit 1950 wird Velikowsky, trotz aller Daten, die für ihn sprechen, gröblichst angegriffen, nicht etwa nur diskutiert – was legitim wäre. Noch 1974 leitete der berühmte, PR-begabte Astronom Carl Sagan eine 57seitige Spottschrift mit dem Malmot ein: »Wo Velikowsky originell ist, hat er höchstwahrscheinlich unrecht; wo er recht hat, stammen die Ideen von anderen.« (Nachempfunden einem berühmten Redeauftakt von Sir Winston Churchill im Unterhaus: »Die Rede des Ehrenwerten Lords war gut und neu. Wo sie gut war, war sie nicht neu – wo sie neu war, war sie nicht gut.«) – In jüngster Zeit schrieb der Geologe Stephen Jay Gould in NATURAL HISTORY, er werde »auch weiterhin gegen ketzerische Ideen von Nichtfachleuten anstänkern. Leider kann ich nun mal nicht glauben, daß Velikowsky in diesem schwierigsten aller Spiele zu den Siegern zählen wird«.

Was bis heute aus den Behauptungen von 1950 wurde
Niemand, der eine neue Theorie anbietet, hat Anspruch darauf, umarmt, geküßt und beglückwünscht zu werden, aber wenn auch nur ein minimes Quentchen Wahrscheinlichkeit für sie spricht, sollte er erwarten können, daß die Theorie ernsthaft geprüft und ausdiskutiert wird. Ein wenig sportliche Fairneß sollte schon sein. Wie steht es heute mit Velikowskys Vermutungen von 1950?

Velikowsky behauptete, im Weltall existierten elektromagnetische Wellen und der Weltraum sei kein Vakuum. – Heute weiß jedermann, daß aus dem Weltall Radiosignale unterschiedlicher Bandbreiten empfangen werden. Dieses Wissen ist so selbstverständlich geworden, daß es für die neuen, noch unbekannten Signale aus dem All, die von Radioteleskopen empfangen werden, nur noch hier und da eine Dreizeilenmeldung in der Presse gibt.

Velikowsky behauptete, die Venus sei weißglühend gewesen, als sie aus dem Jupiter herausbrach . . . und: sie müßte heute noch sehr heiß sein. – Neueste sowjetische Raumsonden maßen auf der Venus eine Oberflächentemperatur von rund 400° Celsius.

Velikowsky behauptete, die Venus müsse eine dicke Atmosphäre haben. – Amerikanische und sowjetische Sonden bestätigten es: die Venus-Atmosphäre ist 95mal so schwer wie die irdische.

Velikowsky behauptete, die Venus-Atmosphäre müsse Kohlenstoff, Wasserstoff und Sauerstoff enthalten. – MARINER 10 funkte im Februar 1974 diese drei Elemente aus der oberen Venus-Atmosphäre zur Erde.

Velikowsky behauptete, der Vorbeiflug der heißen Venus in relativer Nähe zu unserer Erde müsse auf dem Mond Spuren hinterlassen haben. 1969, als der erste Mensch seinen Fuß auf den Mond setzte, brachte die NEW YORK TIMES einen Aufsatz von Velikowsky:

Ich behaupte, daß vor weniger als 3000 Jahren die Mondoberfläche wiederholt flüssig war und brodelte (Krater!). Das Fels- und Lavagestein des Mondes könnte reich an Restmagnetismus sein. Ich wäre nicht überrascht, wenn in der Zusammensetzung der Gesteine Bitumen, Karbide oder Karbonate gefunden würden. Ich behaupte, daß man an vereinzelten Stellen eine sehr hohe Radioaktivität finden wird. Ich behaupte auch, daß Mondbeben sehr häufig sind.

Fast alle Behauptungen Velikowskys haben sich schon als richtig erwiesen. 145 Teams mit über 500 Wissenschaftlern haben Mondgesteinsbrocken in der größten Gemeinschaftsforschung aller Zeiten untersucht. Velikowsky gab seine Diagnose mit dem Gespür eines guten Arztes, der manchmal mehr weiß, als sich tasten läßt oder was das Röntgenbild zeigt. In Einzeluntersuchungen wird gezielte Forschung vielleicht auch noch den kleinen Rest offener Behauptungen als richtig diagnostiziert erkennen.

Was eigentlich war denn Unsinn?

Woher sie nur den Mut nehmen

Es geht ganz simpel um die *Prüfung* neuer Theorien. Dazu gehört offenbar eine Art von Mut, die sehr selten ist. Ich beispielsweise hätte nicht den Mut, so rückhaltlos wie der Professor Carl Sagan zu schwören: UFO's gibt's nicht! Ich habe, leider, noch keine fliegende Untertasse gesehen, aber deshalb käme es mir doch nicht in den Sinn, die vielen Leute Lügen zu strafen, die versichern, so ein Ding beobachtet zu haben. Auch Professoren sollten die Tassen im Schrank lassen! Und einen Hauch jener Toleranz aufbringen, die sie für sich selbst so selbstverständlich erwarten. Ich halte es noch immer mit dem weisen Satz von Thomas Mann: »Das Positive am Skeptiker ist, daß er alles für möglich hält!«

Und ich frage mich: Wie will denn ein Wissenschaftler wie Sagan eines Tages – möglich ist alles! – von seinem Kothurn herunterkommen, wenn wirklich ein UFO geortet wird oder gar landet? Er kann nicht mehr runter, weil er so felsenfest eine Möglichkeit ausgeschlossen hat, die wider Erwarten Wirklichkeit wurde.

Es ist meine Beobachtung, und da darf ich in eigener Sache sprechen, daß sich meine radikalen Gegner aus Physik, Astrophysik, Astronomie, Biologie, Biophysik und Archäologie derart in eine Negation des Möglichen verbohrt haben, daß ihnen der kleinste Schritt aus ihrer *splendid isolation* heraus kaum noch möglich ist. Er würde ein solches Maß an Selbstüberwindung verlangen, daß es unmenschlich wäre, *darauf* zu hoffen oder zu warten. Ich hoffe und warte auf die jüngeren Wissenschaftler, die Außenseiter ihrer Zunft, auf jene, die noch nicht an die Kette gelegt und vereinnahmt wurden. Sie kommen schon auf mich zu wie etwa der Professor Dr. Luis Navia vom Institute of Technology, New York. Navia [1] schreibt:

Ich bin überzeugt, daß wir mit dem Postulat, daß es im Altertum Besucher aus anderen Regionen des Universums gab, nichts postulieren, das selbst die strengsten Prinzipien der wissenschaftlichen Methodologie übertritt.

Die Theorie eines Besuches aus dem Weltall in grauer Vorzeit ist meiner Ansicht nach eine absolut bedeutungsvolle Hypothese.

Jene, welche diese Theorie als »kindisch«, »giftig«, »absurd« und »pseudowissenschaftlich« bezeichnen, sollten ein anderes Tätigkeitsfeld finden, in dem sie ihre fehlende Schaffenskraft, ihre stagnierte Mentalität und ihre Unkenntnis der wissenschaftlichen Methodologie auslassen.

Der »gute« Wissenschaftler

In diesem Sinne schicke ich mich an, meine Theorie mit BEWEI-SEN zu belegen. Ich werde einen Indizienbeweis führen. Ich werde die Darwinsche Evolutionstheorie, mindestens soweit sie auf die Motivierung des menschlichen Intelligentwerdens abzielt, widerlegen. Ich werde BEWEISE aus dem Depot, das die Fremden hinterließen, vorzeigen. Aus diesen Beweisgruppen können sich, müssen sich aber nicht Kombinationen untereinander ergeben.

Wieder mal werde ich im Wespennest stochern. Ich bin froh, daß mir ein Essay aus der international angesehenen FRANKFUR-TER ALLGEMEINEN ZEITUNG (29. 12. 1971) über eine Studie des amerikanischen Molekularbiologen Gunter S. Stent die Resümierung permanenter wissenschaftlicher Fehleinschätzungen abnimmt:

Das Fortschreiten der Wissenschaft im großen besteht in der Überwindung der Lehrmeinung. Fast jede grundlegende neue Erkenntnis stößt zunächst auf Ablehnung, ehe sie – oft erst nach Jahrzehnten – allgemein akzeptiert wird. Der naturwissenschaftlichen Entwicklung standen bis weit in die Neuzeit hinein kirchliches und aristotelisches Dogma entgegen, *heute* das geltende »gesicherte Wissen«. Als entscheidendes Hindernis für die Annahme erweist es sich in der Regel, wenn eine Entdeckung »verfrüht« ist. Die Umstände und Ursachen dieses Phänomens zu deuten, unternahm der 1924 geborene amerikanische Molekularbiologe Gunter S. Stent von der Universität in Berkeley . . .

Die tiefere Ursache des Konformismus in der Ablehnung neuer Erkenntnisse ist wohl sozialpsychologisch zu verstehen, nämlich aus dem Bedürfnis des Menschen – seiner Natur als *zoon politikon* (politisches Geschöpf) entsprechend –, im Einklang mit der allgemeinen Überzeugung seiner Gruppe zu leben. Mit Stents Deutung wird das selbst bis zur Negierung experimenteller Tatsachen gehende wissenschaftliche Vorurteil wenn auch verständlicher, so doch nicht entschuldbar . . .

Gibt es für die Verfrühtheit einer Entdeckung ein anderes Kriterium als das, ohne jede Auswirkung zu bleiben? Ja, ein solches Kriterium gibt es: Eine Entdeckung ist verfrüht, wenn ihre Auswirkungen nicht durch eine Reihe einfacher, logischer Schritte mit dem zeitgenössischen geltenden kanonischen Wissen vereinbart werden können ... Ist das Ausbleiben der Anerkennung verfrühter Entdeckungen nur der intellektuellen Unzulänglichkeit von Wissenschaftlern zuzuschreiben, die, sofern sie aufnahmefähiger wären, einer neuen wohlbelegten wissenschaftlichen Vorstellung sofort die nötige Anerkennung zuteil werden ließen?

Der »gute Wissenschaftler« wird für einen vorurteilslosen Menschen gehalten mit offenem Sinn, der bereit ist, jede neue Idee zu akzeptieren, die von Tatsachen unterstützt wird. Wie die Geschichte der Wissenschaft zeigt, handeln Wissenschaftler offenbar nicht nach dieser populären Ansicht.

Das sind harte Feststellungen. Würde ich sie mir erlauben, handelte ich mir sofort den Vorwurf der Wissenschaftsfeindlichkeit ein. Dieser Vorwurf trifft die FRANKFURTER ALLGEMEINE ZEITUNG nicht, kann aber auch mich nicht tangieren, weil ich immer wieder um Verständnis und Mithilfe der Wissenschaft werbe, wenn ich auf die ungelösten Rätsel unserer Vergangenheit hinweise. Deshalb erhoffe ich mir bei der Vorlage wohlfundierter Indizienbeweise einige jener »guten Wissenschaftler«, wie sie in der populären Vorstellung existieren: vorurteilslos, mit offenem Sinn, bereit, eine neue Idee zu akzeptieren.

Meinen Lesern wünsche ich eine interessante, die Diskussion unserer grauen Tage belebende Diskussion.

Per aspera ad astra!
Über rauhe Pfade zu den Sternen!

»Mit einer an Sicherheit grenzenden Wahrscheinlichkeit treffen in dieser Minute Funkbotschaften von außerirdischen Zivilisationen auf der Erde ein.«

Das sagte einer, der es wissen muß, im Februar 1976: Professor Frank Drake, Direktor der größten Beobachtungsstation für Ionosphärenforschung* der Welt in Arecibo an der Nordküste von Puerto Rico.

Die Regierung der USA beauftragte eine Kommission von zwölf Topwissenschaftlern, »Methoden zu studieren und Vorschläge zu machen, wie innerhalb der nächsten 15 Jahre ein Kontakt zu außerirdischen Lebewesen hergestellt werden kann«.

Was hat die amerikanische Regierung für abwegige Sorgen? Hat ihr eine Gruppe von spintisierenden Wissenschaftlern einen Floh ins Ohr gesetzt, der in einem günstigen Moment Geld statt Blut absaugte? Geld für eine ziemlich »weltfremde« Unternehmung?

Ich bin überzeugt, daß hier eine der klügsten und raffiniertesten Investitionen gemacht wird!

Dr. John Billingham, Chef der Biotechnischen Abteilung beim Ames-Forschungszentrum der US-Atomenergiekommission in Iowa, stellt fest:

Wir glauben, daß es ferne Planeten gibt, die um Billionen Jahre älter sind als die Erde. Also wird auch ihre Zivilisation uns um

---

* Ionosphäre: Teil der Atmosphäre, in dem Elektronen und Ionen in solchen Mengen vorkommen, daß die Ausbreitung von Radiowellen beeinflußt wird. Auch andere Planeten besitzen Ionosphären, sofern sie von einer Atmosphäre umgeben sind. Nachgewiesen sind Ionosphären bereits bei Mars und Venus.

Jahrbillionen voraus sein. Es ist ein erfrischender Gedanke, aber ich bin sicher, es gibt außerirdische Zivilisationen, die uns voraus sind wie wir vergleichsweise den Steinzeitmenschen. [1]

Dr. Ichtiaque Rasool ist Chefwissenschaftler im Washingtoner Hauptquartier der NASA für Weltraumforschung. Stolz sagt er:
Unsere Studie ist die erste, offizielle und staatliche Forschung, welche die Ausrüstung zur Entdeckung von außerirdischem Leben bereitstellt.

Ausgerüstet mit einem Etat von nur etwas über einer Million DM, soll die Forschergruppe im Jahre 1977 dem Präsidenten einen Bericht vorlegen, aus dem hervorgeht, auf welche Weise am besten und effektivsten mit außerirdischen intelligenten Lebewesen Kontakt hergestellt werden kann. Vom derzeitigen Status ihrer Kenntnisse und den gegebenen technischen Möglichkeiten aus peilen die Wissenschaftler binnen der nächsten 15 Jahre einen ersten Kontakt mit außerirdischen Zivilisationen an. Im Zeitraum von nur zwei Jahrzehnten ist ein ungeheurer Sinneswandel erfolgt.
Es ist nämlich kaum 20 Jahre her, seit die meisten Wissenschaftler intelligentes Leben innerhalb des für uns erreichbaren Raumes im Kosmos noch für unmöglich hielten. Nur wenige, der Zukunft aufgeschlossene Gelehrte schlossen schon damals eine *statistische und philosophische Möglichkeit* von intelligentem Leben im Weltall nicht aus – doch, genaugenommen, zweifelten alle daran, in einem Umkreis von 50 Lichtjahren* intelligente, technisch fortgeschrittene Lebensformen ermitteln zu können. Woher rührt der Sinneswandel?

Walzer – links herum!
1   Labormäßig untersuchte Meteoriten bewiesen, daß auch auf anderen Himmelskörpern Bausteine des Lebens vorhanden sein müssen. Im sog. *Murchison*-Meteoriten entdeckte der amerikanische Biochemiker Cyril Ponnaperuma vom »Ames Research Center« der NASA 17 Aminosäuren, 17 Bausteine des Lebens.

---

* Lichtjahr: Längenmaß der Astronomie – die Strecke, die das Licht in einem Jahr zurücklegt. Sie beträgt 9461 Milliarden km.

Wie läßt sich aber beweisen, daß diese wirklich aus dem Weltall stammen?

Ich weiß, daß es mir nicht zusteht, mit den spannungmachenden Tricks eines Kriminalschriftstellers zu arbeiten. Trotzdem kann ich an dieser Stelle nur auf ein kritisches Ereignis aufmerksam machen, ohne es jetzt schon zu enthüllen! Deswegen möge ganz weit im Hinterkopf dieser Hinweis ticken:

Alle Aminosäuren, die *auf der Erde* am Aufbau von Leben beteiligt sind, weisen *Links*drehungen auf. Doch: von den 17 Aminosäuren im Murchison-Meteoriten weisen nur fünf diese *Links*drehung auf, wie sie auf unserer Erde für Lebensaufbau Voraussetzung sind. Diese fünf sind für irdischen Lebensaufbau brauchbar: Glycin, Glutamin, Alanin, Valin und Prolin [2]. Die anderen Aminosäuren aber zeigten *Rechts*drehungen, und solche Eigenschaften haben sie auf der Erde nicht. Der »Tatort« ist entlarvt: der Meteorit muß außerirdischer, kosmischer Herkunft sein, weil es hienieden keine *rechts*drehenden Aminosäuren gibt!

Walzer links herum, Walzer rechts herum. Das läßt sich machen. *Irdische* Aminosäuren *rechts*herumdrehend – die gibts nicht. Wir werden den »Ursprungswalzer« noch gemeinsam tanzen. Sobald die Musik dazu aufspielt. Ich bitte um etwas Geduld.

2   Alle Moleküle haben bestimmte Strahlungswerte, die in Labortests zweifelsfrei festgelegt wurden. Die Messungen in den verschiedenen Frequenzbereichen lassen exakte Rückschlüsse auf das seine spezifischen Strahlungen aussendende Material zu. Seit 1944 auf der 21,105-cm-Linie die Existenz des neutralen Wasserstoffs beobachtet wurde, konnten sogar komplizierte *organische* Verbindungen nachgewiesen werden. Diese Linienstrahlungen sind astronomisch von großer Bedeutung, da im Vergleich von radioastronomischen Messungen mit den aus Labormessungen bekannten Wellenlängen der verschiedenen Moleküle das Vorhandensein von Lebensbausteinen im Weltall nachgewiesen werden kann.

Im Zuge dieser wichtigen und schwierigen Arbeit der Radioastronomie gelang es in den vergangenen Jahren, vielfache Bausteine des Lebens – hin bis zu organischen Molekülen – im Weltall nachzuweisen. Heute weiß die Wissenschaft, daß die Zutaten für Lebensbildung im Weltall herumschwimmen. Dieses Wissen trug wesentlich zum Sinneswandel bei.

3   Für die Entwicklung von Leben ist ein *Planet* als dessen Träger Voraussetzung. Früher vermochten Statistiken keine sicheren Angaben darüber zu liefern, ob andere Sonnen (Fixsterne) in unserer Galaxis auch von Planeten umkreist werden.

Mit Sicherheit weiß man heute, daß bereits der »nur« sechs Lichtjahre entfernte Barnards Stern* von mindestens zwei Planeten begleitet wird. Diese Entdeckung verdanken wir den Beobachtern im Sproull-Observatorium in Swarthmore, Pennsylvania, USA.

4   Astronomische Statistiken gingen vor noch nicht zu langer Zeit von 100 Milliarden Fixsternen in unserer Galaxis aus. Heute nimmt man mit Sicherheit mindestens 200 Milliarden Fixsterne allein in unserer Milchstraße an! Dabei sind aber diese Milliardenzahlen unserer kosmischen Nachbarn nur armselige kleine Häufchen im turbulenten Universum. Jüngste Forschungsresultate sprechen von zehn Billionen (10^{13}) Galaxien im Weltall. Man kann alle bisherigen Statistiken ablegen und verstauben lassen, um ganz neue Seiten aufzuschlagen: mit fortschreitenden technischen Möglichkeiten werden wahrscheinlich auch die neuesten Ziffern nochmal radiert werden müssen.

Mir reichen für die Grundierung meiner Theorie völlig die Berechnungen der beiden führenden amerikanischen Astronomen Professor Frank Drake und Professor Carl Sagan, die allein in unserem Milchstraßensystem *rund eine Million hochentwickelter Zivilisationen* annehmen. [3]

Ich stelle nur bescheidene Ansprüche: eine Million hochentwickelter Zivilisationen in unserer Sternennachbarschaft? Grüß Gott, liebe Kollegen auf anderen Planeten!

Kontakte zu Außerirdischen

Was nützet mich der schönste Garten, wenn andere drin spazieren gehn?

---

* Barnards Stern: 1916 vom amerikanischen Astronomen E. E. Emerson (1857–1923) entdeckt. Stern im Sternbild Ophiuchus mit der größten bekannten Eigenbewegung.

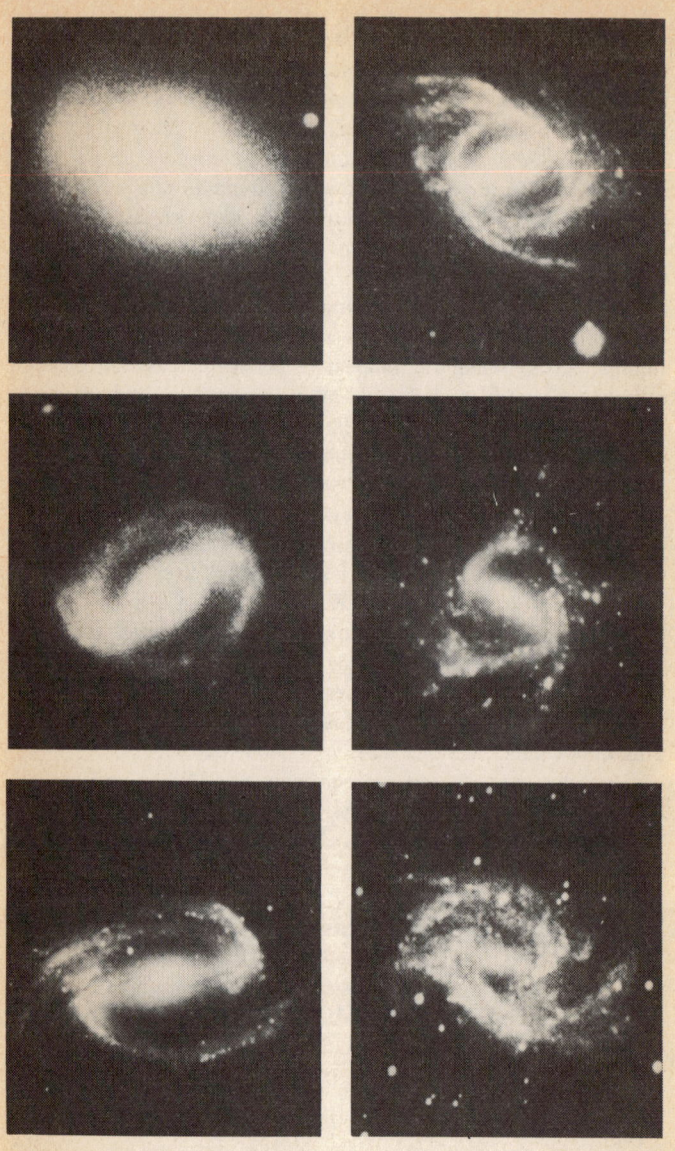

Bemusterung von sechs Galaxien aus einer Kollektion von zehn Billionen Galaxien

Was bedeuten schon die besten astronomischen Berechnungen, wenn mit den massenhaft vorhandenen hochentwickelten Zivilisationen kein Kontakt hergestellt werden kann?

Die Kontaktnahme ist wichtig. Ich sehe drei Chancen:

1. Direkten Kontakt durch interstellare Raumfahrt.

Beim heutigen Stand unserer Technik liegt diese Möglichkeit noch in weiter Ferne. Wir wissen ja nicht mal, woher wir die Energiemengen nehmen könnten, die für den Antrieb interstellarer Raumschiffe notwendig sind. Immerhin beschäftigen sich Raumfahrtexperten – und das nicht nur in Traumvorstellungen! – mit seriösen technisch-wissenschaftlichen Zukunftsplanungen für interstellare Flüge.

2. Aussendung unbemannter Sonden in den interstellaren Raum.

Zu einer solchen Erkundungsmission ist die unbemannte Sonde PIONEER F* seit März 1972 unterwegs. Antriebslos wird sie Jahrmillionen im interstellaren Raum dahinziehen. Niemand weiß, ob sie je von außerirdischen Intelligenzen gekapert werden wird.

Zwar halte ich eine Kontaktnahme auf diesem Wege mit fremden Zivilisationen für sehr, sehr zweifelhaft, meine aber, daß selbst solche Experimente mit nur vagen Erfolgschancen auch in die Palette der Bemühungen gehören, die uns aus unserer irdischen Vereinsamung herausführen könnten. Ich habe in unseren gloriosen Tagen schon von unnützeren Investitionen gelesen.

Interstellarer Radiokontakt.

Unsere Hochfrequenztechnik ist in der Lage, gigantische interstellare Dimensionen zu überbrücken. Problemlos könnte die riesige Parabolantenne in Arecibo, Puerto Rico, Signale ins Weltall aussenden, Signale, die an jedem Ort unserer Milchstraße empfangen werden könnten. Ebenso könnte das im Kaukasus in Bau befindliche Radioteleskop Signale in die Galaxis senden. Von da her gibt es keine technischen Hindernisse mehr.

Welche Zeichen oder Chiffren sollten gesendet werden? Welche Mitteilungen, welche Botschaften, welche Statements?

* AUSSAAT UND KOSMOS, Seiten 208 ff.

Menschen als exotische Leckerbissen?

Vor Jahren warnten ängstliche Gemüter mit schrillen, kritischen Stimmen davor, mit irdischen Radioteleskopen Signale an Außerirdische zu senden. Wir würden unsere Position preisgeben, »verraten«, und man wisse doch nicht, ob die Außerirdischen uns wohlgesonnen seien, ob sie mit friedlichen Gedanken auf uns zukämen oder ob sie uns nicht vielleicht eines Tages überfallen würden. Vielleicht würden sie uns gar als exotische Leckerbissen auf ihre Speisekarten setzen, sie könnten uns auch als verkorkste Produkte einer seltsamen Rasse in Käfigen ihrer heimatlichen zoologischen Gärten zur Schau stellen. (Es wird übrigens nie geklärt werden, ob nicht die Affen *uns* für die Eingesperrten halten! Kommt ja darauf an, von welcher Seite des Gitters aus man die Welt ansieht.) Tatsächlich hat es derart hirnrissige »Bedenken« gegen irdische Radiosignale gegeben. Dreimal darf gelacht werden!

Diese törichten Bedenken verdarben im Mülleimer der Vergangenheit. Von vielen Punkten des Globus aus werden längst *gezielte* Radiosignale ins Weltall abgestrahlt. Aber auch ohne diese gezielten Radiobotschaften hätten wir die Position der Erde längst bekanntgemacht. Hochtechnifizierte Intelligenzen könnten nämlich unsere alltäglichen Radio- oder Fernsehsendungen empfangen.

Um den Furchtsamen ein Langzeit-Sedativum zu verabreichen: Es besteht wirklich keine Gefahr, daß wir auf die Speisekarten von Extraterrestriern geraten, weil wir – Nase hoch! – zu teuer sind. Allein der Aufwand an kostspieliger Energie für den Transport in ein anderes Sonnensystem ist zu groß, denn Energie ist nirgendwo umsonst zu haben. Verspürten die Außerirdischen auf der Zunge Gelüste, Erdenmenschen zu verspeisen, dann würden sie uns nicht in unseren Gefilden in Dosen konservieren und heimwärts fliegen. Sie würden uns als Delikatesse zu Hause züchten, das wäre billiger und einfacher, weil sie dazu lediglich ein paar intakte menschliche Zellen in den Frigidaire legen müßten. Wir sammeln ja Champignons auch nicht mehr im Wald und auf der Heide – sie werden in Farmen gezüchtet. Hummer werden kaum noch im freien Meer gefangen – man angelt sie aus Zuchtbecken. Was soll's? Höherentwickelte Intelligenzen sind ganz bestimmt keine Kannibalen.

Die Phantasmagorie von einem »Überfall« der Fremden wäre schon deshalb sinnlos, weil es für sie bei uns nichts zu holen gibt.

Dies ist doch logisch: Wer in der Lage ist, die Erde mit einer Raumschiffarmada zu besuchen, der ist uns auf jeden Fall a) technisch haushoch überlegen, verfügt b) über ungleich größere Ressourcen an kostbaren Rohstoffen und will c) im Bewußtsein seiner Überlegenheit ganz gewiß keine armselige Beute aus dem Ausverkauf des Blauen Planeten mitnehmen.

Da gäbe es noch ein einziges Motiv, nämlich jenes, das alle Völker dieser Erde zu Raubzügen und Kolonisationen trieb: Raumgewinn. Dieser Grund für eine Expedition der Außerirdischen entfällt total, denn Raum gibt es in unserer Galaxis en masse: unbewohnte Planeten!

Interkosmische Sprache

Unbestritten ist das Postulat von der Existenz einer fast unvorstellbar großen Zahl hochentwickelter extraterrestrischer Zivilisationen.

Wir schicken ihnen Radiosignale in den uns vertrauten Impulsen, Zeichen und Chiffren. Wie und was senden »die Anderen«? Zu einer gegenseitigen Verständigung müßte man in einer interkosmischen Sprache korrespondieren. Ist eine solche Sprache überhaupt denkbar?

Der Mathematiker Hans Freudenthal von der Universität Utrecht, Holland, stellte 1960 eine bis ins Detail ausgereifte mathematische Sprache vor [4]. Sie wird auch in Radioimpulsen ausgestrahlt, müßte aber, entgegen vielen bisherigen Denkmodellen, von jedem technisch kundigen Lebewesen verstanden werden können.

Freudenthals Ausgangsüberlegung ist ganz einfach: Wie immer die Fremden aussehen mögen, sie werden als weitfortgeschrittene Intelligenzen Radioteleskope bauen können, weil sie sich (wie wir!) interstellar mitteilen wollen. Wer über Kenntnisse zum Bau von Radioteleskopen verfügt, weiß mit der Elektronik umzugehen, und die ist ohne Beherrschung der Regeln und Formeln der Mathematik nicht herstellbar. Mathematik ist also das Einmaleins einer interkosmischen Sprache.

Wir rechnen mit dem Dezimalsystem. Es ist nicht abwegig anzunehmen, daß unsere zehn Finger dafür die naturgegebene Rechenmaschine lieferten. Dieses dezimale Stellenwertsystem importierten wir um 600 n. Chr. aus Indien, wo es aus der Brahmi-Zahl-schrift hervorging. Ägyptische Hieroglyphen standen jeweils für 1, 10, 100, 1000 usw. Man sollte aber nicht mit der uns eigenen Arroganz voraussetzen, daß überall im Kosmos an zehn Fingern abgezählt wird. Wer weiß, ob nicht andere »Kronen der Schöpfung« elf oder zwölf oder acht Finger haben . . . und trotzdem hochintelligent sind?

Mindestens zwei Finger wird jedes Lebewesen haben. Drum ist das Dualsystem garantiert praktikabel. Es arbeitet mit der Grundzahl 2. Der Vorteil des Dualsystems ist, daß sich jede Zahl allein aus der Folge der Ziffern 0 und 1 schreiben läßt:

1	für eins
10	für zwei
11	für drei
100	für vier
101	für fünf
110	für sechs
111	für sieben
1000	für acht
1001	für neun
1010	für zehn
1011	für elf
1100	für zwölf
1101	für dreizehn
1110	für vierzehn
1111	für fünfzehn
10000	für sechzehn
10001	für siebzehn

und so weiter

Das Dualsystem, auch »binärer Code« genannt, wurde die Schaltalgebra aller Computer, die deshalb irrtumsfrei anzusprechen sind, weil es immer nur zwei Zustände gibt: 1 oder 0, gut oder nicht gut, richtig oder nicht richtig, ja oder nein.

Es gibt auf der Welt keinen Mathematiker mehr, der bestreitet, daß es sich mit dem dualen System einfacher als mit dem Dezimalsystem rechnen läßt! Mit diesem einfachen Zahlensystem konnte Professor Freudenthal ganze Botschaften, ja sogar philosophische

Texte für Außerirdische »formulieren«. Er wies nach, daß man mit dieser Methode ALLES mitteilen kann. Sogar Bilder lassen sich formieren und übermitteln.

Ich kann dies auf meiner Schreibmaschine beweisen. Aus dem Rechenheft meiner Tochter Cornelia nehme ich ein Blatt und numeriere oben und seitwärts die Felder. Mit einem Finger tippend, beginne ich binär zu »senden«:

1. Zeile: eins eins eins eins eins eins null
           eins eins eins eins eins eins
2. Zeile: eins eins eins eins eins null eins null
           eins eins eins eins eins

So »funke« ich weiter, bis der Umriß eines Männchens deutlich erkennbar ist. So:

```
1 1 1 1 1 1 0 1 1 1 1 1 1
1 1 1 1 1 0 1 0 1 1 1 1 1
1 1 1 1 0 1 1 1 0 1 1 1 1
1 1 1 1 1 0 1 0 1 1 1 1 1
1 1 1 1 1 1 0 1 1 1 1 1 1
1 1 1 1 1 1 0 1 1 1 1 1 1
1 1 1 1 0 0 0 0 1 1 1 1 1
1 1 1 0 0 0 0 0 0 1 1 1
1 1 0 1 0 0 0 0 0 1 0 1 1
1 0 1 1 0 0 0 0 0 1 1 0 1
1 1 1 1 0 0 0 0 0 1 1 1 1
1 1 1 1 0 0 0 0 0 1 1 1 1
1 1 1 0 0 1 1 1 0 0 1 1 1
1 1 1 0 0 1 1 1 0 0 1 1 1
1 1 1 0 0 1 1 1 0 0 1 1 1
1 1 1 0 0 1 1 1 0 0 1 1 1
1 1 1 0 0 1 1 1 0 0 1 1 1
```

Es ist, wie man sieht, ein Kinderspiel, im dualen System Mitteilungen jeder Art zu konzipieren. Mathematik *kann* die Grundlage einer interkosmischen Sprache sein.

Es ist ein begehbarer Weg, auf dem wir uns nach draußen bemerkbar machen können. Und wie erreichen uns Nachrichten aus dem All? Hörbare oder in Zeichen und Symbole umsetzbare Mitteilungen?

Vermutlich bedienen sich die Fremden auch der einfachsten Rechenmethode, nämlich des binären Codes. Im technischen Sinne passiert eigentlich wenig anderes, wenn die Marssonde aus dem Gelände UTOPIA Bilder auf die Erde sendet! Die TV-Kameras zerlegen die Bilder in Punkte. Diese Punkte werden nicht gleichzeitig, sondern in zeitlich minimalen Abständen nacheinander durch Funkimpulse auf die Reise in die Empfangsstationen geschickt. Dort reihen sich die Bildpunkte brav in das für sie vorgesehene Raster ein und formieren sich zu den verblüffend scharfen Bildern. Mein Strichmännchen entstand nach diesem Strickmuster . . .

Funkbild von der Marsoberfläche

Wir müssen auf eine Wellenlänge kommen

So weit, so gut, so schlecht.

Die Sache ist nicht hasenrein. Wir *kennen* die Wellenlängen, auf denen unsere Sonden vom Mars, vom Mond oder sonstwoher senden. Wir haben aber keine blasse Ahnung, welcher Frequenzen sich die Außerirdischen für ihre Sendeprogramme bedienen.

Rund um die Welt haben wir nun schon jahrelang von vielen Standorten aus Radioteleskope auf Tausende von Sternen gerichtet und bei jedem neuen Versuch gehofft, Funksignale von fremden Intelligenzen einfangen zu können.

Ohne Erfolg.

Wir kennen die Sendefrequenzen nicht.

Es schickt sich nicht, das weltweit benutzte Wort mit acht Buchstaben hierherzuschreiben, das Astronomen vor sich hin fluchten, wenn sie wieder mal einen Versuch aufgeben mußten. Sein Echo klebt förmlich an den Kuppeln der großen Observatorien. Man kann's verstehen.

1960 ging man optimistisch das Projekt OZMA an. Es wurde von einem Team führender Wissenschaftler im Observatorium von Greenbank in West-Virginia durchgeführt. Damals bediente man sich der 21-cm-Wellenlänge, die dem neutralen Wasserstoff entspricht. Weil Wasserstoff im ganzen Universum vorkommt, unterstellte man, daß auch andere außerirdische Intelligenzen auf dieser sozusagen internationalen Wellenlänge liegen könnten. »Unter dieser Nummer keine Verbindung. Teilnehmer unbekannt verzogen.«

Inzwischen hat man erkannt, daß die 21-cm-Wellenlänge für Störungen enorm anfällig ist: einige Radiospektrallinien des Wasserstoffs sind wesentlich stärker als die benutzte Wellenlänge. Daß außerdem übers »Fernamt« starkes kosmisches Rauschen den Empfang störte, machte die Sache noch ärgerlicher und hoffnungsloser.

Derzeit experimentiert man vorwiegend im Bereich der 3- bis 8-cm-Wellenlängen. Professor Frank Drake vom Radioastronomischen Institut in Arecibo stellt fest [5]:

Bei unseren ermittelten Wellenlängen sind zwei Tatsachen ermutigend. Erstens sind es Wellenlängen, die die Erdatmosphäre durchdringen. So können sie mit relativ billigen Teleskopen von der Erde aus überwacht werden. Zweitens, und das ist das wichtigste: wenn wir nur die Radioteleskope nehmen, die wir für die Arbeit auf diesen Wellenlängen bereits haben, so stellen wir fest, daß damit schon Signale intelligenten Ursprungs aus den angenommenen Entfernungen in der Größenordnung von 1000 Lichtjahren zu empfangen sind.

Zeit ist kostbarer als Geld

Trotz allem Bemühen und trotz passioniertester Forschung konnten bisher keine Radiobotschaften fremder Intelligenzen empfangen werden. Wir drehen an der falschen Skala! Als ich mit amerikanischen Astronomen über diese Problematik diskutierte, fragte ich, warum man nicht mit einer ähnlichen Technik operiere, wie sie in Autoradios eingebaut ist: Sender sind mit ihrer Wellenlänge auf der Skala programmiert, man drückt die Taste der gewünschten Station und, automatisch abgesucht, meldet sich der Sender in schönster Klarheit. – Im Prinzip, sagte man mir, wäre das technisch möglich, aber zu dieser kontinuierlichen automatischen Sendersuche im All fehle einfach die Zeit. Die Riesenteleskope müßten so punktgenau wie nur irgend möglich auf jeweils *einen* Stern ausgerichtet werden, und selbst dann würden Monate vergehen, bis alle denkbaren Bandbreiten nur dieses einen Objektes abgesucht worden seien.

Es ist auch nicht ausreichend, die Tausende möglicher Frequenzen nur für Sekunden anzuzapfen: man muß, falls ein Impuls registriert wird, sondieren, ob es sich dabei um ein »intelligentes Signal« handelt oder lediglich um interstellare Störquellen. Oft klebt man tagelang an einer Welle, die sich mit einem Brei von Geräuschen bemerkbar macht. Kosmisches Rauschen, Zischen, Blubbern, Klopfen, Piepen etc. müssen weggefiltert werden, um an einen möglichen »Kern« tatsächlich intelligenter Signale heranzukommen. Bei über 200 Milliarden Sterne allein in unserer Milchstraße ist es zwar ein notwendiges, aber meiner Ansicht nach schon aus Zeitgründen wenig aussichtsreiches Bemühen, interstellare Radiokontakte zu bekommen. Weil wir die Wellenlänge, auf der Außerirdische uns erreichen wollen, nicht kennen! Weil wir ohne den winzigsten Anhalt für benutzte Frequenzen suchen!

Konstruktiver Vorschlag für interstellare Kommunikation

Warum leiten wir eigentlich mögliche Wellenlängen für die Verständigung mit extraterrestrischen Intelligenzen nur aus dem chemischen Bereich ab?

Wasserstoff ist überall, also klettern wir auf die 21-cm-Wellenlänge des Wasserstoffs – als eine unter unzähligen Möglichkeiten.

Sind wir denn auf der Suche nach Chemie im Weltall?

Im interstellaren Raum existieren in der Dichte von einem Kubikzentimerter etwa 0,1 bis 1000 Atome. Zur Bildung von Molekülen, dem größeren Verband, müssen sich Atome zusammenschließen. Sie tun das, wenn sie vom Licht eines Sternes oder vom »Sonnenwind« getroffen werden. Mit der Bildung von Molekülen entsteht ein höheres Energieniveau, das eine ganz bestimmte Wellenlänge abstrahlt. Jedes so oder auf andere Weise entstandene

Molekül hat seine spezifische Wellenlänge, die sich mit unseren hochempfindlichen Radioteleskopen messen und anpeilen läßt. Der Konsistenz der Moleküle und ihrer Meßbarkeit durch irdische Radioteleskope verdanken wir unsere Kenntnisse von der »Qualität« der Moleküle vielfachster Art im Weltall.

Einige Beispiele für Moleküle und ihre Wellenlängen:

Chemisches Zeichen	Molekül	Wellenlänge
OH	Hydroxyl	18,0 cm
NH	Ammoniak	1,3 cm
H_2O^3	Wasser	1,4 cm
H_2CO	Formaldehyd	6,2 cm
HCOOH	Ameisensäure	18,0 cm
H_3C-CHO	Acetaldehyd	28,0 cm

Eindeutiges Ziel ist die Suche nach Leben im Weltall.

Ob bei uns oder auf einem 30000 Lichtjahre entfernten Planeten: jedes *Lebewesen* besteht aus komplizierten Molekülketten.

Drängen sich die Fragen auf:

Welche Art von Molekülketten haben alle Lebewesen gemeinsam? Ist mit der Ermittlung dieser Gemeinsamkeit der Lebensbasis nicht zugleich jene interstellare Wellenlänge gefunden, die eine kosmische Kommunikation ermöglichen wird?

Alles, was auf der Erde lebt, ob Mensch, Tier oder Pflanze, basiert auf dem DNS*-Makromolekül. DNS liefert die Bausteine allen Lebens. DNS selbst »lebt« nicht, sie ist keine Zelle, sie ist eine Molekülkette. Wie andere Moleküle oder Molekülketten besitzt DNS eine spezifische Strahlung.

Wäre es deshalb unlogisch, unsere Radioteleskope auf die DNS-Wellenlänge einzustellen, um endlich Lebenformen im Universum zu finden? Wir suchen doch weder Wasserstoff noch Kohlenmonoxyd oder Ameisensäure. Wir suchen nach *Leben.* Da DNS die gemeinsame Basis allen Leben ist, sollte *diese* Wellenlänge bestimmt und genutzt werden. Meine ich.

---

* DNS: Desoxyribononukleinsäure.

Ich habe mir für diesen Gedanken eine Art von Gebrauchsmusterschutz gesichert, indem ich an einige führende Institute und Wissenschaftler dieses Briefchen schrieb:

Verehrter Herr Professor XY,
der gemeinsame Nenner aller Lebensformen ist DNS. Wäre es deshalb nicht logisch, daß intelligentes Leben auf *der* Wellenlänge kommuniziert, die ihre gemeinsame Basis hergibt?

Interstellare Sender, von *Lebewesen* bedient, sind seit Jahrmillionen in Betrieb. Wir brauchen nur die richtige Wellenlänge, um dabeizusein. DNS ist der gemeinsame Nenner.

Am 28. September 1976 schreib mir Professor Frank Drake, Direktor des National Astronomy and Ionosphere Center, aus Ithaca, N. Y.:

Lieber Erich,
die Radiofrequenzen der DNS sind bis jetzt im Laboratorium nicht gemessen worden und können theoretisch wegen der komplexen Struktur des DNS-Moleküls nicht kalkuliert werden. Immerhin gibt es eine Frequenz für Adenin, einem wichtigen Bestandteil von DNS. Damit haben wir im Radio-Spektrum schon gesucht, allerdings erfolglos. – Sehr ergeben Ihr Frank Drake

Wir sind erst am frühen Morgen der Suche nach Lebensformen in interstellaren Räumen. Ehe es Abend wird, findet man vielleicht eine Methode, die Wellenlänge der DNS zu bestimmen.

PROJEKT CYCLOPS
Im Auftrag des Ames-Research-Center der NASA erstellten amerikanische Wissenschaftler unter Federführung des Physikers Bernard M. Oliver eine Studie über neue Wege für Funkkontakte mit außerirdischen Zivilisationen. Veranlassung für diese Studie war die Erkenntnis, daß wir mit den gegenwärtig arbeitenden Radioteleskopen zwar gesteuert quer durch die Galaxis *senden* können, indessen nicht in der Lage sind, schwächste Signale unterschiedlicher Bandbreiten zu *empfangen*, sofern diese nicht *gezielt* auf die Erde gerichtet sind.

Was also könnte man tun, um alle nur denkbaren, irgendwo herumschwirrenden Radiosignale einzufangen?

Das PROJEKT CYCLOPS schlägt einen gigantischen Parkplatz voller steuerbarer Antennen vor. Jede Antenne soll einen Durchmesser von 100 m* haben. Würden 1500 derartiger Mammutantennen in einem Riesenkreis aufgestellt und in ein komplexes Computersystem integriert, könnte dieses größte »Ohr« aller Zeiten aus dem Weltall sogar ganz einfache Radiosendungen in au-

* Das wäre die Größe jener einen Antenne, über die das Max-Planck-Institut bei Effelsberg verfügt

1500 Antennen auf einem Riesenparkplatz könnten Radiosendungen noch von 1000 Lichtjahren entfernten Sonnensystemen registrieren. – Hier, in der Reihenfolge, eine Totale des Antennenwaldes mit immer näherrückenden Ansichten der Modelle

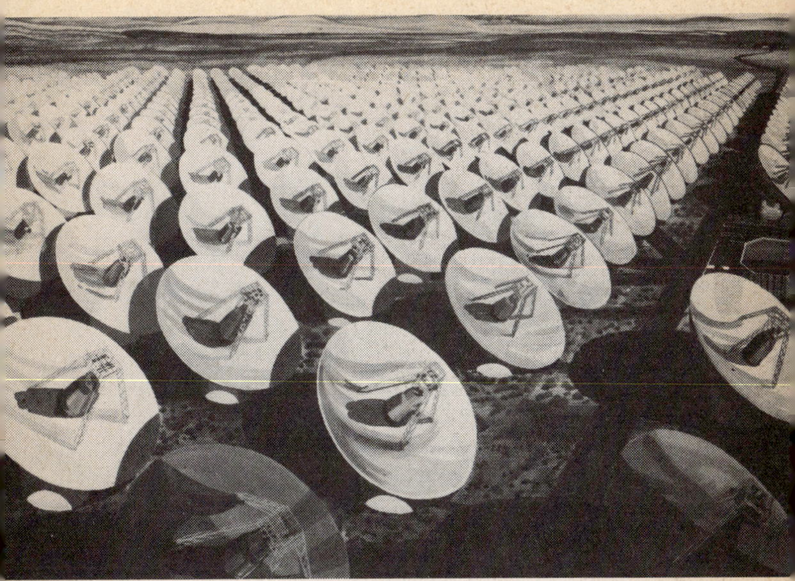

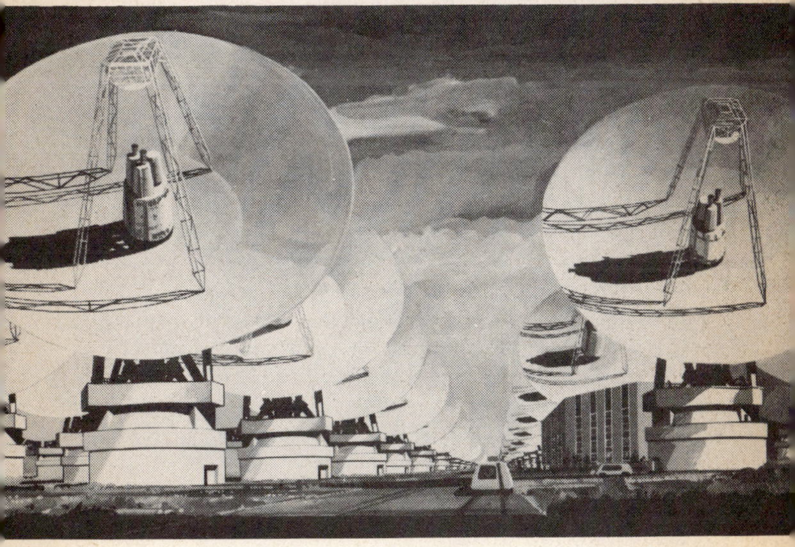

ßerirdischen Gemeinwesen empfangen. Dieser Antennenwald wäre in der Lage, »pro Sekunde und Million Quadratmeter noch zwei Einzelphotone* zu registrieren, so daß selbst der schwache planetare Nachrichtenverkehr einer anderen Welt bis in 50 oder gar 100 Lichtjahre Entfernung geortet werden könnte« [6]. Die an der Erarbeitung der Studie beteiligten Wissenschaftler prognostizieren, daß mit dem PROJEKT CYCLOPS noch in diesem Jahrhundert ein effektiver Kontakt mit extraterrestrischen Zivilisationen aufgenommen werden könnte.

Mit dem PROJEKT CYCLOPS könnten wir quasi das Bettgeflüster unserer Nachbarn im All abhorchen. Da man aus dem Riesenantennenwald heraus freilich auch senden könnte, ließe sich auf einem anderen Stern das Husten unserer Flöhe hörbar machen.

Einbahnstraße der Information?

Trotz allem technisch Machbaren bleibt jede Kommunikation über die ungeheuren kosmischen Distanzen hinweg ein mühsames Unterfangen. Ob wir senden oder empfangen, elektromagnetische Wellen sind unausweichlich an die Lichtgeschwindigkeit gebunden. Würden wir zu der Stunde, da diese Zeilen gelesen werden, eine Botschaft von einem 100 Lichtjahre entfernten Sonnensystem erhalten und auf der Stelle mit einer Dankeschön-Sendung beantworten, dann träfe unsere Nachricht erst in 200 Jahren beim Adressaten ein. Selbst eine Frage in Richtung unseres nächstgelegenen, nur 4,3 Lichtjahre entfernten Fixsterns, Alpha Centauri, könnte erst in 8,6 Jahren eine Antwort bringen. Unter solchen postalischen Verhältnissen denkt denn auch niemand an einen Dialog. Vielmehr wird angenommen, daß hochtechnifizierte Intelligenzen aus ihrem Sonnensystem *ununterbrochen Zustandsberichte ihrer zivilisatorischen Situation ins Weltall funken*. Wenn dem so ist, kann jede Zivilisation mit adäquatem technischem Status diese Dauersendungen mithören. Falls je beide Partner auf gleicher Wellenlänge landen, ließen sich auch Situationsberichte austauschen. Weil so selbstverständlich, möchte ich nur ganz am Rande erwähnen, daß wir gewiß nicht die einzigen sind, die interstellare Kontakte suchen.

* Photon, Lichtquant: ein masseloses Elementarteilchen

Mir schiene es keineswegs uninteressant, wenn die Funkverbindung nur auf einer Einbahnstraße laufen würde, wenn wir lediglich empfangen könnten. Uninteressant? Aber nein! Wir müssen uns einmal klarmachen, daß alle historischen Kenntnisse auf einer Einbahnstraße, aus der Vergangenheit kommend, zu uns gelangen. Von Ägyptern, Griechen, Römern, von Inka und Maya flossen uns kostbare Informationen zu – juristische, philosophische und auch technische Erkenntnisse. Wir können kein Echo in die Vergangenheit zurückgeben, wir können keine Fragen stellen. Trotzdem profitieren wir von dem Transport an Wissen auf dieser Einbahnstraße der Information. Eine Einbahnstraße ins All wäre ein »Geschenk des Himmels«, denn auf ihr würden wir zukünftigem Wissen begegnen. Hinhören! wäre die Parole. Der Dialog wäre nicht notwendig.

In radioastronomischen Fachpublikationen stört mich der dauernde Hinweis, daß für die Suche nach außerirdischen Funkbotschaften nur der kleinste Teil der Arbeitsleistungen der Radioteleskope aufgewandt wird. Man habe, heißt es, Wichtigeres zu tun.

Ist es wichtiger, im Weltall neuen Molekularverbindungen nachzujagen? Ist es wichtiger, allerfernste Galaxien, die uns nicht kratzen, anzupeilen und anzumessen? Sicher sind solche und andere astrophysikalische Kenntnisse, mit den Geräten der Radioastronomie erworben, ungeheuer wichtig. Jedes neue Detail füllt die lückenhafte Vorstellung von der Entstehung des Universums, in dem wir leben. Mich schockiert das Herabstufen der wichtigsten Aufgabe: die Suche nach Kontakt mit außerirdischen Zivilisationen! Dabei halte ich diese Suche auch für den rentableren Aufwand an Zeit und Geld. Hat man Kontakt, kann man vom wissenderen »Nachbarn im All« en block abfragen, was wir so mühevoll, so zufällig, so unvollkommen in die Spardosen unserer Kenntnisse klimpern lassen. Bei hochanerkennenswerten Bemühungen und beträchtlichem Investment haben wir bisher noch kein solides (Wissens-)Kapital aufs Konto legen können.

In der Lage, in der sich heute alle Erdenbewohner befinden, müßte es zu einem Völkeraufstand mit der Forderung kommen:

SUCHT KONTAKTE MIT INTELLIGENTEN AUSSERIRDISCHEN ZIVILISATIONEN! WIR BRAUCHEN IHR WISSEN!

Zeitverschiebung – eine legale Sache!

Man möchte mit der umworbenen Braut auf die Dauer nicht nur telefonieren, man möchte sie auch im Arm halten. Mit dieser Metapher möchte ich schnurstracks auf die rauhen Pfade zugehen, die uns zu den Sternen führen können.

Von Gegnern meiner Theorie wird ein Phänomen nicht ausreichend zur Kenntnis genommen. Es ist ein ewiggültiges physikalisches Gesetz. Auf Ehrenwort: Ich habe es nicht erfunden!

Wenn Raumfahrzeuge zwischen Sternen extrem hohe Geschwindigkeiten erreichen, tritt eine Erscheinung auf, die man Zeitverschiebungseffekt (Zeitdilatation) nennt. Diese für unser Jahrhundert brandneue Erkenntnis zieht sich wie der berühmte rote Faden durch uralte Mythologien und Religionen. Dieses demnach nicht neue Faktum ist schwierig zu begreifen, aber ein so wichtiges Glied in meiner Beweiskette, daß ich hier mein Gespräch mit einem hervorragenden Sachverständigen einführen muß.

Dies ist das Protokoll meiner Fragen an den Physiker Professor Edgar Lüscher von der Technischen Universität München:

Gespräch mit Professor Edgar Lüscher
Kann man einem »normalen« Menschen überhaupt die Zeitverschiebung bei interstellaren Flügen verständlich machen?

Ich setze einmal voraus, es herrscht ein allgemeiner Konsensus darüber, was Zeit überhaupt ist. Es würde hier zu weit führen, mich auf eine Definition der Zeit einzulassen.

In der Physik ist es außerordentlich wesentlich, *wie* und *wo* man die Zeit mißt. Das Messungsergebnis hängt nämlich immer vom Bewegungszustand des Systems ab, in welchem die Messung durchgeführt wird. Bei einem bewegten System wird das Resultat der Messung anders sein als bei einem relativ sich in Ruhe befindenden System. Ein Beispiel:

Man stelle sich Zwillinge vor. Einer davon begibt sich in ein Weltraumschiff, der andere bleibt auf der Erde zurück. Vor dem Start des Raumfahrzeugs richten beide ihre Uhren, wobei wir annehmen wollen, daß diese Uhren auch noch die Kalenderdaten und die Jahre registrieren. Jetzt startet der eine in seinem Weltraumschiff, für das wir eine hohe Beschleunigung voraussetzen. Nach einer ganz bestimmten Zeit kehrt der Raumfahrer zurück. Sofern er seinen Brunder überhaupt noch antrifft, werden die beiden beim Uhrenvergleich feststellen, daß die Uhr des Raumfahrers viel langsamer gelaufen ist als die, des auf der Erde zurückgebliebenen.

Weshalb? Das begreift ja niemand!
Der Zwillingsbruder im Weltraumschiff vollbrachte einen anderen Bewegungsablauf als sein Zwillingsbruder auf der Erde. Die Änderung in der Zeitmessung ist durch die Beschleunigung verursacht worden, denn alle physikalischen Prozesse laufen in verschiedenen Systemen verschieden schnell ab.

Kluge Leute aus anderen Fakultäten als der Physik behaupten immer wieder, diese Zeitverschiebungstheorie könne nicht stimmen. In diesem Punkt habe sich Einstein geirrt.
Einstein hat sich eindeutig nicht geirrt. In der Physik gibt es kein Mutmaßen, der oberste Richter ist stets das Experiment. Die Vorhersage von Einstein, die in der allgemeinen Relativitätstheorie enthalten ist, ist bis heute unzählige Male und jedesmal mit noch größerer Genauigkeit überprüft worden.

Läßt sich das auch an einem Beispiel erläutern?
Wie Sie wissen, verfügen wir heute über außerordentlich exakte Möglichkeiten zur Zeitmessung. Man kann damit sogar die Ungenauigkeit im Lauf der Gestirne nachweisen. 1971 hat eine Physiker-Gruppe der Universität Washington und des U.S. Naval Observatory solche Präzisionszeitmesser in eine Boeing 707 verfrachtet. Eine zweite Meßapparatur blieb auf der Erde im Laboratorium. Die Boeing startete einmal im Uhrzeigersinn und ein zweites Mal in entgegengesetzter Richtung rund um die Erde. Nach der Landung wurde tatsächlich ein Unterschied in der Zeitmessung festgestellt. Die Geräte, die mitgeflogen waren, verzeichneten eine

minim langsamere Zeit als das Gerät auf dem Erdboden, und zwar um 59 beziehungsweise 273 ± 7 Nanosekunden*. Und dieser Zeitunterschied ergab sich bei einer Geschwindigkeit von nur rund 900 km pro Stunde auf einer relativ kurzen Strecke.

Warum wirkt sich die Zeitverschiebung um so vehementer aus, je größer die Geschwindigkeit wird?
Das hängt mit dem Gesetz zusammen, welches dahintersteckt, die sogenannte Lorenz-Transformation**. Das ist eine Gleichung, die das relativ ruhende System mit dem bewegten System verbindet. Um beide Systeme vergleichen zu können, muß man ja eine Art »Übersetzung« haben. Die Lorenz-Transformation schlägt gewissermaßen die Brücke von einem System zum anderen.

Was ergeben sich aus dieser Gleichung für Zahlen?
Ich gebe Ihnen hier eine Zeitverschiebungstabelle. Sie können daraus ablesen, wieviel Zeit auf der Erde und wieviel parallel im bewegten Raumschiff vergeht.

Dauer des Hin- und Rückfluges für die Raumkapselbesatzung	Gesamtdauer des Fluges für die zurückgebliebenen Erdbewohner	Entfernung des Umkehrpunktes
1 Jahr	1 Jahr	0,018 pc
2 Jahre	2,1 Jahre	0,075 pc
5 Jahre	6,5 Jahre	0,52 pc
10 Jahre	24 Jahre	3,0 pc
15 Jahre	80 Jahre	11,4 pc
20 Jahre	270 Jahre	42 pc
25 Jahre	910 Jahre	140 pc
30 Jahre	3 100 Jahre	480 pc
35 Jahre	10 600 Jahre	1 600 pc
40 Jahre	36 000 Jahre	5 400 pc
45 Jahre	121 000 Jahre	18 000 pc
50 Jahre	420 000 Jahre	64 000 pc

Beschleunigung: $9,81 \, m/sec^2$. $1 \, pc = 3,262 \, Lichtjahre = 3,0857 \cdot 10^{12} \, km$

* Der milliardste Teil einer Sekunde

$$** \, t = \gamma \left[t^1 + \frac{vx^1}{c^2} \right]$$

54

Ich habe die Sorge, daß man diesen ungeheuerlichen Vorgang ohne physikalisch-mathematische Vorbildung überhaupt nicht begreifen kann. Läßt es sich für einen Laien plausibel darstellen?

Nehmen wir an, hier vor uns stände ein Wägelchen und auf der Ladefläche wäre eine kleine Kugel. Würde ich der Kugel einen sanften Schubs versetzen, dann würde die sich auf der Ladefläche bewegen. Sowie ich aber das Wägelchen selbst beschleunige, wird auch die Kugel auf der Ladefläche von der Beschleunigung des Wägelchens beeinflußt. Das ist ein physikalischer Vorgang. Die Beschleunigung einer Rakete würde genauso die physikalischen Vorgänge beeinflussen.

Dies versteht man nicht: weshalb sollen diese physikalisch verschieden ablaufenden Ereignisse in verschiedenen Systemen auch Wirkung auf das biologische Alter der teilnehmenden Personen haben?

Um das zu verstehen, muß man einen Schritt weitergehen ins komplizierte System der Chemie. Chemische Vorgänge sind im Grund nichts anderes als physikalische Vorgänge, denn sie »gehorchen« ja auch physikalischen Gesetzen. Ich kann Mineralsalze und Phosphate chemisch definieren. Da es sich aber um materielle Verbindungen handelt, sind sie letztlich physikalisch . . . und damit den physikalischen Gesetzen unterworfen. Nun einen kleinen Sprung weiter: Die biologischen Vorgänge wiederum sind nichts anderes als letzten Endes komplizierte chemische Vorgänge. Damit richten sich auch die biologischen Vorgänge in ihrem Ablauf nach dem Bewegungszustand des Systems. Daraus ergibt sich, daß das Altern eines Menschen auch durch die physikalischen Gesetze beherrscht wird.

Biologischer Ablauf und subjektives Empfinden würden also für den Zwillingsbruder im Raumschiff nicht anders sein als für seinen Bruder auf der Erde. Jeder für sich hat den Eindruck, als liefe seine Uhr völlig normal, und auch das Gefühl, als ob er in gewohnter Weise älter werde!

Selbstverständlich. Erst wenn nach der Rückkehr von einem Raumflug die Uhren miteinander verglichen werden, merken sie, daß die Zeiten völlig verschieden abliefen.

Welche Kontrollmöglichkeit hat der Mann im Raumschiff, festzu-stellen, wie verschieden sein Alter von dem des auf der Erde zurück-gelassenen Bruders abläuft?
Der Astronautenzwilling müßte von Zeit zu Zeit einen Uhrenver-gleich mit der Erde vornehmen. Solange das Raumschiff noch im Bereich einer Funkverbindung ist, könnte das mit Funk erfolgen.

In Diskussionen wird immer wieder behauptet, die Zeitverschie-bungseffekte gäbe es nur in einer Fahrtrichtung: sowie man zurück-kehre, würden sie durch den Umkehreffekt wieder ausgeglichen!
Wer das sagt, hat die Relativitätstheorie nicht begriffen! Wer so ar-gumentiert, bezieht sich wahrscheinlich auf die spezielle Relativi-tätstheorie, die sich auf *nicht* beschleunigte Systeme bezieht. Die spezielle Relativitätstheorie behandelt nur Systeme, die sich mit gleichförmig konstanter Geschwindigkeit gegeneinander bewegen. Bei den Zeitverschiebungseffekten hingegen muß man über diese spezielle Relativitätstheorie hinausgehen: dann sind die beiden Systeme nicht mehr gleichwertig. Die Auffassung, daß bei der Rückkehr die Alterungsprozesse wieder ausgeglichen würden, ist ganz einfach falsch.

Herr Professor, haben Sie jemals einem intelligenten Biologen er-klären müssen, wie sich die Zeitverschiebungseffekte praktisch aus-wirken?
Nein, denn ein intelligenter Biologe hat den Vorgang längst begrif-fen. Ein moderner Biologe muß ja enorm viel von Physik verste-hen. Molekularbiologie ist ohne Physik gar nicht verständlich.
Nun habe ich die Hoffnung, daß mir nach dieser Erläuterung des Zeitverschiebungseffektes aus dem Munde eines so kompetenten Wissenschaftlers wie Prof. Lüscher auch von meinen Gegnern ein für allemal erlaubt wird, mit diesem physikalischen Gesetz in der Beweisführung für meine Theorie zu operieren. Es galt zu allen Zeiten. Wenn beispielsweise Kameraden von anderen Sternen vor nur 40 Jahren an Bord gingen, sind seitdem auf unsererErde 36 000 Jahre vergangen! Wer weiß denn, wann und wie viele Raumschiffe irgendwo im Universum zu Expeditionen starteten? Mich jeden-falls würde es nicht überraschen, wenn eines Tages eine muntere Crew vor unserer Haustür aus ihrem Gefährt klettern würde . . .

Ich folge einem Rat von Jules Verne

Vor einer Stunde gelang es einem führenden Telepathen, für mich eine telefonische Verbindung mit dem 1905 verstorbenen Jules Verne, dem Erfinder des utopisch-technischen Romans, herzustellen. Ich wollte den alten Herrn gern zu Rat ziehen, weil ich fürchtete, meine Phantasie könnte mir mir durchgehen.

Ich gebe das telapathische Telefonat im Wortlaut wieder:

Hier von Däniken. Verehrter Meister, ich komme eben aus Amerika zurück . . .

Grüß Gott, Herr von Däniken. In 5½ Stunden, ich weiß. Meine Wahnvorstellung von einer Reise in 80 Tagen um die Welt ist längst zum Treppenwitz geworden. Ich würde ganz gern in Ihrer Zeit leben . . .

Immerhin waren Sie ja einmal der Zeit voraus! Nicht darum möchte ich Sie sprechen . . .

Falls Sie Zukunftsprognosen geben, lieber Freud, kann ich Ihnen nur einen guten Rat geben: Gehen Sie weiterhin von realistischen Annahmen aus!

Gerade in diesem Punkt wollte ich Sie um Ihre Meinung bitten. Ich habe vor, in meinem neuen Buch zu behaupten, bereits um das Jahr 2000 könnte es im Weltall eine Stadt mit 10 000 Menschen geben, die dort leben, arbeiten, forschen, produzieren, Kinder zeugen, sich selbst ernähren, ja, die sogar aus ihrer Stadt heraus die Menschen auf der Erde mit Energie versorgen werden. Was halten Sie von dieser Idee? Ist sie zumutbar?

Ich bekam keine Antwort. Ein rauschendes Röhren war in der Luft; als es verstummte, fragte ich noch mals:

Meinen Sie, daß ich meinen Lesern diese Idee anbieten darf?

Verzeihen Sie, lieber Herr von Däniken, ich habe lauthals lachen müssen. Und einige Prominente, die um mich herumschweben, wiehern auch. Vielleicht haben Sie's gehört. Wie kommen Sie nur auf solche absruden Gedanken? Ich warne Sie dringend, Ähnliches zu schreiben! Man wird Ihnen kein Wort abnehmen! Eine Raumstation mit 10 000 Leuten? Nein, bleiben Sie mit Ihrer Phantasie auf dem Boden des technisch Machbaren!

Gut. Dem Rat des Ahnherrn der Science-fiction-Literatur folgend, bleibe ich auf dem Boden des Machbaren. Wie bisher.

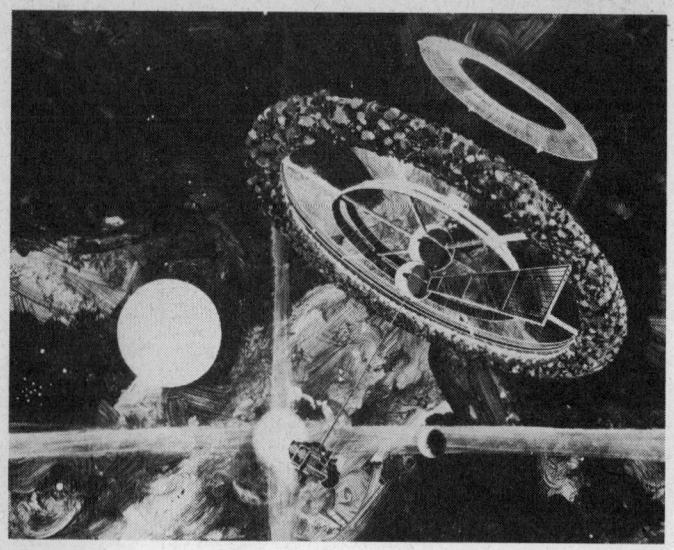

Dies ist das Modell der ersten Weltraumstadt, die 10000 Menschen aufnehmen kann. Als Gemeinschaftsprojekt der NASA und der Stanford-Universität könnte sie noch in diesem Jahrhundert gebaut werden. Es ist nur eine Geldfrage ...

Vor mir liegen vier Quellen, die über die technischen Möglichkeiten des Projekts berichten:
DER SPIEGEL, Nr. 36, 1. 9. 1975
NATIONAL ENQUIRER, Latana, USA, November 1975
DIE WELTWOCHE, Zürich, Nr. 4, 28. Januar 1976
BILD DER WISSENSCHAFT, Stuttgart, Mai 1976

Weltraum-Kolonie im Jahr 2000?
DER SPIEGEL:
Die Idee einer Raumstation für 10000 Menschen liegt im Bereich des schon jetzt technisch Möglichen. Zu diesem Schluß kam eine

Teilansicht der Konstruktion der ersten Weltraumstadt. Sie zeigt eine Landwirtschaftszone

Gruppe von 28 Professoren und Technikern, die das Problem im Auftrag der Stanford University und der NASA untersuchte. Die Raumstation, die etwa gleich weit (384000 km) von der Erde und dem Mond entfernt wäre und etwa 100 Milliarden Dollar kosten würde, könnte bis Ende dieses Jahrhunderts fertig sein. Sie würde in einem Zwei-Stufen-Programm erbaut werden: Zunächst müßten eine erdumkreisende 2000-Mann-Raumstation sowie eine kleinere Mondstation errichtet werden. Von dort aus würden die Baustoffe, aus Mondmineralien gewonnen, ins All transportiert und zusammenmontiert. Nur Kohlenstoff, Wasserstoff und Stickstoff müßten von der Erde zugeliefert werden. Die fertige Raum-

Den Plänen folgend, könnten die Bewohner der ersten Weltraum-kolonie die zweite, ungleich größere Station bauen. Sie würden zwischen 200000 und drei Millionen Menschen fassen können. Die Wohnzylinder sind 32 km lang und haben einen Durchmesser von 6400 m

station, die sich zur Erzeugung künstlicher Schwerkraft einmal pro Minute dreht, würde alles Lebensnotwendige an Bord haben: Felder und Wiesen erstrecken sich 800 m weit vor den Augen der Bewohner, das Trinkwasser würde immer aufs neue regeneriert, die Luft wäre sauberer als über irdischen Städten.

Ehe ich diese knappe Meldung mit Einzelheiten erläutere, möge es mir erlaubt sein, eine kleine persönliche Anmerkung zu machen.

Als ich 1968 meinem Verlag das Manuskript ZURÜCK ZU DEN STERNEN schickte, kam bald eine Rückfrage, ob das Kapitel »Die Kugel – Idealform für kosmische Fahrzeuge« nicht besser wegzulassen würde, denn zu Rat gezogene Techniker hielten diese meine Vermutung für eine unbelegbare und sehr unwahrscheinliche Spekulation eines Science-fiction-Autors; überdies wäre

meine Idee, in einem solchen Raumfahrzeug künstliche Schwerkraft durch Rotation herzustellen, auch kaum mehr als eine recht
phantasievolle Hypothese. Deshalb möge ich doch der Glaubwürdigkeit meiner anderen Thesen wegen auf diese Passagen im Buch
verzichten.

Ich habe nicht darauf verzichtet*. Zum Ruhme meines Verlages
muß ich hier einmal sagen, daß er immer wieder Mut bewiesen hat,
auch meine riskantesten und umstrittensten Postulate unverändert
zu drucken. Dabei weiß ich (vertraulich freilich!), daß auch der
Econ-Verlag – wie McMillan in New York mit Velikowsky – be-

* ZURÜCK ZU DEN STERNEN, Seiten 113–147.

*Im Innern der Zylinder gibt es Landschaften »wie zuhaus«.
Binnen 114 Sekunden dreht sich der Zylinder einmal um seine
Achse und schafft dadurch eine künstliche Gravitation, eine
Schwerkraft also wie auf der Erde*

trächtliche Schwierigkeiten mit seinen anderen Autoren hatte,die wohl Sorge bewegte, die Nähe eines »Spinners« könne ihren Ruf tangieren.

Nun, jene, die gegen meine Behauptung, Raumschiffe der Zukunft würden Kugelform haben, Bedenken äußerten, werden nun durch die Form der technisch machbaren Riesenraumstation überzeugt, daß ich so falsch nicht gelegen habe. Was die Schaffung einer künstlichen Schwerkraft angeht, so steht sie quasi als fixe Größe in allen Zukunftsprojekten.

Die kosmische Stadt

Die kosmische Stadt soll im sogenannten Librationspunkt (L = 5) stationiert werden, dort, wo sich die Gravitationen von Erde, Mond und Sonne kombinieren und so seine stabile Flugbahn garantieren. Die Gravitation des Mondes ist nur 1/20 so groß wie die der Erde. Der Aufwand an Energie für den Materialtransport Mond/Weltraumstadt macht deshalb nur 1/20 des Aufwandes von der Erde her aus.

Die Wissenschaftler und Techniker gingen bei ihrem Plänemachen *ausschließlich* von jenen technischen Realitäten aus, über die wir *heute* verfügen. Zuerst soll ein Vorauskommando von 2000 Bergbauingenieuren an den Punkt L = 5 gebracht werden. Das Kommando lebt in vorfabrizierten Quartieren und Werkstätten. Boeing kann das Trägersystem für diese schweren Lasten bereits Anfang der 80er Jahre einsatzbereit zur Verfügung stellen!

Dank der Mondgesteinsproben, die APOLLO lieferte, ist Gewißheit vorhanden, daß auf dem Mond Eisen, Aluminium, Titan und Magnesium vorhanden sind. »Eisenhüttenleute« sollen diese Erze und Rohstoffe metallurgisch verarbeiten und beim Bau der ersten Siedlung verwenden. Energie für diese Prozesse ist im Übermaß vorhanden: Sonnenenergie!

Parallel zu den Arbeiten des Vortrupps wird auf dem Mond eine Station eingerichtet, deren Gesamtausrüstung auf ein Gewicht von 15 000 bis 50 000 Tonnen geschätzt wird. Der Bau einer Startbahn für Raumtransporter ist eingeplant. Für den Ausbau der ersten Stufe sind nur zwei Jahre zu veranschlagen.

Das auf dem Mond geschürfte Material wird zum Punkt L = 5 »geschossen«, wo es von den Technikern aller Fakultäten erwartet

wird. Das Mondmaterial wird zu riesigen Zylindern zusammengefügt – 100 m dick, 1 km lang. Der Zylindermantel ist in sechs je
einen Kilometer lange Streifen unterteilt in dieser Schichtung: Me-
tall/Glas, Metall/Glas. Auf diesen Mantel sind bewegliche Spiegel
montiert, die Sonnenlicht ins Innere des Zylinders reflektieren.

Die ganze Station dreht sich einmal pro Minute um ihre Längs-
achse. Die dadurch entstehenden Fliehkräfte geben den Kolonisatoren gewohnte heimatliche Lebensbedingungen. Da schwebt keiner mehr, wie wir es vom schwerelosen Zustand unserer
Astronauten her kennen; man bewegt sich wie auf vertrautem
Erdboden. Jedes Ding in der Station hat sein normales Gewicht.

Die zweite hinzustoßende Gruppe mit 2000 Frauen und Männern erweitert das Terrain für die totale Besiedlung mit 10 000
Menschen.

Die Planer haben nicht nur an Technik gedacht, sie sorgten auch
für ein vergnügliches Leben vor. Es werden Bäume und Pflanzen
wachsen, es wird Seen und Flüsse geben. Tierfarmen sollen für
Fleisch sorgen, Ziegen werden die Milchversorgung sicherstellen.
Böcke will man nicht mitnehmen: falls Ziegennachwuchssorgen
aufkommen, werden Spermaampullen für künstliche Besamungen
Sorge tragen.

Dr. Thomas Heppenheim, Luftfahrtingenieur am California Institute of Technology, sagte dem ENQUIRER:

Das Leben in der geplanten Weltraumstadt wird nicht nur ange-
nehmer sein als auf der Erde, sondern die Menschen werden dort
oben alles haben, was für größtes Wachstum notwendig ist. Keine
Ernte wird fehlschlagen. Die ersten 10 000 Menschen werden in
Terrassenappartements mit modernstem Wohnkomfort leben.
Von den Fenstern aus blicken sie auf gewölbte Erntefelder und
überschauen grüne Parks. Das Leben wird angenehm und sonnig
sein. Man kann in Hemdsärmeln arbeiten.

Professor Gerard O'Neill von der Princeton University, ein international angesehener Hochenergiephysiker und führendes Mitglied der Forschungs- und Planungsgruppe, ist der Meinung, daß
eine zweite Weltraumstadt, die von den Siedlern der ersten Station
zu errichten wäre, bereits eine Länge von 30 km haben könnte und
200 000 Menschen Platz bieten würde. Auch diese Weltraum-

Dieser Blick vom Ende des Zylinders aus zeigt den Einbruch der Nacht. — An den Seiten führen lange, bewegliche und rechtwinklige Spiegel das Sonnenlicht ins Innere: sie regulieren die Jahreszeiten und überwachen den Tag- und Nachtablauf: Im Innern des Zylinders herrscht eine irdische Atmosphäre

stadt-Bevölkerung wäre, dank eigener Energie- und Nahrungsversorgung, völlig unabhängig von der Erde. Professor O'Neill zweifelt nicht daran, daß in 100 Jahren 90 Prozent der Weltbevölkerung in solchen Weltraumkolonien leben könnten. Er sagt:

Die Besiedlung des Weltalls ist keine Science Fiction. Wir haben nun die Technologie. Die erste Kolonie könnte noch vor Ablauf dieses Jahrtausends in Betrieb sein.

Professor O'Neill stellte »bild der wissenschaft« Tabellen der von der Forschungsgruppe konstruktiv berechneten Projekte zur Verfügung. Zwei davon mögen hier eine Vorstellung vom technisch Machbaren vermitteln:

Mod.-Nr.	Länge (km)	Radius (m)	Rotation (sec)	Siedler	Einsatz im Jahr
1	1	100	21	10 000	1988
2	3,2	320	36	150 000	1996
3	10	1000	63	1 000 000	2002
4	32	3200	114	10 000 000	2008

Material für Modell Nr. 1	Material vom Mond in Tonnen	Material von der Erde in Tonnen
Aluminium	20 000	–
Glas	10 000	–
Generatorstation	–	1 000
Anfangsstrukturen	–	1 000
sonstige Spezialgeräte	–	1 000
Maschinen	–	800
Erde, Felsen	420 000	–
Flüssiger Wasserstoff	–	5 400
2000 Siedler (Bautrupp)	–	200
entwässerte Nahrung	–	600
ca.	500 000	10 000

Der NASA-Chef der Sektion »Projektforschung für Außerirdisches Leben«, Dr. Richard Johnson, sagt:

All dies ist technisch möglich. Was wir brauchen, ist lediglich das Geld!

Das liebe, teure Geld! Das in allernächster Zukunft technisch realisierbare Projekt einer Weltraumstadt wird auf 100 Milliarden Dollar veranschlagt. Eine utopische Summe? Keineswegs. Es ist ein Betrag, den man ohne Schreck und Erstaunen, vielleicht sogar mit Vergnügen zur Kenntnis nehmen kann. Denn: dem Pentagon wurde für 1977 ein Verteidigungsetat von 104 Milliarden Dollar bewilligt! Wenn die Techniker die Kosten für die drei Stufen bis zur funktionstüchtigen Weltraumstadt auf »nur« 100 Milliarden Dollar schätzen, dann sind bis zur Fertigstellung im Jahr 2000

Um die Größe der Weltraumstadt vergleichsweise vorstellbar
machen zu können, zeichnete man die 2,15 km lange
Golden-Gate-Brücke in der Bucht von San Franzisko
ein. In der oberen Bildhälfte sind die beweglichen, recht-
winkligen Spiegel zu sehen, die das Sonnenlicht reflektieren.
Ein Teil der Weltraumkolonie liegt bereits im Nachtschatten,
ein Teil ist noch von der Sonne bestrahlt.
Alle Darstellungen der Weltraumstadt wurden nach Ent-
würfen der NASA und der Stanford-Universität von Don
Davis gezeichnet und mir vom NASA-Hauptquartier in
Washington freundlicherweise zur Verfügung gestellt.

»nur« vier Milliarden Dollar per anno zur Zahlung fällig – der 25ste Teil des Einjahresverteidigungsetats! Investiert in ein Projekt, das schnelle und reichliche Zinsen abwirft.

Ich werde beim nächsten Telefonat dem alten Herrn Jules Verne erzählen, daß ich mit dieser Vorstellung einer Weltraumstadt auf dem Teppich des technisch Möglichen geblieben bin. Er wird nicht noch mal lachen.

Bleibt mir nur, meine Standardfrage zu stellen: Warum sollen ältere, uns in jeder Hinsicht weit überlegene Intelligenzen nicht gekonnt – und in ihrem Sinne zweckbestimmt – bei ihren Weltraumunternehmungen eingesetzt haben, was unsere Technik *heute* beherrscht und realisieren könnte?

Wer weiß, wo die Forschung in dieser Stunde steht?

Weil ich davon überzeugt bin, daß Außerirdische an strategischen Punkten Kolonien anlegten, von denen aus sie im Universum operieren und die sie in die Lage versetzen, mit dort gezeugtem Leben sogar das Gesetz der Zeitverschiebung zu manipulieren, habe ich das Projekt vom technisch möglichen Bau einer kosmischen Stadt mit großem Vergnügen zur Kenntnis genommen.

Die am Punkt L = 5 »verankerte« Weltraumstadt arbeitet mit Sonnenenergie. Dieses Projekt kann deshalb nur im Lichtraum der Sonne angesiedelt werden. Ich postuliere, daß auch ein Weltraumschiff vom Ausmaß einer großen Stadt möglich ist und daß es sogar von Sonnenenergie *un*abhängig operieren kann. Fusionsmeiler, die »schnellen Brüter« (die bei uns in Entwicklung sind), können Sonnenenergie durch Atomenergie ersetzen. Uran, auf der Erde nur in sehr begrenzten Mengen verfügbar, wird es auch auf anderen Planeten geben. Ich mag hier nicht spekulieren, mit welcher Art von Antrieb diese Raumschiffstadt beschleunigt wird. Hohe Geschwindigkeiten sind nicht nötig, sie kann gemächlich im Schnekkentempo reisen. Nach einigen tausend Jahren wird auch sie im System Alpha Centauri eintrudeln, falls das ihr Ziel war. Vielleicht feiert auch erst die 50ste Raumfahrergeneration die glückliche Landung. Was macht's? Eine interstellare Reise ist geglückt.

Was zu dieser Stunde in zahllosen Forschungsstätten auf unserem Planeten entdeckt, entwickelt, konstruiert und produktions- reif gemacht wird, das wissen nur die an den Forschungsprojekten direkt Beteiligten, und die arbeiten meistens unter höchsten Geheimhaltungsordern. Wir Normalbürger haben keine blasse Ahnung davon. Irgendwann steht irgendwo eine kleine Meldung, daß eine zukunftsverändernde Forschung zum Erfolg führte. Danach bricht das große Schweigen aus, trotzdem aber wird verbissen an der technischen Realisierung weitergearbeitet.

Die Abstände zwischen Phantasie und Wirklichkeit, zwischen Idee und Realisation werden immer kürzer. Wer sich vor seinen Kindern nicht blamieren will, sollte mit dem vorschnellen Verweis einer »undenkbaren« Idee ins Reich der Fabel sehr vorsichtig sein. Wir erleben mit, welche Kaliber von Siebenmeilenstiefeln unsere Forscher tragen, zu welchen »gestern« noch unvorstellbaren Zielen sie binnen einer Generation vorstießen. Man muß begreifen, daß der Fortschritt, der sich vor unseren Augen offenbart, für die Forscher, die daran beteiligt waren, bereits ein ganz alter Hut ist. Sie steuern längst neue, »undenkbare« Vorhaben an.

Wenn man mich fragt, woher ich die Kühnheit nehme, technisch kaum noch etwas für UNMÖGLICH zu halten, kann ich nur antworten: weil mein Archiv mich belehrt, daß ALLES möglich ist. Ich greife schnell hinein ins volle Menschenleben!

SPIONAGEFOTOS AUS DEM WELTRAUM
Die kosmische Aufklärung mit Spionagesatelliten hat einen technischen Stand erreicht, der an die Grenze des Unvorstellbaren reicht. Amerikanische Himmelsspione können mit einem radiometrischen Fingerabdruck feststellen, ob die Datscha Breschnews bewohnt oder der Swimming-Pool Präsident Carters beheizt ist. Oder die Russen können erkennen, ob sich ein Besucher in einer der 18 unterirdischen Festungen mit Interkontinentalraketen in der Wüste von Arizona befindet [8].

PANZER MIT TODESSTRAHLEN
Im Redstone-Arsenal von Huntsville entsteht der erste US-Laser-Panzer, eine utopisch anmutende »Kreuzung zwischen Tank und U-Boot«, auf dessen schwenkbarem Turm tödliches Laserlicht

verfeuert werden kann. Der Laserstrahl – pro Puls mehrere hundert Kilowatt stark – soll genügend stark sein, um Menschen, Flugzeughüllen und sogar dünne Stahlplatten zu durchdringen. »Das Ding geht ohne Schwierigkeiten durch jeden durch«, kommentiert ein Waffenexperte des US-Heeres die Zukunftswaffe [9].

TODESSTRAHLEN – ENGLANDS GEHEIMWAFFE
Das geheimste Projekt der britischen Regierung, in welches bereits einige Millionen Pfund investiert wurden, um die Entwicklung von Todesstrahlen zur Zerstörung von Flugzeugen, Raketen und Tanks voranzutreiben, ist gestern Nacht bekannt geworden. Die Strahlen, welche Science-fiction zur Realität werden lassen, sind derart stark, daß sie dicke Metallplatten durchlöchern können. Der Sprecher des Verteidigungsministeriums sagte: »Ich kann bestätigen, daß Arbeiten zur Verwendung von Laser als Vernichtungswaffen für die Navy, Royal Airforce und Army in Konstruktion sind« [10].

MIT STRAHLEN INS GEHIRN
Es handelt sich, so urteilt der Londoner Chefingenieur Charles Bovill über seine Neuerung, um eine wahrhaft humane Waffe: unblutig, leicht beweglich und wirksam vor allem durch Panik, die sie auslöst. – Bei der Waffe handelt es sich um Ultraschall- und Infrarotlichtwerfer, welche bestimmte elektrische Aktionsströme (Alpha-Wellen) im menschlichen Gehirn stören. Die Menschen werden von Panik erfaßt und rennen davon. Ideal, um Demonstrationen auf unblutige Weise aufzulösen [11].

SIEBEN SCHRECKLICHE WAFFEN
Sie vermögen den Blutdruck zu erhöhen, starker Blutdruck führt in kürzester Zeit zum Tode. Eine Super-Strahlungsbombe setzt Röntgen- und Gammastrahlen großer Intensität frei. Sie tötet durch elektromagnetische Strahlung, es entsteht keine Radioaktivität [12].

DAS WETTER ALS WAFFE
Hagel, Regen und Schneestürme als Waffen in künftigen Kriegen – diese Vorstellung ist nach Meinung des Internationalen Instituts für Strategische Studien in London längst nicht mehr nur ein

Thema für Zukunftsromane. Nach dem Einsatz von Pflanzengiften der verschiedensten Art, mit denen Ernten vernichtet und ganze Urwälder entlaubt werden können, droht jetzt die Umweltbeeinflussung durch militärische »Wettermacher«. Kriege können auf diese Art geführt werden, ohne daß die Welt bemerkt, daß ein Krieg im Gange ist. Künstlich hervorgerufene Mißernten wären nicht von naturgegebenen zu unterscheiden und könnten ein Land in die Knie zwingen, ohne daß jemals der Krieg erklärt wurde [13, 14].

Neue Technik? Alte Hüte!
Es kommt mir vor, als stände ein Leser hinter meinem Schreibtisch und flüstere mir ins Ohr: »Was haben denn diese Meldungen von apokalyptischen Vernichtungswaffen mit Ihrer Theorie zu schaffen?«

Eine ganze Menge!

Ich bemühe mich, aus den mir zur Verfügung stehenden Berichten und Meldungen den ungefähren Standort unserer modernen Technik anzupeilen. Dabei bin ich mir klar darüber, daß er längst verstaubt ist: Wenn Errungenschaften bekanntgemacht werden, sind sie bereits überholt, sonst nämlich würden die »alten Hüte« nicht ins Schaufenster gestellt. Ich ziehe meinen Hut vor so viel Forschungseifer . . . und muß doch zitronensauer lächeln. Was da an *Zukunfts*schrecknissen auf uns wartet, ist selbst längst *Vergangenheit!* Ist, um im Bilde zu bleiben, ein alter Hut.

Tatsächlich handelt es sich um keine neuen Waffen. Wir sind bei weitem nicht mal up to date mit der Waffentechnik unserer frühen Vorfahren! In Mythologien wird realistisch von Schreckenswaffen berichtet, von Waffen der alten »Götter«, wie sie sich die primitiven Gehirne unserer Vorvorderen niemals hätten erdenken können. Da Übermittler heiliger Schriften wie Mythenerzähler von unseren gegenwärtigen und zukünftigen Waffensystemen keine Ahnung gehabt haben können, müssen sie für ihre Reportagen eine zuverlässige und zeitgenössische Quelle angezapft haben: Beobachtung und Erlebnis am Schauplatz.

Deshalb weise ich bei einer Bestandsaufnahme aktueller und künftiger Technik auf Waffensysteme hin, die *schon einstmals* ihre vernichtende Kraft ausübten.

In alten Mythologien und heiligen Schriften »zu Hause«, erfüllt mich der erfrischende Gedanke, daß außerirdische Besucher alles, was wir heute erdenken und morgen entwickeln, wahrscheinlich in vollendeter Perfektion beherrschten und beherrschen. Technische Möglichkeiten aus unserer Gegenwart und Zukunft können für uns wie Wünschelruten sein, mit denen wir in der Vergangenheit fündig werden.

Verbietet der Energiefaktor interstellare Weltraumfahrt?

Es wird immer wieder behauptet, interstellare Weltraumfahrt wäre allein vom Energiefaktor her ein Ding der Unmöglichkeit. Für ein interstellares Raumschiff mit einem Startgewicht von 200 000 Tonnen wäre mehr Energie notwendig, als zur Zeit an fossilen Energien auf der Welt verbraucht werden. Liegen denn Heil und Zukunft der Menschheit in fossilen Energien . . . begraben?

Energiesatellit

Im September 1975 wurde auf dem 26. Kongreß der »International Astronautical Federation« in Lissabon dringend der Bau eines Satelliten-Sonnenkraftwerkes empfohlen. Forschungsgruppen, die sich inzwischen dieses Projektes annahmen, wollen einen Energiesatelliten in 36 000 km Höhe die Erde in einer stationären Umlaufbahn umkreisen lassen.

Der Satellit »besteht aus einem 4 km breiten und 12 km langen Solarzellen-Sammelareal mit einer scheibenförmigen Mikrowellen-Übertragungsanlage von 1 km Durchmesser. Die von einem solchen fotovoltaischen Sonnenkraftwerk erzeugte Elektrizität in Höhe von 8000 Megawatt wird in Form eines Mikrowellenstrahls zu stationären Flachantennen auf der Erde übertragen, wo schließlich nach Abzug der Übertragungsverluste 5000 Megawatt zum Verbrauch zur Verfügung stehen.« [15]

Technisch gibt es keine die Durchführung solcher Projekte hindernden Probleme mehr: Wir sind fähig, die Satelliten in die Umlaufbahn zu bringen und von dort her Sonnenenergie auf die Erde abstrahlen zu lassen. Leider sind solche Energievagabunden auch als Waffen zu verwenden. Gebündelte Strahlen aus dem Weltall könnten Ernten verbrennen, ganze Städte und Landschaften in Glut und Asche versenken, könnten das Eis an den Polen auftauen und willkürlich eine Sintflut herbeiführen. Der »Götterblitz« aus dem All, von dem die Mythen sprechen, ist keine Utopie. Er war es weder damals noch ist er es heute.

Wasserstoffwirtschaft

Voreilige möchten gern die Diskussion um die Chancen interstellarer Raumfahrt mit dem fixen Hinweis beenden, sie müsse zwangsläufig an der Energiefrage scheitern.

Mit den Berichten des »Club of Rome« [16] und dem Aufstand der erdölproduzierenden Länder badet sich die öffentliche Meinung der Welt fast lustvoll in einem Pessimismus, der das Ende allen Fortschritts im Mangel an Energie wittert. Alles, was heute auf Rädern rollt, alles, was Räder bewegt – vielleicht mit Ausnahme elektrifizierter Eisenbahnen, die mit »Wasserstrom« betrieben werden –, wird aus den limitierten Vorkommen fossiler Brennstoffe mit Energie versorgt: Kohle, Erdöl, Erdgas, Ölschiefer. Aber auch die aus dem radioaktiven Element Uran gewonnenen Energien werden, bei allem derzeitigen Optimismus, ihre natürlichen Grenzen finden. Die Erdrinde enthält Uran mit einem Durchschnittsgehalt von 2 g je Tonne, und diese 2 g müssen in aufwendigen Verfahren aus den an Uran sehr armen Erzen gewonnen werden. Atomkraftwerke, wie sie als »Rettungsanker« in die Landchaften aller Länder »ausgeworfen« werden, basieren auf Uran. Sehr kluge und weitvorausschauende Skeptiker meinen, daß in den kommenden Jahren, wenn all die Atomkraftwerke produktionsbereit sind, Uran bereits nicht mehr in ausreichenden Mengen (auf der Erde!) zur Verfügung stehen wird.

Die fossilen Energieträger sind nicht regenerierbar. Einmal verheizt, sind sie vom Erdball verschwunden – unter Hinterlassung der mit ihrer Energie hergestellten Erzeugnisse einer hochindustrialisierten Technik. Aber diese Hinterlassenschaften geraten zu Wohlstandsmüll, weil sie ohne Energie wertlos und unbrauchbar sind.

Trotzdem vermag ich den Energiepessimismus nicht zu teilen. Zur Neige gehende Energiequellen müssen durch neue ersetzt werden. Schon jetzt könnten technische Entwicklungen den Ausverkauf kostbarer fossiler Energie- und Rohstoffvorkommen entscheidend eindämmen. Beispielsweise lassen sich Motoren aller Art auf den Betrieb mit flüssigem Wasserstoff (LH_2) umstellen. Bei Firmen wie GENERAL ELECTRIC und PRATT and WHITNEY laufen seit Jahren erfolgreiche Versuche mit der Verwendung von LH_2 als Energiequelle. Vor der allgemeinen Verwendbarkeit auch in Fahrzeugen ist noch eine technische Aufgabe zu lösen: mit LH_2 betriebene Motoren benötigen größere Tanks.

Die NEUE ZÜRCHER ZEITUNG faßte die Vorteile einer künftigen Wasserstoffwirtschaft zusammen:

Wasserstoff ist ein vollsynthetisches Produkt, das sich aus einer nie versiegenden und praktisch überall vorhandenen Grundsubstanz unseres Lebens, nämlich Wasser, gewinnen läßt.

Wasserstoff ist der sauberste Brennstoff überhaupt, da bei einer Verbrennung mit Luftsauerstoff wiederum nur harmloses Wasser entsteht. Die Erzeugung von »Umweltfeinden«, wie CO_2, CO, SO_2 und Rußpartikeln, wie sie bei der Verbrennung fossiler Brennstoffe entstehen, entfällt.

Wasserstoff beziehungsweise dessen »Asche«, Wasser, ist eine völlig ungiftige Stubstanz und ist daher über die Biosphäre im Verbund mit dem normalen Wasserkreislauf in der Natur *rezyklierbar*.

Wasserstoff kann in gasförmiger, flüssiger und fester Form gespeichert werden.

Wasserstoff ist transportierbar und durch ein Pipelinesystem verteilbar.

Wasserstoff ist *universell nutzbar* und schon heute eine Grundsubstanz großtechnisch-chemischer Verfahren [17].

Nein, interstellare Raumfahrt wird nicht am Energieproblem scheitern. Man wird nur Abschied von alten Energieformen nehmen müssen.

Die modernen »Götter« sind überall

Am 1. Oktober 1976 kreisten 8529 Objekte im Weltall um die Erde herum.

Die Außenwände des RELAY-Satelliten bestehen aus acht wabenartigen Aluminium-Schichten mit 8215 Solarzellen. Seine Hauptfunktion ist die Übertragung von TV- und Radiosendungen sowie die Übermittlung von transkontinentalen Telefongesprächen

Darunter waren 794 Satelliten und davon 54 Sonden. Der Rest? Das ist Weltraummüll. Bruchstücke von Raketen und Satelliten. Ein Handschuh, den der Astronaut Eduard White bei einem Weltraumspaziergang verlor.

Was täten die Menschen ohne die Erfindung des Reißverschlusses? Wohin würden sie abendlich starren, wenn es den Bildschirm nicht gäbe? Kann man sich die Gegenwart ohne Telefon, Frigidaire, Auto und Coca Cola vorstellen? Das sind so ein paar Erfindungen, deren wir uns mit derselben Selbstverständlichkeit bedienen wie der Türklinke, die um 600 v. Chr. in Mesopotamien erfunden wurde. Satelliten sind nicht in unserem Blickfeld, aber wir könnten ohne sie unseren Lebensstil längst nicht mehr pflegen. Ihr »Götter«auge ist überall.

Satelliten übermitteln Radio- und Fernsehsendungen, Telefongespräche und Schulprogramme. Sie geben Schiffen und Flugzeugen Navigationshilfen, sie melden astrophysikalische Daten zur Erde, sie sind für das west-östliche Spionagespiel in festem Engagement. Satelliten entdecken Heuschreckenschwärme, warnen vor Feuersbrünsten, Wirbelstürmen und feindlichen Invasoren. Sie loten Meerestiefen aus, senden Lagepläne neuer unterirdischer Rohstoffvorkommen. Satelliten können mehr als nur kurzfristige Wettervorhersagen andienen:

10-Jahres-Wettervorhersage

Mitte Oktober 1975 startete die NASA den ersten operationellen Wettersatelliten in einer geostationären Erdumlaufbahn in 36200 km Höhe über dem Äquator. In 30-Minuten-Intervallen kann er Erd- und Wolkenaufnahmen von 25% der Erdoberfläche übertragen. Das Satellitenauge vermag im infraroten Spektralbereich sogar in dunklen Nächten seine Aufgaben zu erfüllen.

Das ist viel, aber wenig, wenn man von den Plänen weiß, die bis 1985 realisiert werden können. Dann nämlich soll ein Satellitennetz aus je 4 bis 6 großen Satelliten auf sonnensynchronen, geostationären Umlaufbahnen seine Meßdaten, wiederum über einen Satelliten koordiniert, liefern und auswerten. Ziel ist es, bis zum Jahre 2000 für regionale Gebiete eine Einjahres-Wettervorhersage und eine 10-Jahres-Wettervorhersage für jede Hemisphäre zu erreichen [18].

Die modernen »Götter« sind allgegenwärtig. Das Auge des Horus wacht.

Noch haben die Satelliten die Funktion, zu beobachten und zu melden. Aber die Stunde X ist nicht fern, in der sie auch in die Geschehnisse auf der Erde eingreifen können: durch Funkbefehl von der Erde aus ... oder selbständig. Die Mini-Computerisierung macht's möglich.

Kollege Roboter

Es wird geschätzt, daß derzeit mehr als 500 Wissenschaftler an der Verwirklichung des intelligenten Computers arbeiten. Sie hören es nicht gern, wenn man ausspricht, daß das Endprodukt ihres Forschens der intelligente Roboter sein wird. Dennoch ist dies das

Dieser Satellit erforscht die Atmosphäre. Er stellt die ultraviolette Strahlung in der Erdatmosphäre fest und verifiziert die chemischen Prozesse in der Ionosphäre. Von der Erde aus kann seine Umlaufbahn über ein bordeigenes Steuersystem aufs Ziel hin verändert werden

Ziel! Immer wieder wird beteuert, die Intelligenz bliebe dem Menschen vorbehalten, und ein Computer – sprich: Roboter – würde nie selbständig denken können. Das ist ein Ammenmärchen und zugleich eine Beruhigungspille für jene, die Angst vor futuristischer Technik haben.

Die Sparte der Computertechnik, die intelligente Roboter kreieren will, heißt ARTIFICIAL INTELLIGENCE (AI). Zentren der AI-Forschung sind das »Massachusetts Institute of Technology« und die Stanford University in Kalifornien. Es scheint mir zweckmäßig, den Roboter* stets mitzudenken, wenn von künftigen Computern geredet wird. Computer und Roboter sind von gleicher

* Roboter: Bezeichnung für einen künstlichen Menschen

Dieser Teleskop-Satellit wurde zur Messung der Gammastrahlen im Weltall konstruiert

Rasse. Dem Robotergehirn kann man Computerprogramme eintrichtern. Wo liegt beim technischen Unikum, das mit Menschen Schach spielt, die Grenze zwischen Roboter und Computer? Computer sind begabte »Wesen«: sie lösen schwierigste mathematische Aufgaben schneller als ihr Erzeuger, der Mensch – sie regeln komplizierte technische Abläufe besser und fehlerfreier als ihr Konstrukteur, der Mensch – sie lesen und schreiben schneller als ihr Lehrmeister, der Mensch – sie haben ein ungleich zuverlässigeres und aufnahmefähigeres Gedächtnis als ihr Archivar, der Mensch – sie können ihre Tätigkeit schneller als der Schlag des Augenlids überprüfen, genauer als ihr Instrukteur, der Mensch – sie können lernen und kombinieren wie der Mensch.

Heute werden in großen Diagnosekliniken Computern »Befunde« eingegeben: Alter, Rasse, Größe, Gewicht, bisherige Erkrankungen, Operationen, konsumierte Medikamente, augenblickliche Beschwerden und deren Symptome usw. Brav und sehr gewissenhaft registriert der Computer die Mitteilungen . . . und spuckt in Sekundenbruchteilen die Diagnose aus. Der Patient weiß, wo und warum es ihn zwickt.

Es heißt (und das stimmt), das sei kein »echtes Wissen«. Wissen entsteht aber im menschlichen Gehirn nicht anders, nämlich durch Adaption von Mitteilungen via Eindrücke, die über Sensoren wie Augen, Nase, Ohren, Hautoberfläche, Zunge und durch Erziehung, Wort- und Begriffsbildungen etc. eingespeist werden. Wie der Computer, wird das menschliche Gehirn binär programmiert. Aus der Summe der gehorteten Mitteilungen zieht das Gehirn Schlüsse. Was tut der Computer anderes? Er kombiniert ebenso, indem er die gespeicherten Mitteilungen abruft, vergleicht, kombiniert. Mit *seinem* Wissen ausgerüstet, zieht er selbständig Schlüsse. Er agiert. Ein Roboter. Daß er sich noch nicht in der Savile Row in der Londoner City anziehen läßt, ist ein bißchen seltsam, aber das kann ja noch kommen, und außerdem wollen wir uns nicht mit Äußerlichkeiten beschäftigen. »Schön« ist auch die Mona Lisa nicht, aber hochinteressant.

Japans Autoindustrie arbeitet kostengünstiger als alle Autofabriken der Welt. Wie überall, hat auch sie rationiert, aber sie setzt auch immer mehr Roboter ein [19]. »Roboter übernehmen so schwierige Aufgaben wie die Lichtbogenschweißung für schwere Stahlbleche oder für das Aufpressen von Teilen. Die NISSAN setzt einen Roboter zum Schweißen von Füllungen ein, der die Karosseriemontage wesentlich beschleunigt. Dieser Roboter ist auch für den künftigen Export vorgesehen.«

Raumfahrtplaner gaben dem Kollegen Roboter längst die Hand! Sie wissen, daß er mittels Mini-Modul-Technik zum wichtigsten »Mann an Bord« werden kann: geringer an Gewicht als die Vielzahl an Astronauten, die mit ihrem Teilwissen nur ein Quentchen jenes Wissens zusammentragen könnten, das der Roboter in Bruchteilen von Sekunden präsent hat und ausgewertet liefert, während sich die Herren der Schöpfung noch über die richtige Maßnahme ihre klugen Köpfe zerbrechen. Dieser zuverlässige technische Begleiter ist nicht krankheitsanfällig; falls er sich partiell nicht wohlfühlt, wird er binnen Nanosekunden selbständig gesunde Schaltwege begehen. Er ißt nichts, und er scheidet nichts aus. Welches Lebewesen kann schon solche Prämissen mit ins Raumfahrtgeschäft bringen?

Vor zehn Jahren* regte ich einen Supercomputer an, der mit anderen Computern an wichtigen Standorten gekoppelt sein sollte: auf diese Weise wäre der Wissensschatz der ganzen Welt a) an einem Punkt gehortet, b) stets abrufbereit und c) könnte er in einem programmierten Lernprozeß à jour sein, er wäre allen Bibliotheken mit ihren Milliarden Büchern haushoch überlegen. – Im Frühjahr 1975 [20] las ich, daß die Bundesrepublik Deutschland bis 1978 insgesamt 440 Millionen DM bereitstellt, um in 16 Supergehirnen das gesamte veröffentliche Wissen der Welt zu speichern.

Sologehirne in Lenkwaffen

Im Umfeld der Grundierung meiner Theorie ist es wichtig, diesen technischen Teilaspekt der Entwicklung hoch genug zu bewerten. Mag es im Moment noch Futurologie sein, wird doch eines nicht zu fernen Tages ein Roboter raumflugbereit sein, der ohne menschliches Zutun im Weltall reagieren . . . und regieren kann. Er wird »wissen«, wann und ob sich »seinem« Raumschiff feindliche Satelliten nähern. Er wird sie mit Hitzestrahlen zerstören. Er wird an hochfliegenden, todbringenden Raketen die ballistischen Flugbahnen erkennen und sie zur Explosion bringen. Ich sehe eine Zukunft, in der Roboter von durchaus menschlichem Gehabe mangels Personal im Haushalt »denkende«, vollwertige Hilfen sein werden. Anzeigen wie: »Babysitter stundenweise dringend gesucht!« wird es nicht mehr geben; man hat seinen Roboter, der mit den Kindern spielt, spricht, sie beaufsichtigt.

Die Roboterforschung ist weiter gediehen, als wir ahnen und wissen sollen. Der intelligente Computer/Roboter steht schon vor der Tür. Er wird sie sich selbst öffnen.

Das ist nur ein Gleis der Forschung, an dessen Ende der Mensch nach und nach entthront werden wird. Noch ungleich aufnahmefähiger auf kleinstem Raum als ein Computer ist ein Gehirn mit seinen vielen Milliarden Zellen. Das lebende Gehirn hat einen Vorzug gegenüber Computern: es ist gegen elektromagnetische

---

* ERINNERUNGEN AN DIE ZUKUNFT, Seite 199 ff.

Störstrahlungen immun. Was Wunder, daß in den USA und in der UdSSR intensiv daran gearbeitet wird, lebende Sologehirne als Computerersatz in Lenkwaffen zu verpflanzen. Eine Meldung aus die NEUE ZÜRCHER ZEITUNG [21]:

Es muß festgehalten werden, daß von Tieren gesteuerte Lenkwaffen sehr billig und wirksam sein können und zudem gegenüber elektronischen Störungen vollständig immun sind . . . Das Fernziel solcher Arbeiten ist also, das Tiergehirn, d. h. die sehr kompakte und leistungsfähige biologische Datenverarbeitungsanlage dazuzubringen, die gewünschte Reaktion auf einen durch das Bild des Zielgebietes erzeugten Reiz zu produzieren.

Bergbau im Weltall

Kosmische Dimensionen müssen beileibe nicht nur der interstellaren Raumfahrt wegen überwunden werden. Selbst eingefleischte Gegner der Raumfahrt werden eingestehen, daß im Hinblick auf die zur Neige gehenden Rohstoffvorräte auf unserem Planeten alle Anstrengungen gemacht werden müssen, Ersatz ranzuschaffen.

»Bergbau im Weltall ist möglich«, erklärte Thomas B. McCord, Astrophysiker am Massachusetts Institute of Technology. »Eisen, Nickel und andere Metalle könnten auf Asteroiden* abgebaut und zur Erde verschifft werden. Es gibt keine unlösbaren technischen Probleme auf diesem Gebiet.« [22]

Es wurde errechnet, daß jährlich von Asteroiden Metalle im Wert von 140 Milliarden Dollar gewonnen werden könnten. Durch optisch-teleskopische und spektralanalytische Untersuchungen weiß man seit langem, daß einige Asteroiden im Asteroidengürtel zwischen Mars und Jupiter vorwiegend aus Eisen und Metall bestehen.

Mineure müßten auf abbaufähigen Asteroiden stationiert werden. Mit Sonnenenergie würden die Metalle geschmolzen, in Barren gegossen und mit Raumfähren abgeholt. Ein einziger Kubikkilometer Asteroidenmaterial könnte für 15 Jahre den Weltbedarf an Eisen, den für Nickel über 1250 Jahre decken. Phantasievolle Reise ins Land Utopia? Ich glaube nicht. Die Industrie pflegt nicht am Bedarf vorbeizuproduzieren. Weltraumanzüge werden serien-

---

* Asteroiden: sich in elliptischer Bahn um die Sonne bewegende kleine Planeten

Amerikas Space Shuttle, die wiederverwendbare Raumfähre

mäßig hergestellt, Konfektion von der Stange, damit die Weltraumpioniere sachgemäß gekleidet sind. Die Zeiten der Maßfertigung für den Astronauten Mister X sind vorbei. Selbst das phantastische TV-Raumschiff ENTERPRISE ist keine Utopie mehr: Präsident Gerald Ford hat noch entschieden, den Space Shuttle, die wiederverwendbare Weltraumfähre der Amerikaner, die in den 80er Jahren zwischen den Satellitenstationen und der Erde hin- und herpendeln wird, ENTERPRISE zu nennen.

Interstellare Projekte

Wir sprachen von inter*planetaren* Projekten, deren Verwirklichung zum Teil in Gang, zum Teil in bester Entwicklung ist.

Wie steht es um die inter*stellare* Raumfahrt?

Verschiedene, so recht nach Science-fiction schmeckende Projekte sind aus dem Stadium der Grundlagenforschung herausgetreten. Dazu gehören auch medizinische und biologische Forschungen, die darauf abzielen, das Leben der Menschen zu verlängern oder sie für die Dauer einer genau bestimmbaren Zeit in eine Art von Winterschlaf zu versetzen. Ende Februar 1974 teilte Dr. Albert R. Dawe vom »Office of Naval Research« in Chicago mit, daß es ihm gelang, aus dem Blut von Eichhörnchen im Winterschlaf ein Serum zu gewinnen, das offenbar die lange, energiesparende Schlafperiode bewirkt.

Wir wissen: Eichhörnchen, Igel, gewisse Bärenarten und Mäusesorten versetzen sich in Winterschlaf. Ein Hormon regelt die Energiezufuhr, der Kreislauf arbeitet auf kleinster Sparflamme weiter. Wenn es gelingt, das Dawe-Serum am Menschen anzuwenden, ist die lange Reisezeit auf interstellaren Flügen am menschlichen Organismus zu überbrücken. Raumfahrer können dann vielleicht noch nach 200 Jahren putzmunter am Ziel ankommen! Das Serum muß wohl seine Wirkung nicht nur an Eichhörnchen tun, denn Dr. Dawe versetzte per Injektion Igel mitten im Sommer in Winterschlaf. Wie naturgewollt, liefen alle organischen Funktionen weiter, als ob es ein wirklicher Winterschlaf wäre.

Diese biologisch-medizinischen Forschungen, die auf Lebensverlängerung abzielen, können die interstellare Raumfahrt aus einer nichttechnischen Ecke erheblich weiterbringen: interstellare Reisen werden, gemessen am Menschenleben, mit *langsameren* Raumschiffen möglich sein!

Zielen Forschungen auch auf die Konstruktion *schneller* Raumschiffe ab?

Ein Silberstreif am Horizont

An der University of Maryland arbeitet Professor Joseph Weber. Er gilt als bester Kenner der Schwerewellen. Was hat man sich unter Schwerewellen vorzustellen?

Vor über zehn Jahren ließ Professor Weber die ersten Schwerewellen-Antennen bauen und vermaß jene Gravitationssignale, die Albert Einstein in seiner allgemeinen Relativitätstheorie postuliert hat.

Täglich zerstrahlen in unserer Milchstraße viele Sterne. Novae, Neue Sterne, nennt man diese Klasse veränderlicher Sterne, die bei einem spontanen Helligkeitsausbruch ihre Helligkeit ums 100tausendfache steigern. Das Innere wird unter unvorstellbarem Druck zusammengepreßt, ein tiefgreifender atomarer Prozeß. In wenigen Stunden und Tagen werden gigantische Energien abgestrahlt. Schwerewellen.

Mit seinen neuesten Antennen kann Professor Weber diese Schwerewellen anpeilen und messen. Der Aufwand für diese Forschung ist groß, aber er kann sich lohnen. Die größte Antenne ist ein massiver Aluminiumzylinder von 3,6 Tonnen Gewicht, fast vier Metern Länge und einer Dicke von 65 Zentimetern. Von allen Umwelteinflüssen abgeschirmt, hängt die Schwerewelle-Antenne in einer Vakuum-Druckkammer.

Auf diesem Gebiet ist die Wissenschaft mit Grundlagenforschungen befaßt. Dennoch liegt die Vermutung in der Luft, daß Schwerewellen exakt *das* Medium für den Antrieb interstellarer Raumschiffe werden können.

Professor Eric Laithwaite, London, konstruierte schon eine Apparatur, die mit Anti-Schwerkraft funktioniert und damit die Schwerewellen neutralisiert. Vor den Augen der Journalisten stellte Professor Laithwaite ein zehn Kilogramm schweres Kästchen auf eine Küchenwaage. Gut sichtbar drehten sich im Kästchen zwei Schwungräder, die, elektrisch angetrieben, extrem schnell in gegenteiligen Umdrehungen rotierten. Als die Schwungräder auf Touren waren, wog das Kästchen nur noch 7,5 kg. Die Schwerkraft war teilweise aufgehoben. Nach Ansicht von Laithwaite wird man einst Raumschiffe mit »Anti-Schwerkraft-Motoren« ausrüsten. Solche interstellaren Fahrzeuge müßten aus dem Anziehungsbereich der irdischen Schwerkraft transportiert werden. Ab dann könnte dieser Motor mit Kernenergie angetrieben werden, möglicherweise auch mit den Schwerewellen, die bei Supernova-Ausbrüchen freigesetzt werden.

Professor Laithwaite ist nicht irgendwer. Er ist der Erfinder des elektrischen Linearmotors [23].

Mit der schönen Regelmäßigkeit, mit der die Sonne aufgeht, werde ich in Diskussionen und Leserzuschriften immer wieder mit diesem komplexen Thema konfrontiert: »Alles schön und gut, Herr von Däniken, aber wie sollen je die ungeheuren interstellaren Distanzen überwunden werden? Unsere derzeitigen Raumfahrttechniken ermöglichen es gerade, die relativ nahen Himmelskörper Mond, Mars, Venus und Jupiter anzusteuern.«

Die Skepsis akzeptiere und verstehe ich.

Ich bin kein Wissenschaftler. Ich bin ein hochinteressierter »liebender Laie«. Eine Crew drehte über meine Reisen und über mich einen Film und gab ihm den Titel: TRAMP BETWEEN THE SCIENCES – Tramp zwischen den Wissenschaften. Den Filmtitel halte ich für angemessen. Wenn ich, bar aller Eitelkeit, meiner Arbeit nur einen bescheidenen Wert beimessen darf, dann ist es der, daß ich durch meine Grenzgängerei zwischen den Wissenschaften die Fronten ein wenig aufweichen und durchlässig machen konnte – und sei es nur, daß ich divergierende Fakultäten zu gemeinsamen Attacken auf mich – und damit zum Meinungsaustausch – bringen konnte. Doch: auf keinem der für mein Anliegen relevanten Gebiete besitze ich akademische Graduierungen, wohl aber ein Kombinationsvermögen aus dem gesunden Menschenverstand heraus, den man per Examina nicht unbedingt erwerben kann. Ich solidarisiere mich also mit dem gesunden Menschenverstand aller Zeitgenossen, und ich sauge Honig aus den von mir so sehr bewunderten wissenschaftlichen Lösungen, die *in praxi* Fortschritt bringen. Lupenreine wissenschaftliche Erkenntnisse kann ich nicht liefern, die muß ich mir bei ihren führenden Vertretern holen. Wenn ich aber Sachverständige in meine Beweislegung einführe, kann man sicher sein, daß ich immer zum Schmied, nie zum Schmiedchen gehe. Derartige Erkundigungen haben oft den Haken, daß reine Wissenschaft sich schwer tut, allgemeinverständlich zu sein. Sie pflegt Schwarzbrot mit harten Kanten zu servieren, und wenn man nicht behutsam herangeht, kann man Eckzähne verlieren.

Schwarzbrot von der Wissenschaft

Um das Thema Nr. 1 anzugehen, nämlich, ob wir je die Chance haben, interstellare Distanzen zu überwinden, begab ich mich in die »Höhle des Löwen« – zu Professor Dr. Ing. Harry O. Ruppe, der den Lehrstuhl für Raumfahrttechnik an der Technischen Universität München innehat. Ruppe ist nicht nur ein Wissenschaftler von international anerkannten hohen Graden, er ist auch ein Praktiker, der zehn Jahre lang bei der NASA tätig war, zuletzt als Direktor des Büros für die Planung zukünftiger Raumfahrtprojekte, wobei der dafür entscheidende Aspekt, die Raketenantriebstechnik, Schwerpunkt seiner Forschungsarbeit ist. Professor Ruppe fragte ich nach den künftigen Möglichkeiten interstellarer Raumfahrt. Im Gegensatz zu TV-Reportern ließ ich meinen Gesprächspartner ausreden.

Gespräch mit Professor Harry O. Ruppe

Es hieß, Albert Einstein hätte nur zwei Gesprächspartner gehabt, die ihn verstehen konnten, aber diese beiden habe man nicht gefunden. Wie jedermann von seiner Relativitätstheorie hörte, geht heute die ganze Welt mit dem Begriff STRESS um – ohne zu wissen, daß Professor Hans Selye diesen Begriff für seine Anpassungslehre prägte. Selye, den man dieser Entdeckung wegen den »Einstein der Medizin« nennt, wollte in einem Buch Kollegen und Laien informieren. Beim Schreiben merkte er, daß er für Fachleute so tief in die Medizin einsteigen mußte, daß Laien nicht mehr folgen konnten. Da empfal er, Unverständliches zu überlesen, weil der Rest zum Verständnis seiner Lehre vom STRESS ausreiche. Weil ich meine Leser keinesfalls im Stress wissen möchte, schlage ich vor, daß sie aus dem Interview auch nur das Leichtverständliche »mitnehmen«. Einfacher war's, leider, nicht zu haben!

In nur zwei Jahrzehnten haben wir eine erstaunliche Entwicklung der Raumfahrt miterlebt. Von bescheidenen Anfängen ausgehend, mit kleinen unbemannten Erdsatelliten in nur einigen Kilometern Höhe, wurde der Mond, sogar bemannt, die Mehrzahl der Planeten sowie die Nähe der Sonne erreicht. Wir haben uns an rasche Leistungssteigerungen gewöhnt. Wird es in diesem Tempo weitergehen?

Es ist nicht verwunderlich, daß man aufgrund des Erlebten annimmt, daß auch die Sterne und sogar fernste Objekte im Kosmos im Verlauf vorhersehbarer Entwicklungen schon bald in das technisch erreichbare Gebiet gelangen könnten. Daß das nicht unbedingt der Fall sein muß, mögen einige Zahlen belegen.

In einer nahen Erdsatellitenbahn sind wir in Minuten bis zu einer Stunde, dazu ist eine Geschwindigkeit von 10 km/s nötig. Mit der anderthalbfachen Geschwindigkeit erschließt sich bereits der Raum bis zum Mond und zu den Planeten*; die Reisezeit zum Mond brauchte einige Tage, im interplanetaren Betrieb einige Jahre, aber in diesem Fall hilft uns die Eigenbewegung der Erde in ihrer Jahresbahn um die Sonne kräftig mit.

Würden wir nun mit interplanetaren Geschwindigkeiten, also einigen 10 km/s, interstellare Flüge ausführen – was flugmechanisch durchaus möglich ist, die Raumsonde PIONEER X tut es ja –, dann haben wir Flugzeiten vom 10^4fachen der Zielentfernung, wenn man diese in Lichtjahren ausdrückt, also $4 \cdot 10^4$ Jahre für das naheste Objekt (= 4 Lichtjahre) und 10^{14} Jahre für das weiteste Objekt (= 10^{10} Lichtjahre). – Das Alter des Universums nimmt man zwar mit »nur« 10^{10} Jahren an, aber selbst die »nahen« Objekte sind zu weit entfernt, wenn wir 40 000 Jahre mit dem Alter eines Menschenlebens oder mit dem Alter einer typischen irdischen Zivilisation vergleichen.

Sieht denn ein Fachmann wie Sie überhaupt Möglichkeiten für interstellare Raumfahrt?

Aber sicher! Dafür gibt es, beispielsweise, diese Denkmöglichkeiten:

Unbemannte Flüge: Maschinen (Roboter) führen die Expeditionen durch und melden ihre Ergebnisse per Funk zurück zur Erde.

---

* Planeten sind Wandelsterne, die sich in elliptischen, nahezu kreisförmigen Bahnen um die Sonne bewegen. Mit zunehmender Entfernung von der Sonne sind es: Merkur, Venus, Erde, Mars, Jupiter, Saturn, Uranus, Neptun, Pluto

Generationsreisen: Es wird eine ganze Siedlung von Menschen losgeschickt. Mit eigener Energiequelle (Minisonne). Mit geschlossenem, autarkem Lebenskreislauf usw. Die am Ziel ankommende Gruppe ist dann nicht mehr unbedingt jene, die die Reise angetreten hat.

Lebensverlangsamung: Die Lebensprozesse der Astronauten werden so verlangsamt (Winterschlaf!), daß sie während des langen Fluges nur wenig altern.

Lebenskonservierung: Brutmaschinen, Samen- und Eizellen, geeignete Speicher etc. gehen auf die Reise. Menschliches Leben wird erst in gemäßem Zeitraum vor dem Ziel erzeugt.

Lebensverlängerung: Das Leben der Besatzung wird so verlängert, daß auch lange Reisen nur einen kleinen Bruchteil der Lebenserwartung beanspruchen. In dieser Hypothese spielen KYBORGS (Abkürzung von Kybernetischer Organismus*), eine Mensch/Maschine-Kombination, eine Rolle.

Zwingen die bisherigen Überlegungen nicht dazu, die nach unserem heutigen Verständnis bestehenden Grenzen der Antriebstechnik zu untersuchen? Liegen die Dinge vielleicht doch nicht so schwierig?

Von den heute voll verständlichen Raketensystemen ist das leistungsfähigste der Ionenantrieb**, der seine Energie aus einem Festkernreaktor (Spaltungstyp) nimmt. Die Höchstgeschwindigkeit beträgt einige 100 km/s. Damit ist er interstellar unbrauchbar. Zur optischen Verdeutlichung für Ihre technisch interessierten Leser gebe ich Ihnen eine Zeichnung einer typischen Rakete (Abb. 1). Um die Rakete klar zu definieren: sie ist ein Gerät, das den Impulsträger völlig an Bord hat; über Energiequellen werden keine Angaben gemacht; häufig sind Impulsträger und Energieträger identisch.

Lassen Sie uns über das leistungsfähigste der nicht höchst spekulativen Systeme sprechen! Der Bruchteil α der Treibstoffmasse m werde in Energie umgesetzt – für Fusion beträgt optimistischer-

* ZURÜCK ZU DEN STERNEN, Seite 24 ff.
** Ionentriebwerke beschleunigen ionisierbare Moleküle/Atome/geladene Kolloidteilchen mittels elektrischer Felder

weise $\alpha = 3 \cdot 10^{-3}$. Diese Energie findet sich wieder als Bewegungsenergie des Abgasstrahles mit der Masse m $(1-\alpha)$, der mit . . .

Lieber Herr Professor, ich verstehe kein Wort!

Nicht? Es sind einfache Formeln . . .

Bestimmt. Nur: ich verstehe sie nicht. Ich bin auch von ferne kein Raketenfachmann, und meine Leser sind auch nur an meinem Thema interessierte Laien. Sie werden Ihre wissenschaftliche Geheimsprache auch nicht verstehen!

Das System, das ich darstellen möchte, läßt sich kaum anders als in Formeln ausdrücken. Vor dieser Klippe werden wir im Verlauf unseres Gesprächs noch öfter stehen!

Mein Vorschlag zur Güte! Nehmen wir alle dem Laien unverständlichen Formeln, die sicher eine Delikatesse für Fachleute sind, in den Anhang zu diesem Interview. Sagen wir also an: Erläuterung Nr. 1 für Fachleute!

Typische Zahlen

		(Einheit)
a)	Nutzlast	1
b)	Struktur Hilfsgeräte	9
c)	Treibstoff	90
	Startmasse M_0	100
	Brennschlußmasse M	10
	Massenverhältnis $r = \dfrac{M_0}{M} = 10$	

Typische Rakete (Abb. 1)

PROJEKT DAEDALUS

Also: dieses näher untersuchte Projekt, das interstellare Reisen möglich machen kann, ist das PROJEKT DAEDALUS, das von meinem Freund Alan Bond von der »British Interplanetary Society« bearbeitet wird. – Der nukleare Puls-Antrieb hierzu wurde in den 50er Jahren zuerst von S. Ulam, USA, vorgeschlagen. Bei diesem Konzept werden relativ gewöhnlich Atombomben (Kernspaltung) hinter einem Fahrzeug zur Explosion gebracht, welches an seinem Heck mittels Stoßdämpfern mit einer »Prallplatte« verbunden ist. Bei näherer Untersuchung dieses Prinzips ergab sich, daß große Versionen auch Wasserstoffbomben verwenden können. Hier wären wieder spezielle technische Angaben nötig. Wie wollten Sie es haben? *Erläuterung Nr. 2 für Fachleute!*

Gut. Die Pulssysteme können in vernünftiger Weise das ganze Sonnensystem erschließen. Trotzdem sind für den interstellaren Betrieb weitere Verbesserungen nötig.

In diesem Jahrzehnt wurde es wahrscheinlich, daß kleine thermonukleare* Explosionen mit Laser- oder auch relativistischen Elektronenstrahlen zu zünden wären. Damit kann man sich auf Explosionen von einigen Tonnen TNT** Äquivalenz beschränken, statt Megatonnen***, die sich aus Spaltungsbomben-Zündern ergeben. Hier ist die Erläuterung Nr. 3 für Fachleute fällig.

Okay. Können wir, bitte, etwas anschaulicher werden?

Ich gebe Ihnen ein Schema von DAEDALUS (Abb. 2) und die Darstellung des Verlaufs eines nach diesem System angetriebenen Flugs (Abb. 3).

Die Aufgabe:

Ein unbemanntes Fluggerät, das aus unserem Sonnensystem abfliegt, soll Barnards Stern, der 5,91 Lichtjahre entfernt ist, erreichen. Um die Flugzeit möglichst kurz zu halten, ist nur ein Vorbeiflug geplant. Kleine thermonukleare Explosionen (Helium 3, Deuterium), durch Laser oder relativistische Elektronenstrahlen

---

* Durch Wärme hervorgerufene Kernreaktion
** Abkürzung für Trinitrotuluol, ein Sprengstoff mit hoher Brisanz und Unempfindlichkeit gegen Stoß und Erhitzen. Wird durch Initialzündung zur Explosion gebracht. Sprengwirkung von Kernwaffen wird in der äquivalenten Sprengwirkung von Kilo- und Megatonnen des TNT ausgedrückt
*** Eine Million Tonnen

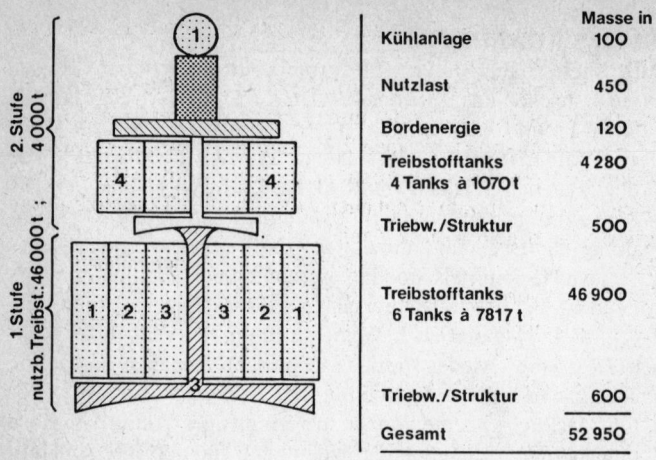

	Masse in t
Kühlanlage	100
Nutzlast	450
Bordenergie	120
Treibstofftanks 4 Tanks à 1070 t	4 280
Triebw./Struktur	500
Treibstofftanks 6 Tanks à 7817 t	46 900
Triebw./Struktur	600
Gesamt	52 950

(Die Nummern geben die Reihenfolge des Abwurfs an)

Daedalus-Schema (Abb. 2)

Daedalus-Flugschema (Abb. 3)

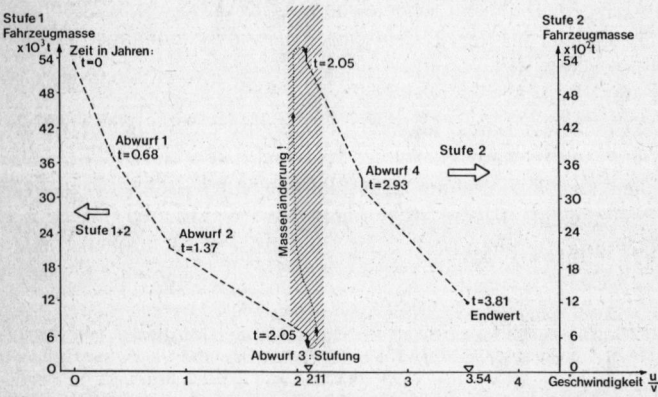

DAEDALUS, angetriebener Flug. Masse und Zeit gegen Geschwindigkeit

gezündet, treiben das Fahrzeug. Die Strahlgeschwindigkeit (v) beträgt 10^7 m/s.

Der Auftrag würde etwa so ablaufen: Aus der Parkbahn abfliegend, arbeitet die erste Stufe. Immer, wenn ein Treibstofftank leer ist, wird er abgeworfen. Nach 2,05 Jahren ist die erste Stufe erschöpft. Die zweite Stufe trennt sich und beginnt ihre Tätigkeit. Nach weitern 1,76 Jahren hat auch sie sämtlichen Treibstoff aufgebraucht. Jetzt gelten diese Zahlen:

Zeit   3,81 Jahre nach dem Start
Entfernung von der Sonne   0,2 Lichtjahre
Geschwindigkeit   min. 0,1 max. 1,0 – durchschnittlich
                                  0,3 m/s^2

Weitere 48,5 Jahre bringen das Gerät bis zum Ziel: Barnards Stern.

Natürlich muß die Lage geregelt bleiben – eventuell durch Spin* und Beobachtung des Sternenhintergrundes, um Funkverbindung mit der Erde zu halten. Kleine Korrekturen der Flugrichtung sind auszuführen. Ungenauigkeiten müssen korrigiert werden.

Etwa fünf bis zehn Jahre vor der Ankunft werden viele, vielleicht zehn bis 20, »Untergeräte« ausgestoßen, um das Zielsystem gleichsam im »Schrotschuß« zu durchfliegen; nur so kann viel Information über eventuelle Planeten gewonnen werden, denn die Aufenthaltsdauer in der Nähe des Zieles ist kurz.

Für die Flugdauer von 52 Jahren kommen noch sechs Jahre Nachrichtenlaufzeit zur Erde hinzu: 58 Jahre nach dem Start liegen die Ergebnisse vor.

Wenn wir annehmen, daß es 15 Jahre vom Bau der ersten Geräte solchen Typs bis zu dessen Start dauern mag, dann liegen 73 Jahre zwischen der Hauptauftragsvergabe und den ersten Resultaten. Erlauben wir, daß statt 73 Jahren 100 Jahre angesetzt werden können, dann darf das Ziel schon 8,8 Lichtjahre entfernt sein – statt 5,9 Lichtjahre. Ich habe das Gefühl, daß damit die Möglichkeiten dieser Technik erschöpft sind, wenn nicht gar überschritten. Wenn dieses Gerät relativ einfach aussieht, liegt das natürlich an unserer zu wenig eingehenden Behandlung. Drum: Erläuterung Nr. 4 für Fachleute!

* Spin: Drehimpuls (Eigenrotation) des Fahrzeugs

Ich werde sie abtippen, auch wenn ich nicht eine Silbe davon ver-
stehe. Ich habe es versprochen!

Die Zündung von Kernexplosionen ermöglicht offensichtlich nur
bescheidene interstellare Flüge. Sind damit die Möglichkeiten er-
schöpft? Gibt es stärkere Energiequellen?

Stärkere Energiequellen

Die Antwort heißt eindeutig: ja! Ich darf, ehe ich darauf detailliert
antworte, am Rande vermerken, daß durchaus im Laufe der Ent-
wicklungsjahre für das PROJEKT DAEDALUS neue, derzeit
noch nicht vorliegende Erkenntnisse bessere Wege zur Verwirklichung aufzeigen können!

Zu Ihrer Frage nach stärkeren Energiequellen:

Bei der Kernfusion wird ja nur 0,3 Prozent der Masse in Energie
umgewandelt. Was aber würde erfolgen, wenn wir die ganze Masse
in Energie verwandeln würden? Zumindest theoretisch ist dann die
Möglichkeit gegeben, der Lichtgeschwindigkeit nahezukommen.

Im kleinen sind solche Prozesse durchaus bekannt. Beispielsweise können ein Positron* und ein Elektron** bei ihrer Vereinigung völlig in Energie umgewandelt werden. Allgemein gesagt: wir
müssen Materie und Antimaterie*** nur zusammenbringen, dann
findet die gegenseitige Zerstrahlung statt. Während Kernfusion
eine »normale« Energiequelle im Kosmos zu sein scheint mit den
nötigen, sehr aufwendigen »Öfen«, den Sternen nämlich, scheint
totale Materievernichtung in großem Umfang in der Natur nicht
aufzutreten. Manche Beobachter folgern daraus, daß dieser Prozeß
unmöglich sei. Zwingend scheint mir dieser Analogieschluß keineswegs zu sein. Dabei wird nämlich vorausgesetzt, daß jeder realisierbare Prozeß auch in der Natur vorkommt! Das aber ist eher
ein Glaubenssatz denn ein wissenschaftliches Gesetz.

Wir haben uns über Antriebsfragen und die damit verbundenen
Flugzeiten unterhalten. Die müssen geklärt werden, ehe man sich
weiteren Problemen zuwendet. Eine weitere Diskussion über so

---

   * Positron: positiv geladenes Elementarteilchen, dessen Masse gleich der Elektro-
     nenmasse ist
  ** Elektron: negativ elektrisches Elementarteilchen
*** Antimaterie: Form der Materie aus Atomen, die nur aus Antiteilchen aufgebaut
     sind: Antiprotonen, Antineutronen, Positronen

fachliche Fragen sprengt den Rahmen dieses Buches. Lassen Sie uns bitte über allgemeinverständliche, interessante Aspekte zukünftiger Raumfahrttechnik sprechen!

Ich verstehe Ihr Anliegen, aber wenn ein Professor auf seinem Fachgebiet ins Reden kommt, setzt er vielfach zu viele Kenntnisse voraus die sein täglich Brot sind.

Also: grundsätzlich sollten wir, ehe man ein so schwieriges Unterfangen wie einen interstellaren Flug plant, wenigstens minimale Daten über die Existenz von Planeten haben, sollten grobe Kenntnisse von den Umweltbedingungen, Lebenswahrscheinlichkeiten usw. vorliegen. Das schnelle interstellare Fahrzeug erfährt seltsame Effekte hinsichtlich der Umweltbeobachtung aus dem Gerät heraus, ein Faktum, das bei der Astronavigation zu berücksichtigen ist.

Die Kenntnis der interstellaren Koordinaten und deren Veränderungen ist nicht so präzise wie unser entsprechendes Wissen im Sonnensystem. Lenkung und Kontrolle haben das zu beobachten.

Der interstellare Raum ist nur fast leer, doch sein Vakuum ist eine Voraussetzung zum Erreichen wirklich hoher Geschwindigkeiten, weil sonst der Gaswiderstand zu hoch wäre. Abschätzungen zeigen, daß auch bei relativistischer Geschwindigkeit dieser Widerstand nur klein ist, aber auch er muß für lange Flugzeiten berücksichtigt werden.

Es ist aber nicht nur dieser Widerstand, für dessen Überwindung ingenieurmäßige Lösungen gefunden werden müssen. Sie müssen auch für Erwärmung und gegen Erosion wie auch für die Strahlung, die durch den Aufprall von Partikeln entsteht, gefunden werden. Die lange Missionszeit stellt schwierige Anforderungen an die Zuverlässigkeit der technischen Systeme. Das gilt für unbemannte und in noch höherem Maß für bemannte Geräte.

Fraglos müssen bei uns bedeutende Wandlungen im Allgemeinverhalten realisiert sein, ehe Mittel für ein Unternehmen wie die interstellare Raumfahrt bereitgestellt werden. Die Ergebnisse sind nämlich nur vage vorhersehbar, wahrscheinlich werden sie »nur« in wissenschaftlichen Daten bestehen und die werden erst viele Jahrzehnte nach der Aufwendung der Investitionen vorliegen. Es geht also um den Mut, für eine ferne Zukunft Mittel zur Verfügung zu stellen.

Bisher wurden die soziologischen Probleme für die Mannschaft, die ja auch eine »Reise in die Zukunft« antritt, kaum durchdacht, und auch die Probleme der auf der Erde Zurückbleibenden müssen in die große Planung einbezogen werden. Mag heute die Antriebsfrage im Zentrum der Aufgabenstellung liegen – aber: wenn sie gelöst ist, bleiben noch viele Fragen zu beantworten.

Kann nach vielen ungeheuren, die Welt verändernden Entdeckungen bis auf unsere Tage dieser Prozeß als abgeschlossen betrachtet werden?

Aller Wahrscheinlichkeit nach nicht! Man denke doch nur an die Entdeckung der Neutronensterne* oder die Diskussion um die Schwarzen Löcher** oder die gegenwärtigen Modelle der Elementarteilchen. Die Zukunft kann auch für interstellare Flüge Möglichkeiten erschließen, die heute unvorstellbar sind oder noch im Widerspruch zu vorhandenem Wissen zu stehen scheinen. In diesem Gebiet rationale Vorhersagen zu machen, ist unmöglich – als Denkanstoß will ich nur einige »Phantastereien« aufführen, die z. T. aus technischen Zukunftsromanen stammen:

Denkanstöße

Es ist, glaube ich, inzwischen allgemein bekannt, daß Raumfahrzeuge durch Vorbeiflug an einem bewegten Himmelskörper eine Geschwindigkeitsveränderung erfahren können. Diese Wirkung wurde bei den Raumsonden PIONEER X und XI mit Hilfe des Planeten Jupiter ausgenutzt.

Man kann zeigen, daß solche Geschwindigkeitsänderungen sehr groß sein können, wenn der Vorbeiflug bei einem Gestirn erfolgt, dessen Kreisbahngeschwindigkeit sehr groß ist und das sich selbst sehr rasch um ein andres Gestirn bewegt. Wir denken etwa an einen Neutronenstern, der um ein Schwarzes Loch kreist. Bei einem solchen Manöver darf die Beschleunigung fast beliebig hoch sein, weil die Hauptkräfte ja auf jedes Atom gleichmäßig wirken und nur die Flutkräfte belastend auftreten können. Jedenfalls können hier Kräfte genutzt werden.

---

* Ein nach Verlust der »normalen« Energie durch Kollaps entstehender Stern mit der Masse der Sonne bei einem Radius von 10 km

** Wie *, jedoch ist der Stern beim Kollabieren so massereich, daß er gar keinen Gleichgewichtszustand mehr erreicht und auf einen Punkt zusammenstürzt

Ich sagte schon, daß der Weltraum nicht völlig leer ist. Vielleicht ist dort ein noch unbekanntes Phänomen zu verwenden. Strahlungsdruck, elektrische oder magnetische Felder sind zwar vorhanden, aber sie scheinen als Hauptantriebsquelle viel zu schwach zu sein, aber vielleicht reichen sie aus, um Flugrichtungsänderungen durchzuführen.

Falls jedoch einst die Forschungen um das Wesen der Gravitation gestatten würden, die Gravitationen nach Wunsch auch in eine Abstoßung zu verwandeln ... die Konsequenzen wären enorm! Freilich müßte auch dann noch Energie aufgebracht werden, sonst könnte man ja durch ein Auf- und Absteigen im Erdschwerefeld ein Perpetuum mobile betreiben! Eine ganz entscheidende Hilfe jedoch könnte eine solche Entdeckung schon sein: Mit Anti-Schwerkraft (oder anderen Feldern) könnte sich unser Fahrzeug von Himmelskörpern, ja, vom ganzen Universum abstoßen. Das Impulsträgerproblem der Rakete wäre gelöst!

Vielleicht kann man eines Tages die Sonne und mit ihr das ganze Sonnensystem – oder auch nur die Erde mit einer künstlichen Sonne – so in Bewegung setzen, daß interstellare Entfernungen planvoll zu überbrücken sind.

Es wird allgemein gesagt, daß Einsteins Relativitätstheorie für alle Teilchen – Partikel oder Quanten* – Überlichtgeschwindigkeit verbiete.

Genaugenommen ist die Relativitätstheorie jedoch weniger einschränkend. Aus ihr folgert nämlich nur, daß unterlichtschnelle materielle Teilchen höchstens Fast-Lichtgeschwindigkeit erreichen und daß überlichtschnelle nur fast »lichtlangsam« werden können. Die überlichtschnellen Teilchen nennt man Tachyonen**, ihre Existenz ist spekulativ. Daß sie für die interstellare Raumfahrt eine Bedeutung haben könnten, erscheint mir unwahrscheinlich. Doch – wer weiß?! Vielleicht gestattet eine verfeinerte Relativitätstheorie unter bestimmten, realisierbaren Umständen den »verbotenen« Übergang in die heiligen Bezirke der Überlichtgeschwindigkeiten?

---

 * Kleinste, unteilbare Mengen: Elementarteilchen
** ZURÜCK ZU DEN STERNEN, Seiten 29 ff

Es würde sich auch eine entscheidende Hilfe ergeben, wenn unser Sternenschiff auf seiner Reise geeignetes Material nachtanken könnte. Die früher erörterten Probleme blieben zwar bestehen, aber die »Unmöglichkeit« wäre reduziert.

Wenn Materie in ein Schwarzes Loch fällt, wird ein wesentlicher Bruchteil von etwa 10 Prozent dieser Materie in Energie umgesetzt. Falls Mini-Schwarze-Löcher existieren, und falls sich diese herstellen und stabilisieren lassen, wären sie als Antriebsquelle denkbar.

Vom Standpunkt der heutigen Physik aus scheint mir das »Sternentor« im Film »2001« unverständlich: Entfernungen und Zeit lassen sich nicht in mystischer Weise aufheben. Ähnlich »fabel«haft sind die Hyperräume des »Raumschiff Enterprise« in der gleichnamigen TV-Serie.

Aber: als »unverständlich« würde Isaac Newton, der bedeutende englische Physiker und Mathematiker, mit seinen Kenntnissen im 17. Jahrhundert wohl auch die heutige Fernsehtechnik bezeichnet haben!

Sollten sogenannte okkulte Phänomene in irgendeiner Weise existieren, dann werden sie schließlich in das rationale Weltbild eingefügt. Vielleicht ergeben sich dann ganz neue Denkmöglichkeiten.

Damit genug der Spekulationen! Vielleicht gelang es mir, zu zeigen, daß trotz der heutigen Fast-Unmöglichkeit interstellarer Raumfahrt ein kleiner Hoffnungsfunken glimmt. Denn auch diese Fast-Unmöglichkeit ist relativ, bezogen auf unsere Erde und unser gegenwärtiges Wissen!

»Ein kleiner Hoffnungsfunken glimmt!«

Diese abschließende Feststellung von Professor Ruppe hat es gelohnt, das »wissenschaftliche Schwarzbrot« zu beißen, wie auch die dreimaligen Anmerkungen, daß heute nichtvorhersehbare, außergewöhnliche Erkenntnisse jede rationale Planung auf den Kopf stellen können. Selbstverständlich muß Wissenschaft systematisch forschen – in ihren Sternstunden stehen ihr aber auch Glück und Zufall bei.

Mir wurde mal die fabelhafte Geschichte erzählt, wie der geniale Chemiker Adolf von Baeyer (1835–1917), dem 1905 der Nobelpreis für Chemie verliehen wurde, auf die Spur zur Entdeckung der Indigofarbstoffe gekommen sein soll. Im Labor dampften in Glaskugeln über vielen Bunsenbrennern allerlei Mixturen, die Baeyer und seine Assistenten angesetzt hatten. Als der Professor mittags mit seinen Herren zum Essen ging, sollte der Labordiener die Gashähne schließen, aber der vergaß es. Als Bayer zurückkam, waren alle Glaskugeln geplatzt, ihre Inhalte schimmerten auf den Labortischen in allen Farbnuancen. Beflissen wollten Labordiener und Assistenten das Scherbengericht zuhauf kehren, als der geniale Baeyer anordnete: »Zuerst werden wir analysieren, was da auf den Tischen liegt!« In einem der Schandflecken soll sich die chemische Synthese des kostbaren Farbstoffs befunden haben, der bis dahin aus indigobildenen Pflanzen in einem komplizierten und kostspieligen Prozeß gewonnen werden mußte. Das war 1880. Schon 1897 kam künstlicher Indigo in reinster Form in den Handel. Wie sagte Giordano Bruno? *Se non è vero, è molto ben trovato!* Wenn es nicht wahr ist, so ist es sehr gut erfunden!

Professor Ferdinand Porsche (1875–1951) erzählte in einem Interview, daß er zahllose konstruierbare Formen für den VW auf dem Reißbrett entworfen hatte, als er während seiner Ferien tagelang eine Käferkolonie beobachtet und plötzlich die Form der Tierchen als ideal für seinen Volkswagen erkannte.

Die Wissenschaft sollte Zufall und Glück abonnieren!

Ich möchte nur antippen, daß beide nicht kalkulierbar sind. Von meiner Theorie ausgehend, möchte ich aber feststellen, daß Extraterrestrier mit einer um Jahrtausende älteren Kultur und Zivilisation möglicherweise einst selbst vor den gleichen, uns heute unüberwindbar scheinenden Hürden gestanden haben. Daß sie aber mit planvoller Forschung und/oder Glück und/oder Zufall und/oder spontanen genialen Ideen darüberhinwegsetzten.

Niemand wird mir vorhalten können, daß ich je vom Wunder einer baldigen Realisierung des Menschheitswunsches gesprochen hätte. Ich behaupte lediglich:

Daß *wir* interstellare Raumfahrttechnik noch nicht beherrschen, spricht nicht dagegen, daß Außerirdische auf diesem Klavier längst spielen konnten! Zu gewichtig sind die Indizien für ihre ehemaligen Aufenthalte auf dem blauen Planeten.

Einige Wochen nach meinem Gespräch mit Professor Ruppe

brachte mir die Post die in Chicago erscheinende Zeitschrift AN-CIENT SKIES vom August 1976. Darin las ich einen Artikel Ruppes, dessen Schluß ich, aus dem Englischen übersetzt, zitieren möchte;

Ich wurde von Erich von Däniken für sein neues Buch interviewt. Sehr zu meiner eigenen Überraschung mußte ich meine harte, alte Position des UNMÖGLICH revidieren. Ich stelle jetzt fest, daß beschränkte interstellare Reisen zu Zielen, die nicht mehr als zehn Lichtjahre entfernt sind, machbar erscheinen.

Tanz der Dogon am Sigui-Fest bei Sangha in Mali

Am 16. Mai 1792 besuchte Henri Guellemin seinen Freund Charles Sanson in Faubourg-Saint-Germain zum Abendessen. Guellemin blieb über Nacht, weil Robespierre wieder mal ab neun Uhr über ganz Paris Ausgangssperre verhängt hatte.

Sanson (1740–1793) war Scharfrichter. Er bediente, wie viele Kollegen, die vom Arzt Guillotin erfundene Hinrichtungsmaschine, die es Robespierre ermöglichte, allein in der Hauptstadt an die 15 000 Menschen »schmerzlos« vom Leben in den Tod köpfen zu lassen. Sanson hatte die Ehre, König Ludwig XVI. und Marie-Antoinette ins Jenseits zu befördern.

Als Guellemin am frühen Morgen des 17. Mai Sansons Wohnung verließ, wurde er, wenige Schritte vom Haus entfernt, verhaftet. Man beschuldigte ihn, während der letzten Nacht auf der Ile de la Cité hetzerische Flugblätter verteilt und im Handgemenge einen Jakobiner erdolcht zu haben.

Als der ehrenwerte und unentbehrliche Charles Sanson Stunden später von der Verhaftung erfuhr, begab er sich zum Revolutionstribunal und ließ protokollieren, daß Guellemin irrtümlich der ihm angelasteten Verbrechen überführt worden sein müsse, denn vom Abend des 16. Mai bis zum Morgen des 17. hätte der Freund seine Wohnung in Faubourg nicht verlassen.

Man glaubte dem Henker von Paris kein Wort, denn Guellemin hatte inzwischen, unter der Folter zwar, aber immerhin, Tatbestände ausgesagt, die nur einer wissen konnte, der bei dem Tumult der letzten Nacht dabeigewesen war, wie: daß in der linken, oberen Ecke des Flugblatts eine rote Nelke abgebildet war, wie: daß die vorletzte Zeile des Pamphlets auf dem Kopf stand, wie: daß an dem Handgemenge zwei Frauen teilgenommen hatten, denen ein Jakobiner die Kapuzen vom Haupt zerrte, wie: daß der Tatdolch eine Damaszenerklinge hatte.

Sanson begriff nicht, woher sein Freund all dieses Wissen hatte. Der hatte sich mit seinen Aussagen der Guillotine überliefert.

Am 29. Mai wurde Henri Guellemin am Grève-Platz auf die Mordmaschine geführt. Sein Freund ließ das Fallbeil herabsausen.

Es konnte nie geklärt werden, woher Guellemin seine Kenntnisse hatte, aber es waren teure Kenntnisse, denn er zahlte mit seinem Kopf dafür.

Nicht minder unheimliche Kenntnisse, die die Dogon haben, eigentlich aber auch nicht haben können, lassen sich erklären. Mit dem Verfahren eines Tatsachenbeweises. Ich spreche von dem geheimnisumwobenen Wissen der Dogon, die glücklicherweise auf keiner Guillotine endeten, von denen vielmehr heute noch 225 000 auf dem Plateau von Bandiagara und in den Homboribergen der westafrikanischen Republik Mali leben.

Ende 1975 las ich in einer Zeitungsnotiz, der britische Astronom Robert Temple habe ein Buch geschrieben, dessen Inhalt meine Theorien bestätige. Temple nämlich habe bewiesen, daß in der uralten Mythologie der Dogon-Neger ganz konkretes Wissen vom System des Sirius überliefert wäre mit Kenntnissen, die die Dogon ihrem Bildungsstand nach eigentlich nicht haben könnten. Temple, hieß es in der Meldung, habe bewiesen, daß den Dogon seit frühen Zeiten Position, Gravitation und Umlaufbahn des unsichtbaren Begleitsterns von Sirius bekannt wäre.

Diese Meldung elektrisierte mich.

Wer waren diese Dogon-Neger? Ich hatte nie von ihnen gehört. Und wer war dieser Mister Temple,

Ich schrieb einige Briefe an meine »5. Kolonne« in England. Wer ist dieser Robert Temple, und was veröffentlichte er über die Dogon und ihr geheimnisvolles Wissen? Zugleich beschaffte ich mir eine Menge Literatur über die Dogon. Darunter befand sich auch DAS SIRIUS-RÄTSEL [1] von Robert K. G. Temple. Ein faszinierendes Buch. Ich schrieb ihm und gratulierte ihm zu seiner Entdeckung. Wenige Monate später trafen wir uns in London.

Es stellte sich heraus, daß Temple – entgegen der Meldung – kein britischer Astronom, sondern ein amerikanischer Linguist (Sprachforscher) ist. 1945 geboren, ist er ein außerordentlich stiller, korrekter Mann, der noch nicht ahnt, was ihm an Widerwärtigkeiten und Gehässigkeiten ins Haus steht, sofern sein Buch zu dem Erfolg wird, der ihm zukommt und den ich ihm von Herzen wünsche. Die Tatsache, daß Temple derweil Mitglied der Royal Astronomical Society ist, weist seine wissenschaftliche Qualifikation aus.

Den Extrakt über das außergewöhnliche und unbegreifliche Wissen der Dogon vom Sirius-System verdanke ich in erster Linie meinen wiederholten Gesprächen mit Robert Temple, denn erst durch ihn stieß ich auf die Dogon-Literatur.

Erste Spurensicherung

Im Jahre 1931 besuchte der französische Anthropologe Dr. Marcel Griaule den Stamm der Dogon-Neger, der heute auf dem Plateau von Bandiagara und in den Homboribergen der westafrikanischen Republik Mali lebt. Es war eine forscherische Begegnung, die Griaule verwirrte und faszinierte. Er bekam Kenntnis von der Mythologie, die ebenso vertrackt-kompliziert war, wie sie in einem unergründlichen Zusammenhang mit den Sternen zu stehen schien. Unter den Negerstämmen gab es Zeremonien, die nur alle 50 Jahre wiederholt wurden und heute noch wiederholt werden. Jede Generation hatte dafür aufs neue Masken anzufertigen. Seit Jahrhunderten heben die Dogon sie auf als eine Art von Dorfarchiv, das den Kommenden Aufschluß über Vergangenes gibt.

1946 reiste Griaule wieder zu den Dogon. Diesmal wurde er von der Völkerkundlerin Dr. Germaine Dieterlen begleitet, die derzeit Generalsekretär der »Société des Africanistes« im »Musée de l'Homme« in Paris ist.

Den Ertrag vierjähriger Untersuchungen legten die beiden Forscher 1951 unter dem Titel »Ein sudanesisches Sirius-System« [2] vor. Aber der ethnologische Bericht über Mythen eines Negerstammes ließ nur einen kleinen Kreis von Fachleuten aufhorchen. Doch: in dem Bericht tickte ein Zeitzünder, der 25 Jahre später – ja, man muß sagen: explodierte.

Was gibt es so Erstaunliches in den Mythen der Dogon? Träume, religiösen Aberglauben, Phantasmagorien oder exaktes Wissen?

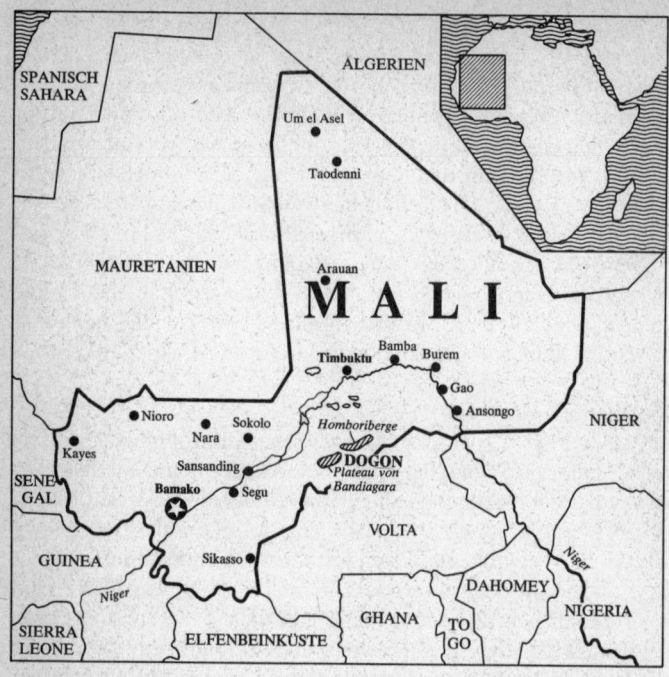

Rechts: Alle 50 Jahre, zu jedem Sigui-Fest, fertigen die Dogon Masken an, die sorgsam archiviert werden und die die Linie dieser Feste bis in eine noch unbestimmte Vergangenheit zurückführen

Vier Stämme als Zeugen

Griaule – Dieterlen ermittelten die einheimischen Kenntnisse über das Sirius-System in vier sudanesischen Bevölkerungsgruppen: bei den Dogon von Bandiagara, den Bambara und den Bozo aus dem Bezirk Segu und bei den Minianka aus dem Kreis Kutiala.

Zu Beginn machen die Autoren eine Feststellung, die man nicht aus dem Sinn verlieren darf, wenn man die Sachlichkeit des Mitgeteilten begreifen will. Sie schreiben:

Von unserer Seite aus haben die gesammelten Dokumente zu keiner Hypothese oder Herkunftsforschung Anlaß gegeben. Sie wurden lediglich in dem Sinne geordnet, daß die Aussagen der vier
wichtigsten Stämme in einem einzigen Exposé zusammengefügt
werden können. *Es wurde nie die Frage entschieden oder gestellt,
zu erfahren, woher Menschen, die überhaupt keine Instrumente besitzen, den Lauf und besondere Eigenschaften von praktisch unsichtbaren Gestirnen kennen können.*

Alle 50 Jahre zelebrieren die Dogon ihr »Sigui-Fest«. Die Sigui-Zeremonie hat den Wunsch nach Erneuerung der Welt zum Inhalt. Den Zeitpunkt des Festes bestommt *Po Tolo*, das ist der Stern des Sigui. *Po* ist das kleinste, den Dogon bekannte Getreidekorn. Der botanische Name für *Po* oder *Fonio* (wie es in Westafrika genannt wird) ist *Digitaria Exilis*, und unter *Digitaria* ging der kleine *Po* in die einschlägige Literatur ein.

Digitaria nun, weiß die Dogon-Mythologie zu berichten, würde alle 50 Jahre einmal den hell strahlenden Sirius umkreisen, und dabei sei dieser Begleiter *unsichtbar*. Ferner erzählen sich die Dogon, daß Digitaria der *schwerste Stern* wäre, der die Position des Sirius bestimme, *indem er ihn auf seiner Flugbahn umkreise*.

Steckbrief von Sirius und seinem Begleiter

Die Dogon-Mythologie reicht in eine unbestimmbar frühe Zeit zurück. Woher kommt das Wissen um Sirius und Sirius B, das uns erst im vorigen Jahrhundert bekannt wurde?

In der Astronomie wird der Sirius auch als Hundsstern bezeichnet, doch diese Bezeichnung ist überholt. Sie stammt noch aus der Zeit, als der Sirius während der Hundstage aufging, also während der ziemlich regelmäßig eintreffenden Hitzezeit zwischen Ende Juli und Ende August. Längst weiß man, daß sich durch die Präzision, die Kreiselbewegung der Erdachse, in etwa 26 000 Jahren eine Rücklaufbewegung des Schnittpunktes (Frühlingspunkt) zwischen Himmelsäquator und Ekliptik (Erdbahn) vollzieht, sich also die Koordinaten der Gestirne ändern. Beobachtungen eines Sternes müssen deshalb auf die eines anderen reduziert werden.

Der Sirius ist ein Stern 1. Größe im Sternbild des Großen Hundes am südlichen Himmel, hellster Stern der Sphäre, weiß gefärbt, in einer Entfernung von 8,5 Lichtjahren (1 Lichtjahr = 9,5 Billionen km). Sirius hat einen auch weißen ständigen Begleitstern 9. Größe. Er wurde 1844 von dem Königsberger Astronomen Friedrich Wilhelm Bessel (1784–1846) erkannt und 1862 von dem amerikanischen Optiker und Mechaniker Alvan Clarke (1804–1887) zum erstenmal *gesehen*! Während der Sirius ein normaler Stern ist, gehört sein Begleiter Sirius B zur Klasse der weißen Zwergsterne mit sehr großer Dichte.

Dieser Steckbrief steht in jedem guten Nachschlagewerk.

Als der Unsichtbare sichtbar wurde

Erst 1834 entdeckte Bessel, daß die Eigenbewegungen des Sirius unregelmäßig waren, daß er sich nicht gradlinig, sondern eher in einer Art von Wellenform bewegte. Zehn Jahre lang ließ er von seinem Assistenten die Positionen des Sirius in regelmäßigen Abständen vermessen. Dann fand er seinen Verdacht bestätigt, daß IRGEND ETWAS die Sirius-Bahn beeinflußte. Das unsichtbare ETWAS nannten die Astronomen: Sirius B. – Auch mit den besten Fernrohren der damaligen Zeit, noch im ersten Drittel des vorigen Jahrhunderts, blieb Sirius B ein nicht auszumachendes Himmelsobjekt. Man nahm an, daß es sich um einen nichtleuchtenden Stern handelte. Man nahm an . . .

Aber: 1862 fand der Amerikaner Clarke, der sich als Konstrukteur vieler großer Fernrohre bereits einen Namen gemacht hatte, mit einem aus Linsen von 47 cm Durchmesser gebauten Fernrohr, an der von Bessel angenommenen Stelle den bis dahin unsichtbar gewesenen Sirius B! Wegen des geringen Abstandes zum außerordentlich hellen Sirius ließ sich die Helligkeit des nun entdeckten Begleiters nicht feststellen: Sirius B stand nicht im Schatten, sondern im zu hellen Licht seines großen Bruders.

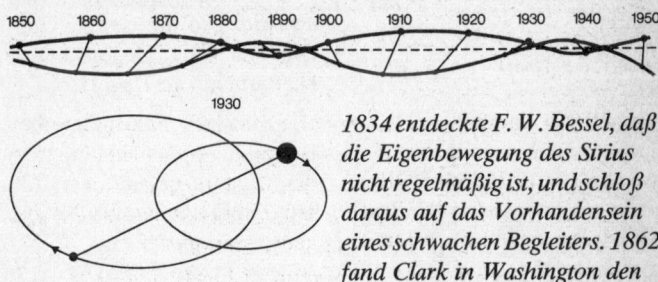

1834 entdeckte F. W. Bessel, daß die Eigenbewegung des Sirius nicht regelmäßig ist, und schloß daraus auf das Vorhandensein eines schwachen Begleiters. 1862 fand Clark in Washington den Begleiter an der vorhergesagten Stelle. Er ist ein Weißer Zwerg mit einem Durchmesser von nur 41 000 km, aber von gleicher Masse wie die Sonne. Die Zeichnung oben stellt die Eigenbewegungen der beiden Komponenten zwischen 1850 und 1950 dar. Die Zeichnung darunter zeigt ihre Bahnpositionen im Jahre 1930. Der Begleiter hat die Helligkeit 8,6, ist aber nicht leicht zu beobachten, da er vom Hauptstern überstrahlt wird (Helligkeitsverhältnis 10 000:1)

Inzwischen wurde Sirius B als »weißer Zwerg« registriert. Weiße Zwerge haben eine sehr große Dichte, aber nur eine Leuchtkraft von ca. 0,0003 %. Auf Sirius A bezogen ist die Dichte von Sirius B = 0,42: 27000! Sirius B hat einen Durchmesser von 41000 km, ist aber von gleicher Masse wie die Sonne. Wegen dieser ungeheuren Schwere ist Sirius B fähig, die Bahn des hellen Sirius A in einen Rhythmus von 50,4 ± 0,09 Jahren zu beeinflussen, indem er ihn auf eine sich wiederholende Wellenlinie lenkt.

Tabellarisch sieht das so aus:

Absolute Helligkeit	In Sonneneinheiten		
	Masse	Radius	Dichte
Sirius A 1,3	2,4	1,8	0,42
Sirius B 11,2	0,96	0,034	27000

Heutiges Wissen – Dogonwissen

Heutiges Wissen
Sirius B als Lenker von Sirius A wurde erst Mitte des vorigen Jahrhunderts entdeckt und gesichtet

Dogonwissen
Sirius ist nicht die Basis des Systems: er ist einer der Mittelpunkte in der Umlaufbahn eines winzigen Sternes, genannt Digitaria. Die Dogon haben Digitaria nie gesehen

Sirius B war unsichtbar. Es bedurfte modernster, starker Teleskope und intensiver Forschungen, um seine Umlaufbahn ausmachen zu können

Die geistigen und materiellen Bestandteile des Opfers wurden Digitaria gesandt, von dessen Existenz man *wußte*, der aber *unsichtbar* blieb.

Sirius B ist ein winziger Stern, ein »weißer Zwerg«

Digitaria ist *unendlich klein*. Er gab während seiner Entwicklung alles, was existiert

Die Umlaufbahn von Sirius B beträgt 50,04 ± 0,09 Jahre

Die Umlaufbahn des Digitaria beträgt *etwa 50 Jahre* und entspricht somit den sieben ersten Regierungszeiten von je sieben Jahren

Sirius B ist ein »weißer Zwerg« von außerordentlicher Dichte

Digitaria ist *der schwerste Stern.* Er bestimmt besonders die Position von Sirius, indem er ihn mit seiner Flugbahn umkreist

Der amerikanische Linguist Robert Temple zeichnete nach Angaben in Dogon-Mythen und nach den Daten modernster astronomischer Forschungen Diagramme der Umlaufbahn von Sirius B. – Sein Kommentar:

Die Ähnlichkeit ist so verblüffend, daß auch das ungeübteste Auge sofort sehen wird, daß die Identität der beiden Darstellungen bis ins kleinste Detail gewährleistet ist. Es ist unnötig, daß Perfektionisten ihre Millimetermaßstäbe herausholen! Die Tatsache ist demonstriert und sie sagt: der Dogonstamm besitzt ein allgemeines Wissen über die unglaublichsten und subtilsten Prinzipien von Sirius B und seinem Orbit um Sirius A.

Deckungsgleichheit also von modernem Wissen und Kenntnissen in uralten Mythen!

Wenn die Dogon überliefern, daß Digitaria sich *innerhalb eines Jahres um sich selbst drehe,* weiß man zwar nicht, ob es sich um ein irdisches oder um ein Digitaria-Jahr handeln soll, doch ich halte allein die Tatsache für verblüffend, daß ein primitiver Negerstamm überhaupt etwas von der *Eigenrotation* eines Himmelskörpers wußte. Immerhin ist die Erkenntnis, daß sich unsere Erde um die eigene Achse dreht, noch nicht gar so alt. Die Dogon wissen aber auch schon seit uralten Zeiten, daß der *Wirbelkreis die Grundbewegung der Welt* ist! Heute weiß jedermann, daß die Galaxien sich in Spiralbewegungen drehen.

Vermutlich werden unsere Astronomen eines Tages auch noch entdecken, was die Dogon schon lange – wie lange? – wissen, daß Sirius B keineswegs der einzige Begleiter des strahlenden Sirius ist. Dogon-Mythen berichten vom Stern *Emme Ya, weiblicher Sorgho, größer als Digitaria, aber viermal leichter,* der auch in 50 Jahren in der *gleichen Richtung* wie Sirius B eine *größere Umlaufbahn* haben soll. Nach den ermutigenden Verifizierungen des Sirius-Systems der Dogon sollten unsere Astronomen die Fleißaufgaben ernst nehmen, die die Mythen stellen. Sie überliefern nämlich, daß Emme Ya *von einem Satelliten begleitet* wird, der sich »Stern der

Frauen« nennt. Sie wissen noch von einem dritten Begleiter des Sirius, dem sie den Namen *Schuster* gaben. Der Schuster soll weiter als alle anderen Planeten von Sirius entfernt sein und sich in *entgegengesetzter Richtung* drehen.

Die Angaben zu Emme Ya und Schuster sind noch nicht überprüfbar. Es fehlt die technisch-astronomische Apparatur, um bei einem 8,5 Lichtjahre entfernten Stern irgendwelche Satelliten orten zu können. Emme Ya und Schuster zähle ich deshalb bis zu ihrer wissenschaftlichen Verifizierung noch nicht zu jenen Augenscheinobjekten, die belegen, daß die Dogon über Kenntnisse verfügten, die sie ihrem Wissensstand nach nicht haben *konnten*.

Hintertürchen gesucht!

Ich sehe meine Kritiker verzweifelt nach einem Hintertürchen suchen, hinter dem sie die Dogon-Geschichte, simsalabim, einsperren könnten.

Kann man denn, höre ich sie fragen, den Untersuchungen der beiden französischen Forscher überhaupt »glauben«? Aber, aber! Wer barmt denn hier um »Glauben«? Griaule – Dieterlen operierten seriöser als jene, die gern im Handumdrehen aus exaktem Wissen einen Apell an den »Glauben« machen möchten. Als die beiden Franzosen 1951 ihren Bericht vorlegten, schien eine Mondlandung noch blanke Utopie zu sein, und meine Bücher erschienen fast 20 Jahre später. Ich kann sie mit meiner Phantasie nicht infiziert haben. Warum, bei allen Dogongöttern, sollten zwei angesehene Wissenschaftler eine solche Story erfinden? Nein, sie brachten Tatsachenmaterial aus dem afrikanischen Busch mit.

Vernünftig könnte es sich anhören, wenn einer fragen würde, ob nicht vielleicht ein Afrikareisender das ungeheure Wissen vom System Sirius ins unwirtlich heiße Land »eingeschleppt« habe, einer, der von den astronomischen Entdeckungen aus der Mitte des 19. Jahrhunderts Kenntnis gehabt hätte. Dieser Reisende müßte Astronom von hohen Graden gewesen sein . . . und an partiellem Irrsinn gelitten haben. Wer sonst hätte den absurden Ehrgeiz entwickeln können, primitiven Negern Aufschluß über den unsichtbaren Sirius-Begleiter zu geben?

Ich muß alle Skeptiker bitter enttäuschen, die sich an dem Strohhalm festhalten, irgendwann müsse doch wohl ein großer

Unbekannter die Dogon gründlich informiert haben, weil doch – das müsse man ehrlich zugeben – deren Wissen einfach unerklärlich sei. Dieser Mister X müßte dann aber schon vor Jahrhunderten seine astronomischen Fortbildungskurse in Mali, der Heimat der Dogon, abgehalten haben – zu einer Zeit, als es bei uns noch keinen Hauch, nicht die winzigste Spur vom Wissen über Sirius B gab! Die Sigui-Holzmasken weisen eine in ununterbrochener Folge archivierte Sammlung auf, die von Wissenschaftlern in die Anfänge des 15. Jahrhunderts datiert wurde. Wer mir im Fundus verifizierten westlichen Wissens aus dieser Zeit Kenntnisse vom System Sirius B nachweist, den lade ich hiermit zu einer Reise nach Mali ein.

Man soll doppelt und dreifach nähen, wo der rote Faden es erlaubt. Da gibt es bei den Dogon auch noch die Familienbierfässer, die Rückschlüsse auf ganz, ganz frühe Sigui-Feiern zulassen.

Seit alters her mußte jeder Hogon (Dorfvorsteher) für die Feiern einen Behälter aus den Fasern des Affenbrotbaumes flechten. Das war ein wasserdichtes Gewebe, in dem das erste rituelle Bier gegoren wurde. Dieses erste Bier wurde allen Familien in kleinen Portionen zugeteilt, sie mischten es unter ihr eigenes Gebräu. Während der Sigui-Zeremonie mußten die Familienbier»fässer« mit dem Gärbehälter des Hogon in Berührung gebracht werden. Nach dem Fest wurden alle Gärbehälter am Hauptbalken des Hogonhauses in übersichtlichen und dauerhaften Serien aufgehängt. – Der Patriarch Ongnonlu Dolo, einer der ältesten Hogon des Gebietes, wußte zu berichten, daß sein Urgroßvater über die an seinem Haus hängenden Behälter hinaus acht weitere und viel ältere besessen hatte. – Außer an den Masken, ließ sich auch an den Gärbehältern die erste Sigui-Feier bis ins 12. Jahrhundert zurückverfolgen. Die Völkerkundler sind sich aber keineswegs sicher, daß um diese frühe Zeit die erste Feier anzusetzen ist. Man gibt den Sigui-Feiern 1000 Jahre Alter mehr, weil die Dogon, soweit bekannt, nicht seit eh und je im gleichen geographischen Raum lebten: man nimmt an, daß sie aus noch unbekannten Gebieten in Mali einwanderten. Wann immer sie begonnen haben mögen, sind Sigui-Zeremonien ohne das Wissen um Sirius B nicht möglich gewesen.

Nichts ist zu töricht, als daß ich es nicht aus dem kommenden Echo vorweg abräumen möchte.

Wenn ich – muß ich es ausdrücklich erwähnen? – postuliere, daß die Dogon ihr Wissen von Außerirdischen empfangen haben *müssen*, werden Superkluge einwenden, Sirius B sei kein Planet, also hätten von dort keine extraterrestrischen Wesen kommen können. Würde ich nie behaupten. Das steht auch nicht in den Dogon-Mythen. Dort wird nämlich von *Satelliten* gesprochen.

Es ist viel darüber diskutiert worden, ob ein Doppelsternsystem Planeten besitzen und ob innerhalb der Lebenszonen von zwei Sonnen ein Planet überhaupt existieren könnte. Die Astronomie lehnt im allgemeinen Planeten mit lebensmöglichen Bedingungen um Doppelgestirne ab, weil Planeten – bedingt durch die komplizierten Gravitationsverhältnisse zwischen den beiden Sonnen – eine »unmögliche Umlaufbahn« um ihre beiden Zentralkörper durchlaufen müßten.

Das sind Meinungen vom Tage. Beweisen lassen sie sich nicht. Mit den heute verfügbaren Teleskopen sind Planeten in anderen Sonnensystemen nicht feststellbar. Ob aber das Sirius-System Planeten besitzt oder nicht, ändert nichts an den Fakten: die Dogon kennen seit frühesten Zeiten Sirius B. Ohne Netz und doppelten Boden und ohne die bescheidensten Fernrohre.

Wenn nichts mehr hilft, greift man heutzutage zu den Nadeln der Akupunktur . . . oder zu den unbegrenzten Möglichkeiten der Parapsychologie. Akupunktur ist schmerzlos. Parapsychologie tut weh, wenn sie Rationales mit Irrationalem erklären soll. Ganz Schlaue sagen vielleicht: »Ist doch ganz einfach! Da hat irgendwie, irgendwann und irgendwo ein Dogongehirn mediale Fähigkeiten entwickelt. Sein Geist schwebte Richtung Sirius B und bekam dort alles Wissen!« – Na bitte, so einfach ist das zu erklären.

Hinweise auf das Woher?

Mme Geniève Calame-Griaule gab 1970 nach Unterlagen ihres verstorbenen Vaters das Buch »Schwarze Genesis« [3] heraus. Darin befinden sich Antworten auf die Frage nach dem WOHER des Dogonwissens.

Amma war der einzige Ur-Gott.
Amma erschuf die Sterne aus Erdklumpen,
die er in den Raum schleuderte.

Diese Überlieferung erinnert mich verteufelt an die derzeit von der Wissenschaft als die wahrscheinlichste Erklärung für die Entstehung des Universums angenommene »Ur-Knall-Theorie«. – Der belgische Physiker und Mathematiker Georges Lemaître führte sie in die Wissenschaft ein. Sie postuliert, daß alle Materie vor Jahrmilliarden in einem Uratom verdichtet war, eine schwere Materiemasse im Universum, die sich zum Kern hin dauernd zusammenpreßte. Die Kräfte multiplizierten sich so gewaltig, daß der Materieklumpen explodierte und in viele Milliarden Teile aufsplitterte. Über eine lange Konsolidierungszeit hinweg sammelten sich die Teile in unendlich vielen Galaxien. Diese Theorie vom Urknall ist unter dem lustigen Begriff »Big-Bang-Explosion« ins Schrifttum eingegangen.

Stand der Name von Gott Amma für diesen Vorgang des Big-Bang?

Wasser aus Stein

Der Dogonpriester Ogotemmeli gab zu Protokoll:

Die Lebenskraft der Erde ist das Wasser . . . Selbst im Stein gibt es diese Kraft, denn die Feuchtigkeit ist in allem . . . Nommo stieg auf die Erde herab und brachte Fasern aus Pflanzen, die schon in den himmlischen Gefilden wuchsen . . . Nach der Erschaffung von Erde, Pflanzen und Tieren erschuf Nommo das erste Menschenpaar, aus dem später acht menschliche Vorahnen hervorgingen. Diese Vorahnen lebten unendlich lange.

Daß Nommo nach getanem Werk »in den Himmel« zurückkehrte, ist selbstverständlich, wenn man sich in den Mythologien aller Kontinente nur ein wenig auskennt. Neu und verblüffend ist aber die Feststellung, daß »Wasser selbst im Stein« ist. Eine kühne Idee der Mythenerzähler, wenn man bedenkt, daß sie in der Sahara und in den Savannen Steine in Massen nur als ungenießbare Ärgernisse herumliegen sahen.

Im Gestein ist Wasser, aber das ist ein brandneues Wissen. Als man alle Möglichkeiten für Überlebenschancen der Männer in bemannten Raumstationen auf dem Mond abklopfte, führte man auch Experimente mit Steinen durch. Es ergab sich die technische Lösung, wie sich mit erheblichem Aufwand aus Gestein Wasserstoff und Sauerstoffmoleküle lösen und aneinander ketten ließen.

Ogotemmeli sind Überlieferungen zu verdanken, die nur auf den ersten Blick rätselhaft erscheinen. Die allerersten menschlichen Urahnen hätten versucht, gab er zu Protokoll, ihren Schöpfer Nommo im Himmel aufzusuchen, doch obwohl *alle im Wesen einander gleich* waren, hätten sie stets getrennt leben müssen, und sie hätten sich gegenseitig nicht besuchen dürfen. Einer, der später zum ersten irdischen Schmied avancierte, habe das Verbot mißachtet und eine andere Frau aufgesucht. Ogotemmeli:

Da sie dadurch unrein geworden waren, mußten sie sich von den anderen trennen. Damit sie aber leben konnten, gingen sie auf die Erde . . . denn hier hatten sie sich verunreinigt.

Spontan denke ich an Quarantäne!

Unterstellt man, daß Nommo als Außerirdischer nicht auf unserem Planeten aufwuchs, dann hatte er keine irdischen Vorfahren. Dieser im All beheimatete Nommo veränderte also durch gezielte künstliche Mutation vorhandenes, doch in seinem Verständnis unterentwickeltes Leben »nach seinem Ebenbild«. Dieses »veredelte« Leben wuchs fortan unter den Bedingungen des Planeten Erde auf; es entwickelte aus dieser Umwelt und gegen diese Umwelt Abwehrstoffe gegen lebensgefährdende irdische Bakterien. Das mutierte Leben immunisierte sich in seinem Lebensraum. Um sein eigenes Leben nicht zu riskieren, durfte darum Nommo auch im »Himmel« mit seinen Produkten nicht zusammenkommen. Die mußten unter ihresgleichen zurück auf die Erde, wo sie sich »verunreinigt« hatten.

Der blasse Fuchs

14 Jahre nach ihrem ersten Bericht legten Griaule – Dieterlen in dem Buch »Der blasse Fuchs« (Le renard pâle) weiteres Material vom Dogon-Wissen über das Sirius-System vor. Aus ihren Protokollen wiesen sie nach, daß die astronomischen Dogon-Kenntnisse weit über das schon erforschte System hinausreichen. Es wurden auch Informationen über unser Sonnensystem, über Jupiter und Venus überliefert. Die Dogon gingen nicht nur mit dem Sirius-Kalender um, sie kannten auch einen Sonnen-Kalender, sie hatten eine spezielle Ackerbau-Agenda.

Es führt hier zu weit, auch darauf einzugehen. Mir ging es darum, die wissenschaftlich dokumentierten Kenntnisse der Dogon vom Sirius-System vorzulegen. *Eigentlich* – wer kann das bestreiten? – konnten sie das Wissen ja nicht haben.

Es ist Jahrhunderte alt, die Neger besaßen zu keiner Zeit irgendwelche optisch-astronomischen Hilfswerkzeuge, sie verfügten über keine algebraischen Rechenkünste . . . und trotzdem gehen sie seit alters her mit Kenntnissen um, über die wir gerade seit 100 Jahren verfügen.

In der renommierten wissenschaftlichen Zeitschrift NATURE [4] wurde das Sirius-Mysterium abgehandelt. Professor Michael Ovenden, Professor für Astronomie an der Universität Vancouver, Kanada, versuchte, Gründe für das Unerklärliche zu finden:

Um das Überleben alter Traditionen bei den Dogon zu verstehen, muß man sich bloß erinnern, daß im 16. Jahrhundert in Timbuktu in Mali eine führende Universität der Muslim blühte. Durch Timbuktu flossen die Überlieferungen der Griechen, Ägypter und Sumerer.

Na, und? Ändert das was? Ob nun die Dogon die ersten waren, die genaueste Details über Sirius B kannten, oder ob die Kenntnisse noch älter waren und bereits zum Wissensgut der Griechen, Ägypter und Sumerer gehörten, ändert an der Tatsache gar nichts. Denn: es gibt bisher *keine* andere exakte Überlieferung als die der Dogon vom System Sirius B!

Ich akzeptiere sogar, wenn sie denn eine sein soll, die »Erklärung« von Professor Ovenden: sie führt in eine noch frühere Vergangenheit zurück.

Mythen sind geschichtliche Erinnerungen

Der Dogon-Mythos gilt mir als exemplarisches Beispiel dafür, daß alle Mythen im Sinne ihrer Übersetzung aus dem Griechischen »Wort«, »Aussage« und »Erzählung« beinhalten. Sie melden in ihrer zeitlosen Überlieferung einen Wahrheitsanspruch an, der zur Kenntnis zu nehmen ist. Einmal, als sie entstanden, waren sie Reportagen erlebter Ereignisse. Die ersten Mythenerzähler brauchten keine vieldeutigen Kommentare: Sie wußten nicht, wovon sie sprachen.

113

Mythologie – in Stein
Eine geflügelte Gottheit,
aufgenommen im Museum
von Colima, Mexiko

Erwirb an irgendeiner Ausgrabungsstätte irgendwo auf der Welt eine sehr alte Tonscherbe, verbuddele sie an entferntem Ort unter zwei Meter Sand oder Gestein und führe dann einen Archälogen mit einem Spaten an diese Stelle. Er wird dir über diesen Fund eine phantastische Geschichte erzählen, wer wann und warum hier gesiedelt hat.

Drücke einem Etymologen, Religionswissenschaftler oder Philosophen die Niederschrift eines ihm bis dato unbekannten Mythos in die Hand. Du wirst dein blaues Wunder erleben, wenn du hörst, was die Vorvorderen sich bei diesem Mythos alles *gedacht* und was sie *geglaubt* haben müssen und was sie alles an Phantastisch-Nebulösem ausdrücken wollten. Man gewinnt den Eindruck, daß die Herren einstens Murmeln mit den Vorvorderen gespielt haben müssen – so genau, aber auch so unterschiedlich (je nach Fakultät) interpretieren sie die uralten Mythen. Man versteht, warum der große Philosph Karl Jaspers (1883–1969) dem »Wissenschaftsaberglauben« mißtraute; für ihn enthielten Mythen stets Zeichen und Chiffren, die der Klärung bedurften. Nimmt man den Kern der Mytheninhalte als den Anfang des historischen Bewußtseins, dann öffnet sich das Tor zu unserer Frühgeschichte.

Den Kern finden!

Meines Erachtens kann es nicht darum gehen, Satz für Satz, Wort für Wort verstehen zu wollen. Bestenfalls kann man den größten gemeinsamen Nenner in den Mitteilungen finden und weiß doch nicht, auf wie wackligem Grund er steht. Die Mythenforschung selbst beweist es: Was gestern als bombensicher galt, war tags darauf oft nur noch ein Trümmerhaufen, über den einige Kluge fleißig weiterstolperten, und den andere gern schnell unter den Teppich kehrten.

Es ist rentabler, den Kern zu suchen, ihn herauszupulen und den Ballast, den Generationen daraufpackten, über Bord gehen zu lassen. Das Groteske ist ja, daß die Essenz der Stories von den Erzählern selbst nicht verstanden wurde. Aus Mangel an geeigneten (z. B. technischen) Worten war sie wie ein Zeitzünder in einem Wust von Wortkaskaden und abstrusen Bildern versteckt.

Meine Neugier ist unbändig. Ich möchte wissen, was es mit den mythologischen Göttern für eine Bewandnis hat – was die Um-

Mythologie – gewebt. Eine hochtechnisiert dargestellte Symbolgestalt auf einem altperuanischen Mantel – um 200 v. Chr.

stände, unter denen sie erschienen und handelten, für einen Sinn ergeben. Von welcher Art war ihre »Persönlichkeit«, aus welchem Stoff war sie gemacht. Wenn sie Geist war, wieso konnte man sie sehen und mit ihr sprechen? Warum zeigten sich »Götter« überhaupt, warum arbeiteten und vergnügten sie sich auf unserer alten Erde? Was bezweckten sie mit den Demonstrationen ihrer Macht, ihres Wissens, ihres überlegenen Könnens? Warum blieben sie nicht? Warum und wohin machten sie sich allesamt stets wieder auf ihre himmlischen Socken? Weshalb kündigten sie eine Wiederkehr an? Waren diese Götter alle miteinander in allen Ländern und auf allen Kontinenten wirkliche Wesen oder nur Produkte einer wilden Phantasie?

Zum Kern der Mitteilungen gehört für mich die exakte Schilderung des Kommens und des Verhaltens der Götter, gehören sachliche Hinweise auf die Entstehung des Weltalls und des ersten irdischen Lebens, gehört aber auch die »Geburt« erster verstandesbegabter Wesen wie jedes Stichwort zum Anfang menschlicher Kultur: Anbau und Zucht von Pflanzen, Zucht und Aufzucht von Tieren, genaue Reiseberichte der unbekannten Besucher. Für eine elementare Nachricht halte ich Berichte vom uranfänglichen Schöpfungsakt, die so exakt sind, daß sie nicht geglaubt werden müssen, sondern erkannt werden können.

Mein Landsmann, der Senior der großen Biologen, Professor Adolf Portmann (1897) bezeichnet sowohl die Wissenschaft wie den Mythos lediglich als »Ordnungsversuche des menschlichen Geistes«. – Das ist der Ansatz, der mich ermutigt, Mythen aus der Ordnung der Gegenwart zu betrachten. ORDNEN möchte ich unter dem Rubrum heutigen Wissens, ORDNEN ohne philologische Wortklauberei.

Ordnen ist für einen Briefmarkensammler, wie ich es bin, eine aufregende Beschäftigung. Man beginnt mit leeren Feldern und sieht genüßlich zu, wie sie sich nach und nach aus gestellten Themen füllen. In meiner Mythensammlung wurden die griechischen Felder schon in der Schule fast überreichlich besetzt, andere blieben öde und leer. Die Dogon-Mythen animierten mich, die afrikanischen Mythen unter die Lupe zu nehmen. Ein ertragreicher Ordnungsversuch!

Ordnungsversuche

AFRIKA
Feld 1: der »Himmel«.

Was für ein Charakteristikum gaben afrikanische Mythen dem Himmel?

Aus mythologischen Deutungsbüchern weiß ich, daß unsere Vorvorderen sich den Himmel – als Himmel, als ein Nitschewo, ein Nichts vorgestellt haben sollen. Das war zu Großvaters Zeiten eine akzeptable Absicherung gegen Überraschungen. Damals gab es noch keine Raumfahrt. Damals erlaubten noch keine Riesenteleskope einen astronomischen Blick durch ein großes Fenster ins »Nichts«. Damals wußte man noch nicht, daß der Himmel eine sehr

Mythologie – in Stein. Mensch oder Affe, ich weiß es nicht. Jedenfalls hält dieses aus einem Monolithen von 20 Tonnen modellierte Wesen stur Ausschau nach den Himmlischen, ein Beobachtungsposten, wie es ihn offensichtlich in früher Zeit gegeben hat. Eine Omekenstatue aus San Lorenzo, Mexiko

reale Welt ist, in der allein unsere Milchstraße auf 200 Milliarden Sterne geschätzt wird. Darum mache ich den Mythenforschern früherer Zeit nicht den geringsten Vorwurf, doch ich verstehe die heutigen nicht, die mit modernem Wissen den Himmel immer noch als eine imaginäre Traumwelt an den Mann bringen. Tun sie das, damit die Mythen weiterhin im unkontrollierbar Irrationalen »schweben« können?

Den afrikanischen Völkern und Stämmen jedenfalls war der Himmel eindeutig schon immer eine reale und sehr belebte Welt. Verschieden nach Hautfarben, Körpermaßen, Gehirnvolumen, in unterschiedlichen Kulturen und Religionen lebend, durch andere Stammesriten, soziale und politische Strukturen voneinander getrennt, teilten sie *alle* die Vorstellung, daß der Himmel bewohnt war und daß die leibhaftigen Götter von dorther zu ihnen kamen.

Der bewohnte Himmel

Dafür hier einige Beispiele* vom Wissen afrikanischer Mythen über den belebten Himmel, der seine allmächtigen Boten zur Erde schickte ‹5›:

MASAI: Götterpaare zeugten das helle Himmelsvolk mit ewigem Leben. Gott schickte einige Kinder auf die Erde.

JA-LUO: Der Urahn Apodho kam mit seiner Frau und allen Kulturgütern vom Himmel herab.

MADI-MORU: Die ersten Menschen wohnten im Himmel. Bis der Blauvogel die Himmelsleiter zerpickte, bestand ein reger Verkehr zur Erde.

GANDA: Die beiden Urfrauen fielen vom Himmel.

NYORO: Gott schickte das erste Menschenpaar vom Himmel herab, als er die Welt einrichtete. Es war geschwänzt und zeugte zwei Mädchen und einen Knaben, die ihrerseits das Chamäleon, den Vater der Menschheit und den Mond gebaren.

KIVU-PYGMÄEN: Der Stammvater fiel aus dem Himmel

KULUWE: Das erste Menschenpaar kam mit Saat, Harke, Axt, Blasebalg etc. vom Himmel.

BENA-LULUA: Gott schickte seine vier Söhne zur Erde herab.

ASCHANTI: Sieben von Gott geschaffene Menschen kletterten an einer Kette zur Erde herab. Nachdem sie dort Menschen gezeugt hatten, kehrten sie in ihre himmlische Heimat zurück.

Es war ein ganz hübscher Betrieb im unbewohnten Nichts, an das die angeblich Primitiven glaubten!

---

* Weitere Beispiele aus afrikanischen Mythen gleichsinnigen Inhalts finden sich im Literaturverzeichnis zu diesem Kapitel

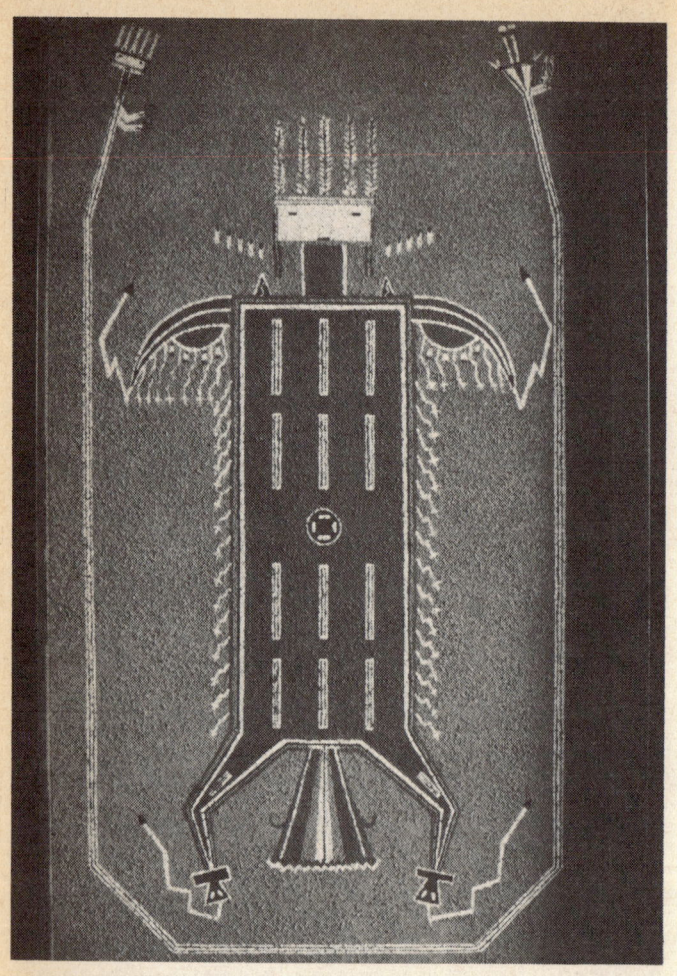

Mythologie – technisch dargestellt. Navajo-Indianer, USA, stilisierten ihre beobachteten »Götter« wie technische Reißbrettzeichnungen. Beachtlich die Symmetrie, deren die »Primitiven« fähig waren – interessant die »Ausstoßdüse«, die man der Gottheit zwischen die Beine applizierte

Der große Stamm der Masai in Nordostafrika berichtet in seinen Mythen von roten, blauen, weißen und schwarzen Urgöttern, die allesamt *aus dem Wolkenland* herabkamen. Anscheinend hatten diese Götter divergierende Auffassungen von ihren irdischen Aufgaben, denn einer zerstörte, was der andere gerade aufgebaut hatte. Die »Götter« waren nach Masai-Überzeugung körperlich recht streitbare Recken. Die Masai erzählen sich, daß es im Himmel auch Tiere gab, denn der weiße Gott, der Sonne, Mond und Sterne hervorbrachte und Pflanzen erzeugte, holte *Tiere vom Himmel herab*, nachdem er für eine ausreichende Fauna gesorgt hatte.

Genauso tubulent geht es in den Mythen der Ziba zu, einem Bantuvolk in Tansania. Ihr uralter Gott heißt Rugaba. Gescheiterweise rufen sie ihn nicht an und bringen ihm auch keine Opfer, weil sie wissen, daß er weitweg *im Weltall* residiert, umgeben von *geisterhaften Wesen*, mit denen er lange Zeit *in der Finsternis* verbrachte. Rugaba produzierte das erste menschliche Wesen, nachdem *die Finsternis beendet* war. (Jedes Kind weiß spätestens seit den ersten TV-Übertragungen von Mondflügen, daß das All [= der Himmel] eine unendlich scheinende Finsternis ist. Heute versteht man, warum Rugaba das erste menschliche Wesen schuf, nachdem er diese Finsternis hinter sich hatte, nämlich, als er auf unserem Planeten angekommen war.)

Der hundertfach beschriebene Himmel soll den Primitiven, behaupten die Forscher, das Paradies vollendeter Glückseligkeit und vergnüften ewiges Leben gewesen sein. Diese neue »Mythe« geht nicht auf, denn im Himmel wurde auch gestorben. Die Dschagga, ein Bantustamm am Kilimandscharo, berichten, daß einer, der in den Himmel zurückgeschickt wurde dort oben ebenso umkam wie eine vergeßliche Frau, die von dort her ihr Mitbringsel nachliefern sollte [6]. Nein, der Mythenhimmel war den alten Erzählern in Afrika kein Nirwana. Er war ein Ort, in dem Leben und Tod dicht beieinander waren, eine wirkliche Welt. A propos: Extraterrestriers sind nicht unsterblich.

Göttliche Macher
Feld 2: technische Götter.

In Kenia, zwischen der Masaisteppe und dem Rudolfsee, lebt

der Stamm der Nandi mit den naheverwandten Suk. Deren oberster himmlischer Chef heißt Tororut. Er wohnte im Himmel, glich zwar den Menschen, hatte aber *Flügel, deren Schlag Blitze erzeugen und deren Flattern der Donner ist.*

Die Nandi kennen einen Gott mit dem zungenbrechenden Namen Chepkeliensokol. Dieses Wortungetüm heißt übersetzt: *das Ding mit den neun Strahlenbeinen.* Seltsam?

Bei den Pangwe, einem bedeutenden Bantuvolk, wird dieser beachtenswerte seltsame Mythos [7] überliefert:
Der Blitz lag in einem besonderen Ei verpackt. Von ihm hatte die Urmutter das Feuer. Das Ei platzte, und aus den beiden Eihälften kamen alle sichtbaren Dinge hervor. Die obere Hälfte wurde zu einem Baumpilz und hob sich hoch in den Himmel empor. Die untere Hälfte blieb zurück.

Natürlich reizt es mich, diesen Augenscheinbericht zu kommentieren, aber ich geniere mich, es zu tun, weil die Chiffren so klar sind, daß sich die Identität von alter, erlebter und erzählter Technik zu unserer modernen, von uns gesehenen Technik sofort herstellt.

Der große Regen und was danach geschah

Feld 3: Urzustand der Erde.

Die Bemba sind ein Negerstamm in Sambia. Ihre Mythen überliefern, daß am Anfang die Erde *öde und von Schlamm* war. Gott Kabezya kam – na, woher wohl? – und machte Ordnung. Er regelte das Wasser, schuf zuerst die Pflanzen und brachte danach Tiere vom Himmel, aus dem er bei gleicher Gelegenheit auch gleich zwei Menschen auf die Erde fallen ließ, die sie mit ihren unnützen Nachkommen bevölkerten.

Im südlichen Kongo erzählt sich der Stamm der Pende, daß es am Beginn der Zeit *nichts* gab. Überall war Dunkelheit. Auf der Erde gab es noch keine Flüsse, obwohl es pausenlos regnete. Erst als der Regen aufhörte, ordnete Obergott Mawese die Wasser zu Flußläufen, dann schuf er unwissende Menschen, die noch keinen vollendeten Körper hatten, einen *Nur-Leib.* Mawese war der Schöpfer des Universums mit allen Gestirnen, aber auch der Lehrmeister beim Anbau von Hirse, Mais und Palmen, und selbst die ekligen Schlangen waren sein Werk.

Mawese, des Alleinseins überdrüssig, nahm sich Muvadila zum Weib und wurde, kräftig zeugend, der Vater aller Völker. Als ihm schließlich die Erde ausreichend kolonisiert schien, kehrte er in seinen Himmel zurück, nicht ohne einige seiner Menschen mitzunehmen, die er später mit dem Feuer wieder zur Erde schickte.

Mawese dachte wirklich an alles.

Der Bantustamm der Buschongo gibt in seinem Mythos [8] einen chronologisch perfekten Ablauf der Schöpfung:

Am Anfang war nur Finsternis auf der Erde, die mit Wasser bedeckt war. Dann kam Bumba, ein hellhäutiger Riese, der eines Tages Magenkrämpfe bekam und sich erbrach. Zuerst erbrach er die Sterne, die Sonne und den Mond. Durch die Sonnenwärme trocknete das Wasser, und Sandbänke erschienen. Ein Sohn von Bumba erbrach eine Pflanze, aus der die alle anderen Pflanzen hervorgingen. Jetzt erbrach er die Geschöpfe der Erde, zuerst die wichtigsten Tiere, dann die Menschen. Er erbrach auch Heilmittel, den Meteorstein und das Rasiermesser. *Nun führten die Tiere die Schöpfung fort.* Nachdem die Erde so durch das allseitige Erbrechen geschaffen war, kam Bumba in die Menschendörfer und gab die Speiseverbote bekannt. Einen Menschen setzte er als ersten König, als *Gott auf der Erde* ein. Dann erhob er sich in die Lüfte und verschwand im Himmel.

Sieht man von der unangenehmen Art ab, mit der Bumba die Erde in Schwung brachte, dann sind die Kenntnisse vom Urzustand der Erde verblüffend. Unsere Kenntnisse datieren ins Jahr 1953!

Damals machte Dr. Stanley Miller seinen berühmt gewordenen Versuch, in künstlich hergestellter Uratmosphäre, mittels Bestrahlung von Mineralien, Salzen, Phosphaten etc., in einer Retorte erste Lebensvoraussetzungen nachzuweisen. »Ursuppe« taufte die Wissenschaft das Produkt des erfolgreichen Experiments. Um es verkürzt zu erklären: Miller konnte nachweisen, daß am Anfang allen organischen Lebens Wassermassen verdunsteten und mit der warmen Abstrahlung von der Erde in Schwaden aufstiegen. Sie kühlten sich in großen Höhen ab und prasselten in einem großen Regen nieder. Für den Zeitraum, in dem sich aus der Ursuppe eine Nährlösung für erstes, primitives Leben bildete, setzte die Wissenschaft etwa 1,2 Milliarden Jahre an. Auf ein paar Jahre rauf oder runter kommt es nicht an.

Wann und von wem bekamen Mythenerzähler Kenntnis von diesem elementaren Kreislauf?

In dieser exakten Reihenfolge geben nämlich auch die Mythen den Ablauf der Ereignisse an: Nichts – Öde – Schlamm – Regen – Sonnenwärme – trockenes Land – Pflanzen – Tiere – Menschen – Speisen – Heilmittel – Geräte – Feuer.

Eine Genesis von beachtlichen Qualitäten!

In Schöpferlaune

Feld 4: der »Schöpfer«.

Wenn der Mythenhimmel etwas Imaginäres war, eine Endstation Sehnsucht, können sich dort oben logischerweise nur körperlose »Gestalten« bewegt haben, schlichtweg: Geister, was immer man sich darunter vorstellen mag. Den Götter-Geistern afrikanischer Mythen kann man aber kräftig die Hände schütteln. Shakehands mit Geistern?

Die Pygmäen wurden von den Griechen ihres kleinen Wuchses wegen als »Däumlinge« oder »Zwerge« bezeichnet. Sie lebten in den tropischen Regenwäldern am Kiwusee. Ihren Gott Imana wissen sie im Himmel gut aufgehoben. Er war dort auch nicht faul, weil er die Menschen erschaffen hat. Das hört sich so an:

Gott erschuf auch Rurema, und dieser kam, um mit Gott die Erde zu erschaffen. Obwohl Rurema ein Himmelsbewohner ist, schuf er alle Dinge dieser Welt, und er hat einen Leib (!). Auch die Schmiede (!) wohnen oben, nie kamen sie auf die Erde. Ihr Aufenthaltsort ist der Himmel . . . Die Erde war ein Wald, der von selbst aufgegangen war, doch ist es Rurema, der ihn schuf.

Die Luba (Baluba) wuchsen aus mehreren Stämmen zu einem vieldialektischen Bantuvolk zusammen, das im südlichen Kongo zwischen Lualaba, dem Oberlauf des Kongo, und dem Tanganjikasee lebt. In vielen Zungen erzählend, haben sie doch alle den Chefgott Mukulu, der *im Himmel wohnt.* Zuerst erschuf er die Sterne, die Sonne und den Mond. Nachdem er die himmlische Beleuchtung angeknipst hatte, machte er die Erde, auf der er prompt das Wasser hervorbrachte. Pflanzensamen säte und Tiere ansiedelte.

Nach dieser hausväterlichen Vorbereitung schickte der Obergott Kyomba, den ersten Menschen, mit zwei Frauen herab. Dieser

Kyomba nahm in seinem Haar – man lese und staune – wertvolle Pflanzensamen mit zur Erde und *das Ding, das Feuer entfacht*. Dieser Mehrzweckhomo unterwies die tumben Erdbewohner in der Namensgebung für Dinge, die sie nicht kannten, und lehrte sie deren sinnvolle Benutzung.

Mythologie – geschichtliche Tatsache

Anfang geschichtlichen Bewußtseins ist die Namens- und Begriffsbildung. Klar. Daß dieser Anfang von himmlischen Besuchern gesetzt wurde, zeugt für deren überlegene Intelligenz. 1870 schon sagte der berühmte Etymologe Professor Max Müller in einem Vortrag vor der Royal Institution in London:
Ich behaupte, daß jede richtige Etymologie uns eine geschichtliche Tatsache an die Hand gibt, weil die erste Verleihung eines Namens eine geschichtliche Tatsache war. Und zwar eine für die spätere Entwicklung der Ideen des Altertums höchst wichtige Tatsache.

Die Ya-Luo vom Viktoriasee behaupten, ihr Urahn Apodho wäre mit Getreide und Vieh vom Himmel herabgestiegen – synchron mit der Bassari-Mythe, die wissen will, daß Himmelsgott Unumbotte den Erdenleuten Samen zum Säen gab, sie jedoch ermahnte, vorher die *Erde, die noch nicht geklopft war, zu klopfen*. Als man die Erde noch nicht mit Chemikalien ausplünderte, wußte Gott einen nützlichen biologischen Ratschlag.

Folgt man den afrikanischen Mythen, dann war der Himmel einstmals eine große Samenhandlung und ein üppiges Treibhaus zugleich. Die Tussi aus Ruanda (Burundi) wissen, daß sich am Anfang ihrer Existenz der Himmel spaltete und *alle Saat zur Erde fiel*. – Himmelsfürst Mugulu, Stammvater der Dschagga, brachte eine Banane, eine Kartoffel, eine Bohne, einen Maiskolben und eine Henne mit. Weil er Korn fürs Huhn vergessen hatte, mußte er noch einmal in den Himmel zurück ... und ward nicht wieder gesehen: ihn ereilte dort das Schicksal aller Sterblichen, er starb. Mugulus Himmel war demnach kein Paradies glückseliger Unsterblichkeit! Übrigens wurde die himmlische Frau Unyoro von gleichem Geschick bei gleichem Anlaß betroffen: sie hatte unter den Saaten die Eleusine (eine Gattung pflanzlicher Gräser) vergessen, kehrte kurzfristig ins himmlische Treibhaus zurück und verschied [9].

Mythologie – im Raumfahrerlook. Eine »Götter«-figur alt-mexikanischer Herkunft, gefunden in Tlapacoya. Die Astronauten-accessoires, wie Gesichtsmaske, Gurt mit montierter Lampe, Overall, sind unübersehbar

158

Da die Schöpfer offensichtlich kundige Kolonisatoren waren, bot sich beim Ordnen vielleicht eine Antwort auf offene Fragen an. Wir sind alle miteinander der anthropologischen Zwangsvorstellung verfallen, daß sich immer hübsch brav eins aus dem andern entwickelt hat. Für alles, was lebt, gibt es Stammbäume ... mit Fehlanzeigen beispielsweise für Mais, Banane, Weizen. Heute kommen dauernd neue Züchtungen an den Markt. Auf der Basis grundsoliden Wissens werden Pflanzen, Bäume und Tiere in höchst komplizierten Verfahren gekreuzt. Wer verfügte denn in Urzeiten über solches Wissen? Wer waren damals die Züchter ... oder die Importeure?

Trostlose Erinnerung: Zeugung ohne Partner

Die Masai-Mythen stimmen nachdenklich. Ihr tüchtiger weißer Gott stellte im Himmel den ersten Mann, Maitumbe, her. Nachdem der weiße Gott auf dem blauen Planeten für leiblichen Unterhalt gesorgt hatte, verfrachtete er Maitumbe auf die Erde. Dort wurde er zu einer Art von afrikanischem Noah, er wurde nämlich zum *Stammvater unseres Geschlechts*. Ohne weltlichen Partner zeugte der vielseitig begabte Maitumbe sieben Menschen: *aus sich heraus, denn er war männlich und weiblich zugleich.*

Hier pflückte ich aus dem Wust wortreich aufgeblähter Mitteilungen einen Kern (einen Merkposten!) heraus. Auch wenn man die Vorvorderen bedauern muß, läßt sich doch nicht übersehen, daß allüberall die Kunde auftaucht, das erste irdische Wesen sei männlich und weiblich zugleich gebaut gewesen. In dieser Mitteilung steckt Bemerkenswertes!

Mögen die simplen Vorväter noch so primitiv gewesen sein – blöd waren sie nicht und Augen hatten sie auch im Kopf. Um sich herum sahen sie, bei fehlendem Wohnraum zu Voyeuren bestimmt, wie sich ihresgleichen paarte, und sie gaben sich selbst diesem höchstvergnüglichen Fortpflanzungsgeschäft emsig hin.

Wesen, die männlich und weiblich in einem Korpus gewesen sein sollen? Wurde da ein total unverständlicher künstlicher Schöpfungs- oder Veredelungsakt angesprochen? Das ist ein so bemerkenswerter Kern, daß ich ihn gern später noch knacken will.

Rätselhaft ist auch die Geschichte von »Missis Sunshine and Mister Moon«, die sich die Nbonga-Ambo erzählen: Sonne und Mond hätten ihre Mahlzeiten einst gemeinsam eingenommen, und einmal hätte der Mond eine Leber anbrennen lassen. Da wäre die Sonne zornig geworden: »Du hast dich vergangen!« sagte sie und verbrannte ihm das Gesicht. Seitdem habe der Mond Narben darin.

Ein Geschichtchen nur, aber woher wußten die Neger, daß das Antlitz des Mondes »Narben« (Kratzer) hat?

Offene Fragen

Statt Fußnoten nur ein paar Fragen:
Die Schuletymologie sagt, die Vorvorderen hätten sich ihre »Götter« im Himmel vorstellen *müssen*, weil der Himmel mit seinen Gestirnen für sie das Unendliche, das Unerreichbare gewesen wäre, schlicht: die Glückseligkeit. – Wo sollten sie sich denn – außer im All – ihre »Götter« suchen? Von dort her kamen sie doch allesamt sehr körperlich und mit den nützlichsten Sachen im Gepäck und den klügsten Ratschlägen im Kopf zu ihnen herab. Freilich war der »Himmel« der Wohnsitz ihrer »Götter«, aber es war ein sehr belebter, aktiver Himmel.

Gäbe es Ortsbeschreibungen für den Himmel nur ein-, zweimal und die Schilderungen der göttlichen Aktivitäten in völlig differenten Überlieferungen, würde ich das für denkbare Zufälle poetischer Eingebung halten können. Die Themen werden aber a cappella angestimmt. Kann man das noch für Zufall halten?

Menschen sind vermutlich zu allen Zeiten Gewohnheitstiere gewesen. Sie lebten und leben ihren Trott. Alpenglühen ist für den Gebirgler bei weitem kein so sonderbares Erlebnis wie für den Sommerfrischler, er sieht es oft von seinem Fenster aus. Als bei den ersten Weltraumflügen die Rückkehr der Astronauten direkt aus dem Pazifik übertragen wurde, hielten die Menschen den Atem an. Es gab Einschaltquoten, wie sie seither vielleicht alle vier Jahre an Spitzentagen von Olympia erreicht werden. Mit den wiederholten Mondflügen war das Unerhörte zur Routine geworden. Das Interesse ließ nach, es gab nur noch Sekundenbilder in den Nachrichtendiensten. Das Wiederholbare wird zum Alltäglichen, man spricht nicht mehr darüber.

Berichtet wurde über Sensationen

Es müssen Sensationen gewesen sein, über die von Generation zu Generation weiterberichtet wurde! Ganz gewiß waren es keine das alltägliche Leben begleitenden Naturvorgänge, wie man uns belehrt. Eines Tages war selbstverständlich das Einlegen von Samen in den Boden, die Aufzucht von Tieren wie die Namensgebung für Dinge der Umwelt auch Teil des Alltagslebens. Wäre das immer so gewesen, wäre darüber kein Wort verloren worden, doch der Anfang war mitteilenswert, weil er von so ungeheurlichen Umständen begleitet gewesen war. Aus heiterem Himmel waren Götter mit vertrackten Namen in absonderlichen Fortbewegungsmitteln aufgetaucht. Das waren News! Die mußte man Kind und Kindeskind weitererzählen.

Man sollte Mythen mit einer modernen Brille lesen, dann treten die Sensationen deutlich hervor.

Einige leere Felder im afrikanischen Mythologie-Album sind aus meiner Sicht besetzt. In dieser Sammlung ist der Dogon-Mythos die »dunkelblaue Mauritius« unter allen Kostbarkeiten. Auch für Liebhaberpreise ist er nicht aus der Welt zu schaffen.

Wie kann ein Mythos entstanden sein?

Ich konstruiere ein Beispiel, wie möglicherweise ein Mythos entstanden sein kann.

Ein Raumfahrer landet 15 000 vor unserer Zeitrechnung in der Mitte von Australien. Die primitiven Ureinwohner ziehen sich ängstlich in ihre Behausungen zurück. Nach und nach werden sie zutraulich wie Tiere, die sich an den Anblick eines fremden Herrn gewöhnen. Sie merken, daß der Fremde ihnen nichts antut. Wieder braucht es seine Zeit, bis der Raumfahrer sich ein wenig mit den Primitiven verständigen kann – er mit ihnen, nicht sie mit ihm! Die wenigen Zeichen, die sie begreifen, reichen nicht aus, das Wesentliche klarzustellen: daß der zugereiste Fremde kein Gott ist. Dafür gibt es weder Zeichen noch Gebärde. Für die Wilden bleibt der Fremde ein Gott, denn sie sahen und hörten ihn mit ziemlichem Getöse vom Himmel kommen.

Wie soll der Astronaut ohne einen brauchbaren Sprachfetzen erklären, was für ihn so schrecklich einfach ist? Der Fall wäre erledigt, wenn die Primitiven begriffen, was der »Gott« in seiner Sprache verzweifelt vor sich hinbrabbelt: »Kinderchen, seid gescheit! Ich bin ein Wesen aus Fleisch und Blut, faßt mich doch an! Da, schaut zum Himmel: ich komme von einem Stern dort oben, der eurer Heimat ganz ähnlich ist. Dort oben, Freunde, ist meine Heimat! Habt keine Angst vor der Helligkeit, mit der ich euch beim Landen erschreckte! Das waren Scheinwerfer, mit denen ich einen Landeplatz suchte. Seht doch her, hier sind die Kabel, die den Strom vom Generator herleiten!«

Davon verstehen die Ureinwohner kein Wort, und selbst wenn sie es verständen, würden sie ihm seine bescheidene Behauptung nicht abnehmen, daß er kein Gott wäre. Schließlich haben sie ja mit eigenen Augen gesehen, wie er aus dem All erschien. Das war eine reife göttliche Leistung.

Was wird in den Gehirnen vorgehen, wenn der Astronaut längst wieder unter seinesgleichen ist?

Wie sag ich's meinen Kindern?
Die Gehirne »arbeiten«. Unter den wenigen Worten ihrer Umgangssprache suchen sie Vergleiche, die das erlebte Ungeheuerliche annähernd mitteilbar machen. Der Gott war in einem Fahrzeug erschienen, das eine gleißendhelle heiße Bahn hinter sich herzog. Das zu beschreiben, gab die Sonne eine Menge her: sie war ihnen als hell, heiß und rund vertraut. So erzählen sie, daß ETWAS kam, das heller und heißer als die Sonne war, und es drehte sich wie eine Scheibe. Das ETWAS machte ungeheuren Lärm . . . wie das Donnergrollen. Das seltsame ETWAS kam aus den Wolken und bewegte sich, es war demnach ein Fahrzeug. Nur: Fahrzeuge bewegen sich am Boden, diese aber waren geflogen. Sie alle hatten es gesehen. Wie sag ich's meinem Kinde? Sie wissen, wie sich Vögel in der Luft bewegen . . . Ja, so war es: ein Fahrzeug in der Form einer sich drehenden Scheibe, in grelles Licht gehüllt, das heller und heißer als die Sonne war, bewegte sich wie ein riesiger Vogel auf die Erde zu. Das ETWAS war auch sehr gefährlich und von nicht ganz runder Gestalt. Sehr gefährlich waren die Riesenschlangen, die am Boden kriechen. Ja, so war es: ein Fahrzeug, gefährlicher wie eine Schlange und von der Form eines Eis. Das Wesen, das aus dem Ei kletterte und sich ihnen zugesellte, war kostbar gekleidet. Ja, der Gott trug ein Gewand wie aus silberglänzenden Fellen.

So oder ähnlich kann sich das sensationelle Ereignis zu einer erzählbaren Story »verdichtet« haben. Es ist kein Wunder, daß schon die fünfte Generation ab dem Tage X nicht mehr ahnen konnte, was tatsächlich geschehen war. Es *ist* allerdings ein Wunder, wenn Philologen 15 000 Jahre später so genau zu wissen vorgeben, was sich die Altvorderen gedacht, ja, was sie geglaubt haben müssen!

Wie hört sich eine Deutung mythologischer Vorgänge bei einem berühmten Etymologen [10] an?

Der Himmelsbaum

Oft wird in mythologischen Liedern ein großer Eichenbaum oder Apfelbaum oder Rosenstock erwähnt, und es scheint mir kaum ein Zweifel zu unterliegen, daß er einen imaginären Baum bedeutet, an dem man sich die Sonne täglich im Osten aufwachsen dachte. Die Sonne wird sowohl die Rose als auch der goldene Apfel genannt, und da eine Rose und ein Apfel immer einen Stamm erfordern, an dem sie wachsen können, so glaubt man, daß jeden Morgen ein unsichtbarer Baum aufschösse, bis zum Mittag höher und höher wurde, und am Abend wieder hinuntersinke oder abgehauen würde.

Mag verstehen, wer will und kann, woher die Kundigen, sofern sie nicht selbst über göttliche Eingebungen verfügen, ihre dezidierten Kenntnisse nehmen, aus welchen Gehirnwindungen sie rückvollziehen, was die frühen Vorfahren sich gedacht haben *müssen* (»kaum ein Zweifel«), woher sie die Kühnheit beziehen, sogar zu wissen, was einst *geglaubt* wurde.

Verwirrspiele

Es ist ein Verwirrspiel in Gang. Wer hat einen *Straight flush*, eine Sequenz von fünf Karten gleicher Farbe?

Mal, erfahre ich, sei der Inhalt eines Mythos in Fabel verwandelte Geschichte. Bin ich eben dabei, mich darauf einzustellen, flüstert man mir zu: Irrtum, es ist in Geschichte verwandelte Fabel. Mit was habe ich es denn zu tun? Wenn Geschichte mitgeteilt wird, warum bedient sie sich dann des Mimikris einer Fabel? Wenn es aber eine Fabel ist, wo bleibt dann die Geschichte? Man sollte sich auf einen Zuschnitt einigen.

Vergleiche einschlägiger Forschung ergaben etwa solche Resultate: Das Volk A erzählte sich eine gleiche Geschichte wie Volk

B, es benutzte ähnliche Wortstämme, ging mit denselben Moralbegriffen um, kannte mit anderen identische Gottheiten. Daraus ergeben sich dann Rückschlüsse wie, daß diese und jene Stämme offensichtlich irgendwann eine gemeinsame Basis hatten oder unter gleichen Einflüssen standen. Aber: die vergleichende Mythologieforschung kann keine Auskunft darüber geben, ob ihre Vergleiche von der ursprünglichen *Bedeutung* der geschilderten Ereignisse ausgehen.

Selbstverständlich stecken in vielen Mythen auch Ideen und Allegorien, die für uns im Kern nicht mehr verständlich und deshalb verschieden interpretierbar sind. Manche Mitteilungen sind auch nicht mit gesichertem Wissen von alten Völkern und Zeiten in Einklang zu bringen.

Widersprüche statt Klarheit

Seit alters her waren Mythen begehrte Studienobjekte. Über Jahrhunderte verstellten allerdings religiöse Blickwinkel den Zugang. Es dauerte lange, ehe die Möglichkeit in Erwägung gezogen wurde, in den poetischen Volksdichtungen könnten auch echte historische Überlieferungen stecken oder sogar Existentielles über den Ursprung der Welt ausgesagt werden. Verhältnismäßig zeitig wurde anerkannt, daß in Mythen treffende Angaben über Völker und Familienverbände, über Siedlungsgründungen und Verhaltensweisen von Volksstämmen nachprüfbar enthalten sind. Doch warfen religiöse, sprachwissenschaftliche, völkerkundliche wie auch materialistische Deutungen ständig nur neue Fragen auf. Es scheint so, als ob sich mit den Seziermessern rein wissenschaftlicher Disziplinen dem Ursprung der Dinge nicht näher kommen ließe.

Es stände gerade mir schlecht zu Gesicht, an Glauben zu appelieren, da mir an Wissen so viel mehr liegt. Auf der Suche nach Wahrheiten, die keine Eintagsfliegen sind, können Mythen sehr hilfreich sein. Erst und gerade heute! Mit modernem technischem Wissen lassen sich die harten Kerne aus den Überlieferungen herausschälen. Diese Methode hat den Vorzug, rascher zu klaren Ergebnissen zu führen, weil Technik die funktionalen Tatsachen unserer Zeit liefert.

Im Ingenieurwesen nennt man das »rationell arbeiten«. Akademische Denkfabriken könnten von der vielgelästerten Technik eine Menge lernen: Sie führt jedes Problem auf seine einfachste Variante zurück; dafür sucht sie Lösungen, die nicht schon morgen überholt sind, weil die Ausgangsbasis von gestern ein Irrtum war. Die Technik könnte sich die vielen unnötigen Umwege und Irrwege nicht leisten.

Sprachlose Sprache

Was die Mythologie angeht, hat die einfachste Variante der Problemstellung den Vorzug, der möglichen Wahrheit am nächsten zu kommen. Am Anfang steht nämlich eindeutig die Ohnmacht der Sprache. Der Wortschatz der frühen Berichterstatter war schmal, seine Begriffe bezogen sich ausschließlich auf das tägliche einfache Leben und auf die immer wiederkehrenden Naturvorgänge. Sippe und Angehörige, Tiere, Pflanzen, erste Geräte und simple Waffen hatten ihre Bezeichnung – Feuer und Sonne, Wasser und Wind, Tag und Nacht, Sonnenaufgang und Sonnenuntergang, Blitz und Donner, Geburt, Krankheit und Tod hatten ihren Namen. Ereignete sich aber ETWAS, das aus dem kargen Bündel von Worten nicht unmittelbar beschrieben werden konnte, ersann man Umschreibungen, die, zwar gleichnishaft, aber heute doch rational faßbar, Bilder entstehen ließen. Poesie.

Es ist ein Irrtum anzunehmen, Sprechen und Denken wären aneinandergebunden Funktionen, ohne Sprache ließe sich nicht denken. Es ist *auch* Mathematik (und damit ein Denkvorgang), wenn der anonyme Käufer in der letzten Reihe bei einer Sotheby-Versteigerung die Hand hebt, fünf Finger spreizt und seinem Mittelsmann in der vorderen Reihe Auftrag gibt, $ 50 000,– zu bieten. Wenn der reiche Mann zweimal seine fünf Finger reckt, schnellt sein Angebot auf $ 100 000,–. Es wurde kein Wort gesprochen, aber intensiv gedacht. Gebärdensprache kann auch Mitteilung sein wie Bilder, Lieder und Musik. Sie kann oft noch das ausdrücken, wozu Sprache nicht fähig ist. Niemand weiß, niemand wird es je wissen, mit welchen Gebärden alte Erzähler ihre Berichte begleiteten. Ein Lachen, ein Weinen, ein unartikulierter spontaner Laut haben möglicherweise komplexe Situationen ausgefüllt . . . und »erzählt«!

Ich erinnere mich an die Begegnung mit einem Senn auf einem Berg der Bernina-Gruppe in meiner Heimat. Er erzählte Sagen

*Mythologie –
auf Rollsiegeln.
Um 3000
v. Chr. er-
fanden die
Sumerer die
Rollsiegel. Das
waren Stempel
von einem bis
sechs Zenti-
meter Länge,
mit denen
Urkunden ge-
siegelt, Rech-
nungen quit-
tiert oder Ab-
gaben an
Tempel oder
Finanzamt be-
stätigt wurden*

von einem Bergmännchen, das heute noch herumgeistern soll. Wo dem Senn Sprache fehlte oder nicht mächtig genug schien, gestikulierte er plötzlich in ausdrucksvollen Gebärden. Man verstand ihn. Ohne Worte.

Der Anteil der Gebärden an mündlichen Überlieferungen wird völlig außer aller Acht gelassen.

Sprache ist das geliebte Stiefkind des Denkens. Sie hinkt ständig hinter den Ereignissen her. Sie muß ihre Begriffe erst finden und bilden, wenn das Neue schon geschehen ist. Sprache ist auch kein »Ding« von unveränderlichem Wert, sie wechselt dauernd ihre Begriffsinhalte. Vor dem Hintergrund des jeweiligen Entwicklungsstandes ihrer Benutzer ist sie nie wertfrei: sie adaptiert stets den Zeitgeist. Selbst ab dem Datum, das uns erste schriftlich überlieferte Sprache bereitstellt, kommt nur recht vage Klarheit auf. Mythen gehen aber vielfach weit über das Jahr Null unserer Zeitrechnung zurück in die früheste, kaum erforschte Vergangenheit. Wie oft mögen die zuerst benutzten Worte ihren Sinn gewechselt haben! Außerdem füllten all jene, die sich der Mythen annahmen, die Worte mit anderer semantischer Bedeutung. Nicht zuletzt darum wurden sie in verschiedenen Zeiten von unterschiedlichen Standpunkten her derartig kontrovers gedeutet. Man nahm die poetischen Umschreibungen wichtig und übersah, gewollt oder ungewollt, den *Kern* jener Mitteilungen, die sozusagen jungfräulich die Zeiten überstanden, weil sie erlebte, erlittene und berichtete Substanz enthielten. In der überbewerteten Verpackung ist diese Substanz erkennbar geblieben.

VORDERER ORIENT

Himmelfahrt. Christlicher Feiertag aufgrund einer im Dunklen liegenden biblischen Legende.

Himmelfahrt. Als Tatsachenbericht, in dem unser Planet aus großer Höhe beschrieben wird.

Nachzulesen im babylonischen Etana-Epos. Ausgegraben mit der Tontafelbibliothek des Assyrerkönigs Assurbanipal (669–626 v. Chr.) in Ninive. Heute zum größten Teil im Britischen Museum, London, aufbewahrt, bedeutendste Sammlung babylonisch-assyrischer Literatur.

Man weiß nicht, wann das Epos entstanden ist. Teile davon sind im viel älteren, im Akkadisch verfaßten Gilgamesch-Epos (nach 2000 v. Chr.) enthalten. Der Etana-Mythos kann bis in die Anfänge der Menschheitsgeschichte zurückreichen, denn auf einem 5000 Jahre alten Siegelzylinder fand er bereits seine bildliche Darstellung.

Die folgenden Auszüge entnahm ich dem zweiten und dritten Teil der Etana-Überlieferung [11]:

Älteste Reportage aus dem Weltall
Etana wendet sich mit der Bitte an den Gott Samas, ihm das Kraut des Gebärens (auch: Kraut der Unsterblichkeit) zu verschaffen. Samas schickt ihn zum »Adler«. Der fragt Etana nach seinem Begehren. Auf die Bitte hin: »Gib mir das Kraut des Gebärens!« wird Etana zum Fixsternhimmel emporgetragen. Während des Himmelflugs macht der »Adler« seine Begleiter sechmal darauf aufmerksam, wie die Erde in ihren Blicken immer mehr zusammenschrumpft [12]:
Als er ihn eine Weile emporgetragen hatte,
spricht der Adler zu ihm, zu Etana:
Schau, mein Freund, wie das Land geworden ist,
blick auf das Meer zu Seiten des Weltberges.
»Das Land da sieht aus wie ein Berg,
ist das Meer geworden wie ein Wasserlauf« . . .
Als er ihn wieder eine Weile emporgetragen hatte,
sagte der Adler zu ihm, zu Etana:
Schau, mein Freund, wie das Land geworden ist.
»Die Erde sieht aus wie eine Baumbepflanzung.«

Immer höher und höher steigt der »Adler« mit dem Menschensohn auf, und immer wieder hält er seinen Begleiter an, hinunterzuschauen und ihm zu berichten, was er sieht. Schließlich ist vom Land nur noch »so viel zu sehen wie eine Hütte«, und das weite Meer wird winzig »wie ein Hof«.

Diese Reportage, die Professor Richard Hennig schon 1928 im »Jahrbuch des Vereins deutscher Ingenieure« als die »wohl älteste Flugsage der Welt« bezeichnete, endet mit dem faszinierenden Text:

Eagle has landed!

Mein Freund, blicke hin, wie das Land geworden ist.
»Das Land ist geworden zu einem Kuchen
und das weite Meer so groß wie ein Brotkorb.«
Und noch einmal trug er ihn höher empor und sagte:
Mein Freund, blicke hin, wie das Land *verschwunden* ist.
»Ich blicke hin, wie die Erde *verschwunden* ist,
und am weiten Meer sättigen sich meine Augen nicht!
Mein Freund, ich will nicht zum Himmel aufsteigen.
Mache halt, daß ich zur Erde zurückkehre!«
»*Eagle has landed!*« lautet die Meldung der Astronauten ans
Raumfahrtzentrum in Houston, als die erste bemannte Landefähre
auf dem Mond aufsetzte.

»Adler ist gelandet!«

Gleich nüchtern und sachlich scheint mir der Bericht von Etanas
Raumflug. Eagle has landed.

In der Tontafelbibliothek von Ninive befanden sich auch Teile
eines Mythos vom »Beginn der Welt«. Es verblüfft kaum noch, daß
auch in diesem sehr frühen Schöpfungsbericht bereits heutige
Kenntnisse von der Entstehung der Welt (Ursuppe) antönen [13]:
Einst, als droben der Himmel nicht benannt war,
drunten die Erde keinen Namen trug,
als der Ozean, der Uranfängliche, der Erzeuger,
und das Getöse der Meeresflut alles gebar,
als kein Feld noch gebildet, kein Rohr noch zu sehen,
einst, da von den Göttern kein einziger vorhanden,
keine Name genannt, kein Los bestimmt war,
da wurden geschaffen die Götter,
Luhmu und Lahamu entstanden, größte Zeitläufte schwanden.

An der Spitze über den Flammen

Sargon I. (2334–2279), Gründer des dritten assyrischen Welt-
reichs, war ein fortschrittlicher Herr. Er ließ wertvolle Schriften aller Art in einer gigantischen Bibliothek zusammentragen. Man
fand Überlieferungen von der großen Flut, älter als die biblischen
Berichte und die Genesis der Weltschöpfung. Die biblische Genesis umfaßt ganze 31 Verse, die viel ältere assyrische steht auf sieben
beidseitig beschriebenen Tontafeln mit mehr als 1000 Linien.

Die Darstellungen auf Rollsiegeln sind eindrucksvolle Belege für Erinnerungen an Besuche aus dem All

Der amerikanische Assyrologe Fred Talmimi, Präsident der »Assyriology Research Foundation«, arbeitet seit über 40 Jahren an einer Neuübersetzung assyrischer Keilschriften. Talmimi, der meine Theorie vom Besuch Außerirdischer unterstützt, schrieb mir:

Der Sinn des ursprünglichen assyrischen Wortes »Gott« müßte man am genauesten mit *an der Spitze über den Flammen* übersetzen. Auch müßten wir die Schriften, die von Sargon I. gesammelt wurden, viel weiter zurückdatieren, als dies heute allgemein üblich ist.

An der Spitze über den Flammen? Schlag nach bei Hesekiel! Es war anzusehen wie Saphirstein mit etwas wie einem Thron darauf; und auf dem, was wie ein Thron aussah, war eine Gestalt wie ein Mensch anzusehen, oben darauf. Und ich sah es blinken wie Glanzerz von der Stelle an aufwärts, die aussah, als wären es ihre Hüften; abwärts von der Stelle an, die aussah, als wären es ihre Hüften, *sah ich einen Schein wie von Feuer, und strahlender Glanz umgab rings die Gestalt.* Hes. 1, 26–28

Weil im christlichen Abendland als authentisch genommen wird, was in der Bibel steht, soll hier ein Männerquartett von der »Spitze über den Flammen« künden.

Als dunkler Baß, Mose, der Stifter der Jahwereligion:
Der Berg Sinai aber war ganz in Rauch gehüllt, weil der Herr im Feuer auf ihn herabgefahren war. Und der Rauch stieg von ihm auf wie von einem Schmelzofen, und der ganze Berg erbebte stark. 2. Mos. 19–18

Als Baßbariton David, der König:
Die Stimme des Herrn sprüht Feuerflammen, die Stimme des Herrn wirbelt die Wüste empor, es erbebt vor dem Herrn die Wüste Kadesch, Eichen stürzen vor dem Herrn, kahl reißt sie die Wälder nieder. Psalm 29, 7–8

Als leidenschaftlicher Bariton der Psalmist:
Wolken sind deine Wege, auf Flügeln des Windes fährst du dahin, Winde laufen vor dir her wie Herolde, Blitz und Feuer umgeben dich. Psalm 104, 4

*Weltraum-
attribute wie
Planeten-
systeme,
schwerelos im
Raum schwe-
bende Ge-
stalten und
technisch an-
mutende Ge-
räte sind un-
übersehbare
Motive auf
Rollsiegeln*

Als schmetternder Tenor Micha, der Prophet:
Er wird herabfahren, und auf die Höhen der Erde treten, daß die
Berge unter ihm schmelzen. Mi.1, 3–4

Fred Talmimi meint, daß mindestens acht Wesen auf assyrischen
Siegeln und in Schriften in verschiedenen Berufsfunktionen zu erkennen sind, weil deren übersetzte Namen aufschlußreiche Bedeutung haben. Talmimi gab mir diese Liste. Es bedeutet:

RAMANI	die »Hohen«
SAMANI	die »Himmlischen«
(Samayi)	
KHALABI	die »Piloten«
SAPAQI	die »Weltraumfahrer«
SAPARI	die »Reisenden«
GABARI	die »Riesen«, die »Erdgebundenen«
ARAYI	oder die »Erdmenschen«
RAYI	die »Kontrolleure« oder die »Beobachter«

Was werden die assyrischen Überlieferungen aussagen, wenn einmal die alten Begriffe modern übersetzt sind?

Sag mir, wo die Wurzeln sind ...
Etymologen von Weltruf [14] meinen, die ganze Mythologie wäre
durch Kenntnis der *Wortstämme* zu erklären. Fraglos ist es eine
wichtige Aufgabe der Sprachwissenschaftler, Wortsinne durch
Rückführung auf Wortstämme zu erhellen. Ich sehe da allerdings
einen Haken, an dem auch die sorgfältigst erarbeiteten Forschungsergebnisse abgehängt werden müssen: Man wird nie das
Vorbild, den *Anlaß*, das *Ereignis* für die Entstehung von Worten
und Begriffen ermitteln können. Was war ursprünglich gemeint?
Weil man darauf redlicherweise keine Antwort geben kann, läßt
sich auch der Stamm nicht beschreiben, dessen Wurzeln unbekannt
sind. An den Kern aber kommt man heran, wenn man in die Übersetzungen endlich auch adäquate Vokabeln aus der Welt moderner
Technik einführt. Dann geht es ohne Tricks, doch es entstehen Reportagen, wie sie einst berichtet wurden und die man *heute erst*
wieder verstehen kann. Wenn man nur will. Mit tausendundeiner
Indizie will ich dieser Erkenntnis zum Durchbruch verhelfen.

141

Mythologie – in Wände geritzt. Eine steinzeitliche Gottheit, schwere-los fliegend, an den Wänden der Fogape-Höhlen in Japan

Tenno – Kaiser und Gott

JAPAN

Bis am 15. Dezember 1945 die alliierten Sieger den Schintoismus verboten, war er der religiöse japanische Staatskult – sein Oberhaupt der Tenno, der Kaier, oberster Gott und irdischer Statthalter in einer Person. Die Alliierten wollten die festgefügte japanische Tradition auflösen, weil ein Staatsoberhaupt, das göttlich verehrt wurde, dem Zugriff ihrer Befehle entzogen war: sie setzten einen Gott ab.

Der Schintoismus hat in drei Annalenwerken eine alte Überlieferung: das Kojiki, im Jahre 712 verfaßt, enthält die Geschichte der frühen Begebenheiten – das Nihongi hat in 30 Büchern den Prinzen Toneri zum Verfasser, es ist eine Art von offizieller Reichsgeschichte, es datiert ins Jahr 720 – das Kujiki bringt die Geschichte der Begebenheiten in der Urzeit. Obwohl diese Werke in nachchristlicher Zeit aufgezeichnet wurden, besteht doch kein Zweifel darüber, daß sie Abschriften viel früher entstandener Originale sind und daß sie aus sehr früher mündlicher Überlieferung übernommen wurden.

Und wieder: Big-Bang!

Ich darf an die bereits skizzierte Big-Bang-Theorie erinnern, nach der die Astrophysiker in der Explosion des Uratoms die Entstehung des Weltalls annehmen, ehe ich den Anfang des Nihongi [15] zitiere. Dort ist eine verteufelte Ähnlichkeit mit dieser ganz heutigen Theorie erkennbar:

Vor Alters, als Himmel und Erde noch nicht voneinander geschieden und das Weibliche und das Männliche nicht getrennt waren (!), bildeten sie ein Chaos, gleichsam wie ein Hühnerei, und in ihrer chaotischen Masse war ein Keim enthalten. Das Reine und Helle davon breitete sich dünn aus und wurde zum Himmel; das Schwere und Trübe blieb zurück und wurde zur Erde.

Bezüglich der Vereinigung des Feinen war das Zusammenballen leicht, das Gerinnen des Schweren und Trüben wurde nur schwer vollständig zustandegebracht.

Daher ward der Himmel zuerst, und erst hiernach nahm die Erde eine bestimmte Form an.

Professor Lemaître, der die mit dem Doppler-Effekt* verifizierbare Idee vom Urknall einführte, sagt: Alle Materie des Universums war als schwere Materiemasse in einem Uratom vereinigt.

Das Nihongi:

. . . in ihrer chaotischen Masse war ein Keim enthalten . . .

Die Astrophysiker sagen heute: In einem Prozeß von Jahrmilliarden kühlte die Erde ab, bildeten sich Mineralien, Wasser, Metalle etc. Für die freischwebenden Gase begann der Prozeß erst, als sie in den Anziehungsbereich eines Himmelskörpers gelangten.

Das Nihongi:

Bezüglich der Vereinigung des Feinen war das Zusammenballen leicht; das Gerinnen des Schweren und Trüben (dagegen) wurde nur schwer vollständig zustandegebracht. Daher . . . der Himmel zuerst . . . erst hiernach . . . die Erde.

Im Universum ist die Wirkung der großen Big-Bang-Explosion immer noch virulent: mit der Rotverschiebung beweisbar, entfernen sich die Galaxien dauernd voneinander fort. Und: zwischen Sonnen, Planeten und Milchstraßen schweben nach wie vor verschiedene Gasmoleküle. Die Astrophysik kann dem alten Entdeckersong täglich einen neuen Vers hinzufügen.

Das Nihongi:

Das Reine und das Helle davon breitete sich dünn aus und wurde zum Himmel; das Schwere und Trübe blieb zurück, wurde zur Erde.

Länder, wie Fische auf dem Wasser
Ein bißchen heutige Geologie!

Jedes Kind lernt in der Schule, daß die äußerste Schale der Erde die Erdkruste ist, die bei einem Volumen unseres Planeten von 1 083 219 000 000 km kaum die Dicke einer Apfelschale hat. Vergleichsweise. Die Erdkruste liegt auf einer granitartigen Schicht,

---

* Nach Christian Doppler (1803–1853). Der Effekt besteht in der Änderung der Tonhöhe, wenn sich Tonquelle oder Beobachter bewegen. Vergrößert sich ihre gegenseitige Entfernung, wird der Ton tiefer, verringert sie sich, wird er höher. Zu beobachten bei Annäherung oder Entfernung einer Lokomotive. Bei Lichtstrahlen ergibt sich bei Bewegung der Lichtquelle gegen den Beobachter eine Verschiebung des Spektrums nach Blau zu, bei Bewegung vom Beobachter weg nach Rot zu. Mit dem Doppler-Effekt läßt sich die Geschwindigkeit der Bewegung aller Sterne messen, weil nachgewiesen wurde, daß Sterne aller Galaxien gleiche physikalische Bedingungen wie die Sterne der Milchstraße haben

die aber unter den Ozeanen weitgehend fehlt. Die untere Grenze der Erdkruste liegt 8 bis 15 km unter der Tiefsee-Oberfläche, 30 bis 40 km unter der Oberfläche von Tiefländern, 50 bis 70 km unter der Oberfläche von Hochebenen und Hochgebirgen. Bis in 2900 km Tiefe reicht der Erdmantel, und in 5100 km Tiefe beginnt der innere Erdkern. Magma heißt die heiße, gasgetränkte Schmelze der Erdtiefe.

1912 begründete der Geophysiker Alfred Wegener (1880 bis 1930) seine Kontinentalverschiebungs-Theorie, die inzwischen von der Meeresforschung von der Theorie zur Tatsache befördert wurde. Wegener ging von einem großen Urkontinent in einem großen pazifischen Meer aus, der im Mittelalter der Erdgeschichte zerfiel und auseinanderdriftete – Hinweise dafür, daß beispielsweise Südamerika und Afrika, Nord- und Südamerika erst während dieser Kontinentaldrift voneinander wegschwammen. Es ist noch nicht lange her, seit Wegeners Theroie zu zweifelsfrei gesichertem Wissen wurde!

Was weiß das Nihongi davon?

Hierauf entstanden zwischen ihnen göttliche Wesen. Daher heißt es, daß *im Anfang der Weltschöpfung das Umherschwimmen des Länderbodens mit dem Schwimmen eines spielenden Fisches auf dem Wasser zu vergleichen war.*

Seltsam? Seltsam.

Das Nihongi ist ausgezeichnet informiert. Was spricht dagegen, daß Götter, die *im Himmel entstanden,* der sie als *absolut reine Männer hervorbrachte,* die Informanten gewesen sind?

Etymologen sagen, »diese Göttergestalten dürfe man natürlich nur symbolisch auffassen. Sie haben in Wirklichkeit nicht existiert.« [16]

Wittert man in Mythen einstmalige Realitäten – offenbar ein schrecklicher Gedanke! –, dann sind Überlieferungen, die sonst für alles mögliche herhalten müssen, eben »nur« Mythen. Nur? An welchem Stammbaum sollen wir dann emporklettern, wenn in der Mythologie unserer Frühgeschichte bloß Symbolik steckt? Und wenn schon nur Symbolik, ist die Frage geboten: Wofür stehen die Symbole?

Symbol kommt vom griechischen *symballein,* und das heißt: zusammenwerfen. Lexika erklären es so: »Das Symbol nimmt den gestalthaften Bezug von Zeichen und Bezeichnetem auf und bringt damit den Sinn des Gemeinten wie im Gleichnis zur Anschauung. Vielerlei Zeichen können einen Inhalt ausdrücken, verschiedene Inhalte mit einem Zeichen verbunden werden.«

Bitte, folgen wir brav der Belehrung, daß Mythen symbolisch aufzufassen sind! Dann aber will ich exakt den »Sinn des Gemeinten« erfahren, dann will ich alles über den »gestalthaften Bezug« kennenlernen. Nein, selbst der Versuch, im Unverbindlichen zu verharren, fruchtet nicht. Ich will es genau wissen. Viel genauer.

In einer Schrift heißt es:

Die Abschnitte des Nihongi, die über die Entstehung des Weltalls aussagen, haben die Introduktion: IN EINER SCHRIFT HEISST ES [17]:

IN EINER SCHRIFT HEISST ES: Als Himmel und Erde sich zuerst voneinander trennten, befand sich mitten im Leeren ein Ding von schwer zu beschreibender Gestalt. Darinnen entstand von selbst eine Gottheit.

IN EINER SCHRIFT HEISST ES: Von alters her, zur Zeit, da das Land jung war und die Erde jung war, schwamm es umher wie schwimmendes Öl. Zu dieser Zeit entstand im Innern des Landes ein Ding, das an Gestalt wie ein Schilf-Schößling war. Daraus entstanden durch Transformation Gottheiten mit den Namen ... Ferner entstand mitten im Leeren ein Ding, das schwimmendem Öl ähnelte, und sich hierauf in eine Gottheit verwandelte.

Mitten im leeren Raum ein Ding von schwer zu beschreibender Gestalt ... In dem Ding entsteht eine Gottheit ... Im Innern des Landes gesichtet ein Ding, das wie ein Schilfschößling aussah ... daraus kommen Gottheiten.

Wie sag ich's meinem Kinde? Schilfschößlinge haben eine stromlinienförmige Spitze, die in eine pralle Rundung übergeht. Menschen, denen Schilf als Arbeitsmaterial vertraut ist, ließ sich mit diesem Vergleich eine Vorstellung von dem »Ding«, einem Zubringerschiff nämlich, vermitteln.

Was das Finden von Bezeichnungen für Nochnichtgesehenes angeht, sind wir schrecklich Klugen des 20. Jahrhunderts doch keinen Schritt weiter!

**Fliegende Untertassen –
erfunden im 20. Jahrhundert,
entdeckt anno 4000**

Da will vor 30 Jahren ein Mann ein »Ding« am Himmel gesehen haben, das – ja, wie sah es aus? – das wie eine fliegende Untertasse ausschaute. Seitdem behaupten Tausende, darunter Amerikas Jimmy Carter, so eine »fliegende Untertasse« beobachtet zu haben. Der erste Entdecker hatte kein treffendes Wort für das unbekannte fliegende Objekt, er erzählte von seiner fliegenden Untertasse.

Ich sehe mit großem Vergnügen, wie sich Etymologen im Jahre 4000 der Deutung eines Mythos aus dem 20sten Jahrhundert hingeben! Sie wühlen in ausgegrabenen Zeitungsarchiven und Bibliotheken. Immer und überall stoßen sie auf diese ominösen fliegenden Untertassen. Längst setzten ihre archäologischen Kollegen Scherben zusammen und bewiesen, daß die Menschen seinerzeit Gebilde dieser Art unter ein Trinkgefäß, Tasse genannt, setzten. Was war denn nun mit diesen Dingern, die sich, wenn man den Mythen folgen darf, in der Luft bewegten, ihre Farbe änderten, überraschende Zickzackkurven vorführten etc.?

Die Etymologen vom Jahre 4000 werden sich darauf einigen, daß diese fliegenden Untertassen Geräte für eine global ausgeübte Sportart gewesen sein müssen, zumal unter den Betonresten einer Arena ein Mann aus Bronze ausgegraben wurde, der ein Ding wie diese Untertassen augenscheinlich in die Luft schleuderte. Eine wissenschaftliche Mythendeutung anno 4000 ist gelungen!

Und keine Bürgerinitiativen!

Wie in den afrikanischen Dogon-Mythen stiegen auch dem Nihongi zufolge *acht* Personen vom Himmel herab, eine ganze Crew also, die dort wie hier beim Landen und Starten üblen Lärm und Rauch verbreitete:

Als nun zuerst Susa no Wo no Mikoto zum Himmel hinaufstieg, da rollte das große Meer wie Donner und geriet in Bewegung, und die Berge und Hügel stöhnten laut, dies alles infolge der Heftigkeit der göttlichen Natur.

Ein Seitensprung, ein Pas de trois, nach Indien und in den biblischen Raum!

In der 80 000 Doppelverse umfassenden Niederschrift indischer Mythen, dem Mahabharata [18], das weit in die Frühzeit zurückweist, steht:
Bhima flog mit seiner Vimana auf einem ungeheuren Strahl, der den Glanz der Sonne hatte, und dessen Lärm wie das Donnern eines Gewitters war.

Bei Hesekiel macht »die Herrlichkeit des Herrn« beim Erscheinen derartigen Lärm, daß er ihn nur mit »dem Getöse eines Heerlagers« und dem »Rauschen vieler Wasser« vergleichen kann. Wenn der biblische Herr auf dem heiligen Berg landet, scheucht er die Umwelt durch Rauch, Beben, Lärm, Feuer und Gestank auf.

Heute würden sich Bürgerinitiativen gegen derartige Belästigungen wehren: man erfährt rechtzeitig, was wo geplant wird. Damals kamen Belästigungen ohne Vorankündigung »von oben«.

Übrigens findet man Metaphern, wie sie die alten Chronisten heranzogen, auch noch in den Berichten, die fixe Reporter beim Start der ersten Raketen in Cape Canaveral an der Ostküste von Florida in die Welt tickerten. Das erstmalig Ungeheure hat noch keine Sprache. Zurück nach Japan.

Himmlische Reichskleinodien

Im Kojiki, dem Buch der frühen Begebenheiten, schickt die Sonnenkönigin Amaterasu ihren Enkel Ninigi zum Regieren des japanischen Landes auf die Erde. Ninigi landet im westlichen Teil der Insel Kyushu auf einem Berg und bringt drei Requisiten mit: einen geheimnisvollen Metallspiegel, ein Schwert und eine Juwelenschnur. Diese kaiserlichen Hoheitszeichen existieren heute noch.

Millionen Japaner pilgern alljährlich in die Stadt Ise auf Honschu, der größten der vier Hauptinseln, um im Naiku, dem »Inneren Schrein« des Tempels, den heiligen Spiegel, höchste der Reichskleinodien, zu verehren. – Im Atsuta-Tempel bei Nagoya in Mittel-Honschu wird das Schwert aufbewahrt, die Juwelenschnur im kaiserlichen Palast in Tokio.

Der heilige Spiegel soll im Original im Inneren Schrein gehütet werden, in viele Hüllen verpackt, die nie geöffnet wurden und auch heute nicht geöffnet werden. Wenn eine Hülle vom Zahn der Zeit angenagt ist, wickeln eifrige Priester gleich eine neue drumherum. Was im Wunderpaket drin ist, weiß kein Lebender.

Altes japanisches Kaisergrab

Der Enkel des himmlischen Ninigi war Jimmu Tenno, Japans erster Herrscher. Tenno, der Titel japanischer Kaiser, bedeutet: Himmlischer Herrscher. Die mythische Dynastie läßt sich bis zur Sonnengöttin Amaterasu zurückführen. (Von solchen Hierarchien wird rund um die Welt berichtet. Alle ägyptischen Pharaonen waren z. B. Abkömmlinge der Götter.)

Jeder neue Tenno setzt sich nach seiner Thronbesteigung in Marsch, um im Tempel von Ise den Göttern seinen Amtsantritt zu melden. Seit frühen Zeiten hat sich an der Zeremonie lediglich geändert, daß die Kaiser nicht mehr im geschlossenen Ochsenwagen, sondern im Salonwagen mit der Eisenbahn reisen.

Sogar der mythische Jimmu Tenno soll in seinem Grabmahl ruhen. Der Überlieferung gemäß bestieg er den Thron am ersten Tag des ersten Monats des Mondjahres 660 v. Chr.

Als ich zuletzt im Frühjahr 1976 zu TV-Aufnahmen in Japan war, versuchte ich, eine Erlaubnis zum Besuch von Jimmus Mausoleum zu erwirken. Unmöglich, hörte ich von allen Seiten: außer den Angehörigen des Kaiserhauses sei allen Sterblichen der Zutritt versagt und den Inneren Schrein dürfe ausschließlich der Tenno betreten. – Mir blieb der kleine Trost, daß die japanischen Fern-sehleute einen Helikopter organisierten, der mich in mehreren Runden um das sagenhafte Grab herumflog. Außer einem Was-sergraben, der das Mausoleum wie eine feste Burg abschirmt, ei-nem künstlichen bewaldeten Hügel, unter dem die Gruft liegen soll, sowie einigen wenig eindrucksvollen Mauern erspähte ich nichts. Gar nichts.

Es war ein Japaner, der mir riet, ich solle meinen Wunsch nach einem Entrée ins Geheimnistum in diesem Buch notieren. Das Kaiserhaus wäre heutzutage so modern, daß auf diesem unge-wöhnlichen Weg die Chance erblühen könnte, zum Grab des Jimmu Tenno eingelassen zu werden. Ich habe schon größere An-strengungen hinter mich gebracht, um an das Ungewöhnliche her-anzukommen, so daß mir diese wenigen Zeilen für diesen Versuch leicht von der Hand gehen. *Wait and see.*

Die Geschichte von Inselkind und der Zeitdilatation

In Mythologien wimmelt es von grandiosen Begebenheiten, die erst seit Albert Einsteins Relativitätstheorie verständlich sind. Vorweg sei zu diesem kostbaren Beispiel einer »einschlägigen« Mythe an mein Gespräch mit Professor Lüscher erinnert, in dem das urewige Gesetz der Zeitdilatation erklärt wurde. So ist die Ge-schichte von INSELKIND in der steinalten Überlieferung Tango-Fudoki [19] aufgezeichnet:

Im Distrikt Yosa ist ein Gau namens Heki, und in diesem Gau ein Dorf namens Tsutsukaha, und unter den Bewohnern dieses Dorfes war ein Mann namens INSELKIND. Dieser Mann war von schöner Erscheinung und ohnegleichen herrlich.

Unter dem Kaiser, welcher im Palast zu Asakura das Reich re-gierte, fuhr INSELKIND allein auf einem Boot ins Meer hinaus und angelte. Weil er nichts fing, schlief er im Boot ein. Da war plötzlich ein Mädchen von unvergleichlich schöner Gestalt bei ihm.

INSELKIND fragte das Mädchen: »Der Menschen Häuser liegen weit entfernt von hier, und auf der Meeresebene ist kein Mensch. Wer bist du und wie kommst du so unerwartet zu mir?«

Das Mädchen antwortete lächelnd: »Ich kam aus den Lüften her.«

INSELKIND fragte wieder: »Von wo bist du aus den Lüften her-gekommen?«

Das Mädchen antwortete: »Ich bin vom Himmel hergekommen. Ich bitte dich, laß deine Zweifel und unterhalte dich in Liebe mit mir. Ich beabsichtige mit dir zusammenleben, so ewig wie Himmel und Erde. Wenn du meinen Worten folgen willst, so öffne ein Weilchen deine Augen nicht.«

Bald erreichten die beiden eine eigenartige Insel, die mit Perlen übersät war. Die Augen von INSELKIND hatten solchen Glanz noch nie geschaut. Aus einem schimmernden Palast kamen sieben Knaben, und die hatten den Namen Plejaden*, und dann kamen noch acht Knaben, und die hatten den Namen Hyaden**.

INSELKIND lernte Vater und Mutter des schönen Mädchens kennen, und diese erklärten ihm den Unterschied zwischen der Menschenwelt und der Residenz des Himmels. INSELKIND heiratete das Mädchen vom Himmel, und die Freuden waren zehntausendmal größer als bei den Menschen auf Erden.

Als drei Jahre verstrichen waren, befiel INSELKIND plötzlich Sehnsucht nach der Heimat. Er sehnte sich nach seinen Eltern. Klagen und Kummer kamen ohne Unterlaß zum Vorschein.

Da fragte ihn das Mädchen: »Seit einiger Zeit sehe ich dein Angesicht und bemerke, daß es anders ist als sonst. Bitte, laß mich dein Begehren wissen.«

INSELKIND antwortete: »Meine Wenigkeit verließ die Heimat der Meinigen und meiner Freunde und kam weit ins Land der Götter. Ich fühle mich von Sehnsucht überwältigt. Wenn ich es wünschen darf, so möchte ich ein Weilchen nach der Heimat gehen und meine Eltern sehen.«

Nachdem sie voneinander Abschied genommen hatten, schiffte er sich ein. Sie unterwies ihn, die Augen zu schließen. Da, auf einmal, war er in seiner Heimat im Gau Tsutsukaha angelangt.

Da blickte er den Ort an: die Bewohner und die Dinge waren ganz anders geworden. Er fand da gar nichts, woran er sein Haus hätte erkennen können. Da fragte INSELKIND einen Dorfbewohner: »Wo wohnt jetzt die Familie von INSELKIND?«

---

* Plejaden, Siebengestirn am Himmel
** Hyaden, ein Sternhaufen im Kopf des Sternbildes Stier. Die genau gemessenen Bewegungen seiner Mitglieder bilden die Grundlage für die Entfernungsskala im Weltall

Mythologie – in Stein oder Ton.
Dogu-Figuren aus der Zeit um
600 v. Chr. aus der Sammlung des
Kunstmuseums in Suntory, Japan:
Raumfahrerdress, Riesenastro-
nautenbrillen

Der Dorfbewohner antwortete: »Woher bist du, daß du nach einem so alten Mann fragst? Wie ich von alten Leuten aus der Überlieferung gehört habe, war hier in alten Zeiten ein Mann namens INSELKIND. Er fuhr allein ins weite Meer hinaus und kam nicht wieder. Seitdem sind bis jetzt schon über 300 Jahre verstrichen. Warum fragst du plötzlich danach?«

Da wandelte INSELKIND schluchzend umher.

Da beißen wir auf den harten Kern eines Mythos, wie er mir ausgezeichnet schmeckt: in eine märchenhaft klingende *love story* ist eine erst in unserer Zeit (nach Einstein!) bewiesene Tatsache verpackt. Zeitdilatation! INSELKIND muß in einem Raumschiff mit hoher Beschleunigung in eine »Götterwelt« mitgenommen worden sein. INSELKIND meint, dort nur drei Jahre verbracht zu haben, erfährt aber bei der Rückkehr in seine irdische Heimat, daß dort inzwischen über 300 Jahre vergangen sind. Eine harmlos anmutende Geschichte, die Fakten überliefert. Potztausend! Wer kann diese Tatsache widerlegen?

Tour d'horizon
Es gibt nicht nur dieses köstliche, mit Fleiß und Glück gefundene Beispiel für die Kenntnis der Gesetze der Zeitdilatation in alten Mythen. Eine nur flüchtige Tour d'horizon zeigt, daß dem indischen Gott Vishnu ein Menschenalter »nur einen Augenblick« bedeutete, daß die mythischen chinesischen Kaiser »himmlische Herrscher« waren, die in feuerspeienden Drachen am Himmel fuhren und 18 000 Erdenjahre lebten. Vom ersten Herrscher P'an Ku berichtet die chinesische Mythologie, daß er 2 229 000 Erdenjahre im Kosmos herumgondelte. Sogar in unserem wohlvertrauten Alten Testament ist notiert, daß in der Hand Gottes alles »eine Zeit und zwei Zeiten und eine halbe Zeit« wird. Der Psalmist formuliert es dichterisch:
Denn tausend Jahre sind vor Dir wie der Tag,
der gestern verging, wie eine Nachtwache . . .

Seit meinem Abschied aus Japan lutsche ich an zwei bittersüßen Bonbons. Da geistert durch alte Mythen ein Gott mit dem Namen Omohi-kane no kami. Ich ließ ihn mir übersetzen und hörte zu meinem Erstaunen, daß das wörtlich bedeutet: *Gottheit, welche die*

Denkkraft mehrerer Götter in sich vereinigt. Dieser Gott war offen-sichtlich eine Art von Computer. Seltsam.

Seltsam wie ein Hinweis, den mir japanische Archäologen ga-ben. Die Archäologie kennt die japanischen Dogu-Figuren*, Figu-ren aus Stein oder Ton, modelliert wie Köpfe von Raumfahrern, in Montur mit Riesenbrillen. *Diese* Form der Dogu-Figuren (es gibt auch andere) taucht etwa in der Zeit um 600 v. Chr. erstmals auf. Genau zu dieser Zeit aber übergaben Himmelsgötter dem Jimmu Tenno, dem ersten Kaiser von Japan, sein Reich . . . und 20 000 km Luftlinie entfernt, hatte 592 v. Chr. der Prophet Hese-kiel seine Begegnungen mit Raumschiffen** – *Koinzidenz* ist das feine Fremdwort für das Zusammentreffen zweier sich deckender Ereignisse. Das Wort gefällt mir!

Diagonal um den Globus herum, liefert die Mythologie der Es-kimo ein Indiz, das hier stehen soll [20]:
Die ersten Menschen waren viel größer als heutige Menschen. Sie vermochten mit ihren magischen Häusern *zu fliegen,* und die Schneeschaufeln bewegten sich selbständig und schaufelten den Schnee von alleine. Wenn die damaligen Menschen andere Nah-rung wünschten, setzten sie sich einfach in ihre fliegenden Häuser und flogen damit an neue Plätze. Aber eines Tages beschwerte sich jemand über den Lärm, den die fliegenden Häuser verursachten, wenn sie durch die Lüfte flogen. Da die Worte des Beschwerdefüh-rers sehr kraftvoll waren, verloren die Häuser ihre Flugfähigkeit, und seither sind die Menschen mit ihren Häusern an den Ort ge-bunden . . . In jener Zeit aber konnte Schnee wie Feuer brennen, und oft fiel Feuer vom Himmel. Damals gab es auch noch kein Eis.

Die Mythen der zentral- und südamerikanischen Völker (Maya, Inka) und der Südseeinsulaner habe ich nicht in den weltumspan-nenden großen Reigen himmlischer Himmelsgeschichten aufge-nommen. Der einzige Grund dafür ist, daß ich deren Mythen in meinen früheren Büchern behandelt habe und freilich Wiederho-lungen soweit wie möglich vermeiden will. In geziemender Be-scheidenheit darf ich aber auch diese – nicht unbekannt gebliebe-nen – Auslassungen der »anderen Partei« ins Gedächtnis rufen.

* Zurück zu den Sternen, Seiten 166 ff.
** Blumrich: Da tat sich der Himmel auf – Die Raumschiffe des Propheten Hesekiel.

LATEINAMERIKA

Jedoch soll eine unheimliche Überlieferung, die noch in keinem wissenschaftlich-mythologischen Werk steht, die aber als Prunkstück hineingehört, den lateinamerikanischen Raum würdig vertreten. In diesem Mythos sind so gut wie alle *essentials* enthalten, die man von einem ordentlichen Mythos über Anwesenheit und Tätigkeit der »Götter« verlangen kann.

Die Chronik von Akakor

Der studierte Historiker und Soziologe Karl Brugger (1942) lebt seit Jahren als Journalist in Südamerika. Dort ist er seit 1974 Korrespondent für den Deutschen Rundfunk und das Deutsche Fernsehen in Rio de Janeiro. Brugger gilt als Spezialist für Indianerfragen.

1972 lernte er in Manaus, dort, wo der Rio Solimoes dem Rio Negro begegnet, dort also, wo der Rio Amazonas beginnt, den Indianer Tatunca Nara kennen. Tatunca Nara ist Häuptling der Ugha-Mongulala-, der Dacca- und der Haischaindianer, ein Mestize.

Nachdem Brugger mit viel Mühe und Menschenkenntnis das Mißtrauen des Mestizen überwunden hatte, erfuhr er eine außergewöhnliche Geschichte, wie er sagt, die außergewöhnlichste, die er jemals hörte. Es ist die Geschichte des Stammes Mongulala, »einem vor 15 000 Jahren von den Göttern auserwählten Volk«. Diese Geschichte sei, sagte der Häuptling, in der »Chronik von Akakor« [21] mit allen Ereignissen niedergeschrieben.

Brugger nahm in seinem Hotelzimmer einen »endlosen, nur vom Wechseln des Tonbandes unterbrochenen Monolog« auf. Tatunca Naras Bericht setzt im Jahr Null der auserwählten Stämme ein und endet im Jahre 12 453. Bedeutet, daß die Chronik nach unserer Zeitrechnung 10 481 v. Chr. beginnt und in der Gegenwart endet – 1972!

Zum Schluß lagen 12 besprochene Tonbänder vor. Brugger war sich nicht schlüssig, ob er ein »phantastisches Märchen« gehört hatte oder ob sich der Bericht belegen ließ. Von Berufs wegen auf Skepsis und penible Recherchen getrimmt, stellte Brugger zwi-

Mythologie – als Steinplastik.
Eine unbekannte Götterfigur aus Kolumbien.
Geschätztes Alter: knapp 3000 Jahre. Auch hier sind die
Astronautenattribute eindeutig

schenzeitlich dokumentarische Nachforschungen an. Als dann Tatunca Nara bei einer späteren Begegnung seine Geschichte mit vielen zusätzlichen Details wiederholte, »als hätte er sie auswendig gelernt«, begann Brugger, daran zu »glauben«, obwohl ihm deren Ungeheuerlichkeit wie eine Herausforderung vorkam. Brugger prüfte die Informationen auf ihren Wahrheitsgehalt, ließ die Tonbänder abschreiben und veröffentlichte sie. Ich lernte ihn kennen und sprach lange mit ihm. Das ist keiner, der sich ein X für ein U vormachen läßt!

Das »Buch des Jaguar« berichtet von der Kolonisierung der Erde durch die Götter bis zur Zeit der zweiten Weltkatastrophe. Das »Buch des Adlers« umfaßt die Zeitspanne zwischen 6000 und 11 000 der indianischen Zeitrechnung. Mit Erlaubnis des Verlages zitiere ich nur aus den beiden frühen Büchern, weil sie in allerengstem Konnex zu meinem Thema stehen. Wortwörtlich lege ich Auszüge aus dem Bericht des Tatunca Nara vor, wie Karl Brugger ihn übersetzte, recherchierte, bearbeitete und im Mai 1975 veröffentlichte.

Tatunca Nara erzählt:

»Die Chronik von Akakor, die geschriebene Geschichte meines Volkes, beginnt mit der Stunde Null, als uns die Götter verließen. Damals beschloß Ina, der erste Fürst der Ugha Mongulala, alles niederschreiben zu lassen, was sich zutragen würde, in guter Sprache und in deutlicher Schrift.

Und so zeugt die Chronik von Akakor von der Geschichte des ältesten Volkes der Welt. Vom Anfang, der Stunde Null, als uns die Früheren Herren verließen . . . Und sie berichtet vom Ursprung der Zeiten, als mein Volk noch das einzige war auf dem Kontinent . . .

Am Anfang war alles Chaos.

Die Menschen lebten wie Tiere, unvernünftig und ohne Wissen, ohne Gesetze und ohne die Erde zu bearbeiten, ohne sich zu kleiden oder auch nur ihre Nacktheit zu bedecken. Das Geheimnis der Natur war ihnen fremd. Sie lebten zu zweit, zu dritt, wie sie der Zufall in Höhlen oder Felsspalten zusammengeführt hatte. Auf allen vieren gingen sie umher. Bis die Götter kamen. Sie brachten ihnen das Licht.

Wann das alles geschehen ist, wissen wir nicht. Woher die Fremden kamen, ist nur undeutlich bekannt. Über der Herkunft unserer Früheren Herren liegt ein dichter Schleier, den auch das Wissen der Priester nicht zu lüften vermag. Nach den Überlieferungen unserer Vorväter muß es 3000 Jahre vor der Stunde Null gewesen sein, 13000 v. Chr. in der Zeitrechnung der Weißen Barbaren. Da tauchten am Himmel plötzlich goldglänzende Schiffe auf. Gewaltige Feuerzeichen erleuchteten die Ebene. Die Erde bebte, und Donner hallte über die Hügel. Die Menschen beugten sich in Ehrfurcht vor den mächtigen Fremden, die kamen, um Besitz zu nehmen von der Erde.

Ein Reich aus vielen Planeten

Als Heimat nannten die Fremden Schwerta, eine weit entfernte Welt in den Tiefen des Alls. Dort lebten ihre Altväter. Von dort waren sie gekommen, um anderen Welten ihr Wissen zu bringen. Unsere Priester sagen, daß es ein gewaltiges Reich war, bestehend aus vielen Planeten, so zahlreich wie Staubkörner auf der Straße. Und sie sagen weiter, daß sich die beiden Welten, diejenige unserer Frühen Herren und die Erde, alle sechstausend Jahre begegnen. Dann kommen die Götter zurück.

. . . Wer lernt begreifen die Handlungen der Götter? Wer lernt verstehen ihre Taten? Denn wahrlich mächtig waren sie, unbegreiflich für den gewöhnlichen Sterblichen. Sie wußten um den Lauf der Gestirne und um die Gesetze der Natur. Wahrhaftig, das oberste Weltgesetz war ihnen bekannt. Hundertunddreißig Familien der Altväter kamen auf die Erde . . .

Die Chronik von Akakor, die geschriebene Geschichte des Volkes Ugha Mongulala, beginnt erst nach dem Aufbruch der Früheren Herren im Jahre Null. Damals befahl Ina, der erste Fürst der Ugha Mongulala, die Niederschrift aller Ereignisse, in guter Sprache, in deutlicher Schrift und mit dem geziemenden Respekt für unsere Früheren Herren . . .

Akakor, die Hauptstadt des Reiches der Ugha Mongulala, wurde vor 14000 Jahren von unseren Vorvätern unter Anleitung der Früheren Herren errichtet. Von ihnen stammt auch der Name. Aka, das heißt Festung, Kor die Zahl zwei. Akakor ist die Festung Zwei . . .

Mythologie – in Stein. Eine indianische Steinritzung von unbekanntem Alter – entdeckt nahe Buckeye, Arizona

Die Tempelstädte der Altväter sind auch für mein Volk ein Rätsel geblieben. Ihre Bauten zeugen von einem höheren Wissen, unbegreiflich für den gewöhnlichen Menschen. Für die Götter waren die Pyramiden nicht nur Wohnstätten, sondern zugleich Zeichen des Lebens und Zeichen des Todes. Sie waren ein Symbol der Sonne, des Lichts, des Lebens. Die Früheren Herren haben uns gelehrt, daß es einen Ort gibt zwischen dem Leben und dem Tod, zwischen dem Leben und dem Nichts, der einer anderen Zeit unterworfen ist. Für sie waren Pyramiden Verbindung zu einem zweiten Leben ... Vier Weltecken und vier Weltseiten schufen die Herren des Kosmos, die Wesen am Himmel und auf der Erde ...

Mythologie – in Holz.
Holzgeschnitzt, gibt diese indianische
Götterfigur aus dem Gebiet des
oberen Amazonas Rätsel über Rätsel
auf

Der Tag, an dem die Götter die Erde verließen

Von Akakor aus herrschten die Götter. Sie herrschten über die Menschen und über die Erde. Sie hatten Schiffe, schneller als ein Vogel fliegt. Schiffe, die ohne Segel und Ruder bei Tag gleich wie bei Nacht an ihr Ziel gelangten. Sie hatten magische Steine, um in die Ferne zu blicken. Man sah Städte, Ströme, Hügel, Seen. Was immer auf Erden oder am Himmel geschah, es spiegelte sich darin. Aber das wunderbarste waren die unterirdischen Wohnstätten. Und die Götter übergaben sie ihren Auserwählten Dienern als ihr letztes Vermächtnis. Denn die Früheren Herren sind von gleichem Blut und haben den gleichen Vater . . .

Am Tag, als die Götter die Erde verließen, riefen sie Ina herbei . . . ›Ina, wir brechen zur Rückkehr auf. Guten Rat und weise Grundsätze haben wir dich gelehrt. Zu den Unsrigen kehren wir zurück . . . Unser Werk ist getan. Unsere Tage haben sich erfüllt . . . Wir kehren zurück, wenn ihr bedroht seid. Jetzt aber nimm die Auserwählten Stämme. Führe sie in die unterirdischen Wohnstätten, damit sie geschützt sind vor der kommenden Katastrophe.‹ – Und Ina sah, wie sie mit ihren Schiffen unter Feuer und Donner zum Himmel fuhren. Über den Bergen von Akakor verschwanden sie. Nur Ina sah ihren Weggang.

In der Stunde Null, 10481 v. Chr. in der Zeitrechnung der Weißen Barbaren, verließen die Götter die Erde. Sie gaben das Startzeichen für einen neuen Abschnitt in der Geschichte meines Volkes, dem eine furchtbare Zeit bevorstand, nachdem die goldglänzenden Schiffe der Früheren Herren wie Sterne am Himmel erloschen waren . . .

Nur das Bild der Götter hatten die Auserwählten Diener im Herzen. Mit brennenden Augen blickten sie zum Himmel. Aber die goldglänzenden Schiffe kehrten nicht zurück. Leer war der Himmel. Kein Laut. Der Himmel blieb leer . . .

Die Chronik von Akakor enthält die Geheimnisse der Auserwählten Stämme . . . Sie beschreibt den Aufstieg und den Niedergang eines von den Göttern auswerwählten Volkes bis zum Ende der Welt, wenn sie zurückkehren, nachdem eine dritte Große Katastrophe die Menschen vernichtet hat . . .

So ist es geschrieben. Das sagen die Priester. So ist es aufgezeichnet, in guter Sprache, in deutlicher Schrift.«

Natunca Nara berichtet dann von zwei globalen Katastrophen, die fast die ganze Menschheit ausrotteten. Im Jahre 10 468 v. Chr. soll sich eine unvorstellbare Flut ereignet haben, die mit einem extremen Klimawechsel verbunden war:

»Das ist die Kunde vom Untergang der Menschen. Was geschah auf der Erde? Wer ließ sie erzittern? Wer ließ die Sterne tanzen? Wer ließ die Wasser hervorquellen aus den Felsen? . . . Es war schrecklich kalt, und ein eisiger Wind fegte über die Erde. Es war schrecklich heiß, und die Menschen verbrannten an ihrem Atem. Menschen und Tiere flohen in panischer Angst. Verzweifelt rannten sie hierhin und dorthin. Sie trachteten, auf die Bäume zu steigen, und die Bäume schleuderten sie weit weg. Sie trachteten, in die Höhlen zu gelangen, und die Höhlen stürzten über ihnen ein. Was unten war, wurde nach oben gekehrt. Was oben war, versank in den Tiefen . . .«

Wiederkehr der Götter

Als die Überlebenden aus ihren Verstecken hervorkrochen, war die Erde verwandelt, aber die Ugha Mongulala überlebten diese wie auch eine zweite fürchterliche Katastrophe. Und endlich kehrten die langersehnten Götter aus dem All zurück:

»Noch lag Zwielicht auf der Erde Antlitz. Verhüllt waren Sonne und Mond. Da erschienen Schiffe am Himmel, gewaltig und von goldener Farbe. Groß war die Freude der Auserwählten Diener. Ihre Früheren Herren kehrten zurück. Schimmernden Antlitzes kamen sie zur Erde herab. Und das Auserwählte Volk holte seine Geschenke hervor: Federn vom großen Waldvogel, Bienenhonig, Weihrauch und Früchte. Das legten die Auserwählten den Göttern zu Füßen . . . Alle, bis zum Geringsten, erhoben sich in den Tälern und schauten zu den Altvätern auf. Aber viele waren es nicht mehr . . . Nur wenige Menschen lebten noch, um die Früheren Herren zu begrüßen . . .

So ist meinem Volk . . . nur die Erinnerung geblieben . . . wie die beschriebenen Papierrollen und die grünen Steine. Unsere Priester haben sie in den unterirdischen Tempelbezirken von Akakor aufbewahrt, wo sich auch Lhasas Flugscheibe und das seltsame Gefährt befinden, das über Berge und Wasser gehen kann. Die Flugscheibe ist von goldglänzender Farbe und besteht aus einem unbekannten Metall. Sie hat die Form einer Tonrolle, hoch wie zwei übereinanderstehende Männer und ebenso breit. Die Scheibe bietet zwei Menschen Platz. Sie hat weder Segel noch Ruder. Aber unsere Priester erzählen, daß Lhasa damit schneller fliegen konnte als der stärkste Adler und sich so leicht in den Wolken bewegte wie ein Blatt im Wind. Ähnlich geheimnisvoll ist auch das seltsame Gefährt. Sieben lange Beine tragen eine große versilberte Schale. Drei der Beine sind nach vorn und vier nach hinten gerichtet. Sie gleichen gekrümmten Bambusstangen und sind beweglich. An ihren Enden befinden sich Rollen von der Größe einer Seerose . . .«

So steht es im Tonbandprotokoll, das Karl Brugger aufnahm und übersetzte. Es ist die erlebte und überlieferte Geschichte eines lateinamerikanischen Volksstammes ab 13 000 v. Chr. – Die »Früheren Herren, die wir Götter nennen« kamen, so Brugger, auf die Erde und formten die, die sie antrafen, »nach ihrem Bild«, gaben ihnen Namen, Sprache und Schrift, vermittelten landwirtschaftliche Kenntnisse, formulierten Gesetze, die noch heute zum Teil gültig sind und überließen ihnen als Katastrophenschutz die unterirdischen Wohnstätten.

Tatunca Nara ist in der Tat autorisiert, diesen Bericht zu überliefern. Seine Vita aus dem Protokoll:

»Am Ende der Regenzeit des Jahres 12 416 – 1937 in der Zeitrechnung der Weißen Barbaren, trat in Akakor ein lang ersehntes Ereignis ein. Reinha gebar Sinkaia, einen Sohn. Sinkaias erstgeborener Sohn bin ich, Tatunca Nara, der letzte rechtmäßige Fürst der Ugha Mongulala . . .«

In unserer auf puren Materialismus gedrillten Gegenwart scheint Tatunca Naras Bericht unglaubwürdig, weil alles Phantastische nicht ins austarierte »Weltbild« paßt: es wird in die Ablage mit dem Vermerk UNGLAUBWÜRDIG gesteckt. Wer sich aber vom Zeitgeist freimachen kann und nur ein wenig von der Materie versteht, für den ist der indianische Bericht angefüllt mit Realitäten. – Was werden meine Gegner zu dieser Realität sagen?

Am 18. Oktober 1976 meldete die Nachrichtenagentur afp aus Mexiko-City, daß das »Skelett eines unbekannten Wesens gefunden wurde, bei dem es sich möglicherweise um ein außerirdisches Lebewesen handelt«. – Den Grund dieser Annahme erläuterte der

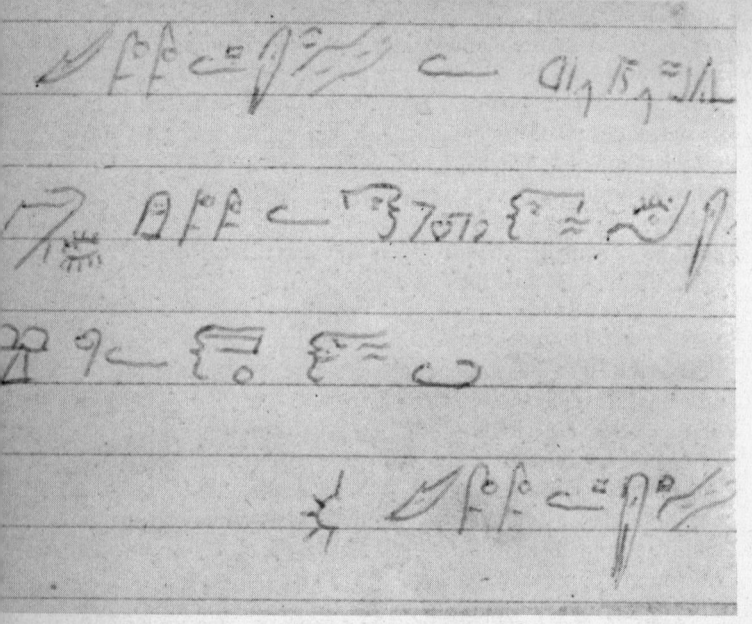

Ich wußte nicht, was auf dem Zettel stand.
Kundige Freunde übersetzten, daß Tatunca Nara
mich zu einem Besuch einlädt

Leiter des Museums für Anthropologie: Es handelt sich um kein bisher auf der Erde bekanntes Lebewesen, dessen Skelett eine Wirbelsäule, Schulterknochen, Armansätze und einen hundeähnlichen Kopf aufweist, der keine Augenhöhlen, wohl aber den Ansatz eines Rüssels besitzt.

Diese Meldung erinnerte mich an eine Schilderung in Tatunca Naras Bericht:

In der Mitte des Raumes, aus dessen Wänden das geheimnisvolle Licht kam, standen vier Blöcke aus einem durchsichtigen Stein. Als ich mich ihnen in aller Ehrfurcht näherte, erkannte ich in ihnen vier geheimnisvolle Wesen. Vier lebende Tote. Vier schlafende Menschen. Es waren drei Männer und eine Frau. Sie lagen in einer Flüssigkeit, die sie bis zur Brust bedeckte. In allem glichen sie den Menschen. Nur hatten sie sechs Finger und sechs Fußzehen. Schlafende Götter. Ob die Tiefe des Bodens in Mexiko einen schlafenden »Gott« freigab?

1:1000 oder 1000:1?

In einer Diskussion*, die 16 Wissenschaftler um meine Theorie veranstalteten, meinte Professor Joachim Illies:

Tausend Beispiele für die Wahrscheinlichkeit 1:1000 einer Lösung ändern nichts an deren Unwahrscheinlichkeit, machen die Lösung um nichts wahrscheinlicher, als es ein Fall alleine getan hätte. Dies sind die Gesetze der Mathematik und zugleich die Denkgesetze der Vernunft, es läßt sich nicht ernsthaft darüber streiten.

Wirklich nicht, hochverehrter Herr Professor? Mit der Schlüssigkeit der Argumentation bin ich ganz und gar nicht einverstanden. Für mich, einen schlichten Normalbürger, haben zehn Indizien, die für eine Behauptung stehen, allemal mehr Beweiskraft als nur ein Indiz! Doch: wenn Illies »einen Fall alleine« vorzieht, hat er ihn im Dogon-Sirius-Mythos. Ich wünsche freundliche Bedienung. 2×2 sind 4. Wer will das bestreiten? Die Mathematik braucht keine Indizien, sie hat klare Regeln, sie ist eine beneidenswerte Wissenschaft. Denkgesetze der Vernunft entbehren dieser absoluten Klarheit. Leider. Mit Vernunft wurden Mörder auf den elektischen Stuhl oder unter den Galgen gebracht, und postum stellte sich manchmal deren Unschuld heraus – Malheur der Vernunft? Unzählige »vernünftige« wissenschaftliche Theorien leben von mehreren Indizien. Darwins Evolutionstheorie sei als Beispiel genannt. Viele, ja die meisten astronomischen und astrophysikalischen Theorien existieren aufgrund (mehrerer!) Indizien – etwa die allgemein anerkannte Theorie von Professor Fred Hoyle, die besagt, daß sich im Urweltall Wasserstoff »aus dem Nichts« gebildet hat. Soziologische Zukunftsmodelle mancher marxistischen Pseudowissenschaftler leben gleichermaßen von Indizien wie nahezu jede archäologische Vermutung.

* Ernst von Khuon: Waren die Götter Astronauten?

Woran mag es liegen, daß »tausend Beispiele« (= Indizien) in der Schale einer Waage im einen Fall so schwer wiegen, im andern nicht das Gewicht einer Daunenfeder haben sollen? Ist das die höhere wissenschaftliche Gerechtigkeit?

Unlustgefühle

Freilich habe ich mir Gedanken darüber gemacht, aus welcher Ecke diese so spezielle Gerechtigkeit bedient wird. Jeder Mensch kommt mit einer Art von Computer auf die Welt, dem Gehirn. Dort werden vom ersten Tag an alle Sinnesempfindungen und Willenshandlungen zentriert. Molekulare Gedächtniseinheiten und nervlich-elektrische Schaltelemente werden in den 14 Milliarden Zellen der grauen Substanz der Großhirnrinde integriert. Dort werden Informationen gespeichert und verarbeitet. Schon dem Säugling in der Wiege werden sie über Rezeptoren übermittelt: das ist heiß, kalt, feucht, trocken, duftend, stinkend, schwarz, weiß, farbig. Später kommen dann gezielte, spezielle Zulieferungen von Eltern, Lehrern und Priestern: dies darfst du tun, das nicht – das ist richtig, jenes falsch. Und eines Tages kombiniert und handelt der Mensch selbständig aus gespeichertem Wissen. Er weiß, was Liebe und Haß, Freude und Schmerz, Lust und Unlust hervorruft.

Der Physiologe an der Londoner Universität, Professor H. J. Campbell, Gast am Max-Planck-Institut in Deutschland und am Collège de France in Paris, stellte fest, daß das menschliche Gehirn immer und in jedem Fall nach »Lustgewinn« [22] strebt, ja, daß es darauf programmiert ist. Dabei meint Campbell nicht nur sexuellen Lustgewinn. Auch aus beruflichem Erfolg kommt Lustgewinn wie aus öffentlicher Anerkennung für besondere Leistungen. Zum Beispiel. Ärger, Verunsicherungen und Angriffe auf geistigen wie materiellen Besitzstand erwecken Unlustgefühle. Zum Beispiel.

Wenn man das weiß, wird es menschlich sogar verständlich, daß in einem fachstudierten Spezialisten Unlustgefühle aufkommen, wenn an den Resultaten langer Fleißarbeiten gekratzt wird. Mit gepflegter Stimme tat er vom Katheder aus sein Wissen kund – ein reiner Lustgewinn, täglich neu, herrlich. Und dann, o Graus, wird an dem penibel errichteten Denkgebäude gewackelt. Von aufkommenden Unlustgefühlen kann sich auch ein Wissenschaftler, leider, nicht freimachen. Mit dieser Anmerkung will ich die Integrität keines Wissenschaftlers antasten, nur jeden als Mitbürger ins Menschlich-Allzumenschliche miteinbeziehen.

CHINA

Ich überlegte manchmal, warum man nicht die siebengescheiten Computer mit Zeitangaben aus frühen Überlieferungen – Mythen, Legenden, aber auch religiösen Schriften – füttert. Lassen sich, frage ich mich, aus der Relation zwischen den in den Überlieferungen genannten Götterjahren zu Menschenjahren vielleicht die Geschwindigkeiten frühzeitlicher Raumschiffe und damit die Distanzen zwischen den bewohnbaren »Götterwelten« berechnen?

Computerprogramme aus dem Kandschur und dem Tandschur

Immer war ich auf der Suche nach exaktem Zahlenmaterial, das ich für Computerprogramme anbieten könnte. Ich fand etwas in einer französichen Übertragung [23] der uralten geheimnisvollen Bücher KANDSCHUR und TANDSCHUR. Diese Übersetzung stammt aus dem Jahr 1883.

Stichworte zu den beiden Büchern:

Eigentlich ist es eine Untertreibung, wenn man den Kandschur mit seinen 108 Folianten, neun Abteilungen mit 1083 Büchern als *ein* Buch bezeichnet. Im Kandschur also sind die heiligen Texte des Lamaismus gesammelt. Mit seinen 225 Bänden ist der Tandschur ein Kommentar dazu. Beide chinesichen Blockdrucke nahmen so viel Raum ein, daß sie in den Hauskellern mehrerer Dörfer in tibetanischen Gebirgstälern verborgen gehalten wurden. Geheimschriften. Erst ein Hundertstel der Urtexte wurde übersezt, ihre Entstehungszeit ist unbekannt.

Eines der Kandschur-Bücher ist »Sammlung der sechs Stimmen« überschrieben. aus dem Kapitel »Göttliche Stimme« stammt dieses Zitat:

Es gibt verschiedene Himmel, und diese Himmel sind nicht für alle Gottheiten offen. Wie zahlreich auch die Götter sind, auch sie können niemals die drei fundamentalen Gesetze überschreiten, die da heißen: Gebiet des Wunsches, Gebiet mit Ausdehnung, Gebiet ohne Ausdehnung. Diese drei Gesetze teilen sich in Unterabteilungen. Es gibt insgesamt 28 Wohnplätze. Die Region des Wunsches hat sechs.

Nach einer ausführlichen Beschreibung der verschiedenen Regionen und ihrer Herrscher werden in *jeder* Region *andere* Götterjahre in bezug auf Menschenjahre angegeben:

Die Zeiten der Vier Könige

Im Himmel der vier Großen Könige entsprechen 50 Erdenjahre einem Tag und einer Nacht. Die Lebensdauer beträgt 500 Jahre oder, wenn man sie in Erdenjahren zählen würde, neun Millionen Jahre.

Über dem Himmel der vier Könige gelangt man zur zweiten Wohnstätte des Himmels ... 100 Jahre unter den Menschen zählen in diesem Himmel einen Tag und eine Nacht. Die Lebensdauer beträgt 1000 Jahre. Rechnet man dies in Menschenjahren, so macht es 3600 × 10000 Jahre oder 36 Millionen Jahre ...

Nach diesem Himmel gibt es einen Ort, der vielen Wolken gleicht. Hier befinden sich die sieben Tresore wie eine große Erde. 200 Erdenjahre sind dort einen Tag und eine Nacht für die Götter. Ihre Lebensdauer beträgt 2000 Jahre. Wenn man es in Menschenjahren rechnet, so sind es 144 Millionen Jahre ...

Nach diesem Himmel gibt es den Wohnbezirk der Tusitas. 400 Menschenjahre entsprechen bei diesen Göttern einem Tag und einer Nacht. Ihre Lebensdauer beträgt 4000 Jahre. Dies macht in Menschenjahren 576 Millionen Jahre ...

Nach der Welt der Götter von Tusita ... ist der fünfte Wohnbezirk ... Die Götter vermögen sich umzuwandeln und besitzen die fünf Elemente ... 800 Menschenjahre entsprechen bei diesen Göttern einem Tag und einer Nacht. Ihre Lebensdauer ist 10000 Jahre, und dies entspricht, in menschlichen Jahren gezählt, zwei Billionen 304 Millionen Jahre ...

Nach dem fünften Himmel erhebt sich ... die sechste Residenz ... Jene Götter vermögen alles umzuwandeln, und zu ihrem Vergnügen haben sie Gärten, Wälder, Schlösser und Paläste und alles, was sie sich wünschen. Es ist dies der Gipfel der Region der Wünsche. 16000 Menschenjahre entsprechen bei diesen Göttern einem Tag und einer Nacht. Ihre Lebensdauer beträgt 16 000 Jahre, wenn man es in Menschenjahre ausdrückt, neun Billionen 216 Millionen Jahre . . .

Tabelle für die Zeitgesetze der »Himmlischen«

	Erden jahre	Götter jahre	Lebens- dauer	Menschen- jahre
Im 1. Himmel	50	1 Tag, 1 Nacht	500	9 000 000
Im 2. Himmel	100	1 Tag, 1 Nacht	1 000	36 000 000
Im 3. Himmel	200	1 Tag, 1 Nacht	2 000	144 000 000
Im 4. Himmel	400	1 Tag, 1 Nacht	4 000	576 000 000
Im 5. Himmel	800	1 Tag, 1 Nacht	10 000	2 304 000 000
Am Gipfel der Wünsche	1600	1 Tag, 1 Nacht	16 000	9 216 000 000

Computer berechnen, wie oft in seinem Leben der Eskiomo unter Schnupfen leidet, wie oft ein Mitteleuropäer die Unterwäsche wechselt oder wie groß die Wahrscheinlichkeit ist, daß Herr Smith aus Milwaukee/USA Herrn Dupont in Marseille kennenlernt.

Hier biete ich fürs gefräßige Rechnen ein opulentes Mahl an, Rechnungen mit vielen bekannten Größen.

Wenn im Reich der vier Großen Könige 50 Erdenjahre einen Tag und eine Nacht ausmachen, wie schnell muß sich dann ein Raumschiff bewegen, damit unter Berücksichtigung der Gesetze der Zeitdilatation ein Verhältnis von 50 Erdenjahren zu 24 Götterstunden entsteht?

Hat man die erste Distanz, kann man wie Sherlock Holmes vorgehen. Conan Doyle ließe seinen cleveren Detektiv bei der Verfolgung eines Täters so operieren: Aus vorhandenen Feststellungen ermittelte er den Tatort. Dann schlug er mit dem Zirkel einen Kreis, in dem der Verbrecher zu finden sein mußte, falls der zu Fuß auf der Flucht war; in Kenntnis der Fahrgeschwindigkeit von Autos schlug er einen zweiten Kreis, in dem zu fahnden war, falls der Täter motorisiert unterwegs war; den größten Kreis zog er für die Annahme, daß der Übeltäter ein Flugzeug benutzte, das innerhalb der Zeit X am Ort Y eintreffen würde.

Ein Hauch der zielstrebigen Phantasie von Sherlock Holmes könnte die Exobiologen zu exakten Resultaten führen, den Wissenschaftlern quasi zur Inhaftnahme vagabundierender Raumschifftäter verhelfen.

Vorschlag nach dem Rechenkochbuch: Man fixiere als Mittelpunkt der Kreise unser Sonnensystem, man berücksichtige die Bahnverschiebung unseres Sonnensystems im Laufe der letzten 10 000 Jahre im Verhältnis zu anderen Sonnensystemen. Man wird die Unbekannten in einer Gleichung vierten Grades finden, denn das algebraische Basismaterial ist vorhanden in den Gesetzen der Zeitverschiebung und in der Relation Erde/Götter.

Es wird so viel für die wissenschaftlichen und politischen Papierkörbe errechnet, deren Inhalte spätestens morgen durch den Reißwolf gedreht werden. Warum nicht mal ein Programm in die Computer füttern, das wichtige Angaben aus der Vergangenheit für die Zukunft bringen kann? Es muß ja kein schlechtes Programm sein, weil ich es vorschlage.

Mythen-Ei, im Weltall gar gekocht
Bei meinen Spurensicherungen in der Literatur wie auf meinen Weltreisen stoße ich ständig wieder auf das Ei als Symbol des Raumschiffs*. Nun begegne ich diesem properen Ding auch im Citralakshana, dem 2. Kapitel des Tandschur [24]:
Als die Festigkeit des Welteneis beseitigt war, wurde durch das goldene Ei die Finsternis überwunden, und aus dem Wasser entstand alles. Aus jenem goldenen Ei ging der Stammvater der Erde hervor. In tibetanischen Legenden taucht immer wieder das kosmische Ei auf. In einer heißt es [25]:
Aus dem ungeschaffenen Wesen entstand ein weißes Licht, und aus dem Grundstoff dieses Lichts kam ein vollkommenes Ei hervor: von außen war es strahlend, es war durch und durch gut. Es hatte keine Hände und keine Füße und hatte dennoch die Kraft der Bewegung. Es hatte keine Schwingen und konnte dennoch fliegen. Es hatte weder Kopf noch Mund, noch Augen, und dennoch erklang eine Stimme aus ihm. Nach fünf Monaten zerbrach das wunderbare Ei, und ein Mensch kam heraus . . .

* ZURÜCK ZU DEN STERNEN, Seiten 121 ff.

Überlieferungen der chinesischen Liao-Kultur melden, daß unsere Welt aus einem Ei hervorgegangen wäre. Die ersten Menschen seien in »rotgoldenen Eiern« auf die Erde gekommen; die Eier hätten wie »große gelbe Säcke« ausgesehen. Ihre Form wird bei den Liao-Stämmen einheitlich beschrieben: sechs Füße, vier Flügel, keine Augen, kein Gesicht [26].

Das Welten-Ei ist ein Zentralthema der Mythologie. In einem der ältesten Gebete des »Ägyptischen Totenbuch« beten die Erzähler:

O Welten-Ei, erhöre mich!
Ich bin Horus von Jahrmillionen!
Ich bin der Herr und Meister des Throns.
Vom Übel erlöst, durchziehe ich die Zeiten
und Räume, die grenzenlos sind.

Auch im »Lied vom Ursprung der Dinge« in der Rigveda, der Sammlung ältester indischer Opfermythen [27], ist das Ei-Motiv deutlich erkennbar:

Damals war nicht das Nichtsein, noch das Sein,
kein Luftraum war, kein Himmel darüber . . .
Es hauchte windlos in Ursprünglichkeit
das eine, außer dem kein andres war.
Von Dunkel war die ganze Nacht bedeckt,
ein Ozean ohne Licht, in Nacht verloren.
Da ward, was in der Schale versteckt war,
das eine durch die Glut der Strahlkraft geboren.
Als quer hindurch sie ihre Meßschnur legten,
was war da unten und was oben? . . .
Wer hat, woher die Schöpfung stammt, vernommen?
Die Götter sind diesseits von ihr entsprungen.
Wer sagt es also, wo sie hergekommen?

Die »Schale, in der das Lebenskräftige versteckt« war, lag im »luftleeren Raum«, wo es »keinen Himmel« [28] gab. Aus dieser Schale wurde »das eine« durch die »Glut der Strahlkraft« geboren. Ein Bild als Chiffre. Das Ei als Umschreibung für ein unbekanntes Flugobjekt.

Kerne der Mythen sind in vielem unübersehbar ähnlich, immer jedoch identisch in dem Bemühen, etwas Niegesehenes vorstellbar zu machen.

Aus dem Erzählgut der Chibcha-Indianer, die im ostkolumbianischen Kordillerenhochland leben, zeichnete der spanische Chronist Pedro Simon [29] diese Mythe auf:
Es war Nacht. Noch gab es irgend etwas von der Welt. Das Licht war in einem großen »Etwas-Haus« verschlossen und kam daraus hervor. Dieses »Etwas-Haus« barg das Licht in sich, damit es herauskam. Im Scheine des Lichts begannen die Dinge zu werden . . .

Eier in Spezialanfertigung?
Das Ei, von dem in Mythen die Rede ist, sei als Symbol des Lebens zu begreifen, denn Leben kröche, träte oder käme immer wieder sichtbar aus dem Ei hervor, und das meistens mit einer explosiven Plötzlichkeit.

Falls Eier für den besonderen Zweck der Mythendeutung nicht in Sonderanfertigung hergestellt wurden, hatten sie von allem Anfang an eine zerbrechliche Hülle. Aber: aus einem goldenen, keineswegs zerbrechlichen Ei ging der Stammvater der Welt hervor (Tandschur) – in einem »besonderen« Ei war der Blitz verpackt; dieses Ei platzte und alle »sichtbaren Dinge« kamen daraus hervor (Pangwe) – mit dem »Meister des Throns« an Bord durchzog das Welten-Ei Raum und Zeit (Totenbuch) – von glühender Strahlkraft begleitet, erschien die »Schale«, und die Götter sprangen heraus (Rigveda). Einem indianischen Erzähler fiel offenbar der naheliegende Vergleich für das Ding, das vom Himmel kam, nicht ein, er sprach von einem »Etwas-Haus«.

Wenn in Mythen von der Überwindung der Finsternis gesprochen wird, sagt man, wäre die Dunkelheit gemeint, die das Ei im Mutterleib umgibt. Dieser frischfromme Mythos geht nicht auf, weil die Finsternis, in der sich das Welten-Ei bewegt, genau definiert ist: Immer geht es um die Finsternis vor Jahrmillionen, stets lag sie über der Frühzeit, in der es weder Sein noch Nichtsein gab, immer herrschte sie vor der Stunde Null allen Werdens.

Atom aus Läuseeiern
Der Einfallsreichtum, mit dem das Unvorstellbare geschildert wurde, ist umwerfend! Im Tandschur ist zu bewundern, wie das kleinste Teil der Elemente, das Atom, vorstellbar gemacht wurde [30]:

Acht Atome bilden eine Haarspitze, so wird es gelehrt. Kennt man dieses Maß, so gelangt man zu dem Satz, daß eine Haarspitze gleich acht Nissen (Eier der Laus) ist. Acht Nissen bilden eine Laus, und acht Läuse werden als ein Gerstenkorn erklärt.

Selbstverständlich reichen acht Atome nicht für eine Haarspitze aus, aber ich finde es genial, wie der Erzähler das kleinste aller Dinge seinen Zuhörern beschrieb. Und: acht Läuse geben schon ein Gerstenkorn her. Das Atom in seiner Winzigkeit ist »denkbar« geworden. Man muß nicht zu Symbolen Zuflucht nehmen, man muß keine Kommentare verfassen, man muß nicht erklären, was »gemeint« ist. Die Realität als harter Kern ist absolut deutlich. Ich denke an den Rabbi, der von einem Gläubigen um Rat gebeten wird. »Erzähle!« sagt der Rabbi und hört sich den Sachverhalt an. Als der Gläubige den erklären will, unterbricht der Rabbi: »Hör auf! Wenn du erklären mußt, ist deine Sache schon faul!« – Ein Zuruf auch für die Produzenten von Fußnoten!

Sprache, die niemand lesen kann
In Tibet wimmelt es von Mythen.

Im Gyelrap, der Genealogie der Könige von Tibet, wird anfänglich von 27 legendären Königen gesprochen. Von denen *stiegen sieben himmlische Könige die Himmelsleiter herab*. Sie werden als *Lichtgötter* deklariert, die am Ende ihrer irdischen Tätigkeit wieder dorthin verschwinden, woher sie gekommen waren. Sogar die ältesten buddhistischen Schriften sollen *in einem Kästchen vom Himmel gefallen* sein [23].

In Tibet ist der Buddhismus anders als in Indien. In den tibetanischen Buddhismus sind Lehren der Tantra-Schule eingeflossen, in der Anhänger jener hinduistischen Religionsgruppen (Schakta) vereint sind, die einen *Hochgott* verehren. Drum enthält diese Mischung viel mehr mit buddhistischen Namen durchwirkte Mythologien als der »reine« Buddhismus.

In den Mythen des tibetanischen Buddhismus lebte der »große Lehrer« namens Padmasambhava (auch: U-Rgyan Pad-Ma), der vom Himmel kam und Schriften in einer unbekannten Sprache mitbrachte. Niemand konnte sie verstehen. Der »große Lehrer« versteckte sie in Höhlen *für die Zeit, in der sie verstanden werden* [30]. Während seines Erdenaufenthalts wählte der »große Lehrer«

seinen Lieblingsschüler Pagur Vaircana aus und erlaubte ihm, nach seinem Abflug einige Bücher der fremden Sprache zu übersetzen. Tatsächlich gibt es noch heute tibetanische Schriften mit Titeln in einer völlig unbekannten Sprache. Niemand hat sie bisher übersetzen können. Auch durch solche Hinterlassenschaften bekommen Mythen den Rang einstmaliger Realitäten.

Auf goldenen Rossen zurück ins Weltall

Wie beschreibt der Lieblingsschüler den Abschied vom »großen Lehrer«? So genau, finde ich, daß er eine gute Note dafür verdient gehabt hätte:

Da erschienen am Himmel eine Wolke und ein Regenbogen, und dieser rückte sehr nahe heran. Inmitten der Wolken stand ein Pferd aus Gold und Silber . . . Alle Welt konnte sehen, wie er ihnen (den Göttern) durch die Luft entgegenging. Als das Pferd eine Elle weit am Himmel hochgeflogen war, wandte sich Padmasambhava um. »Mich zu suchen wird kein Ende sein«, sprach er und flog davon. *Der König und seine Umgebung waren wie Fische auf dem Sand . . . Als sie hinblickten, sahen sie Padmasambhava so groß wie einen Raben; als sie wieder hinsahen, sahen sie ihn groß wie eine Drossel, und dann wieder glich er einer Fliege, und dann wieder erschien er unklar und verschwimmend so groß wie ein Läuseei. Und als sie wieder hinsahen, da sahen sie ihn nicht mehr.*

Ein verblüffendes Pendant zum Bericht von Etanas Raumflug! Dort gab es die Reportage aus der Sicht von Raumfliegern, in deren Blick die Erde verschwindet – hier wird vom irdischen Standort aus geschildert, wie der »große Lehrer« im All verschwindet – auf einem Roß aus Gold und Silber.

Es geht, Pardon, Herr Professor Illies, gegen jede Vernunft, wenn alle diese Indizien nicht »tragen« sollen, wenn man sie als Zufälle wegfegt!

Denn auch in der Bibel gibt es für die Pferde-Himmelfahrt eine Doublette. Dort ist sie zwar nicht mit demselben optischen Raffinement beschrieben, aber der Prophet Elias wird auch dort als »Lehrer« apostrophiert, der vom Himmel mehr wußte als alle Mitbürger. Es passiert, als der »Lehrer« mit seinem Lieblingsschüler Elisa sprach:

Da kam auf einmal ein feuriger Wagen mit feurigen Rossen vom Himmel und trennte die beiden. So fuhr Elias im Wetter gen Himmel. Während es Elisa mitansah, schrie er: »Mein Vater, mein Vater!«... Dann sah er ihn nicht mehr... Darnach hob er den Mantel auf, der Elias entfallen war, kehrte um und trat an die Gestade des Jordan. 2.Kön. 2, 11–13

Abermillionen nehmen die Himmelfahrt des Elias auf feurigen Rossen als bare Münze, weil es in der Bibel steht. Warum nimmt man die tibetanische Mythologie nicht als Realität? Es ist eine große erzählerische Leistung, die der Schüler anbietet: Die Leute in Tibet kannten den »großen Lehrer«, er hatte mitten unter ihnen gelebt, er hatte sie in Nützlichem unterwiesen, sie hatten mit ihm gesprochen, und er war so klug, daß er eine Sprache beherrschte, die sie nicht verstanden. Der »große Lehrer« war also eine Personalität gewesen. Und dann kehrte er eines Tages vor ihren Augen in den Himmel zurück, den er stets als seine Heimat bezeichnet hatte. Es schwebte kein körperloses Wesen auf und davon, sondern ein Wesen aus Fleisch und Blut. Erst war es noch groß wie ein Rabe, dann schon klein wie eine Drossel, danach nur noch winzig wie eine Fliege und schließlich klitzeklein wie ein Läuseei, ehe es dann überhaupt nicht mehr zu sehen war. Eine glänzende Reportage!

Nur der guten Ordnung halber erwähne ich, daß ganz ähnliche Himmelfahrtsmythen in vielen Kulturen auf allen Kontinenten überliefert sind. Ergiebiges Thema für eine Dissertation!

INDIEN

Im Gegensatz zu den Mythen im Kandschur und Tandschur, die nur zum Bruchteil übersetzt sind, ist das indische Epos Mahabharata unstreitig das umfangreichste übersetzte Gedicht der Geschichte eines Volkes. Aus den 18 Abteilungen, in die die 180000 Verse unterteilt sind, zitiere ich aus »Ardschuna's Reise zu Indra's

Flugreise zu Indra's Himmel
Als die Weltenhüter gegangen waren, wünschte Ardschuna, der Schreck der Feinde, daß Indra's himmlischer Wagen zu ihm gelange.

175

Und mit Matalis kam plötzlich im Lichterglanz der Wagen an,
Finsternis aus der Luft scheuchend und erleuchtend die Wolken all,
die Weltgegenden anfüllend mit Getöse, dem Donner gleich.
Es war ein himmlisches Zaubergebilde, ein augenraubendes für-
wahr.
Auf den Wagen sodann stieg er, glänzend wie des Tages Herr.
Mit dem Zaubergebilde fuhr er, dem sonnenähnlichen Wagen nun,
dem himmlischen, empor freudig, der weiße Sproß aus Kuru's
Stamm.
Als er nun dem Bezirk nahte, der unsichtbar den Sterblichen,
Erdenwandelnden, sah Himmelwagen er, wunderschön zu Tau-
senden.
Dort scheint die Sonne nicht, Mond nicht, dort glänzt das Feuer
nicht,
sondern im eigenen Glanz leuchtet da, durch edler Tatkraft,
was als Sternengestalt unten auf der Erde gesehen wird, ob großer
Ferne gleich Lampen, obwohl es große Körper sind.

Gehen da nicht jedem Unvoreingenommenen die Scheinwerfer
eines Leuchtturms auf? Niemand muß meine passionierte Phantasie teilen, um den Wagen *im Lichterglanz*, der die *Finsternis aus der
Luft scheucht*, in den *erleuchteten Wolken* bildhaft vor Augen zu
haben. Aber der Chronist zaubert nicht nur ein *augenraubendes*
abstraktes Bild. Er vermerkt ganz reale Begleitumstände, wie daß
der Wagen die *Weltgegenden mit Getöse, dem Donner gleich* erfüllte. Sein Blick folgte dem Wagen, bis er in eine Ferne des Alls
gelangte, wo *die Sonne nicht scheint, der Mond nicht*.

Klar. Das Gefährt bewegte sich außerhalb unseres Sonnensystems. Wären Mytheninhalte nur in dem Nebel zu suchen, in den
man sie unentwegt tunkt, dann könnte man freilich diesen Überlieferungen keine Präzisierungen zutrauen, wie sie unzweideutig in
Indra's Himmelfahrt-Reisebericht stehen. Aber der Chronist
wollte, daß künftige Generationen ihn verstehen. *Darum* schil-
derte er optisch und akustisch im Detail, was niemand von der Erde
aus sehen konnte, nämlich, daß Sterne »große Körper« sind: *Was
als Sternengestalt unten auf der Erde gesehen wird, ob großer Ferne
gleich Lampen, obwohl es große Körper sind!*

Über dieser Mitteilung liegt kein Nebel, sie bedarf auch keiner
Fußnoten. Es steht da und braucht keine Erklärung.

Mythologie – als Miniatur.
Auf dieser indischen Miniatur entführt
der mythische Sonnenadler Garuda zwei Menschen
in den Himmel

Mythologie – in Stroh. Die brasilianischen Kayapo-Indianer haben ihre Strohanzüge nach Angaben der Überlieferung angefertigt: sie sollen die Besucher aus dem Kosmos symbolisieren. Diese Astronauten-Kostüme werden zu rituellen Anlässen getragen. Aufnahme aus meinem Film ›Botschaft der Götter‹

Optische Mythendarstellungen

Es wäre eine mißliche Sache, wenn es die mündlichen Überlieferungen nur in frühen Niederschriften gäbe, denn um frühe Überlieferungen liegen sich die Philologen dauernd in den schütteren Haaren. Sie lassen sich so wunderbar hin und her interpretieren. Aber: von vielem, was besprochen wurde, gibt es künstlerische Darstellungen, die man sehen und anfassen kann.

Derartige frühe Zeugnisse trug ich zusammen. Deshalb führe ich mein Buch MEINE WELT IN BILDERN als Beweismaterial in den Prozeß ein. Das Hohe Gericht weise ich ausdrücklich darauf hin, daß es sich um zweifelsfreie Augenscheinobjekte handelt.

Ich gebe einige solche Funde (Pfunde!) zu den Akten, Funde, wie sie auch in den Texten beschrieben wurden:

Felsmalereien in der Sahara, in Brasilien, in Peru wie bei den nordamerikanischen und kanadischen Indianern

Kleinbildkunst auf sumerischen, assyrischen und altägyptischen Siegeln

Dogu-Figuren in Japan
Die von den brasilianischen Kayapo-Indianern getragenen Fest-
tags-Strohanzüge, die in ihrer überlieferten Formung die einstigen
Besucher aus dem Kosmos symbolisieren sollen*
Die Katchina-Puppen, die die Hopi-Indianer in Arizona heute
noch anfertigen. Vor einer unbekannten Zahl von Generationen
wurden sie den »hohen geistigen Wesen«, die sie besucht hatten,
nachgebildet und mit Weltraumattributen versehen. Die Katchinas
versprachen, wiederzukommen**.

Ein' feste Burg

Das alles soll oder darf kein Gewicht haben? Das alles soll oder
darf nicht beweiskräftig sein? Daß ich nicht lache!

Es ist ein Widerspruch in sich, daß die wirklichen Gegner der
Wissenschaft in den Reihen ihrer eigenen Vertreter zu suchen . . .
und zu finden sind.

   * AUSSAAT UND KOSMOS, Seiten 190 ff.
 ** Erstmals in meinem Film BOTSCHAFT DER GÖTTER gezeigt

Mythologie – als Maskerade. Die Hopi-Indianer in Arizona fertigen seit einer unbekannten Folge von Generationen diese Puppen nach den Schilderungen ihrer Mythen an, sie sollen die »hohen geistigen Wesen« verkörpern, die sie einst besuchten. Erstmals gefilmt für ›Botschaft der Götter‹

Mit unermüdlichem Fleiß wurden Burgen unterschiedlicher Größe und Armierung in die akademische Landschaft gebaut; turmhoch erheben sie sich über alle Frevler, die sich anmaßen, mürbes Gestein aus den renovierungsbedürftigen Burgmauern herauszubröseln, oder die sogar die Frechheit besitzen, mit kühnem Schwung auf die Wehr zu klettern, um einen Blick (und anderes) in den Gemüsegarten zu werfen. Ungeliebte Wurfgeschosse sind in diesem Kampf die vorzeigbaren, nagelneuen Indizien.

Im Ernst: ich verstehe es gut, daß eine Anhäufung von Indizien vor, auf oder im Campus ungern zur Kenntnis genommen wird. Die Unlustgefühle über Gedanken an windige Positionen, die à la longue nicht zu halten sind, mehren sich. Es ist eine abscheuliche Vision, vielleicht zugeben zu müssen, daß irgendwer, der kein priesterliches Amt im Allerheiligsten versieht, so unrecht nicht hat, daß er mit Pech und Schwefel von den Zinnen der Burg geworfen werden dürfte.

Ein ritterlicher Kampf, in dem der Unterlegene ehrenvoll kapituliert, ehe er Blessuren davonträgt, die nicht mehr verheilen, wäre eine ganz faire Regel. Ein schauderhafter Gedanke, darauf warten zu müssen, daß die Belagerten aussterben!

Der Nobelpreisträger Max Planck (1858–1947), einer der größten Wissenschaftler der Moderne, zog die Notwendigkeit des Aussterbens der Gegner wissenschaftlicher Wahrheit tatsächlich ins Kalkül:

Eine neue wissenschaftliche Wahrheit pflegt sich nicht in der Weise durchzusetzen, daß die Gegner überzeugt werden und sich als belehrt erklären, sondern vielmehr dadurch, daß die Gegner aussterben und daß die heranwachsende Generation von vornherein mit der Wahrheit vertraut gemacht wird.

Ich habe das Glück, neben der massiven Front meiner akademischen Gegner eine stattliche Reihe von Wissenschaftlern als tolerante, noble und aufgeschlossene Gesprächspartner kennengelernt zu haben, mit einigen verbindet mich eine zuverlässige Freundschaft. Wir haben Gespräche, wir korrespondieren, ich bitte sie um Kritik, Rat und Hilfe, und sie gewähren sie mir. Das sind wohl die »guten Wissenschaftler«, von denen der Molekularbiologe Gunter S. Stent sprach, als er sich vorurteilslose Kollegen wünschte. Diese Männer haben ihre Unlustgefühle unter Kontrolle und sogar die von mir unendlich bewunderte Großzügigkeit, stichhaltige Argumente neidlos anzuerkennen. Deshalb sehe ich keinen Grund, die Hortung von Indizien als Beweismittel für meine Theorie nicht »nach den strengsten Prinzipien der wissenschaftlichen Methodologie« (Prof. Luis Navia) fortzusetzen, auch wenn ein Wissenschaftler meint, *ein* Argument habe nicht mehr Beweiskraft als *tausend* Argumente. Weil ich sehr viel von Vernunft halte, spekuliere ich auf die Vernunft der Aufgeschlossenen ... und der gerechten Richter.

Resümee

Carl Gustav Jung (1875–1961) wertet die mythischen Betrachtungen der Urvölker als »archetypische Bewußtseinsentwicklungen«, in denen das »kollektive Unbewußte« seine Entsprechung in Darstellungen von Gut und Böse, Freude und Strafe, Leben und Tod finde.

Wie andere Exegesen bürstet sich mir auch die psychologische gegen den Strich. Wo sich die Realitäten hart im Raum stoßen, sollte man nicht mit psychologisierender Salzsäure die Kerne der Berichte in unkenntliche Bestandteile auflösen, um dann endlich wieder »Was-bin-ich?« spielen zu können.

Es ist ja so, daß Forschungsresultate uns kaum noch ein Gefühl neugewonnener Sicherheit geben. Immer fühlen wir uns gefangen in einem Netz von Bedrohungen, die von Entdeckung zu Entdeckung nur größer werden. Selbst noch das, was durchaus positive Wirkungen haben könnte, erreicht uns als Hiobsbotschaft. Hat eine Erfindung eben den Prüfstand verlassen, wird ohne Rücksicht auf Verluste schon gefragt: Ja, wird die sich denn nicht nachteilig für die Menschheit auswirken? Schon die Fragestellung beunruhigt, egal, wie die Antwort sein mag.

Dabei hat jeder Mensch nur die uralte Sehnsucht, Antworten auf Fragen nach Zusammenhängen zu bekommen, die ihm seine Existenz, die ihm das WESHALB, WOZU und WARUM erklären. Religionen antworten auf diese Fragen mit einer Liturgie des Glaubens, der Mensch unserer Tage aber möchte WISSEN statt GLAUBEN. Es sind nicht mehr sehr viele Menschen, die im Gebet wirklich Ruhe finden. Wie die Ungläubigen suchen auch sie echte Antworten. Niemand läßt sich auf die Dauer mit Behelfsantworten abspeisen, wie die materialistischen Weltanschauungen sie vordergründig parat haben. Es geht um eine Handvoll Wahrheiten, die nicht, ehe der Tag zur Nacht, die Nacht zum Morgen wurde, wieder in Frage stehen.

Ich bin davon überzeugt, daß es solche Wahrheiten gibt, wenn wir nur die Überlieferungen aus frühester Zeit als gewesene Realitäten nehmen und in ihnen die Kerne freilegen, die Licht in unsere Vergangenheit bringen und zugleich (sofern wir Lehren daraus ziehen) der Zukunft ihre Schrecken nehmen. Weil wir wissen, was möglich war und was möglich sein wird.

Ich gebe zu Protokoll:

Schöpfungsmythen aller Völker in allen Welten gleichen sich.

Die *ältesten* Schöpfergötter kommen *stets* aus dem Weltall und kehren dorthin nach getanem Werk zurück. (Erst spätere Göttergenerationen kommen aus Höhlen, aus der Erdtiefe, aus dem Wasser.)

Urgötter verfügen über fliegende Apparate, die uni sono als in der Form eines Eis charakterisiert werden, groß wie ein Riesenvogel, groß wie eine Riesenschlange, aus Metallhülsen bestehend, mit Fenstern, aus denen Licht blinkt, mit blitzendem Leib, hell wie die Sonne, die Augen blendend, strahlend leuchtend, die dunkle Nacht erhellend, Getöse verbreitend, unter Donnergrollen landend und startend, Gebilde mit Feuerschweif, unter denen die Erde erbebt oder verbrennt, immer aus dem Weltall kommend und stets wieder ins All verschwindend, in endlose Dunkelheit eintauchend, mit der Kraft von Riesenvögeln oder goldenen feurigen Rossen fliegend, ein unbeschreibliches Etwas, ein Etwas-Haus.

Schöpfergötter machen den blauen Planeten bewohnbar. Sie schaffen die Voraussetzungen für die Entstehung von Flora und Fauna.

Urgötter zeugen den intelligenten Menschen.

Urgötter belehren die ersten intelligenten Menschen, unterweisen sie im Gebrauch von Werkzeugen, unterrichten sie in der Zucht von Pflanzen und Tieren, setzen erste Gesetze für das Zusammenleben, sorgen für Infrastruktur.

Götter setzen ihre Sprößlinge als irdische Statthalter ein (Urkaiser, Urkönige, Pharaonen).

Urgötter kehren nach erfülltem Auftrag stets in ihre Heimat zurück, ins Universum, und sie verheißen ihre Wiederkehr.

In der Bibel oder bei Goethe steht immer das passende Zitat. Ich fand es diesmal bei dem Olympier aus Weimar:

Daß die Weltgeschichte von Zeit zu Zeit umgeschrieben werden müsse, darüber ist in unseren Tagen wohl kein Zweifel übriggeblieben. Eine solche Notwendigkeit entsteht aber nicht etwa daher, weil viel Geschehenes nachentdeckt worden ist, sondern weil neue Ansichten gegeben werden, weil der Genosse einer fortschreitenden Zeit auf Standpunkte geführt wird, von welchem sich das Vergangene auf eine neue Weise überschauen und beurteilen läßt.

Geschrieben im Jahre des Heils 1829.

Wie betrübt muß der Olympier sein, daß seine so richtige Erkenntnis nach nun bald 150 Jahren in der Praxis immer noch nicht anerkannt wird.

4 | Die »Götter« waren körperlich

Als ich 1975 eine Reise durch Indien machte, suchte ich, es war in Srinagar, für ein Gespräch mit einem indischen Freund, eine Bibel, um ihm eine Passage aus dem Hesekiel-Buch zu übersetzen. Alles, was ich auf dieser Expedition auch nur von ferne benötigen könnte, war in meinem Landrover verstaut – eine Bibel war nicht darin.

So im Vorbeigehen bat ich den Hotelportier, mir in der Stadt eine Bibel besorgen zu lassen. Der ausgesandte Bote kehrte nach einigen Stunden, während der er alle Buchhandlungen abklapperte, mit leeren Händen zurück. Das Buch mit der größten Weltauflage wurde hier nicht geführt. Ich fragte den Hoteldirektor, ob er die Güte haben würde, christliche Bekannte anzurufen, um vielleicht auf diese Weise an eine Bibel zu kommen. Seine Rundrufe blieben erfolglos. In Bombay nahm ich einige Tage später meine Bemühungen um ein Bibelexemplar wieder auf, aber auch hier: Fehlanzeige.

Mit dieser Erfahrung ging mir ein Kirchenlicht auf: Was soll der Inder mit »unserer« Bibel anfangen? Für ihn ist sie ja bloß eine Sammlung von Mythen, Märchen und Legenden. Erst fern der Heimat, in der die Bibel als das Buch der Bücher gilt, wird einem bewußt, daß sie anderswo auf der Welt durchaus nicht den Rang eines heiligen Buches hält. Diesen Rang bestimmt – unterschieden nach Religionen und Kulturen, aber auch nach geographischen Distanzen – allein der obwaltende Glaube. Was dem einen heilig ist, ist dem andern eine nichtssagende Mär.

Mir geriet das Konzept für dieses Buch in Unordnung.

Damals schwebten mir zwei Kapitel vor Augen: das eine unter dem Stichwort »Mythologien«, das andere unter dem Rubrum »Heilige Bücher« geordnet. Nach der erfolglosen indischen Bibelsuche und vor dem gehorteten Quellenmaterial sitzend, war mir klar, daß die Unterscheidung sinnwidrig ist. Wem im christlichen Abendland ist das indische Rigveda, das »Buch von der Schöpfung«, heilig? Wer wird schon das Ägyptische Totenbuch zu den heiligen Büchern zählen, da die Pharaonenzeit für uns seit über 2000 Jahren aschgraue Vergangenheit ist und kaum noch jemand nach den heiligen Riten des Totenbuches in die Erde gesenkt wird? Welcher südamerikanische Stamm wird noch das Avesta, die heiligen Schriften der Parsen, in die Reihe der ewig-heiligen Bücher aufnehmen? Welcher Araber ist willens, die geheiligten Überlieferungen der formosanischen Bergstämme als echte Gottesworte zu akzeptieren?

Ich weiß, als wäre es gestern gewesen, wie ich bei einem nächtlichen Spaziergang im Hafen von Bombay mein Konzept für dieses Kapitel sozusagen über die Kaimauern ins Arabische Meer warf. Damals entschloß ich mich, mit Texten aus alten Büchern der fünf Kontinente den Beweis anzutreten, daß meine Götter sehr handfest, sehr aktiv und sehr agil auf unserer Erde tätig waren, und das Urteil, ob diese Quellen als heilig oder unheilig zu bewerten sind, dem Standort des Betrachters zu überlassen.

Das Beweisthema hat sich nicht geändert.

Es geht mir darum, mit aussagekräftigen Indizien aus unmanipulierten, uralten Quellen definitiv klarzustellen, daß die Götter nicht »Geist«, sondern körperlich existent waren – daß sich diese Existenz bei weitem nicht im spektakulären »Erscheinen« und ihrer seligen Rückkehr in den heimatlichen Himmel erschöpfte – daß die Göttlichen hienieden emsig Söhne und Töchter zeugten – daß sie in (heiligen oder unheiligen) Büchern Mitteilungen und Wissen hinterließen . . . und: daß die Götter ganz und gar ungöttliche Fehler machten.

Kurz und bündig: ich werde belegen, daß die Götter nicht das waren, wozu die Religionen sie hochstilisierten. Ich greife hinein ins reiche, pralle Quellenmaterial.

Das Avesta

Obwohl es so tönt, ist das Avesta (Awesta) kein Investmentfonds. Es ist ein Wort aus dem Mittelpersischen und bedeutet »Grundtext« oder »Unterweisung«. Es beinhaltet die gesamten religiösen Texte der Parsen, den heutigen Anhängern Zarathustras. Die Parsen wehrten sich, den arabischen Islam anzunehmen, und wanderten deshalb im 10. Jahrhundert nach Indien aus. Sie sind zum Aussterben verurteilt: sie heiraten spät und nur untereinander, deshalb ist die Geburtenziffer gering; heute gibt es noch knappe 100 000 jener persischen Nachfahren, deren Umgangssprache das Gudscharati, eine neuindische Sprache, ist, während sie ihre Gottesdienste in der avestischen Kirchensprache abhalten, die – mit einem eigenen Alphabet – im Laufe der Zeit nahezu unverständlich geworden ist.

Den Parsen sind große Wohltätigkeit und hohe Sittlichkeit nachzurühmen, und sie lehnen – was sie besonders sympathisch macht – alle Versuche ab, Andersgläubige zu bekehren. Schade, daß sie mit ihrer geringen Zahl keine Möglichkeit haben, diese fabelhafte Einstellung weltweit aufblühen zu lassen.

Vom ursprünglichen Bestand des Avesta ist heute nur noch ein Viertel vorhanden. Es enthält die Opferanrufungen *Yasna,* die *Yaschts* mit Hymnen an die 21 Gottheiten, eine Sammlung altiranischer Mythen mit späteren Ergänzungen, den *Wisprat* mit Anrufungen höherer Wesen und schließlich das *Widewat,* ein kirchliches Gesetzbuch mit Reinigungs- und Bußvorschriften.

Teile dieser altpersischen Religion blieben in Keilschriften erhalten, die König Dareios der Große (550-486 v. Chr.), sein Sohn Xerxes (um 519-465 v. Chr.) und sein Enkel Artaxerxes (um 424 v. Chr.) anfertigen ließen.

Auramazdâ (Aura) hieß der höchste Gott, er war der Schöpfer von Himmel und Erde. Alle anderen Götter werden, mit wenigen Ausnahmen, nur summarisch erwähnt. Glücklicherweise, möchte ich schnell hinzufügen, denn die fremden Namen mit ihren eigenartigen Schreibweisen bereiten beim Lesen doch Mühe und stiften im nachhinein Verwirrung, weil wir zu ihnen keine Beziehung haben wie zu Josua, Nehemia, Obadja, Habakuk, Zephansa oder Maleachi, deren ebenso fremdklingende Namen uns im Religionsunterricht eingebleut wurden. Wenn man aber seinen Horizont aufreißen will, muß man, wohl oder übel, die Namen dieser Herrschaften schlucken. Wohl bekomm's!

Moderne Hygiene

Das Avesta weist in seinen vielen Unterabteilungen höchst moderne Kenntnisse auf. Im Schöpfungsmythos [1] heißt es:
Darauf ließ Yima diese Erde auseinandergehen, um drei Drittel größer, als sie vorher war. Auf einem Drittel schreiten nun vorwärts das Vieh, die Zugtiere und die Menschen. Nach ihrem Wunsch und Willen, wie es nur immer ihr Wille ist. – 2. Fargard, Vers 39-41

Heute wissen wir, daß die Erdoberfläche zu 70,8 Prozent aus Wasser und zu 29,2 Prozent aus Land besteht, einem knappen Drittel also. Die Vorfahren der alten Perser hatten unseren Globus aber noch nicht kartographiert. Wer hatte ihnen gesagt, daß *auf einem Drittel* »das Vieh, die Zugtiere und die Menschen« vorwärtsschreiten? Geist und Geister sind nicht so präzise mit ihren Mitteilungen.

Die hygienischen Anweisungen, die »Gott« Auramazdâ dem Propheten Zarathustra (um 630-588 v. Chr.) gab, betreffen ebenso eindeutig bakterielle Übertragungen von Krankheiten, wie sie im 3. Buch Mose mitgeteilt werden. In dem Avesta lauten sie so:
Ein Mann stirbt in den Schlünden der Täler. Herbei fliegen die Vögel, auf von den Höhen der Berge, hin zu den Schlünden der Täler. Hin zu diesem Körper des gestorbenen Menschen und verzehren ihn. Dann fliegen die Vögel wieder auf, von den Schlünden der Täler, hin zu den Höhen der Berge. Hin zu einem Baum fliegen sie, einem harten oder einem weichen. An ihn speien sie, ihn bekoten sie, auf ihn werfen sie. Ein Mann geht nun aus den Schlünden der Täler hin zu den Höhen der Berge. Er geht hin zu dem Baum, wo die Vögel waren, er wünscht Brennholz. Er schlägt diesen Baum, er zerschneidet, er spaltet. . . . Ein Leichnam, der von Hunden, Vögeln, Wölfen, Winden oder Fliegen fortgetragen wird, verunreinigt den Menschen. – 5. Fargard, Vers 1-12

Bei Mose liegt die Schilderung auf derselben Linie:
Alles Lager, darauf der Kranke liegt, und alles, darauf er sitzet,

wird unrein . . . und wer sich setzt, da der Kranke gesessen ist, der soll seine Kleider waschen und sich baden . . . Wer sein Fleisch anrührt, der soll seine Kleider waschen und sich baden . . . und der Sattel, darauf er reitet, wird unrein werden, und wer irgend etwas anrühret, das er unter sich gehabt hat, der wird unrein . . . Wenn er ein irdenes Gefäß anrührt, das soll man zerbrechen. 3. Mose, 15, 4–12

Das sind Statements der angewandten Physiologie, wie sie sich uns heute als selbstverständlich aus den Erkenntnissen der medizinischen Forschung anbieten. Diese Kenntnisse waren damals offensichtlich kein allgemeines Erfahrungsgut, denn sie wurden allemal – und nicht nur Zarathustra und Mose! – von Göttern mitgeteilt. Ähnliche Verhaltensweisen finden sich nämlich in verschiedenen alten Schriften, und stets ist es ein Gott, der die hygienische Aufklärung betreibt.

Ich will mich nicht in die Arena begeben, um mich dort an dem Fight zu beteiligen, welche der Überlieferungen die ältere ist und welches heilige oder unheilige Buch aus der garantiert noch älteren Quelle sein Wissen übernahm. Wer wann von wem nutznießte, das ist ein so schrecklich langweiliger Streit. Mir ist es nur wichtig, festzunageln, daß man von der Kettenreaktion der Übertragung von Krankheiten wußte: Leiche–Vogel–Baum–Mensch oder Patient–Krankenlager–Sattel–Gefäß. Woher wußte man das? Ein Geistgott gab sich – mit so wichtigen! – Lappalien nicht ab. Da war wohl ein studierter Entwicklungshelfer unterwegs, einer mit Köpfchen, Händen und Füßen, von einem wohlhabenden Industrieplaneten entsandt.

Nimmt man die alten Überlieferungen beim Wort, dann empfingen die Völker alle ihre praktischen Kenntnisse ersthändig von den Göttern. Freilich kann man argumentieren, unsere Vorfahren hätten Zeit genug gehabt, den Weg von Kontaktinfektionen zu verfolgen, ohne von krankheitserregenden Mikroorganismen eine blasse Ahnung zu haben. Möglich. Warum wurde dann aber eine allgemeine Erfahrung stets den Göttern als bedeutende Offenbarung in den Mund gelegt? Es muß wohl doch eine überraschende Feststellung gewesen sein, wenn man zu ihrer Bekanntmachung extra die Götter bemühte. Übrigens: woher sollen unsere frühen

Vorfahren gewußt haben, daß nur ein Drittel der Erde bewohnbar ist? »Geist« teilt die Erdoberfläche nicht in Planquadrate auf. »Geist« hat keine Augen.

Ich postuliere: die Götter waren körperlich.

Sterne mit speziellen Fähigkeiten

Den Schriften der Parsen folgend, bilden die Sterne ein Heer, und das ist in verschiedene Heerhaufen unterteilt, und die wiederum werden von einem Heerführer geordnet. Es geht ganz militant zu. Es wird von Soldaten der diversen Sternsysteme gesprochen und ausdrücklich auf Schlachten hingewiesen, die sie schlagen. Als oberster Herrscher der Gestirne wird Tistrya vorgestellt, ein Name, den auch ein Stern trägt. Dieser Stern Tistrya wird gleich vierzigmal in den höchsten Tönen gepriesen – beispielsweise so:
. . . Den Stern Tistrya, den glänzenden, preisen wir. Den Himmel, der seinen Gesetzen folgt, preisen wir. Die unendliche Zeit preisen wir.
Die Zeit, die Beherrscherin der langen Periode, preisen wir . . .
8. Tistar-Yast des Khorda-Avesta

Nun wird bemerkenswert, daß Sterne ihrer besonders segensreichen Eigenschaften wegen gelobt werden – etwa so:
. . . Den Stern Tistrya, den glänzenden, majestätischen, preisen wir.
Den Stern Catavaeca, der dem Wasser vorsteht, den starken, von Mazda geschaffenen, preisen wir.
Alle die Sterne, welche den Wassersamen enthalten, preisen wir.
Alle die Sterne welche den Samen der Erde enthalten, preisen wir.
Alle die Sterne, welche den Baumessamen enthalten, preisen wir.
Jene Sterne preisen wir, welche Haptoiringa heißen, die majestätischen, heilbringenden, die zum Widerstande gegen die Yatus preisen wir . . .
Afrigan Rapithwin, Vers 13

Das wären nur phantasievoll-arabeske Ausschmückungen für die verehrten Götter gewesen, lese ich in gelehrten Interpretationen. Stimmt das? Ich vermute, daß Konkreteres dahintersteckt.

In dem Buch »Dabistan« [2] schrieb der Scheich Mohammed Fani, daß für die Parsen *die Planeten einfache Körper von kugelförmiger Gestalt sind.* Immerhin! Galileo Galilei löste erst 1610 n. Chr. mit seiner »Sternenbotschaft« eine Revolution der astronomischen Lehrmeinungen aus, indem er die Richtigkeit des kopernikanischen Systems bewies.

Derselbe schreibbegabte Scheich schildert in seinem Buch die verschiedenen Tempel, die die Parsen nach den Wünschen der Götter zu Ehren der Herkunftsplaneten errichteten. Attraktive Besonderheit: in jedem Tempel gab es ein kugelförmiges Modell des Planeten, dem er zugeordnet war. Jeder Tempel hatte seine vom jeweiligen Planeten hergeleiteten Haus- und Kleiderordnungen. Im Tempel des Jupiter konnte man sich nur im Gewand des Gelehrten oder Richters sehen lassen; im Heiligtum des Mars trugen die Parsen martialisch rote Gewänder und unterhielten sich wie im Offizierskasino »in stolzem Ton«. Im Tempel der Venus, wie könnte es anders sein?, wurde gelacht und gescherzt, in jenem des Merkur sprach man wie ein Redner oder Philosoph. Im Tempel des Mondes führten sich die Parsenpriester kindlich auf und *taten wie die Ringer*, dagegen trug man sich im Tempel der Sonne in Gold und Brokat und benahm sich, *wie es Königen vom Iran zukommt.*

Astronomische Zeiten

Wieder begegne ich in den ältesten Überlieferungen der Parsen derart astronomischen Zeitvorstellungen, daß ich neuerlich an die Zeitverschiebungseffekte erinnert werde. So sah die parsische Zeitrechnung aus:

Der Umlauf des Saturn um die Sonne entsprach einem Tag. Nach heutigen astronomischen Berechnungen wären das 29,5 Jahre.

30 solcher Tage ergaben einen Monat – gleich einem Zeitraum von 885 Erdenjahren.

12 solcher Monate entsprachen einem Jahr, und das sind dann 10 620 Erdenjahre.

Für eine Million solcher Parsen-Jahre hatte man die Bezeichnung *Ferd*.

Eine Million *Ferd* machten einen *Wert* aus, und eine Million *Wert* nannten sie einen *Mert*.

Sogar für eine Million *Mert* hatten sie den Begriff *Yad*, 3000 *Yad* ergaben einen *Wad* und 2000 *Wad* einen *Zad*.

Die erste Monarchie, die *aus dem Himmel regierte*, soll über 100 Zad bestanden haben. Das muß nach meiner Rechnung eine Zahl mit 25 Ziffern gewesen sein.

Was soll's?

Ich stelle die schlichte Frage: Wozu und warum sollen die Parsen in solchen Zeiträumen gerechnet haben? In ihrem Alltag konnten sie mit diesem »Kalender« nichts, aber auch gar nichts anfangen. Wir begehen die Jahrtausendwenden als große Zäsuren der Geschichte, auf diese Abschnitte hin prognostizieren wir außerordentliche Zukunftsperspektiven. In der Zeitrechnung der Parsen wäre ein Jahrtausend gerade ein reichlicher Monat gewesen.

Nein, diese Zeitrechnung bekommt ausschließlich im Zusammenhang von Astronomie und Zeitabläufen ihren Sinn:
Die unendliche Zeit preisen wir. Die Zeit, die Beherrscherin der langen Periode, preisen wir . . .

Die Weden

Im indischen Nationalepos Mahabharata drückt einer der 80 000 Doppelverse aus vorchristlicher Vergangenheit die Unermeßlichkeit der Zeit philosophisch aus:
Gott umschließt Raum und Zeit.
Die Zeit ist der Same des Universums.

Der Weda (altindisch *veda* = Wissen) umfaßt die älteste religiöse Literatur der arischen Inder. Das Altindisch, in dem er abgefaßt ist, ist bedeutend älter als die spätere Sanskritliteratur, die ihn auffing. Der Weda stellt eine Sammlung aller für »übermenschlich« und inspiriert gehaltenen Schriften dar, über deren frühes Ursprungsdatum noch gestritten wird.

Ähnlich dem Avesta der Parsen gruppiert sich auch der Weda in vier große Blöcke. Die 1028 Hymnen der *Rigweda* sind an einzelne Götter adressiert; ursprünglich war er eine Hymnensammlung im Besitz führender Priesterfamilien – schriftlich festgehalten. Die Hymnen gingen dann in Allgemeinbesitz über und wurden über viele Jahrhunderte wortgetreu mündlich überliefert. Dadurch blieb der Rigweda die älteste, in die Frühzeit reichende Quelle für Sprache, Volkskunde und Religion. – Der *Samaweda* enthält Me-

Der Autor beim Interview mit Professor Dr. Dileep
Kumar Kanjilal in Kalkutta

lodien, die im wesentlichen Rigwedatexte in Gesang umsetzen. –
Im *Jadschurweda* sind Opferformeln gesammelt, im *Atharwaweda*
die Kniffe der weißen und schwarzen Magie.

Der Inhalt aller vier Weden wird immer noch in mehreren Schu-
len als höchstes Kulturgut überliefert. Ohne die Erhaltung solcher
Werte würde das arme indische Volk mit seinen über 500 Millionen Menschen vermutlich noch schneller und noch brutaler der totalen Auflösung verfallen.

Einer der gründlichsten Kenner altindischer Überlieferungen ist
Professor Dr. Dileep Kumar Kanjilal von der Sanskrituniversität
in Kalkutta. Am 12. August 1975 besuchte ich den liebenswürdi-
gen Gelehrten in seinem College zu einem Gespräch, aus dem ich
diese Auszüge vom Tonband nehme:

Herr Professor, wie alt sind die ältesten wedischen Texte?
Die ältesten Texte müssen wir auf etwa 5000 vor Christus ansetzen.

Alte Texte müssen technisch interpretiert werden
In verschiedenen indischen Sanskrit-Übersetzungen fand ich Be-
schreibungen von fliegenden Wagen. Sind das nur mythologische
Phantasieprodukte?

Indien ist ein sehr altes Land mit einer außerordentlich reichen
Sanskrittradition. Meiner Meinung nach handelt es sich bei den
fliegenden Wagen, die oft Vimanas genannt werden, tatsächlich
um fliegende Maschinen irgendwelcher Art. Bei den vielen Interpretationen, die heutzutage vorliegen, darf nicht vergessen werden, daß alle diese Schilderungen seit 2000 Jahren immer noch mit
sozusagen alten Augen betrachtet werden. Nachdem man heute
weiß, daß es fliegende Maschinen gibt, muß die ganze Problematik
neu angegangen werden. Hier hilft es nicht mehr, am Altherge-
brachten festzuhalten. Jede zeitgebundene Erkenntnis durchläuft
einen Wandlungsprozeß. Sicherlich ist hinter den Beschreibungen
von fliegenden Wagen eine Tatsache verborgen, die Beschreibungen haben einen anderen Sinn als den, den man ihnen bisher gab.
Natürlich bleiben viele mythologische Elemente dazwischen hängen, aber wir bemühen uns, eine wissenschaftliche Wahrheit zu
eruieren, die in diesen technisch anmutenden Überlieferungen
steckt.

Aus dem Mahabharata kenne ich die Geschichte von der Himmel-
fahrt Ardschunas zu Indras Himmel. Da wird das »Zaubergebilde«
eines himmlischen Wagens, das »mit Getöse, dem Donner gleich«,
in die Wolken auffährt, in den verschiedenen Etappen seines Hö-
henflugs geschildert. Kann ein Kenner der Sanskrittexte, wie Sie es
sind, in dieser Beschreibung an ein Weltraumfahrzeug denken?
Die Passage von Ardschunas Reise in den Himmel, die Sie eben
erwähnen, ist keineswegs vollständig. Sie scheinen unvollkom-
mene Übersetzungen zu verwenden. In der Originalfassung könnten Sie nachlesen, daß Ardschuna einige fliegende Wagen sieht, *die*
abgestürzt und flugunfähig sind. Andere fliegende Wagen stehen
am Boden, wieder andere befinden sich bereits in der Luft. Diese

klaren Beobachtungen von fliegenden und fluguntauglichen Wagen beweisen, daß die ursprünglichen Autoren des Berichts genau wußten, wovon sie sprachen.

Sind die altindischen Götter unsterblich?
Im allgemeinen nicht. Sie durchlaufen offenbar drei Stationen, am Ende der dritten Station sterben sie. Sie sind also dem Tode ausgesetzt wie wir. Übrigens werden die Götter auch senil und leiden an ganz normalen Alterserscheinungen. In den Sanskrittexten gibt es – »natürlich«, möchte man fast sagen – unter den Göttern viele Verehelichungen, sie zeugen auch Kinder untereinander, wie es auch Kopulationen zwischen Göttern und Menschen gibt. Götterabkömmlinge aus diesen Verbindungen verfügen über die Kenntnisse und die Waffen ihrer Väter. Im Ramayana (neben dem Mahabharata das zweite große Epos der Inder – EvD) gibt es eine Stelle, die sagt, wie die Wüsten entstanden sind, nämlich mittels Zerstörungen durch die fürchterlichen Götterwaffen. Beschreibungen solcher Waffen finden Sie im Mahabharata.

Prof. Kanjilal gilt mir als bedeutender Sachverständiger.
Ins Hotel zurückgekehrt, suchte ich im Mahabharata die Passage, auf die mich Professor Kanjilal hingewiesen hatte. Ich fand sie im 8. Buch, der Musala Parva:

Atombomben vor Jahrtausenden
Die unbekannte Waffe ist ein strahlender Blitz, ein verheerender Todesbote, der alle Angehörigen der Vrischni und der Andhaka zu Asche zerfallen ließ. Die verglühten Körper waren unkenntlich. Die davonkamen, denen fielen die Haare und Nägel aus. Töpferwaren zerbrachen ohne Anlaß, die Vögel wurden weiß. In kurzer Zeit war die Nahrung giftig. Der Blitz senkte sich und wurde feiner Staub.

Ein Bericht aus Hiroshima, aus Nagasaki?
Wir können die Bilder nie vergessen.
Am 6. August 1945 fiel auf Hiroshima die erste Atombombe. Sie forderte 260 000 Menschenleben, die Zahl der Verwundeten war Legion. Drei Tage später wurde Nagasaki von Atombomben

ausradiert. Es gab 150 000 Tote. Bilder, die uns den Schlaf raubten. Menschen, in der Hitzeglut auf die Größe von Kinderpuppen zusammengeschrumpft. Sieche ohne Haare und Haut, die in Feldlazaretten verendeten. Bäume und Felder, die nur noch Asche waren. Man darf es nicht vergessen.

Der amerikanische Philosoph George de Santayana (1863 bis 1952) sagte:

Jene, die sich nicht an die Vergangenheit erinnern, sind dazu verdammt, sie zu wiederholen.

Was das Mahabharata schildert, trug sich vor unbekannten Jahrtausenden zu:

Es war, als seien die Elemente losgelassen. Die Sonne drehte sich im Kreise. Von der Glut der Waffe versengt, taumelte die Welt in Hitze. Elefanten waren von der Glut angebrannt und rannten wild hin und her . . . Das Wasser wurde heiß, die Tiere starben . . . Das Toben des Feuers ließ die Bäume wie bei einem Waldbrand reihenweise stürzen . . . Pferde und Streitwagen verbrannten, es sah aus *wie* nach einem Brand. Tausende von Wagen wurden vernichtet, dann senkte sich tiefe Stille . . . Es bot sich ein schauerlicher Anblick. Die Leichen der Gefallenen waren von der fürchterlichen Hitze verstümmelt, daß sie nicht mehr wie Menschen aussahen. Niemals zuvor haben wir eine so grauenhafte Waffe gesehen, und niemals zuvor haben wir von einer solchen Waffe gehört.

Hiroshima? Nagasaki? Oder vor Jahrtausenden irgendwo auf dem fernen Subkontinent?

Es schrie der Himmel auf, Antwort brüllte die Erde, ein Blitz leuchtete auf, ein Feuer flammte empor, es regnete Tod. Die Helle verschwand, es erlosch das Feuer. Was vom Blitz erschlagen war, wurde zu Asche.

Hiroshima? Nagasaki? Indien?

Nein, ein Zitat aus dem babylonisch-sumerischen Gilgamesch-Epos. Erinnerungen an die Zukunft.

Man soll doch nicht so feige sein, derartige Überlieferungen als objektlose Mythen abzutun und den Urhebern sogar noch poetische Phantasie unterzujubeln. Die Vielzahl ähnlicher Berichte in alten Schriften läßt eine Vermutung zur Gewißheit werden: »Götter« setzten aus (noch) unbekannten fliegenden Objekten A- oder H-Waffen ein.

Vor nunmehr über neun Jahren stellte ich in Zusammenhang mit der in ihren Ursachen ungeklärten Explosion vom 30. Juni 1908 in der steinigen Tunguska der sibirischen Taiga die Frage, ob dort nicht viele Symptome – verkohlte Menschen, vernichtete Rentierherden, kahlgebrannte Bäume – auf eine stattgehabte Atomexplosion hinweisen könnten. Einmal mehr wurde ich als spleenig bezeichnet.

Es gibt über das Ereignis 80 verschiedene Theorien. Der international anerkannte sowjetische Geologe Dr. Alexej Solotow wandte 17 Jahre seines Lebens fast ausschließlich an die Erforschung des Rätsels in der Taiga. Während der letzten Jahre stand ihm eine wissenschaftliche Kommission aus Angehörigen mehrerer Fakultäten zur Seite. Am 15. Oktober 1976 teilte Solotow in Moskau mit, daß im Juni 1908 in der Taiga zweifelsfrei ein atomgetriebenes Raumschiff explodiert sei. Heute noch meßbare radioaktive Substanzen wie die in diesem Raum heute noch erkennbaren besonderen Merkmale der Zerstörung schlössen alle bisher als wahrscheinlich angenommenen Theorien aus. Auf Fragen wie: »War es nicht doch der Einschlag eines Riesenmeteoriten?« oder: »Kann man nicht ein Erdbeben annehmen?« antwortete Dr. Solotow von der Akademie der Wissenschaften mit dem mutigen Satz: »Es war ein Raumschiff, und ich werde es beweisen!« – Ich freue mich, das in diesem Buch festhalten zu können.

Nach der Entdeckung der Kernspaltung arbeiteten die Amerikaner von 1943 bis 1945 an der Fertigung der Uranbombe. Die erste detonierte am 16. Juli 1945 auf dem Versuchsgelände bei Los Alamos, New Mexico. Die zweite fiel auf Hiroshima, die dritte auf Nagasaki.

Nein, nein, verehrte Experten, es muß endlich Farbe bekannt werden. Was die alten Chronisten berichten, entstammt nicht makabrer Phantasie. Was sie überlieferten, war einmal erlebte, grauenhafte Wirklichkeit.

Geistwesen haben keine Waffen. Die Götter aber waren körperlich.

Ramayana

Das Ramayana ist, ich erwähnte es schon, das zweite große indische Epos. Im Gegensatz zum Mahabharata ist es ein Kunstepos, als dessen Verfasser nach einheimischer Überlieferung der Dichter Walmiki angenommen wird. Seine Niederschrift wird ins 4. oder 3. vorchristliche Jahrhundert datiert. – Held des Epos ist der Königssohn Rama, dem der dämonische Riese Rawana seine Gattin Sita raubte und auf die Insel Lanka entführte. Mit Hilfe des Königs der Affen konnte Rama sie zurückholen. Rama wurde auch als indische Verkörperung des Gottes Wischnu verehrt, weswegen in Indien das Ramayana als heiliges Buch gilt.

Auch die 24 000 Schloken* des Ramayana sind eine Fundgrube für Indizien zur raumfahrenden Tätigkeit der Götter. Detailliert wird ein herrlicher Wagen beschrieben, der auf der Stelle die Vorstellung von einem Weltraumschiff assoziiert. Der prächtige Wagen erhebt sich – mit einer ganzen Familie an Bord – in die Lüfte. Kurioserweise wird dieses Fahrzeug wie eine fliegende Pyramide beschrieben, das senkrecht startet. In den Versen steht, die Pyramide wäre so hoch wie ein dreistöckiges Haus gewesen, und das eigenartige Gebilde sei vom heutigen Ceylon bis nach Indien geflogen. Es legte also mehr als 2000 Meilen zurück. Drinnen gab es außer Sitzen für mehrere Passagiere auch noch »geheime Kammern«. Wenn diese raumfliegende Pyramide vom Boden abhob, verursachte sie verständlicherweise einen gewaltigen Lärm. Auch das liest man in den Sanskrittexten.

Viel »über«

Ab der zweiten Hälfte des letzten und zu Beginn dieses Jahrhunderts scheint es up to date gewesen zu sein, alte Schriften aus dem indischen Sanskrit im deutschen Raum bekannt zu machen. Da gibt es viele gutgemeinte Arbeiten, hinter denen jahrzehntelange mühevolle Arbeit zu spüren ist. Ich möchte meine besonders interessierten Leser ermuntern, in einer Bibliothek mal derartige Werke auszuleihen. Wird etwa im Ramayana von einem unzweideutig fliegenden Apparat gesprochen, der *die Berge erzittern läßt, sich mit Donnern erhebt, Wälder, Wiesen und die Spitzen der Gebäude verbrennt,* dann kommentiert Professor Ludwig [3] so: »Es steht außer Zweifel, daß damit nur ein Tropensturm gemeint sein kann.« – O heilige Einfalt!

* Schloka, ein aus zwei Verszeilen bestehendes indisches Versmaß

Von Professor Hermann Jacobi gibt es eine deutsche, allerdings keine wörtliche Übersetzung des Ramayana – Kapitel für Kapitel, Vers um Vers wird aus zweiter Hand der Inhalt wiedergegeben. Stößt der Professor auf Komplexe [4], die ihm sinnlos vorkommen, weil in ihnen von fliegenden Objekten die Rede ist, dann übergeht er sie voller Dünkel mit Anmerkungen wie: »Sinnloses Geschwätz« oder »Diese Stelle kann getrost weggelassen werden, sie enthält nur Phantastereien.«

In der Züricher Zentralbibliothek fand ich zahllose Bände *über* indische Literatur, *über* indische Mystik, *über* indische Mythologie und meterweise Kommentare *zum* Mahabharata, *zum* Ramayana, *zu* den Weden, aber nur ganz wenige direkte Teilübersetzungen. Wissenschaftliche Kommentare *über* indische Texte sind nicht mehr mein' Sach', seit ich weiß, was alles, weil betriebsblind für den Inhalt – unterschlagen wird, und seit mir klar ist, daß uns die fremden heiligen Bücher von bibelgeimpften Westlern mit Arroganz vorgesetzt werden: »unsere« Religion ist ja doch ungleich tiefer und wahrer! Ich kann eine Abwertung anderer Religionen in den Tod nicht vertragen!

70 Jahre lang arbeitete man so ohne die vielgerühmte objektiv-wissenschaftliche Distanz. Man kam nicht auf die Idee, eine unkommentierte *komplette* Übersetzung des Ramayana oder des Mahabharata vorzulegen. Immer erwischt man nur Bruchstücke, kann aber ohne Erbarmen in Kommentaren ersaufen.

Also hielt ich mich an die einzigen großen Übersetzungen in Englisch – an die Übertragung des Mahabharata von Chandra Potrap Roy, Kalkutta 1896 [5], und an die Übersetzung des Ramayana (von denen es im Englischen einige gibt) von M. Nath Dutt [6], Kalkutta 1891. Von den Weden existieren gute deutsche Übersetzungen.

Samarânganasutradhâra

Ich kenne die zungenbrechenden Texte, die junge Schauspieler üben müssen. Man sollte in den Schauspielschulen die Überschrift eines Sanskrittextes auszusprechen versuchen. Er lautet: Samarânganasutradhâra [7]. Wer's kann, soll mich mal anrufen.

Unter diesem Wortungetüm steht die Beschreibung von Vimanas, den fliegenden Fahrzeugen. Unseren Helikoptern ähnlich, werden sie als außerordentlich manövrierfähig beschrieben: sie können in der Luft stillstehen, sich rund um den Erdball oder darüber hinaus bewegen und im Sturzflug Erdziele angreifen. Leider fehlen Einzelangaben, die eine Rekonstruktion des Fahrzeugs erlauben könnten, aber nicht etwa »*aus Unwissenheit, sondern um Mißbrauch zu vermeiden*«. Es entzieht sich meiner Kenntnis, ob es damals schon Terroristen gegeben hat, die sich diese fabelhaften Vimanas hätten zusammenbasteln können. Mindestens schützte man sich vor Werksspionage und dem unlizenzierten Nachbau.

Immerhin sind sehr eindrucksvolle Beschreibungen [8] überliefert:

Stark und haltbar muß der Körper geformt werden . . . aus leichtem Material . . . Durch die im Quecksilber ruhende Kraft, die den treibenden Wirbelwind in Bewegung setzt, kann ein Mann auf wunderbare Weise eine große Entfernung am Himmel zurücklegen. Ebenfalls kann man durch Anwendung eine Vimana so groß wie den Tempel für den »Gott-in-Bewegung« bauen. Vier starke Quecksilberbehälter müssen eingebaut werden. Wenn diese durch geregeltes Feuer aus den Eisenbehältern erhitzt werden, entwikkelt die Vimana durch das Quecksilber die Kraft des Donners und erscheint wie eine Perle am Himmel . . .

Ganz plastisch wird im Ramayana so ein fliegender Wagen abgeschildert:

Als der Morgen kam, bestieg Rama den himmlischen Wagen. Die Kraft des Wagens ist unbeschränkt. Der Wagen war zwei Stockwerke hoch mit mehreren Abteilungen und Fenstern . . . Er war farbig und mächtig . . . Als er in die Lüfte stieg, erklang ein himmlischer Ton . . .

Heute tragen Flugzeuge und Raumschiffe oft Tiernamen am Bug: Storch, Geier, Falke, Adler usw. Wenn diese Begriffe dermaleinst eine mythologische Ausdeutung finden, habe ich Verständnis dafür. Was soll schon ein Adler auf dem Mond (Eagle has landed)?

Im Ramayana etwa oder in dem Text mit dem unaussprechlichen Namen tauchen aber für die Vimanas keinerlei symbolische Begriffe oder mythologisch ausdeutbare Namen auf. Ohne Umschweife wird von fliegenden Wagen, von himmlischen Wagen oder von Götterfahrzeugen zwischen den Wolken geredet. Nein,

die Behauptung, mit den Schilderungen habe man die Helden ver-
klären und ausschmücken wollen, kann den Sanskritinterpreten
kein moderner Mensch mehr abnehmen. Himmel, was wäre noch
alles in den Texten zu entdecken, wenn unsere Raumfahrtinge-
nieure Sanskrit, diese zweieinhalbtausend Jahre alte Kunstspra-
che, im Original lesen könnten?! In Indien ist sie bis heute die
Sprache der Wissenschaft und der Dichtung.

Ein Luftkampf und ein fliegender Affe

Die Rahmenstory des Ramayana habe ich schon skizziert. Im Abschnitt »Rama und Sita« wird genau geschildert, wie der Bösewicht
Rawana die zauberhafte Sita in einem *Wagen der Lüfte, der der
Sonne gleicht,* entführt. Über Täler, Wälder und hohe Berge geht
der Flug. Weder Hilferufe noch Gebete der gekidnappten Helden-
gattin können den Bösewicht zur Rückkehr bestimmen.

Als Rama von der überfallartigen Entführung seiner Sita erfährt, gibt er das militärisch-knappe Kommando: »*Man fahre un-
verzüglich den Wagen der Lüfte heraus!*«

Rawana überfliegt derweil bereits den Ozean in Richtung Lanka
(heute Ceylon). Aber Ramas Wagen der Lüfte muß wohl mit hoher
Geschwindigkeit geflogen sein, denn er kann Rawana bald zum
Luftkampf stellen. Mit *einem Himmelspfeil* schießt er das Entfüh-
rungsvehikel ab, das *hinab in die Tiefe* stürzt. Sita wird gerettet, sie
steigt in den Himmelswagen ihres Gemahls um, der *auf Ramas Befehl mit gewaltigem Lärm zu einem Wolkenberg emporstieg.*

Rama kann sich einiger geschickter Waffengefährten glücklich
schätzen, weil die sich auf unglaubliche Kunststücke verstehen. Einer dieser begabten Kameraden ist der König der Affen mit seinem
Minister Hanuman. Je nach Wunsch kann sich der königliche Affe
zu einem Riesen wachsen oder zu einem Däumling zusammen-
schrumpfen lassen. Vor allem aber ist er ein waghalsiger Pilot:
Wenn er vom Gebirge aus seinen Flug beginnt, so brechen die
Felsspitzen, die Grundfesten der Berge wanken, die Riesenbäume
werden entästet gebrochen, ein Regenschauer von Holz und Blättern bricht zu Boden. Vögel und Tiere der Berge fliehen in ihre
Schlupfwinkel.

Der tollkühne Affe in seiner fliegenden Kiste startet manchmal auch von einer Stadt aus; das hat man nicht so gern, denn dann *werden die schönen Lotosteiche von Lanka ausgeschwemmt.* Was die Städter beobachten, ging schlichtweg über ihr Fassungsvermögen: *Mit brennendem Schwanze schwingt er sich über die Dächer und entfacht ungeheure Brände, so daß die Hochbauten und Türme einstürzen und die Lustgärten verwüstet werden.*

Prozession durch die Menschheitsgeschichte?

Lediglich Analphabeten dürfen übersehen, daß in altindischen Texten fliegende Wagen beschrieben wurden. Wer das negiert, will es nicht wahrhaben, weil es nicht in sein Weltbild paßt. Ganz im Sinne Darwins, der allen Lebewesen eine allmähliche und friedliche Entwicklung zutraute, wurden auch Technik und menschliches Bewußtsein mit dem Segen der Evolutionen bedacht. In dieser sachten Entwicklung darf es keinen Eingriff von außen her gegeben haben. Selbst unerklärliche Entwicklungssprünge sollen so erklärt werden. Wird die Evolution gemeinhin als eine Schritt- für Schrittchen-Prozession durch die Menschheitsgeschichte ausgelobt, muß sie – wenn keine überzeugende Erklärung standhält – Sprünge von Weltrekordreife tun. Professor Loren Eiseley, Professor für Anthropologie an der Universität Pennsylvania, hat die Witterung aufgenommen:

Wir haben jeden Anlaß zu glauben, daß unbeschadet der Kräfte, die bei der Bildung des menschlichen Hirns beteiligt waren, ein zäher und sich lang hinziehender Daseinskampf zwischen mehreren menschlichen Gruppen *unmöglich* so hohe geistige Fähigkeiten hervorgebracht haben kann, wie wir sie heute unter allen Völkern der Erde erkennen. *Irgend etwas anderes, ein anderer Bildungsfaktor muß da der Aufmerksamkeit der Entwicklungstheoretiker entgangen sein.*

So ist es, aber: »Der Geist fiel nicht vom Himmel« [9]! Was an Phantastischem in alten Texten auftaucht und was nicht in der Entwicklungs*theorie* untergebracht werden kann, wird als Humbug abgetan, sobald daraus eine andere *Theorie* abgeleitet wird: Außerirdische haben die Hominiden manipuliert und deren Geist schlagartig (auf die Länge der Menschheitsgeschichte gesehen) fortentwickelt.

Eine Pattsituation: Theorie steht gegen Theorie.

Das kann normal und ohne Schande bleiben, solange die »Besitzer« einer Theorie nicht so tun, als wären sie höchstpersönlich dabeigewesen, als die Hominiden intelligent wurden.

Falls Evolution ein kontinuierlicher Vorgang ist, erbitte ich eine – überzeugende! – Erklärung dafür, mit welcher »Fügung« an allen Ecken der Welt *plötzlich* die Beschreibungen von Himmelsfahrzeugen in die alten Bücher der Menschheit geraten, wie es zu z. T. interkontinentalen Flügen in komfortablen Gehäusen kam, warum unsere Vorvorderen stets von diesen Fremden, die vom Himmel kamen, in allen praktischen Verrichtungen unterwiesen wurden, weshalb sie nach erfülltem Auftrag allemal auf ihren Herkunftsplaneten heimkehrten.

Woher denn bezogen unsere Vorfahren die Konstruktionszeichnungen für die so genau abgeschilderten Himmelswagen? Woher die Kenntnisse für das anzuwendende Material? Woher die Navigationsinstrumente? (»Auf Sicht« flog auch kein Gott von Indien nach Ceylon!) Es waren ja keine Kinderdrachen oder einmotorige Sportflugzeuge, die den Himmel belebten! Mehrere Stockwerke hoch zeigten sich die Himmelswagen, manche waren *so groß wie ein Tempel*. Sowas baut sich nicht im Hinterstübchen einer Familienwerkstatt!

Warum eigentlich wurden diese Gefährte nicht im Sinne der Evolution weiterentwickelt? Schritt für Schrittchen? Wir wären ja schon vor einigen tausend Jahren auf dem Mond gelandet!

Als im Auftrage der NASA das Saturnprojekt entwickelt und realisiert wurde, arbeiteten 20 000 Zulieferfirmen an dem Programm mit.

In der gesamten Sanskritliteratur gibt es keine Zeile, die auf Techniker, Fabriken oder Probeflüge hinweist. Die himmlischen Fahrzeuge waren plötzlich, einfach, allerdings überraschend, da. »Götter« schufen und bedienten sie. Innovation, Planung und Ausführung fanden nicht auf diesem unserem Planeten statt.

Darum behaupte ich: Der Geist fiel doch vom Himmel!

Eine Randbemerkung kann ich mir nicht verkneifen. Als ich vor Jahren über die Ebene von Nazca* berichtete und in den rätselhaf-

* ERINNERUNGEN AN DIE ZUKUNFT – ZURÜCK ZU DEN STERNEN

ten, pistenartigen Linien im peruanischen Vorgebirge der Anden Landebahnen für Raumfahrzeuge vermutete, hielt man mir höhnisch entgegen: Weltraumschiffe brauchen keine Pisten. Basta.

Die erste (und zugleich größte, die je gebaut wurde) Piste für »Schiffe aus dem Weltall« ist in Amerika in Fertigstellung. Grund: der Space-Shuttle (Raumtransporter) wird den Platz der Wegwerfraketen einnehmen, er soll bemannte und unbemannte Raumfahrzeuge in den Orbit liften. Aber: innerhalb der Erdatmosphäre ist der Space-Shuttle der reduzierten Treibstoffreserven wegen nur sehr bedingt manövrierfähig. Die Weltallpiloten brauchen die riesige Piste, weil sie sie im ersten Anflug erreichen müssen, zu neuerlichem Start und wiederholtem Anflug reicht der Treibstoff nicht. – Der erste Space-Shuttle wird 1978 starten. Man gibt ihm eine Lebensdauer von 35000 bis 60000 Flugstunden.

War unsere Zukunft schon Realität?
Die in indischen Texten reportierten Fahrzeuge waren konstruktionell offenbar dem Space-Shuttle voraus. Sie konnten *um die Erde fliegen*, sie konnten *in der Luft stehen bleiben*, ferner sich *unter die Sterne mischen*, wobei sie Licht von einer Intensität abstrahlten, als *wären zwei Sonnen am Himmel*.

Derartige Beobachtungen geben zu der Spekulation Anlaß, ob hier Photonentriebwerke, hypothetisches Endziel der Raumfahrttechnik, angesprochen wurden. Professor Eugen Sänger (1905-1964), berühmter Raketen- und Raumfahrtforscher, untersuchte die Möglichkeit des Photonenantriebs, der ohne Verlust bei der Energieumwandlung theoretisch die Lichtgeschwindigkeit als Ausstoßgeschwindigkeit erreichen könnte. Dieses Antriebssystem für Flugkörper im All würde ein gerichtetes Bündel elektromagnetischer Wellen, Licht etwa, ausstoßen und dadurch seine Schubkraft erlangen. Photonen sind bei sehr kurzen Wellenlängen masselose Elementarteilchen. – Professor Ernst A. Steinhoff sagt, daß bei den gegenwärtigen technologischen Voraussetzungen der Photonenantrieb kaum vorstellbar sei. Daß gegenwärtig die Realisierung unmöglich ist, steht außer Frage. Doch die technologischen Voraussetzungen verbessern sich täglich. Warum eigentlich sollen fremde Intelligenzen über eben diese Voraussetzungen nicht längst verfügt haben? Weil wir uns für die Krone der Schöpfung halten?

Wenn aber eines fernen Tages auch an unserem Himmel Weltraumschiffe mit Photonenantrieb verkehren, dann wird die Abstrahlung *wie der Blitz* aussehen und in großer Höhe *wie eine zweite Sonne* strahlen.

Göttliches Waffenarsenal

Wie körperlich die Götter waren, beweisen die kriegerischen Spuren, die sie im Mahabharata hinterließen. Falls Militärs in Ost und West in diesem indischen Epos blättern, wird ihnen das Wasser im Mund zusammenlaufen: die Götter besaßen Waffen von mörderischer Vernichtungskraft.

Am Adi Parva, einem Buch des Mahabharata, schenkt Gott Agni dem Helden Vasudeva den Diskus *Chakra* mit der Versicherung, daß er damit seine Feinde schlagen könne: *Die Waffe wird wieder, wenn sie ihre Aufgabe erfüllt hat, zu dir zurückkehren.*

Als der wackere Vasudeva in lebensfährliche Bedrängnis gerät, wendet er *Chakra* gegen seinen Feind Shisupala an:
Die Diskusscheibe trennte augenblicklich den Kopf des Königs von seinem Leibe und kehrte wieder in die Hand Vasudevas zurück.

Das war ein messerscharf geschliffener Bumerang, könnte man denken. Aber es war keiner, denn diese Waffe war *in Feuer gehüllt,* ein Geschenk vom »Feuergott«. Vasudeva hätte sich fürchterlich die Pfoten verbrannt, wenn er diesen Bumerang aufgefangen hätte.

Arjuna*, dem Helden des Epos, ist es bekannt, daß die unter ihnen weilenden Götter über raffinierte Waffen verfügen. Also wendet er sich an Gott Shiva mit der Bitte um eine große Waffe. Der gibt sie ihm mit einer Gebrauchsanweisung [10]:
O mächtiger Held, ich will dir meine Lieblingswaffe Pashupat geben. Doch mußt du dich vorsehen, daß du sie nicht falsch anwendest. Schleuderst du sie gegen einen schwachen Feind, so wird sie die ganze Welt zerstören. Es gibt niemanden, der mit dieser Waffe nicht erschlagen werden könnte . . . Nach dem Reinigungsopfer weihte ihn Shiva in die Geheimnisse ihres Gebrauchs ein. Dann gebot er Arjuna, in das Reich der Himmlischen zu kommen. Arjuna betete zu Shiva, *dem Herrn des Alls,* der mit Uma, seiner Gemahlin, in den Wolken verschwand wie die untergehende Sonne . . .

---

* auch: Ardschuna

Von Gott Kuvera, der als eine Art von Zeughausverwalter geschildert wird, bekommt Arjuna die Waffe *Antardhana*, eine gar köstliche und angenehme Waffe, denn sie besitzt die Fähigkeit, *die Gegner einzuschläfern*. Eine herrliche Vision! Wie schön wäre es, wenn sich die Heere von NATO und Warschauer Pakt gegenseitig einschläfern würden. Allerdings müßte der Chef der UNO, der den Moment des Aufwachens bestimmt, von hoher Intelligenz sein ...

Übrigens fährt gleich, nachdem Arjuna die Hypnosewaffe in Empfang genommen hat, Indra, der Herr des Himmels, *mit seiner Gemahlin Sachi in seinem himmlischen Streitwagen von Arjuna und gebietet dem Helden, den Wagen zu besteigen und mit ihm in den Himmel zu fahren.*

Durch die Mahabharata-Kriegsberichte wogt der Kampf der Dynastien Kaurawa und Pandawa um die Macht. Immer mischen die Götter mit, immer entscheiden ihre fremdartigen Waffen. In einer Schlacht gegen die Pandawa-Truppen wird die Waffe *Narayana* eingesetzt:

Ohrenbetäubender Lärm erfüllte das Schlachtfeld. Die Narayana-Waffe flog in die Luft, Tausende von Pfeilen kamen gleich zischenden Schlangen daraus hervor und fielen nach allen Seiten auf die Krieger herab.

Das steht im Buch Drona Parva des Mahabharata.

Man wird spontan an die Stalinorgeln erinnert, die die Rote Armee im Zweiten Weltkrieg einsetzte: Mehrfachraketenwerfer. Sie bekamen ihren Namen von der Anordnung der Abschußvorrichtung wie vom Ton der herannahenden Geschosse, der dem einer Orgel ähnelte.

Die »Götter« scheinen im Erfinden böser Waffen unübertrefflich gewesen zu sein. Und Arjuna besaß sie. Darum wurde er aufgefordert, nur die »*ersten Waffen*« abzufeuern, die ihm die Götter einst gegeben hatten, weil die »*letzte Waffe*« furchtbare Wirkung zeigen würde. Allerdings waren auch die »ersten Waffen« nicht von Pappe:

Die Waffen schossen hoch in die Lüfte, und Flammen brachen aus ihnen hervor, die dem großen Feuer glichen, *das die Erde am Ende eines Erdzeitalters verschlingt, Tausende von Sternschnuppen fielen vom Himmel. Die Tiere in den Gewässern und auf dem Lande zitterten vor Angst. Die ganze Erde erbebte.*

Im Buch Aunshana Parva des Mahabharata.

Glücklicherweise gab es schon damals besonnene Männer, die wußten, was passieren würde, wenn auch die »letzte Waffe« zum Einsatz käme. Auf dem Höhepunkt der Schlacht schaltete sich der Weise Veda Vyasa ein und forderte die kämpfenden Parteien auf, die »letzte Waffe« zurückzuziehen, die eben in Stellung gebracht wurde. Wenn sie zum Einsatz käme . . .

. . . würde zwölf Jahre lang Dürre das Land befallen . . . und auch noch die ungeborenen Kinder im Mutterleib töten.

Vietnam!

Uns Bürgern des 20. Jahrhunderts ist das Grauen der verbrannten Erde, der blätterlosen Bäume, der verkrüppelten Kinder, der krepierenden Männer und Frauen zum Trauma geworden. Der Fluch des totalen Krieges, der nur Besiegte kennt.

Möge es immer einen Weisen geben, der die »letzte Waffe« schweigen läßt.

Die Beispiele von Waffen, die stets von »Göttern« in die irdischen Auseinandersetzungen eingeführt wurden, sind unübersehbare Beweismittel für meine Feststellung, daß »Götter« körperliche Existenzen waren. Waffen, wie sie in altindischen Texten beschrieben wurden, entsprachen nicht dem technischen Status der Altvorderen. Der Weg zu Waffen dieser mörderischen Vernichtungskraft führt aber über Entwicklungsstufen der Technologie, die auch andere technische »Denkmäler« als nur Waffen hinterlassen haben müßten. Es gibt keine. Die Waffensysteme waren jeweils *plötzlich* da, ebenso *plötzlich* wie die fliegenden Apparate.

Ich lasse mich nicht für dumm verkaufen. Ich wehre mich gegen die Interpretationen, es handle sich um pure Phantasie, die sich in die Mythologie eingenistet habe. Auch die Phantasie braucht Initialzündungen, muß animiert werden. Wenn Phantasie aber exaktes Wissen »offenbart«, von dem niemand einen blassen Schimmer gehabt haben *kann*, dann soll man endlich das angeblich Unverständliche aus heutigem Blickwinkel erklären. Darum stellte ich im 2. Kapitel Waffen vor, wie sie *heute* entwickelt und hergestellt werden!

Man muß akzeptieren, daß frühere Deutungen solcher Texte weder moderne Waffensysteme noch Raumfahrtobjekte einbeziehen konnten. Diese goldenen Zeiten des Nichtwissens sind vorbei. *Wir* kennen Nuklearwaffen, *wir* erleben die Anfänge praktischer Raumfahrt. *Wir* müssen (wenn wir redlich sind) unser Wissen in die Deutung alter Texte einbringen – auf die Möglichkeit hin, daß der Mensch den Nimbus verliert, der Größte zu sein, und auf die Wahrscheinlichkeit hin, daß die Evolutionstheorie kippen kann. Fiel wirklich NICHTS vom Himmel?

Weltraumprospekt

Auch das Rigweda offeriert leibhaftige Götter, die im Weltraum kutschieren. Kostproben nur, die für einen facettenreichen Weltraumprospekt stehen mögen:

Alle, die aus dieser Welt *verreisen*, gehen zunächst sämtlich zum Monde . . . Der Mond ist die Pforte zur Himmelswelt, und wer ihm auf seine Fragen antworten kann, den läßt er über sich hinausgelangen . . . Rigweda, 1. Adhyaya.

Verehrung dem Vayu, dem Luftraumbesitzer, dem Weltraumbesitzer! O mache mir, dem Opferherrn, eine Stätte ausfindig. Öffne die Pforte zum Himmelraum, zum Weltenraum, daß wir dich schauen, Allherrschaft zu erlangen. Verehrung den Himmelsbesitzern, den Weltraumbesitzern. O machet mir eine Stätte ausfindig. Dorthin möchten wir gehen. Rigweda, 24 [11].

Ein Ehrwürdiger belehrt seinen Schüler:
Der Weltraum ist größer als die Glut, denn im Weltenraum sind beide, die Sonne und der Mond, sind Blitz, Gestirne und Feuer. Vermöge des Weltraums ruft man, hört man, antwortet man; im Weltraum freut man sich und freut man sich nicht; *man wird geboren im Weltraume, man wird geboren für den Weltraum*; den Weltraum mögest du verehren! Wer den Weltraum verehrt, der erlangt Weltraumreiche, lichtraumreiche Welten, unbeengte, zum weiten Ausschreiten, *und so weit sich der Weltraum erstreckt, so weit wird ihm ein Umherschweifen nach Belieben zuteil* . . . Rigweda, 7 [12]

Der Ehrwürdige Lehrer vermittelte seinem Schüler keine Denkmodelle für philosophische Ideen, wie man vielleicht sagen könnte, und deshalb hätte der Text auch nichts mit dem »echten« Weltraum zu tun. – Vor mir liegen Stammbäume solcher Ehrwürdiger Lehrer, die über 56 Generationen hinweg bis zu jenem Herrn reichen, der *im Besitz des ursprünglichen Wissens* war. Mit dem Unterschied, daß die des Rigweda in ungleich frühere Zeiten zurückreichen, ist es wie mit der Stafette, die in der biblischen Genealogie von Jesus zu König David, von David zu Abraham, von Abraham zu Adam an die ursprünglichen Quellen des Wissens führt. Man kann nicht eine Genealogie, weil sie in den Kram paßt, als patentiert abnehmen und die andere, gleich solide verifizierte, ablehnen. Den Ehrwürdigen Lehrern im indischen Raum oblag es, die Überlieferung *unverändert* weiterzugeben. Sic!

Der Mond ist die Pforte zur Himmelswelt. Genau! Darum haben ihn Amerikaner und Russen als erstes Ziel für Raumfahrt angepeilt. Wer die technische Nagelprobe der Mondlandung besteht, den läßt er *über sich hinausgelangen.* Genau. Inzwischen wurde der Mars erreicht, Venus und Jupiter sind im Visier. Wenn wir bisher auch nur über marginales Wissen vom Weltraum verfügen, gestattet es uns doch die Überlegung, ob nicht auch für die Bewohner anderer Planeten der Mond der Testfall gewesen sein kann. Es ist ein enormer Fortschritt des letzten Dutzend Jahre, daß intelligentes Leben, Zivilisationen, auf zahllosen anderen Planeten nicht mehr bestritten werden.

Luftraumbesitzer, Weltraumbesitzer, Allherrschaft? Was spornt denn die beiden Führungsmächte unserer Zeit an, Raumfahrt zu betreiben? Für einen Spleen sind die Kosten zu hoch und die Anstrengungen zu groß. Um durch ein weit voraus gestecktes Ziel rasanten technischen Fortschritt zu erzwingen, ließen sich weniger aufwendig erreichbare Marken denken. Und setzen! Die Rohstofflager des blauen Planeten sind in bereits genau absehbarer Zeit aufgebraucht. Die Notwendigkeit, neue Lager auf anderen Planeten zu finden, finden zu müssen, erzwang die Raumfahrt. Selbstverständlich spielen unter vielen anderen Motiven auch militärische Aspekte eine bedeutende Rolle, doch sie rangieren weit hinter der Erkenntnis, daß die ausgeplünderte Erde in nicht ferner Zeit unbewohnbar sein wird.

Unter dem Wissen unserer Tage hat man sich darauf verständigt, daß es Abertausend Zivilisationen im Kosmos gibt, ja, es wird nicht mal mehr ernsthaft bestritten, daß es vermutlich Zivilisationen

Stätte im Weltraum! NASA-Planung einer Weltraumstation in einer Umlaufbahn um die Erde. Diese Station könnte bereits in den 80er Jahren unseres Jahrhunderts mit Hilfe des Space Shuttle zusammengebaut werden

gibt, die älter sind als die unsrige. Es ist nur ein logischer Schluß: Ältere Zivilisationen können auf ihrem Heimatplaneten schon vor vielen Jahrtausenden in der Zwangslage gewesen sein, auf die wir im frühen 3. Jahrtausend ausweglos zusteuern. *O Weltraumbesitzer, macht uns eine Stätte ausfindig. Dorthin möchten wir gehen.*

Weltraumstationen sind längst keine Phantasiegebilde von Sience-fiction-Autoren mehr. Die Konstruktionen liegen vor, sie sind mit derselben Präzision realisierbar wie die Raumraketen, die in Amerika und Rußland abgeschossen wurden und die ihre Ziele auf Punkt erreichten. Selbst eine vierstöckige Raumstation, die zwei amerikanische Firmen im Auftrag der NASA im Maßstab 1 : 1 modellierten, ist bereits überholt. Es sind Raumstationen in

Planung und Konstruktion, die mehrere hundert Wissenschaftler und Techniker an Bord nehmen können. Unter den Bedingungen künstlich hergestellter Schwerkraft wird man Forschungsalltage im Weltraum verbringen. Über die Möglichkeiten der Raumfahrt sprachen wir schon. Darum sei hier nur noch notiert, daß sogar Raumkliniken in Planung sind: Mediziner *wissen*, daß bestimmte Patienten, die als unheilbar gelten, im Weltraum genesen können.

Nachdem eine kleine Kompanie von Astronauten unter Beweis gestellt hat, daß der Organismus durch die Belastungen von Raumflügen nicht geschädigt wird, sollen künftig auch Frauen mit ins All reisen. Die NASA bildet derzeit Astronautinnen aus. Alle Voraussetzungen für den Rigweda-Bericht sind bald auch für uns gegeben: *Man wird geboren im Weltraume, man wird geboren für den Weltraum!*

Alles, was in alten Texten über Weltraumereignisse berichtet wird, wird einmal auch unsere Wirklichkeit sein. Es ist »nur« eine Frage des Geldes. In Demokratien fehlt kurzsichtigen Abgeordneten der Mut, Ziele anzugehen, die erst übermorgen Erfolg bringen. Das Überleben der Menschheit ist kein ergiebiges Wahlkampfthema. Nirgendwo in der westlichen Welt. Die öffentliche Meinung wird dahin getrimmt, daß es wichtigere Aufgaben, beispielsweise in der Dritten Welt, gibt. Es wird übersehen, daß wir alle, *mit* der Welt, in einem Boot sitzen. Wenn die Schornsteine der Industrieländer nicht mehr rauchen, muß der blaue Planet Konkurs anmelden. *O Weltraumbesitzer, öffnet die Pforten!*

Immer Troubles mit den Göttersöhnen

Im Buch Adi Parva des Mahabharata wird von Empfängnis und Aufzucht des halbgöttlichen Helden Karna berichtet. Die unverheiratete Kunti war *vom Sonnengott besucht worden*. Als natürliche Folge der göttlichen Begattung gebar sie einen Sohn, der nach dem Papa ausschlug, denn er war *leuchtend wie die Sonne selbst*. Die ehemalige Jungfrau Kunti fürchtete die Schande, weswegen sie das Kind in eine Schachtel bettete und heimlich im Fluß aussetzte. Die brave Frau Adhirata angelte das Knäblein aus dem Wasser, nannte es Karna und zog es wie ihr eigenes Kind auf.

Wer erinnert sich nicht an die rührende Geschichte vom kleinen Mose, der auch von seiner Mutter in einem Bastkörbchen dem Nil anvertraut wurde, aus dem ihn eine Pharaonentochter an Land zog?

Es ist ein Kreuz mit den unzähligen Göttersöhnen. Diese Mitglieder des göttlichen Jet-Set tummeln sich nicht nur zu Hunderten in Mythologien, es gibt sie auch in der sozusagen »amtlichen«, ganz seriösen Literatur. Da steht in den Qumran-Texten aus dem 2. vorchristlichen Jahrhundert, die 1947 in Höhlen des Gebirgsabfalls zum Toten Meer gefunden wurden, eine so erstaunliche Geschichte, daß ich sie, obwohl ich sie wiederaufgreife*, streifen muß, weil sie hierher gehört. Die Lamech-Rolle, in der sie steht, ist nach über 2000 Jahren freilich lädierter als ein tausendmal ausgeliehenes Buch, die Zeit und die Feuchtigkeit in der Höhle haben an ihr geknabbert. Was bruchstückhaft übrigblieb, ist interessant genug. Hier handelt es sich um keinen Mythos, sondern um in historischer Zeit notierte Geschichte. Also:

Lamech, Noahs Vater, kam eines Tages von einer Reise zurück, die länger als neun Monate gedauert hatte. Er war deshalb mit guten Gründen überrascht, einen winzigen Buben vorzufinden, der nicht von ihm sein konnte und dessen äußere Merkmale so ganz und gar nicht in die Familie paßten. Wer will es Lamech verübeln, daß er seinem Weib Bat-Enosch heftigste Vorwürfe machte. Die aber beschwor bei allem, was ihr heilig war, daß der Samen von ihm, Lamech, stammen müsse, denn sie habe weder etwas mit einem Soldaten noch einem Fremden oder gar einem der *Söhne des Himmels* gehabt:

O mein Herr . . . ich schwöre dir . . . daß von dir dieser Same war, von dir diese Empfängnis und von dir die Planzung der Frucht nicht von einem Fremden noch von einem Wächter, *noch von einem Sohne des Himmels* . . . [13]

Lamech glaubte kein Wort. Außerordentlich beunruhigt ging er, um seinen Vater Methusalem um Rat zu fragen. Der hörte sich die eigenartige Story an, dachte gründlich nach, kam aber zu keinem Schluß, weswegen er den weisen Henoch aufsuchte. Das knäbliche Kuckucksei in der sittsamen Familie ließ den steinalten Methusa-

* ERINNERUNGEN AN DIE ZUKUNFT.

lem die Strapazen der weiten Reise auf sich nehmen, es mußte ja Klarheit in die Verhältnisse gebracht werden. Was sollten sonst die Leute denken?

Henoch hörte sich Methusalems Report an. Daß da aus heitrem Himmel ein Knäblein aufgetaucht wäre, welches weniger wie ein Mensch, als vielmehr wie ein Himmelssohn aussähe, die Augen, die Haare, die Haut, nichts passe in die Familie.

Der kluge Henoch hörte sich das alles an und schickte dann Methusalem mit der beunruhigenden Nachricht nach Hause, daß ein gewaltiges Strafgericht über die Menschheit und die Erde kommen werde; alles Fleisch würde vernichtet werden, weil es schmutzig und verderbt sei. Seinem Sohn Lamech aber sollte er befehlen, sagte Henoch, das Knäblein zu behalten und ihm den Namen Noah zu geben: der kleine Noah sei dazu ausersehen, Stammvater all jener zu werden, die das große Weltgericht überleben würden.

Verblüffend ist an dieser Familiengeschichte, daß einige Male vom *Sohn des Himmels* als legitimem Erzeuger die Rede ist, aber auch, daß schon Noahs Eltern von der kommenden Sintflut unterrichtet waren. Besonders beachtlich aber ist, daß Großvater Methusalem die Nachricht von dem nämlichen Henoch übermittelt wurde, der der Überlieferung nach schon bald darauf in einem feurigen Wagen in den Himmel entrückte.

Mein Freund Henoch

Dieser Henoch ist mein Freund, ich bin ihm auf den Fersen. Ich habe einen besonderen Nerv für geheimnisvolle Persönlichkeiten, noch dazu, wenn dieser Mann im Alten Testament nur so beiläufig erwähnt wird. Henoch hat es nicht verdient, so am Rande abgetan zu werden, denn er ist der Autor eines aufregenden Buches. Hätten die Kirchenväter uns für mündige Bibelleser gehalten, würde das BUCH HENOCH seinen Platz im Buch der Bücher haben! Aber die alte Kirche hat es vom »öffentlichen Gebrauch« ausgeschlossen. Anlaß genug, sich mit Henoch zu befreunden und immer wieder zu beschäftigen.

Wenn man erfährt, was Henoch mitzuteilen hat, tat die alte Kirche – in ihrem Sinne – gut daran, uns das Buch vorzuenthalten: es bringt so brisante Mitteilungen, daß sie imstande gewesen wären, den Gott des Alten Testaments aus dem Sattel zu heben.

Wer war dieser Henoch, dessen Name im Hebräischen der Eingeweihte, der Einsichtige, der Kundige bedeutet?

Mose bezeichnet ihn als den siebenten der zehn Urväter, ein vorsintflutlicher Patriarch also, dieser Sohn des Jared, der seit Jahrtausenden im Schatten seines Sohnes Methusalem steht, von dem die Genesis behauptet, er wäre 969 Jahre alt geworden – eben »so alt wie Methusalem«. Der Erzähler des Hexateuch (der fünf Bücher Mose) läßt den Eingeweihten Henoch immerhin 365 Jahre alt werden und dann nicht einmal sterben, sondern in einem *feurigen Wagen* in den Himmel *entrücken.*

Wir können uns doppelt glücklich preisen: einmal, daß der Prophet der grauen Vorzeit uns Berichte seiner wundersamen Erlebnisse mit den Göttern hinterließ, zum andern, daß diese Berichte in ICH-Form überhaupt wieder auftauchten.

Das Henoch-Buch soll, darin sind sich die meisten modernen Forscher einig, ursprünglich in hebräischer oder aramäischer Sprache verfaßt worden sein. Dieser Urtext ging verloren und wurde bis heute nicht wiedergefunden.

Wäre das ein endgültiger Verlust gewesen, hätten wir nie etwas von diesen dokumentarischen Kostbarkeiten erfahren. Aber: die Äthiopier fertigten nach einer, in der frühen christlichen Ära entstandenen und in Ägypten gefundenen, griechischen Übertragung des Urtextes eine Übersetzung an. Zu einem nicht mehr feststellbaren Zeitpunkt wurde diese Fassung des Henoch-Textes in den alttestamentlichen Kanon der abessinischen Kirche aufgenommen und seitdem im Verzeichnis der heiligen Schriften geführt.

Der echte Henoch

Die Nachricht von der Existenz des Henoch-Buches erreichte Europa in der ersten Hälfte des 18. Jahrhunderts. Der englische Afrikareisende und Begründer der Äthiopien-Forschung James Bruce (1730-1794) entdeckte nicht nur die Quellen des Blauen Nil; von seinem mehrjährigen Aufenthalt brachte er auch drei Exemplare des Henoch-Textes mit. Zuerst übertrug ihn der spätere Erzbischof von Cashel, Professor Richard Laurence, mangelhaft ins Englische, ehe der deutsche Orientalist und protestantische Theologe August Dillmann (1823-1894) mit seiner Übersetzung »den Henoch« zum internen Fachgespräch machte. Diese Übersetzung erschien 1851. Seitdem wurden die Texte durch etwa 30 weitere äthiopische Handschriften ergänzt und mit einer griechischen Version verglichen. Der hochakademische Textvergleich ergab, daß wir es mit einem *echten Henoch* zu tun haben.

Fachleute haben die Hoffnung noch nicht aufgegeben, daß der hebräische oder aramäische Urtext eines Tages doch noch in einer ägyptischen Begräbnisstätte auftaucht. Wunder gibt es immer wieder. In einigen Bibeln, die auch die Apokryphen anbieten, ist das Buch Henoch enthalten. »Apokryphen« bedeutet im Griechischen »verborgene Schriften« oder geheim gehaltene heilige Bücher.

Ich besitze eine Henoch-Übersetzung *Thübingen 1900.* Mir ist bekannt, daß es modernere Übersetzungen gibt, aber die »Thübinger« hat einen so umfangreichen Anmerkungsapparat von 17 Fachgelehrten, wie ihn keine andere Ausgabe mehr besitzt. *Diese* Anmerkungen sind von Nutzen, weil sie die verschiedenen Übersetzungsmöglichkeiten aufzeigen – sie wollen keine Textauffassungen indoktrinieren. Die »Thübinger« läßt die Fassungslosigkeit spüren, die die Gelehrten vor dem verschachtelten, komplizierten, ja, oft chaotischen Text empfanden. Sie scheuten sich nicht, ihre Ratlosigkeit vor den astronomischen Zahlenreihen, den physikalischen Beschreibungen und vor den heute durchaus verständlichen genetischen Manipulationen zuzugeben. Deshalb bieten sie zu zehn Henoch-Zeilen oft 20 Zeilen an Fußnoten an, in denen der Spielraum sprachlich möglicher Übersetzungen offen auf den Tisch gelegt wird. Darauf kommt es mir an.

Wenn man sich bemüht, den Henoch-Text stur und ausschließlich theologisch zu interpretieren, bleibt er tatsächlich ein Labyrinth von seltsamen Mitteilungen, durch das kein Ariadnefaden zum Ziel führt. Läßt man aber das arabeske Beiwerk in seiner blumigen Bildersprache weg und nimmt das Skelett, dann wird uns Heutigen – ohne ein Jota zu ändern – ein Bericht von geradezu unheimlicher Dramatik vermittelt.

Wichtig ist noch zu erwähnen, daß Henoch-Forscher den Kern des Buches *einem* Verfasser zuschreiben und einheitlich die Niederschrift ins letzte Drittel des zweiten *vor*christlichen Jahrhunderts datieren. Hier hat die Überlieferung also *einen* Autor gefunden. – Die vorübergehende Annahme, das Buch könnte christlicher Herkunft sein, wurde längst aufgegeben.

Die sprachliche Ohnmacht des Berichterstatters

Alles, was ich über die Sprachlosigkeit der Berichterstatter sagte, stellt sich exemplarisch im Henoch-Text dar. Sowohl dem Beobachter der Ereignisse wie dem Schreiber fehlten konkrete Begriffe für das, was geschehen war. Augenzeuge und Schreiber befanden sich in einer Situation, in die man jeden bringen kann, den man auffordert, einmal die Form einer Wendeltreppe zu beschreiben, ohne dazu die Hände zu benutzen. Es sind Vergleiche notwendig. Das »Sieht-aus-wie«-Spiel ist fällig. Dieses Spiel war für vorzeitliche Beobachter immer dann üblich, weil notwendig, wenn sie mit Vokabeln *ihrer* Zeit ihnen unbekannte, niegesehene Vorgänge abschildern mußten. Unfähig, das Erlebte in präzisen Wörtern zu berichten, bemühten sie die Phantasie ihrer (orientalischen) Bildersprache, die üppig ins Kraut märchenhafter Allegorie schoß. Je größer der *erlebte* Eindruck vom Ereignis war, um so wilder wucherte die Phantasie.

Um das wirkliche Bild des Geschehens zu erkennen, scheint es mir legitim, sozusagen die verwirrenden Farben wegzuradieren, damit das dokumentare Schwarzweiß-Foto hervortritt: die Momentaufnahme vom Ereignis. Selbst wir waren sprachlos, als wir die ersten Direktaufnahmen vom Mars auf dem Bildschirm sahen. Den Berichtern in grauer Vorzeit wird es unter dem Eindruck schockierender Erlebnisse nicht anders gegangen sein.

Überblick

Die ersten fünf Kapitel des Henoch-Buches kündigen ein Weltgericht an: der himmlische Gott wird seine Wohnung verlassen, um mit den Heerscharen seiner Engel auf der Erde zu erscheinen. Elf folgende Kapitel schildern den Fall der »abtrünnigen Engel«, die sich, entgegen dem Befehl ihres Gottes, mit den Töchtern der Menschen vereinigten. Diese »Engel« bekamen von ihrem »Gott« so genau umrissene Aufgaben, daß es wirklich schwerfällt, sie in die Schar himmlischer Wesen einzureihen:

Semjasa lehrte die Beschwörungen und das Schneiden der Wurzeln, Armaros die Lösung der Beschwörungsformeln, Baraqel das Sternschauen, Kokabeel die Astrologie, Ezeqeel die Wolkenkunde, Arakiel die Zeichen der Erde, Samsaveel die Zeichen der Sonne, Seriel die Zeichen des Mondes . . .

Das hört sich an, als hätte der Gott der Engel Fachreferenten für die Erledigung besonderer Aufgaben während des Erdenaufenthaltes eingeteilt. Daß die Referenten auf ihrem Gebiet beschlagen waren, werden wir erfahren – daß ihr Wissen turmhoch über dem Kenntnisstand der damaligen Erdbewohner lag, steht außer Frage.

In den Kapiteln 17 bis 36, dem »harten Kern« des Buches, werden Henochs Reisen in verschiedene Welten und zu fernen Himmelsgewölben beschrieben. – Die Kapitel 37 bis 71 übermitteln sogenannte Bildreden, Gleichnisse vielfacher Art, wie sie dem Propheten von den Göttern erzählt wurden. Henoch erhielt den direkten Auftrag, die Bildreden zu notieren, um sie fernen Geschlechtern zu vermitteln. Grund: Seine Zeitgenossen könnten die technischen Mitteilungen nicht verstehen, es handle sich um Nachrichten für die Zukunft. Das ist keine Interpretation von mir, so steht es bei Henoch!

Die Kapitel 72–82 enthalten minuziöse Angaben über Sonnen- und Mondumlaufbahnen, über Schalttage, Sterne und Himmelsmechanik, sie geben geographische Bestimmungen im Universum. Die restlichen Kapitel enthalten Gespräche Henochs mit seinem Sohn Methusalem, dem er die kommende Sintflut ankündigt. Zum Happy-End verschwindet Henoch dann in seinem feurigen Wagen in den Himmel.

Woher Henoch seine Weisheit bezog
Das slawische Henoch-Buch [14] enthält Angaben, die nicht im abessinischen stehen. Es schildert, wie Henoch Kontakt mit den Himmlischen bekam:
Als ich 365 Jahre alt geworden war, war ich an einem Tag des zweiten Monats allein zu Hause . . . Da erschienen mir zwei sehr große Männer, die ich nie auf Erden gesehen. Ihr Antlitz leuchtete wie die Sonne, ihre Augen wie brennende Fackeln; aus ihrem Mund sprühte Feuer; ihre Kleidung und ihr Gesang war herrlich, ihre Arme wie goldene Flügel. Sie standen zu Häupten meines Bettes und riefen mich mit Namen. Ich erwachte vom Schlaf und stand von meinem Lager auf; dann verneigte ich mich vor ihnen, mein Antlitz bleich vor Schrecken. Da sprachen die beiden Männer zu mir: Sei getrost, Henoch! Fürchte dich nicht! Der Ewige Herr hat uns zu

dir gesandt, du sollst mit uns heute in den Himmel gehen. Gib deinen Söhnen und deinem Gesinde Anweisung für das, was sie in deinem Haus tun sollen! Keiner aber soll dich suchen, bis der Herr dich wieder zu ihnen führt . . .

In religiösen Interpretationen wird immer wieder behauptet, der vorsintflutliche Patriarch habe eine Erscheinung oder eine Vision gehabt. Der Bericht ist unangenehm präzise, er widerlegt diese Auslegung. Henoch *erwacht* nämlich, und er gibt auf Wunsch der beiden Herren Anweisungen, was während seiner Abwesenheit getan werden soll. Wenn auch von Henochs Reise in den Himmel getönt wird, sie wäre nichts anderes als eine Todesvision, muß ich sagen: Bitte, genau hinsehen, meine Herren, denn im Text steht, daß der Prophet nach seinen »Visionen« fidel und munter zu seiner Familie zurückkehrte.

Es ist kein glücklicher Zufall, daß Henochs Erlebnisse niedergeschrieben wurden. Er erhielt strikten Befehl, alles, was er erlebte, festzuhalten [15]:

Der Herr sagte zu mir: »O Henoch, betrachte die Schrift der himmlischen Tafeln, lies, was darauf geschrieben ist, und merke dir alles Einzelne.« – Ich betrachtete alles auf den himmlischen Tafeln, las alles, was darauf geschrieben stand, merkte mir alles und las das Buch.

Dies ist die von Henoch, dem Schreiber, verfaßte vollständige Lehre der Weisheit, die für alle Menschen preiswert und Richterin der ganzen Erde ist.

Dies ist das Buch, das Wort der Gerechtigkeit und der Zurechtweisung der ewigen Wächter.

Und nun, mein Sohn Methusalem, erzähle ich dir alles und schreibe es für dich auf; ich habe dir alles enthüllt und dir die Bücher, die alle diese Dinge betreffen, übergeben. Bewahre, mein Sohn Methusalem, die Bücher von deines Vaters Hand und übergib sie den kommenden Generationen der Welt.

Hier geht es so sachlich, so bewußt zu, daß es sich bei dem Auftraggeber nicht um ein imaginäres Wesen gehandelt haben kann. Kein Gott keiner Religion verlangte je detaillierte Niederschriften seiner Taten.

Im slawischen Henoch-Buch erfahren wir auch, wie viele Bücher Henoch diktiert wurden. Dort ist auch aktenkundig gemacht, daß

nicht Gott persönlich diktierte, sondern daß der Erzengel Bretil das »im Auftrag« erledigte:
Und er beschrieb mir alle Dinge im Himmel, auf Erden und im Meer, die Läufe der Orte aller Elemente, die Jahreszeiten, die Tagesläufe und die Änderungen, die Gebote und die Lehren. Und Bretil sprach zu mir 30 Tage und Nächte; seine Lippen redeten unaufhörlich. Auch ich schrieb, ohne auszuruhen, den ganzen Inhalt nieder. Als ich fertig war, hatte ich 360 Bücher geschrieben.

Die »ewigen Wächter«
Was steht in der Bibliothek des fleißigen Schreibers über die vielzitierten »ewigen Wächter«?
Vor diesen Begebenheiten war Henoch verborgen, und niemand von den Menschenkindern wußte, wo er verborgen war, wo er sich aufhielt, und was mit ihm geworden war . . . Siehe, da riefen die Wächter des großen Heiligen mich, Henoch, den Schreiber, und sagten zu mir: »Henoch, du Schreiber der Gerechtigkeit, geh, verkünde den *Wächtern des Himmels,* die den hohen Himmel, die heilige ewige Stätte verlassen, mit den Weibern sich verderbt, wie die Menschenkinder tun, getan, sich Weiber genommen und sich in großes Verderben auf der Erde gestürzt haben.

Es wäre blasphemisch, diese Art von »Wächtern des Himmels« zu Unschuldsengeln umzufunktionieren. Falls sie es doch tun sollten (sich Weiber nehmen), geht es aufs Konto der Interpreten heiliger Schriften, daß sie es nicht tun *dürfen.* Engel mischen sich nun mal nicht mit Erdenweibern. Da muß wohl eine Truppe tätig gewesen sein – es ist von 200 Mann die Rede, die 1000 Kinder zeugten – die sich, frauenlos, auf einer Expedition befand und Objekte ihrer fleischlichen Lust suchte. Und, wie alle Besatzungstruppen, auch fand!
Diese und alle übrigen mit ihnen nahmen sich Weiber, jeder von ihnen wählte sich eine aus, und sie begannen . . . sich an ihnen zu verunreinigen . . . Sie wurden schwanger und gebaren 300 Ellen lange *Riesen.* Sie sind zu den Menschentöchtern auf der Erde gegangen, haben bei ihnen geschlafen und mit den Weibern sich verunreinigt . . . Die Weiber aber gebaren Riesen, und dadurch wurde die ganze Erde von Blut und Gerechtigkeit voll.

Falls noch Zweifel über Herkunft und Art der »Wächter« bestanden haben, räumt Henoch sie überdeutlich aus. Er wird von dem »Herrn«, der zweifelsfrei die Befehlsgewalt über die Wächter innehat, gerufen:

Tritt herzu und höre meine Rede. Geh hin und sprich zu den *Wächtern des Himmels*, die dich gesandt haben, um für sie zu bitten: »Ihr solltet eigentlich für die Menschen bitten, und nicht die Menschen für euch. Warum habt ihr den hohen und ewigen Himmel verlassen, bei den Weibern geschlafen, euch mit den Menschentöchtern verunreinigt, euch Weiber genommen und wie die Erdenkinder getan und *Riesensöhne* gezeugt? Obschon ihr unsterblich wart, habt ihr durch das Blut der Weiber euch befleckt, mit dem Blute des Fleisches Kinder gezeugt, nach dem Blute der Menschen begehrt und Fleisch und Blut hervorgebracht wie jene tun, *die sterblich und vergänglich* sind.«

Die Situation war klar. Henoch steht vor dem Kommandanten der Wächter. »Wächter« sind keine Kreation nur dieses vorzeitlichen Propheten. Hesekiel spricht von ihnen. Sie tauchen im Gilgamesch-Epos auf. Es ist von Riesen die Rede, die gezeugt wurden. Baruch nennt sogar Ziffern über die Zahl der Riesen, die es kurz vor der Sintflut gab:

Es brachte Gott die Sintflut auf die Erde und tilgte alles Fleisch und auch die 4 090 000 Riesen. Das Wasser stand um 15 Ellen höher, als je die höchsten Berge waren.

Im Henoch-Bericht ist kaum der sarkastische Spott des Kommandanten zu überhören, der eher seine Wächter als Fürsprecher der Erdenkinder erwartet hatte, denn Menschen als Anwälte seiner Untergebenen. Sehr ärgerlich ist der hohe Herr über die Kopulationen seiner Mannschaft mit den Menschentöchtern, die »sterblich und vergänglich« sind. Er und seine Leute sind nämlich scheinbar unsterblich. Dieser Nimbus könnte durch die schandbaren Liebesnächte und deren Produkte dahin sein. Der mit seinen Leuten unzufriedene Kommandant kennt schließlich die Gesetze der Zeitverschiebung bei interstellaren Flügen mit hohen Geschwindigkeiten! Wenn die Crew auf der Erde Kinder zeugte, würden die Bewohner dieses mickrigen Planeten den Schwindel durchschauen und merken, daß die Besucher, die sie für Götter hielten, gar nicht unsterblich waren!

War schon das eine Panne, ärgerte sich der Chef besonders über den Ungehorsam der Mannschaft, die er zu Erkundungs- und Erziehungsaufgaben zurückließ, während er mit seinem Raumschiff anderen Aufgaben im Sonnensystem nachging. Gerade weil seine Fachreferenten ausgesuchtes Bodenpersonal darstellten, hätten sie sich nicht mit Menschentöchtern paaren dürfen. Hier hatte heiße Leidenschaft einem kosmischen Planer einen dicken Strich durch die Rechnung gemacht, eine arge Sache für den Kommandanten.

Ich bitte darum, die wider Befehl gezeugten *Riesen* nicht aus der Erinnerung zu verlieren, ich werde sie in ihrer ganzen Größe mit ihren gewaltigen Füßen zum Nachweis ihrer ehemaligen Existenz durch die Vorgeschichte stapfen lassen! Vor diesen Begebenheiten war Henoch verborgen, und niemand von den Menschenkindern wußte, wo er verborgen war, wo er sich aufhielt.

Es mag sich heute wie ein Märchen anhören, doch zur damaligen Zeit war es eine ganz und gar ungewöhnliche Sache, wenn ein leibhaftiger Mensch, wie Henoch einer war, spurlos und plötzlich von der Bildfläche verschwand. Damals gehörte Kidnapping noch nicht zum alltäglichen Spiel einer kranken Gesellschaft. Der Verbleib Henochs wäre nie aufgeklärt worden, wenn er nicht selbst Protokoll geführt hätte. Henoch nahm an einer Raumfahrt teil!

Henochs Reise in den Raum

Astronaut Henoch berichtet:
Sie trugen mich in den Himmel hinein. Ich trat ein, bis ich mich einer Mauer näherte, die aus Kristallsteinen gebaut und von feurigen Zungen umgeben war; und sie begann, mir Furcht einzujagen. Ich trat in die feurigen Zungen hinein und näherte mich einem großen, aus Kristallsteinen gebauten Haus. Die Wände jenes Hauses glichen einem mit Kristallsteinen getäfelten Boden, und sein Grund war Kristall. Seine Decke war wie die Bahn der Sterne und Blitze, dazwischen feurige Kerube, und ihr Himmel bestand aus Wasser. Ein Feuermeer umgab seine Wände, und seine Türen brannten von Feuer.
Da war ein anderes Haus, größer als jenes; alle seine Türen standen offen. In jeder Hinsicht, durch Herrlichkeit, Pracht und Größe

zeichnete es sich aus. Sein Boden war von Feuer; seinen oberen Teil bildeten Blitze und kreisende Sterne, und seine Decke war loderndes Feuer, ich gewahrte einen hohen Thron. Sein Aussehen war wie Reif; um ihn herum war etwas, das der leuchtenden Sonne glich. Unterhalb des Thrones kamen Ströme lodernden Feuers hervor, und ich konnte nicht hinsehen. Die große Majestät saß darauf; ihr Gewand war glänzender als die Sonne und weißer als lauter Schnee. Ringsherum standen zehntausendmal Zehntausende vor ihm, und alles, was ihm beliebt, das tut er. Und die in seiner Nähe stehen, entfernen sich nicht bei Nacht oder bei Tag, noch gingen sie weg von ihm.

Sie nahmen mich fort und versetzten mich an einen Ort. Ich sah die Örter der Lichter, die Vorratskammern der Blitze und des Donners. Ich sah die Mündung aller Ströme der Erde und die Mündung der Tiefe.

Ich sah den Eckstein der Erde, und ich sah die vier Winde, die die Erde und die Feste des Himmels tragen. Ich sah die Winde der Himmel, die die Sonnenscheibe und alle Sterne bewegen und herumschwingen. Ich sah die Winde, die über der Erde die Wolken tragen; ich sah die Wege der Engel, und ich sah am Ende der Erde die Himmelsfeste oberhalb der Erde.

Ich sah einen tiefen Abgrund mit Säulen himmlischen Feuers, und ich sah unter ihnen Feuersäulen herabfallen; sie waren weder nach Tiefe noch nach Höhe zu messen. Hinter diesem Abgrund sah ich einen Ort, wo weder die Himmelsfeste darüber, noch die festgefügte Erde darunter, noch Wasser unter ihm war. Noch gab es dort Vögel, sondern ein Ort war es, wüste und grausig. Ich sah dort sieben Sterne wie große brennende Berge. Als ich mich danach erkundigte, sagte der Engel: »Dies ist der Ort, wo Himmel und Erde zu Ende sind.«

Ich wanderte, bis ich an einen Ort kam, wo kein Ding war. Dort sah ich Fürchterliches: ich sah keinen Himmel oben und kein festgegründetes Land unten, sondern einen öden Ort. Ein großes Feuer war dort, das loderte und flammte; der Ort hatte Einschnitte bis zum Abgrund und war ganz voll von großen herabfallenden Feuersäulen.

Die Schilderung ist eindeutig, ich will nur Hinweise geben.

Henoch stellt genau seine Teilnahme an einer Raumfahrt mit den ihm zur Verfügung stehenden Vergleichen dar, die seine Zeitgenossen ahnungsvoll an dem Ereignis teilnehmen lassen können. Es beginnt (wie bei Hesekiel) mit dem Start in einem Zubringer zum Mutterraumschiff. Henoch kommt aus dem Staunen und Fürchten nicht heraus.

Das Material der Raumsonde kennt er nicht. Er *muß* deren hitzeabweisende Außenhülle mit Kristallsteinen vergleichen, denn die kannten seine Zeitgenossen aus Tempeln und Palästen. Sieht aus wie . . . Die Rückstoßdüsen, die für den Start bereits gezündet sind, lodern wie feurige Zungen. Da von gleicher Materialbeschaffenheit wie die Außenhülle, dünkt ihn auch das Innere *wie* aus Kristall gemacht.

Das, was Henoch die »Decke« zu sein scheint, ist freilich nichts anderes als der Ausblick aus der Luke, aber er weiß nichts von der Existenz hitzeabweisenden Glases, durch das er die Bahn der Sterne beobachten kann. Das Feuermeer, das die Sonde umgibt, ist die ohne Atmosphäre ungeminderte Reflektion des starken Sonnenlichts auf die Außenhaut des Raumschiffs.

Auch wir könnten den Text, so simpel er ist, heute noch nicht verstehen, wenn wir nicht, beispielsweise, die Kopplungsmanöver der amerikanischen und russischen Astronauten mit ihren Sonden im Weltraum gesehen hätten. Da krochen die Russen durch die Schleuse aus ihrer kleinen Kapsel in die größere der Amerikaner.

An einem solchen Umstieg in ein Raumschiff in allerdings größeren Dimensionen nimmt Henoch teil, wenn er berichtet, daß er in ein größeres »Haus« gelangte. Wieder fasziniert ihn die blinkende Pracht und Herrlichkeit (verständlich, denn zu Haus lebte er im windigen Zelt!). Wieder mangelt es ihm an geläufigen Worten der Umgangssprache, mit denen er seinen Landsleuten seine Eindrücke verdolmetschen kann.

Hier, in dem größeren Haus, sieht er den Kommandanten, die »große Majestät«. Da dem alle Leute gehorchen, *muß* es, in Henochs Vorstellungswelt, die »große Majestät« sein: es gibt keinen über ihm. Das Gewand des Kommandanten dünkt ihn glänzender als die Sonne und weißer als Schnee. Der Vergleich ist nicht gar so erstaunlich, denn Henoch und seine Genossen tragen derbe, aus Ziegenhaar gewebte Gewänder. Der Astronautenlook scheint ihm so pompös, daß er sich in absurd scheinende Vergleiche flüchtet. Aber in dieser Lage sind Journalisten heute noch, die von der Präsentation der Haute Couture berichten, sofern in Paris ein wirklich neuer Look, wie vor einigen Jahren der Astronautenlook von Pierre Cardin, über die Laufstege geführt wird. Damals jonglierten auch heutige Berichter mit uns bekannten, kühnen Vergleichen, um den Lesern vorstellbar zu machen, was da einem Modemacher Absonderliches eingefallen war. Nicht anders verfuhr Henoch.

Mag, wer blind ist, die Schilderung der Raumkapseln noch für ein »Gesicht«, einen Traum oder eine Vision halten. Diese Flucht ins Unkontrollierbare versagt völlig vor Beobachtungen, die zu präzise sind, als daß sie auch nur von ferne die Umsetzung einer Vision in Schilderung sein könnten. Da Henoch sich auch in langen, nachprüfbaren Zahlenreihen ergeht, zerbröckelt die verzweifelte Argumentation mit den Visionen zu Staub.

Er sah, berichtete der Prophet, die Mündung aller Ströme der Erde; er schildert das Niemandsland in der Atmosphäre, wo keine Vögel leben, die Zone mit tödlicher Kälte, in der es keine Horizonte mehr gibt, »der Ort, wo Himmel und Erde zu Ende sind«. Henoch hat die Unheimlichkeit des Alls gepackt:

Henochs Wettersatellit

Dort sahen meine Augen die Geheimnisse der Blitze und des Donners, die Geheimnisse der Winde, wie sie sich verteilen, um über die Erde zu wehen, und die Geheimnisse der Wolken und des Taus. Dort sah ich, von wo sie an jenen Platz ausgehen und wie von da aus der Staub auf der Erde gesättigt wird.
Danach wurden mir alle Geheimnisse der Blitze und der Lichter gezeigt, wie sie zum Segen blitzen und zur Sättigung der Erde. Denn der Donner hat feste Regeln für die Dauer des Schalls, die ihm bestimmt ist. Donner und Blitz sind niemals getrennt; durch den Geist getrieben, fahren beide hin und trennen sich nicht. Denn wenn der Blitz blitzt, läßt der Donner seine Stimme erschallen.

Henoch teilte Erkenntnisse mit, die wir Erdenbewohner erst Jahrtausende später durch Forschung erwarben. Bekanntlich entsteht der Donner durch die plötzliche Ausdehnung der vom Blitz

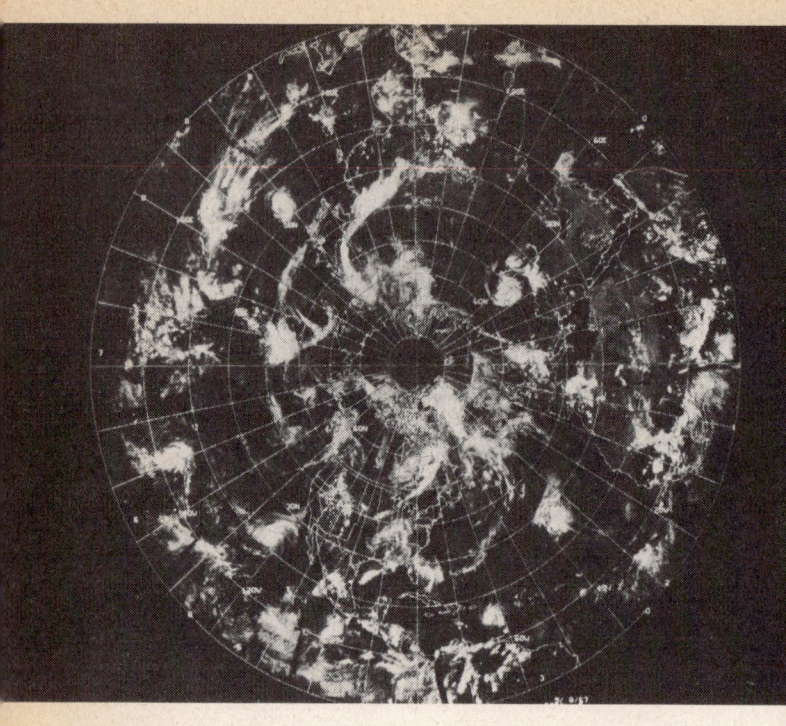

Dieses Bild entstand aus einer Vielzahl von Einzelaufnahmen, die der Wettersatellit ESSA V am 8. 9. 1967 machte; sie wurden durch ein Computerprogramm zusammengefügt. Es sind mehr als ein Dutzend Sturmzentren zu erkennen und auch die Hurrikane, die seinerzeit unter den hübschen Namen Beulah, Doria, Chloe, Monica und Nanette bekannt waren

erhitzten Luft und bereitet sich mit Schallgeschwindigkeit (333 m/sec) aus. Der Donner *hat* feste Gesetze »für die Dauer des Schalls«. Um wievieles früher wären die Naturgesetze bekannt geworden, wenn man die Henoch-Texte zur Verfügung gehabt hätte? Die alten Kirchenväter rechneten wohl mit cleveren Bibellesern:

die hätten die physikalischen Gesetze, nach denen das Universum »arbeitet«, erkannt und der große Allmächtige wäre arbeitslos geworden. Man hätte früher *wissen* können, statt *glauben* zu müssen. Wenn man gelegentlich im Wetterbericht der TV-Stationen Satellitenaufnahmen von Wolkenbildungen über der Erde sieht, weiß man, was Henoch in seinem Bericht anspricht: er hat das alles mit eigenen Augen aus großer Höhe beobachtet.

»Ich sah die Vorratskammern der Blitze.« Das ist wahrhaftig auch keine Beobachtung, die man vom Rücken eines Kamels aus machen kann. In enormen Höhen allerdings sind solche »Vorratskammern« auszumachen. Blitze sind gewaltige Funkenentladungen zwischen unterschiedlich geladenen Wolken, die untereinander Entladungskanäle aufbauen. Erst wenn so ein Kanal den Erdboden oder eine andere Wolkenballung erreicht, kommt es zur Hauptentladung »mit Säulen himmlischen Feuers«. Bis dahin sammeln sich die Blitze sozusagen in Vorratskammern. Bitte: kein Vorwurf an Henoch! Er hat keine blasse Ahnung von Elektrizität und keine Vorstellung davon, wie hell der Himmel brennt, wenn nur ein normaler Blitz eine Energie von 100-Kilowatt-Stunden umsetzt. Aber es gibt auch Spannungsdifferenzen von einigen 100 Millionen Volt. In großer Höhe nahm Henoch selbstverständlich diese physikalischen Vorgänge wahr ... himmlisches Feuer!

Henochs Erderforschungssonde

Nach jenen Tagen, an jenem Ort, wo ich alle Gesichte über das Verborgene gesehen hatte – ich war nämlich durch einen Wirbelwind entrückt und nach Westen entführt worden –, dort sahen meine Augen all die verborgenen Dinge, die da geschehen sollen auf der Erde; einen eisernen Berg, einen von Kupfer, einen von Silber, einen von Gold, einen von weichem Metall und einen von Blei. Der Engel sprach: »Warte ein wenig, und alles Verborgene wird dir geoffenbart werden. Jene Berge, die deine Augen gesehen haben: der Berg von Eisen, der von Kupfer, der von Silber, der von Gold, der von weichem Metall und der von Blei, sie alle werden vor deinem Auserwählten wie Wachs vor dem Feuer sein und wie Wasser, das von oben her über die Berge herabfließt ...

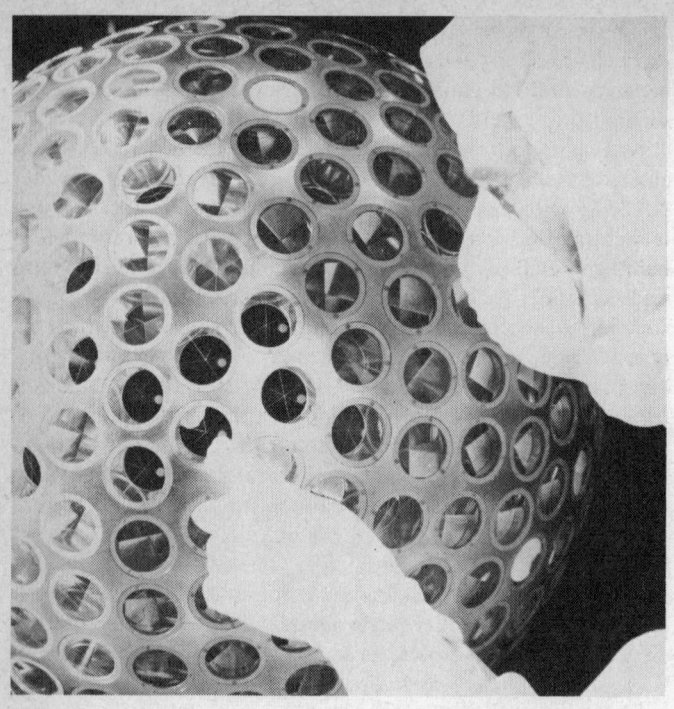

Dieser Satellit für geophysikalische Erkundungen ist unter anderem in der Lage, durch Laserstrahlen Erdbeben vorauszusagen. Laserstrahlen tasten die Erdoberfläche ab, reflektieren und werden in einem Computer im Satelliten ausgewertet. Die Zeitintervalle zwischen den Strahlenlängen, die mit einer Genauigkeit von einer 10/billionstel Sekunde registriert werden, lassen Rückschlüsse an der Erdoberfläche zu

Dies wird das Ende sein, weil sie alle Geheimnisse . . . kennen, sowie alle verborgenen Kräfte und die Kräfte all derer, die Zaubereien treiben . . . die für die ganze Erde Gußbilder gießen; endlich auch, wie das Silber aus dem Erdstaube gewonnen wird, und wie das weiche Metall auf der Erde entsteht. Denn Blei und Zinn wird nicht aus der Erde gewonnen wie das erste; eine Quelle ist es, die sie erzeugt.

Satelliten werden, man weiß es, von der modernen Wissenschaft zur Erderforschung eingesetzt – etwa im ERTS-Programm der NASA (Earth Ressources Technology Satellites). In 1000 km und mehr Höhe umkreisen diese Raumfahrzeuge auf polarer Umlaufbahn unseren Planeten; sie sind mit multispektralen TV-Kameras und Geräten eines radiometrischen Erfassungssystems ausgerüstet. TV-Kameras und Radiometer erfassen je Bild ein Gebiet von etwa 200 km Breite. Sehr kontrastreiche Aufnahmen (Falschfarbenfotografie) werden für Forschung in der Geologie (Gestaltung der Erdkruste), Geodäsie (Abbildung der Erdoberfläche), Hydrologie, Ozeanologie, Luft- und Wasserverschmutzung usw. ausgenützt – aber auch und vor allem zur Entdeckung von Erzlagerstätten, von Gas-, Öl- und Wasservorkommen verwandt. Selbst die Archäologie zog aus dem modernen Mittel der Raumsonden großen Nutzen.

Heute ist es genauso, wie Henoch es in grauer Vorzeit bei seinem Ausflug ins All mitgeteilt wurde: Die Satellitenforschung ermittelt die Lagerstätten der verschiedenen Metalle, entdeckt Berge von Eisen, Kupfer, Silber, Gold unter der Erddecke.

Selbst Henochs Hinweise, daß »Silber aus dem Erdstaube gewonnen wird«, sind konkret. In der zugänglichen Erdkruste liegt der Silbergehalt bei 0,1 g je Tonne. Silber fällt häufig als Beiprodukt anderer Metalle, seltener in abbauwürdigen Lagerstätten mit etwa 500 g je Tonne an. Stets muß es »aus dem Erdstaube gewonnen werden«. – Gediegenes Blei kommt in der Erdkruste sehr selten vor; es wird im Röst-Reduktionsverfahren bei 1100 bis 1200 °C aus der Schlacke ausgeschwemmt . . . wie aus »einer Quelle« fließt es ab. Auch Zinn, das in der bisher erforschten Erdkruste mit nur 3 g je Tonne vorkommt, wird in Elektroöfen zur Schmelze gebracht und fließt daraus wie aus einer Quelle ab.

Henoch heißt im Hebräischen: der Eingeweihte. Während seines Raumflugs wurde er offensichtlich von versierten Astronauten in für seine Zeit völlig unbekannte Technologien »eingeweiht«.

Referenten zur besonderen Verwendung

Dies die Namen ihrer Anführer über 100, 50 und 10. Der Name des ersten ist Jequn; das ist der, welcher alle Kinder der Engel verführte, sie auf das Festland herabbrachte und durch die Menschentöchter verführte. Der zweite heißt Asbeel; dieser erteilte den Kindern der Engel böse Ratschläge, daß sie ihre Leiber durch die Menschentöchter verderbten. Der dritte heißt Gadreel; das ist der, der den Menschenkindern allerhand todbringende Schläge zeigte. Auch er verführte die Eva und zeigte den Menschenkindern die Mordinstrumente, den Panzer, den Schild, das Schlachtschwert und überhaupt allerhand Mordinstrumente. Von seiner Hand haben sich die Waffen zu den Bewohnern des Festlands ausgebreitet von jener Stunde an. Der vierte heißt Penemue; dieser hat den Menschenkindern das Unterscheiden von Bitter und Süß gezeigt und ihnen alle Geheimnisse ihrer Weisheit kundgetan. Er hat die Menschen das Schreiben mit Tinte und auf Papier gelehrt, und dadurch haben sich viele seit Ewigkeit bis in Ewigkeit und bis auf diesen Tag versündigt. Der fünfte heißt Kasdeja; dieser hat die Menschenkinder allerlei böse Schläge gelehrt, die Schläge des Embryo im Mutterleib, damit er abgehe, die Schläge der Seele, den Schlangenbiß, die Schläge, die durch die Mittagshitze entstehen . . . Durch Michael wurde die Erde über dem Wasser gegründet, und kommen aus den verborgenen Gegenden der Berge schöne Wasser . . .

Henoch beziehungsweise der Historienschreiber bezeichnet den Text als Bilderrede. Es sind Bilder wie die der Hinterglasmalerei: die Motive schimmern unübersehbar durch.

Diversifikation

Jequn und Asbeel waren für die Kopulation der Extraterrestrier mit Menschenkindern verantwortlich und damit für die Produktion von Riesen, deren ehemalige Existenz noch nachzuweisen sein wird. Gadreel, biologisch und technisch versiert, beherrschte die Waffenkunde inklusive der Produktion unbekannter Mordinstrumente: er muß seine Kenntnisse außerhalb irdischer Regionen erworben haben, Henoch wäre sonst nicht so überrascht gewesen. – Penemue war ein all-round-Wissenschaftler. Er brachte den

Menschen nicht nur die Schrift und unterwies sie im Gebrauch von Tinte und Papier, er übermittelte auch Kenntnisse, »Geheimnisse« vielfacher Art, Wissen, das er auftragsgemäß weitergab. – Kasdeja beherrschte einen Kampfsport wie Karate (»allerlei böse Schläge«), und den nicht nur für den Zweikampf. Ihm war jene Stelle im Mutterleib bekannt, die einen Abortus des Embryos bewirkte, eine schmerzhafte, instrumentenlose Art der Abtreibung. Kasdeja kannte auch eine Therapie gegen den Hitzschlag, jene Störung, die durch Überwärmung des Körpers bei Wärmestau auftritt (»Schläge, die durch die Mittagshitze entstehen«) wie er auch Kenntnisse der Psychiatrie weitergab (»Schläge der Seele«). Es ist nur die zahme Volte eines Gedankens notwendig, um in Michael einen Architekten zu vermuten (»Wurde die Erde über dem Wasser gegründet«).

Wie gründlich die »Engel« auf ihren Auftrag vorbereitet wurden, beobachtete Henoch:
Ich sah, wie in jenen Tagen Engeln lange Schnüre gegeben wurden, und sie nahmen sich Flügel, flogen und wandten sich nach Norden zu. Ich fragte den Engel: »Warum haben jene lange Schnüre mitgenommen und sind weggegangen?« Er sprach zu mir: »Sie sind weggegangen, um zu messen. Diese bringen für die Gerechten die Maße der Gerechten und die Schnüre der Gerechten . . . Die Auserwählten werden anfangen, bei den Auserwählten zu wohnen, und dies sind die Masse . . . Die Masse werden alle Geheimnisse in der Tiefe der Erde offenbaren und die, welche in der Wüste umgekommen sind . . .« Asasel . . . zeigte ihnen die Metalle samt ihrer Bearbeitung und die Armspangen und die Schmucksachen, den Gebrauch der Augenschminke und das Verschönern der Augenlider, und die kostbarsten und auserlesensten Steine und allerlei Färbemittel . . .

Hier wurden die »Auserwählten« eindeutig mit neuen, korrekten Massen vertraut gemacht. Was war schon eine Elle, die Länge des zum Abmessen angelegten Unterarms, der länger oder kürzer sein konnte! »Die Masse der Gerechten«, das waren geeichte Meßbänder, die von da an Gültigkeit hatten. Damit konnten die Auserwählten auch die »Geheimnisse der Tiefe« ausmessen, in der sie – neben Metallen – auch die »kostbarsten und erlesensten Steine« finden sollten, um sie zu Schmuckstücken zu verarbeiten.

Wie verfeinert die Lebensweise jener war, unter denen Henoch sich aufhielt, erhellen die Hinweise auf kosmetische Künste. Wie primitiv waren da vergleichsweise die modernen Methoden, zu »kolonialisieren«: Wir schenkten den Wilden wertlose Glasperlen, jene zeigten, wie sich die Weiber kunstvoll zu schminken hatten.

Vorsintflutliche Astronomie

Ich sah die Sterne des Himmels, und ich sah, wie er sie alle bei ihrem Namen rief. Ich sah, wie sie mit einer gerechten Waage gewogen wurden nach ihrer Lichtstärke, nach der Weite ihrer Räume und dem Tag des Erscheinens.

Tatsächlich klassifizieren Astronomen die Sterne sowohl nach ihren Namen wie nach Größenordnungen (»mit einer gerechten Waage gewogen«) und Helligkeitswerten (»nach ihrer Lichtstärke«), aber auch nach Standorten (»Weite der Räume«) und dem Tag der ersten Beobachtung (»Tag ihres Erscheinens«). Der vorsintflutliche Prophet muß so genaue Angaben von Wesen bezogen haben, die in ihrer intellektuellen Entwicklung ungleich weiter fortgeschritten waren als er selbst und alle seine Zeitgenossen. Denn: *vor* der Sintflut *muß* das alles passiert sein, weil Henoch selbst von den »Stimmen des Himmels« über das in ferner Zukunft stattfindende Ereignis erst informiert wird:

Denn die ganze Welt wird untergehen und eine Wasserflut ist im Begriff, über die ganze Erde zu kommen, und alles auf ihr Befindliche wird untergehen. Belehre ihn, damit er entrinne, und seine Nachkommenschaft für alle Geschlechter der Welt erhalten bleibe.

Solche häufig wiederkehrenden Hinweise waren es vornehmlich, die die Henoch-Forscher von der Annahme abbrachten, es könnte sich um in christlicher Zeit entstandene Texte handeln. Aber: in christlicher Zeit war die Sintflut ja schon weit zurückliegende, legendäre Geschichte! Wenn also im Henoch-Buch vorsintflutliche Angaben notiert wurden, dann soll man mir erklären, auf welche Weise diese (primitiven) Menschen zu Kenntnissen gelangten, die es zu ihrer Zeit noch nicht gegeben hat.

Über viele Kapitel hin reiht sich aus kompliziertesten astronomischen Detailangaben mit Bruch- und Potenzrechnungen ein

Kompendium vorsintflutlicher Astronomie. Was ich hier zitiere, ist nur ein Bruchteil jener Angaben, die auch dem in der Astronomie Nichtbewanderten gerade noch verständlich sind:

An jenem Tag geht die Sonne aus jenem zweiten Tor auf und geht im Westen unter; sie kehrt nach Osten zurück und geht im dritten Tor 31 Morgen auf und geht im Westen des Himmels unter. An jenem Tag nimmt die Nacht ab und beträgt neun Teile, und der Tag beträgt neun Teile, und die Nacht gleicht sich mit dem Tag, und das Jahr beträgt genau 364 Tage. Die Länge des Tages und der Nacht und die Kürze des Tages und der Nacht, durch den Umlauf des Mondes entsteht ihr Unterschied . . . Das kleine Licht betreffend, das Mond heißt, in jedem Monat ist sein Auf- und Untergang verschieden; seine Tage sind wie die Tage der Sonne, und wenn sein Licht gleichmäßig ist, beträgt sein Licht den siebenten Teil vom Licht der Sonne, und in dieser Weise geht er auf . . . Die eine Hälfte von ihm ragt $1/7$ hervor, und seine ganze übrige Scheibe ist leer und lichtlos, ausgenommen $1/7$ und $1/14$ von der Hälfte seines Lichts . . .

Was da im Henoch-Buch steht, das haben Nikolaus Kopernikus (1534), Galileo Galilei (1610) und Johannes Kepler (1609) gegen den Widerstand der Kirche erst für uns so ungeheuer fortschrittliche Erdbewohner entdecken müssen!

Wenn ich Geschichtsbücher lese, habe ich den Eindruck, daß kein Heroe die Welt ohne »letzte Worte« zu verlassen pflegt. Auch Henoch hielt sich an diese schöne Sitte. Ehe er in seinem »feurigen Wagen« im Weltall verschwindet, gibt er, dem slawischen Henoch-Buch zufolge, die Anweisung an die Irdischhinterbliebenen: Und die Bücher, die er euch von Gott gab, verberget sie nicht! Sprechet davon zu allen, die es wünschen, daß sie dadurch des Herrn Werke kennenlernen!

Ich bin dem Wunsch des Propheten gefolgt.

Esra und die schnellen Schreiber

Eine ehrliche, aber keine göttliche Antwort

Meine Beweislegung, daß die »Götter« samt ihrer »Engel« körperliche Existenzen waren, wird viel Widerspruch erfahren – keinen Widerspruch werde ich hören, wenn ich sage, daß Gott allwissend ist.

Gott antwortete mir und sprach: »Die Zeichen, nach denen du fragst, kann ich dir nur zum Teil sagen. Über dein Leben dir etwas zu sagen, bin ich nicht imstande, *ich weiß es selber nicht.*

Diese sympathisch-ehrliche Gottesantwort übermittelte auch ein Prophet, nämlich Esra (hebräisch: die Hilfe), der jüdische Priester und Schriftgelehrte, der 458 v. Chr. an der Spitze der wenigen Überlebenden seines Volkes aus babylonischer Gefangenschaft nach Jerusalem zurückkehrte. Magere zehn Kapitel des Esra-Textes wurden im Alten Testament geduldet. Außer diesen anerkannten Esra-Büchern gibt es zwei apokryphe, von den Kirchenvätern nicht anerkannte Bücher und das »vierte Buch Esra«, das mit Geheimwissen gespickt ist. Auch diese Apokryphe aus dem ersten nachchristlichen Jahrhundert fiel der Zensur der Bibelredakteure zum Opfer.

Weil ihm alles, was er mitzuteilen hatte, zu phantastisch schien, möchte auch Esra glauben machen, daß ihm sein Gebieter in Visionen erschienen wäre und ihn zum Teilhaber und Übermittler des Geheimwissens gemacht hätte. Wenn ihm dann der allwissende Gott auf eine einfache Frage ehrlich gesteht, daß er keine Antwort wisse, dann erleben wir als Kiebitze, wie der große Gebieter ganz ohne allwissende Attitüde einen verblüffenden Nullouvert spielt: das befragte Wesen kam sich absolut nicht göttlich vor.

Fünf schnelle Schreiber

Der, der Esra Anweisungen gab, war überhaupt ein erstaunlicher Pragmatiker:

Versammle das Volk und sage zu ihnen, sie sollen dich 40 Tage lang nicht suchen. Du aber mache dir viele Schreibtafeln fertig, nimm zu dir Saraja, Dabria, Selemia, Ethan und Asiel, diese fünf Männer, denn sie verstehen, schnell zu schreiben, und dann komme hierher.

Wenn du aber damit fertig bist, so sollst du das Eine veröffentlichen, das Andere aber den Weisen im Geheimen übergeben. Morgen um diese Zeit sollst du mit dem Schreiben beginnen.

So wurden in den 40 Tagen niedergeschrieben 94 Bücher. Als aber die 40 Tage voll waren, da sprach der Höchste zu mir: »Die 24 Bücher, die du zuerst geschrieben hast, sollst du veröffentlichen, den Würdigen und Unwürdigen zum Lesen. Die letzten 70 Bücher aber sollst du zurückhalten und *den Weisen deines Volkes übergeben.*

Ein neuerlicher Beweis dafür, daß nichtirdische Existenzen ein klar definiertes Interesse daran hatten, späteren Generationen Dokumente über ihre Anwesenheit und Notizen über das hinterlassene Wissen weiterzugeben. Der Esra-Text ist offensichtlich in einer Ausnahmesituation entstanden: großer Eile wegen wurden fünf Männer, »die verstehen, schnell zu schreiben«, von dem Unbekannten geordert. Gleich fünf Männer mußten es sein. Heute täte es ein Stenograph, wenn kein Tonbandgerät parat ist.

Deportation der Seligen

Esra empört sich im Gespräch mit dem »Höchsten« (dem Herrn, dem Gebieter, dem Herrscher) über die Ungerechtigkeiten in dieser Erdenwelt. Wie in anderen heiligen Schriften verspricht der große Unbekannte auch hier, daß er eines fernen Tages »aus dem Himmel« wiederkehren werde, um »die Gerechten und Weisen« mit sich zu nehmen. Wohin? Auf welchen Planeten wohl?

Die Heimatwelt des Gesprächspartners muß einige Lichtjahre von unserem Sonnensystem entfernt gewesen sein, weil er dem Propheten Andeutungen über die Zeitverschiebung macht. Esra wundert sich natürlich und fragt ganz naiv, ob »er« denn nicht alle Geschlechter der Vergangenheit, Gegenwart und Zukunft auf einmal hätte erschaffen können, damit später alle an der »Heimkehr« hätten teilnehmen können. Dazu dieser Dialog:

Der Höchste: »Frage den Mutterschoß und sprich zu ihm: Wenn du zehn Kinder bekommst, warum bekommst du sie jedes zu seiner Zeit? Fordere ihn auf, zehn auf einmal zu zeugen!«

Esra: »Unmöglich kann er das, sondern nur jedes zu seiner Zeit.«

Der Höchste: »So habe auch ich die Erde zum Mutterschoß gemacht für die, welche, jedes zu seiner Zeit, von ihr empfangen werden. Ich habe in der Welt, welche ich erschuf, eine bestimmte Reihenfolge festgesetzt.«

Das Geheimnis der Zeiten

Esra denkt über die zeitliche Abfolge nach. Er will wissen, ob denn bei der Wiederkehr aus dem Himmel die Gestorbenen oder die

Überlebenden die Glücklicheren wären. Der Höchste versichert: Die Überlebenden sind bei weitem seliger als die Gestorbenen.

Die lapidare Antwort ist verständlich. Schon im »zweiten Gesicht« hatte der »Höchste« dem Propheten gesagt, daß die Erde alt und bereits »über die Jugendkraft« hinaus wäre. Nimmt man die zu allen Zeiten gültigen Gesetze der Zeitverschiebung als gegeben an, dann kann unser Planet längst durch Umweltverschmutzung und industrielle Zersiedelung unbewohnbar geworden sein, wenn zur großen »Heimkehr« geblasen wird. Überlebende inhalieren röchelnd den letzten Sauerstoff. Wenn der »Höchste« diese Überlebenden auf einen anderen Planeten deportieren wird, werden sie mit Abstand die »Seligeren« sein.

Der Höchste bestätigt Esra, daß er es war, der mit Mose sprach und diesem Anweisungen gegeben hat:
Damals habe ich Mose ausgesandt, habe das Volk aus Ägypten geführt und es an den Berg Sinai gebracht. Daselbst behielt ich ihn für viele Tage bei mir. Ich teilte ihm viel Wunderbares mit und *zeigte ihm die Geheimnisse der Zeiten.*

So endet das vierte, uns vorenthaltene Buch Esra:
So tat ich in dem siebenten Jahr der sechsten Woche, 5000 Jahre, drei Monate, zwölf Tage nach der Weltschöpfung . . . Damals ist Esra entrückt und an dem Ort zu seinesgleichen aufgenommen worden, nachdem er dies alles geschrieben hatte. *Er heißt der Schreiber der Wissenschaft des Höchsten.*

Der aufmüpfige Abraham

Die Zensur der Kirchenväter hat viele weiße Stellen in der Bibel hinterlassen. Auch die aus dem zweiten nachchristlichen Jahrhundert stammende Abraham-Apokalypse wird dem Alten Testament nicht zugerechnet. Darum erfahren wir bei Mose zwar einiges über Abraham, nicht aber, woher er kam, und nicht, daß er – wie Henoch, Hesekiel, Elias und andere – zu einem Besuch »in den Himmel« mitgenommen wurde. In der Apokalypse erfahren wir, daß Therach, ein Fabrikant von Götzenfiguren, Abrahams leiblicher Vater war. Der junge, aufmüpfige Abraham konnte sich mit dem Job seines Erzeugers nicht befreunden, er suchte den echten Gott, einen, der sich in Holz und Stein nicht vervielfältigen ließ. Dieser ersehnte, unbekannte Gott begegnete dem Teenager eines Tages und forderte ihn auf, das väterliche Haus zu verlassen [14]:

Ich ging hinaus. Noch war ich nicht zur Tür des Hofs gekommen, kam eines großen Donners Schall, und Feuer fiel vom Himmel, und dies verbrannte ihn (den Vater), sein Haus und alles drin bis auf den Grund an vierzig Ellen.

Von Mose erzählt, wird im Alten Testament über Abraham ausschließlich in der dritten Person berichtet, während die Apokalypse in der Ich-Form erzählt: wie bei Henoch, Esra oder Hesekiel kommt also ein Augenzeuge zu Wort, einer, der durch das brutale Auftreten der Fremden schockiert war. Ja, das erste persönliche Erscheinen der »Engel« erschrickt ihn derartig, daß er auf der Stelle in Ohnmacht fällt:

Als ich die Stimme hörte, die solche Worte zu mir sprach, sah ich bald hierhin und bald dorthin. Nicht eines Menschen Atem war es, und so erschrak mein Geist, und meine Seele (= Bewußtsein) floh aus mir. Ich wurde wie ein Stein und fiel zu Boden, weil ich zum Stehen nicht mehr Kraft besaß. Und wie ich mit dem Antlitz auf dem Boden liege, höre ich des Heiligen Stimme reden: »Geh, Javel, heb jenen Mann mir auf. Laß ihn von seinem Zittern sich erholen.« Da kommt zu mir der Engel . . . in eines Mannes Ähnlichkeit, faßt mich bei meiner Rechten, stellt mich auf die Füße . . .

Wieder verlautbaren Alttestamentler, es handle sich hier um eine Vision Abrahams, der Text wäre mutmaßlich nicht von ihm abgefaßt (als ob das Copyright der anderen Bibelautoren feststände!) und gehöre drum nicht ins Alte Testament. Der Abraham der Apokalypse bekennt Farbe, er spricht in der Ich-Form. Welcher fromme, gläubige Jude hätte es gewagt, sich nicht nur selbst zu Abraham zu machen, sondern auch noch dem Stammvater der Geschlechter Worte in den Mund zu legen, die nicht von diesem Abraham stammten? Wie konnte die Schilderung der Begegnung, bei der sonst niemand Zeuge war, derart dramatisch geraten, wenn nicht der Betroffene selbst berichtet hätte? Weshalb sollte ein Textfälscher dem Stammvater Abraham eine so blamable Sache wie die der Ohnmacht in den Mund legen? Ich kann mir schon vorstellen, weshalb die Kirchenväter Abrahams Apokalypse nicht in der Bibel sehen wollten: Mehrmals ist in ihr die Rede davon, daß der Herr »Abraham liebgewonnen« hatte, eine Gefühlsregung, die einem göttlichen Weltgeist fremd sein mußte. Übrigens: über die körperliche Robustheit, mit der der Engel tätig wurde, kann es wohl keine Diskussion geben.

Daß es sich um kein Geistwesen handelte, geht aus dem Apokalypsen-Bericht klar hervor. Aus der Ohnmacht erwacht, mustert Abraham den Fremden, der ihn vor Schreck aus den Pantinen kippen ließ:

Da sah ich den, der mich an meiner Rechten faßte und mich auf meine Füße stellte. Sein Leib glich einem Saphir, sein Antlitz einem Chrysolith und seines Hauptes Haar dem Schnee und seines Hauptes Diadem dem Regenbogen.

Abrahams Himmelfahrt

Der Fremde in der exklusiven Aufmachung stellt sich als »Diener des Herrn« vor, der beauftragt sei, Abraham zu begleiten. Der Ich-Berichterstatter schildert die Himmelfahrt:

Und es geschah bei Sonnenuntergang. Da gab es Rauch, wie Rauch aus einem Ofen . . . So trug er mich bis an der Feuerflammen Grenze. Dann stiegen wir hinauf, so wie mit vielen Winden, zum Himmel, der da ob dem Firmament befestigt war. Ich sehe in der Luft auf jener Höhe, die wir bestiegen, ein mächtig Licht, nicht zu beschreiben, und in dem Licht ein mächtig Feuer und drinnen eine Schar . . . von mächtigen Gestalten . . . die Worte rufen, wie ich sie nicht kannte.

Wie sich die Bilder gleichen!

Auch Abraham wird in einem Zubringer zum Mutterschiff gebracht, das in einem Orbit um die Erde kreist. Vor dem »mächtigen Licht« versagt Abraham die Sprache, er kann es nicht beschreiben. Da sind wir aufgeweckten Kinder des 20. Jahrhunderts freilich ungleich gescheiter. Mit einem guten Feldstecher oder einem kleinen Fernrohr können wir bereits einige Satelliten beobachten: von der Sonne angestrahlt, glitzern sie wie kleine helle Planeten. Was für ein mächtiges (Sonnen)-Licht reflektiert aber erst die Außenhülle eines interstellaren Riesenraumschiffs! Wie mächtig ist das Feuer, das von Zeit zu Zeit von der Strahlkraft der Steuerdüse entfacht wird!

Abraham fühlt sich beim Flug im Orbit nicht sehr wohl:

Ich aber wünschte auf die Erde *niederwärts zu fallen*; der hohe Ort, worauf wir standen, bald stand er aufrecht da; bald aber drehte er sich abwärts . . .

Wie es für unsere künftigen Raumschiffe vorgesehen ist, wird auch eine schon damals weit fortgeschrittene Technik eine künstliche Schwerkraft für die Besatzung hergestellt haben. Das geschieht am einfachsten durch ständige Rotation des Flugkörpers um eine zentrale Achse. Steht ein Fahrgast am Ausguck eines derart rotierenden Raumschiffs, dann gewinnt er genau den Eindruck, den Abraham schildert: »Bald stand er aufrecht da, bald aber drehte er sich abwärts.« Die Millionen Besucher des Films »2001 Space Odyssee« werden den Eindruck der sich permanent drehenden Raumstation nie vergessen – mal ist die Erde oben, mal sind die Sterne dort, es geht zu wie in einem Lift ohne Boden und Dach, so, wie der »Ewige, der Starke« zur Beobachtung auffordert: Beschau *von oben* doch die Sterne, die *unter dir sich befinden* . . .

Abimelech, die Feigen und die Zeitverschiebung

Zuerst war es bei mir reine Neugier, zu erfahren, was man uns Bibellesern vorenthalten hatte – dann erst wurden die zensurierten alten Texte Gegenstand sorgfältigen Studiums. Es stellte sich heraus, daß gerade in den unterschlagenen Texten viele Indizien für vorzeitliche Raumfahrt stecken und Hinweise auf die Zeitdilatation, hinter deren Wirksamkeit die tumben Menschen wohl nicht kommen sollten, weil dann die Mär von der Unsterblichkeit der Götter wie eine Seifenblase zerplatzt wäre.

Im altjüdischen Schrifttum gibt es den »Rest der Worte Baruchs« oder, wie diese Überlieferung auch genannt wird, den »Nachtrag zum Propheten Jeremia«.

Baruch war ein Freund des Propheten Jeremia, der ihm 604 vor Chr. seine Sprüche diktierte, die auch in der Bibel Raum fanden. Baruch hat offensichtlich auch Ungebührliches aufgeschrieben, denn die »Reste« sind in der Bibel nicht zu finden. In den Kapiteln 3 bis 5 wird diese Geschichte erzählt [14]:

Jeremia, der als einer der großen Propheten gilt, war tatsächlich auch (wie mehrere seiner Kollegen) ein politischer Agitator von Geblüt. Jahrelang hatte er den Untergang Judas angekündigt, falls man Babylon nicht in einer großen Anstrengung unterwerfen würde. Man hörte nicht auf ihn. Da informierte ihn der »Herr« über die künftige Zerstörung Jerusalems und die Verschleppung des jüdischen Volkes in die babylonische Gefangenschaft. 586 v. Chr. passierte es.

Jeremia und Baruch schleichen sich durch die Stadt Jerusalem, um im Auftrag »des Höchsten Tempelschätze« zu vergraben, damit diese vor der Vernichtung bewahrt bleiben. In diesem Augenblick erklingen in den Wolken Trompeten, und »aus dem Himmel kommen Engel mit Fackeln in den Händen«.

Jeremia ersucht einen Engel, ihm ein Gespräch mit dem Höchsten zu vermitteln. Das Redezvous kommt zustande. Jeremia bittet den Herrn, seinen jungen äthiopischen Freund Abimelech zu verschonen, denn der habe ihn einst »aus der Schlammgrube gezogen«. Der Herr zeigt Sinn für solche Dankbarkeit und veranlaßt Jeremia, den Freund »durch den Bergweg« in den Weinberg des Agrippa zu schicken; dort würde er sich selbst des jungen Mannes annehmen und ihn so lange verbergen, bis alles vorüber sei:

Am anderen Morgen schickte Jeremia Abimelech fort und sagte: »Nimm einen Korb und geh ins Landgut des Agrippa durch den Bergweg. Hol ein paar Feigen! Gib sie den Kranken und dem Volke!«

Tags darauf wird Jerusalem vom Feind eingenommen. Die Überlebenden, unter ihnen Jeremia und Hesekiel, werden nach Babylon in Gefangenschaft geführt.

An Abimelch sind die fürchterlichen Ereignisse spurlos vorübergegangen, er weiß überhaupt nichts davon. So schreitet er frohgemut auf dem Bergweg fürbaß, »um Feigen zu holen«. Plötzlich wird ihm schwindlich. Er setzt sich, den Korb mit frischen Feigen zwischen den Knien, und schläft ein.

Als er nach einiger Zeit aufwacht, fürchtet er, von Jeremia gescholten zu werden, weil er unterwegs gebummelt hat. Schnell ergreift er seinen Feigenkorb und marschiert Richtung Jerusalem.

Nun ereignet sich Ungeheuerliches:

So kommt er nach Jerusalem. Doch kennt er weder diese Stadt, noch ihre Häuser, noch seine eigene Familie . . . Dies ist gar nicht die rechte Stadt. Ich bin verwirrt . . . Der Kopf ist mir noch schwer . . . Verwunderlich! Wie kann ich nur vor Jeremia sagen, ich sei verwirrt. So geht er wiederum zur Stadt hinaus, dann schaut er nach den Merkmalen der Stadt und sagt: »Es ist doch die Stadt, ich habe mich nur verirrt.« – Wieder kehrt er in die Stadt zurück und sucht. Er findet keines von den Seinen und wiederum geht er zur Stadt hinaus; da bleibt er traurig stehen, er weiß ja nicht, wohin er gehen soll.

Abimelech ist bestürzt. Er war doch nur fortgegangen, um schnell frische Feigen zu holen! Er versteht die Welt nicht mehr.

Draußen vor der Stadt hockt er sich hin. Ein alter Mann kommt vorbei. Abimelech fragt ihn: »Was ist das für eine Stadt?« – »Jerusalem«, antwortet der Alte. – Abimelech fragt nach dem Priester Jeremia und dessen Vorleser Baruch und nach einer Reihe von bekannten Leuten und fügt hinzu, daß er in der Stadt niemanden mehr kenne. Bedächtig sagt der Alte:
Du nennst den Jermia und fragst nach ihm nach dieser langen Zeit? Jeremia ist vor langem mit allem Volk nach Babylon verschleppt worden.

Abimelech hält den Alten für übergeschnappt und bedauert nur, daß man einen Greis weder beschimpfen noch auslachen darf, sonst würde er es ihm gründlich besorgen. Er fragt nach der Tageszeit und rechnet nach, daß seit seinem Aufbruch nur einige Stunden vergangen sind:
Hier, überzeug dich selbst! Nimm! Schau die Feigen an!
Und damit deckte Abimelech dem Alten seinen Feigenkorb auf. Und dieser sah, daß sie noch saftig waren. Wie sie der Greis gesehen, rief er aus: »Mein Sohn! Du bist ein Frommer* . . . Siehe, heute sind es 66 Jahre her, seitdem das Volk nach Babylon verschleppt worden ist. Damit du siehst, daß dies wahr ist, schau auf das Ackerfeld. Die Samen keimen erst, die Zeit für Feigen ist noch nicht gekommen!«

Im Verlauf der Geschichte schickt ein »Engel des Herrn« einen Adler, und dieser stolze Vogel bringt einen Brief Baruchs von Jerusalem nach Babylon; im Brief steht für den Gefangenen Jeremia die Nachricht, daß sein Freund Abimelech lebt, daß es ihm gut geht und daß er nicht älter geworden ist.

* = Schützling Gottes

So sicher wie das Amen in der Kirche, ist auch hier der Streit noch nicht beendet, wer den Bericht geschrieben hat, wann er entstanden ist, wer die Autoren und Bearbeiter sind und welches die garantiert älteste Fassung der unglaublichen Story ist. Mir ist es egal, wie diese Gelehrtenfehde ausgeht, mich interessieren nur die nackten Tatsachen: ein Mensch wird vom Höchsten oder einem seiner Engel verborgen; dieser Mensch schläft ein, wacht auf und glaubt, ein Nickerchen gemacht zu haben, »denn die Feigen sind ja noch frisch und saftig, eben erst gepflückt«! Dieser Mensch prüft, ob er noch alle Tassen im Schrank hat; mehrmals geht er in die Stadt und wieder auf den Bergweg zurück, er will rauskriegen, was mit der Stadt Seltsames geschehen ist, mit dieser Stadt, »welche er eben erst verlassen hat«. Und dann erfährt er; er kann's nicht fassen, daß 66 Jahre vergangen sind, seit er Jerusalem verließ und einschlief. 66 Jahre! Darum hatten die Stadt und die Menschen sich so verändert.

Dieses Phänomen der Zeitverschiebung wird an den frischen Feigen optisch demonstriert: Abimelech erwacht zu einer Zeit, in der noch keine Feigen an den Bäumen hängen. Dem Urautor, wer immer es gewesen sein mag, ging es darum, das Phänomen der am eigenen Leib und mit eigenen Augen *erlebten* Zeitverschiebung über die kommenden Generationen hin zu erhalten und überzeugend darzustellen. In alle Zukunft sollte man sich eine Vorstellung von dem Ungeheuerlichen machen können.

Voller Absicht wurden Zeitzünder solcher Art in die Texte alter Bücher verpackt: die Außerirdischen hatten keine Wahl, keine andere Möglichkeit, Spuren ihrer Anwesenheit und Tätigkeit anders als in Religionen zu hinterlassen. Nur dort konnten sie bewahrt, eines fernen Tages entdeckt und . . . verstanden werden.

Aufgrund von Indizien komme ich zu der subjektiven Überzeugung (und es ist legitim, im Prozeß der Meinungen eine subjektive Position zu vertreten!), daß Außerirdische nach Durchführung ganz bestimmter Aufgaben und vor Rückkehr auf ihren Planeten irgendwo in unserem Sonnensystem eine Art von Zeitkapsel deponierten, in der sie für eine ferne Zukunft Daten ihres Hierseins hinterließen.

Zeitkapsel in unserem Sonnensystem?

Duncan Lunan, schottischer Astronom und Präsident der »Scottish Association for Technology und Research«, vermutet, daß sich eine derartige außerirdische Sonde in unserem Sonnensystem befindet [16]. Aufgrund eigenartig wiederkehrender Radioechos, die entschlüsselt Bilder des Sternbildes Epsilon Bootes ergeben, nimmt Lunan an, daß die Sonde aus dem 103 Lichtjahre entfernten Sternbild Epsilon Bootes stammt. Prof. R. N. Bracewell vom Radio-Astronomischen Institut der Stanford-Universität, USA, hält Lunans Entdeckung für »eine Möglichkeit der Verbindung mit einer anderen Intelligenz«. – Lunan schloß aus seinen Beobachtungen, daß seit 12 600 Jahren die künstliche Sonde in unserem Sonnensystem kreist und daß sie ein vollständiges informatives Programm für die Menschheit gespeichert hat. Wiederholte Radiosignale von der Erde wurden mit intelligenten Verzögerungen auf der gleichen Wellenlänge zurückgegeben.

Meine Interpretation: Das Radiosignale sendende künstliche Objekt wurde von JEMANDEM in unserem Sonnensystem plaziert, und dieser JEMAND war vor 12 600 Jahren auf der Erde. Dieses oder ein anderes Depot der Außerirdischen kann meiner Überzeugung nach Angaben über die Expedition auf der Erde enthalten, es kann den Startplaneten benennen und die Geschwindigkeit angeben, mit der sich das Raumschiff bewegte, es kann ein Logbuch über die irdischen Tätigkeiten enthalten. Dies und mehr kann in dem von Duncan Lunan vermuteten informativen Programm einer künstlichen Sonde stehen.

Mag sein, kann sein.

Spuren, die entdeckt sein wollen

Bleibt die Frage zu beantworten, die mir nach Vorträgen, in denen ich diese Hypothese anbiete, mit triftigen Gründen immer wieder gestellt wird: Wieso konnten Außerirdische unterstellen, daß wir rückständigen Erdbewohner eines Tages auf die Idee kommen würden, eine solche Zeitkapsel in unserem Sonnensystem überhaupt zu suchen?

Mit der Beantwortung schließt sich *ein* Ring der Kette meiner Indizienbeweise.

Selbstverständlich kann man nur etwas suchen, von dessen Vorhandensein man eine Ahnung hat. Nach den Gesetzen der Wahrscheinlichkeitsrechnung wäre es heute und in aller Zukunft ein Unding, IRGENDWO eine deponierte Zeitkapsel zu suchen. Aus der geologischen Geschichte ihres Heimatplaneten wußten die Außerirdischen, daß es völlig sinnlos gewesen wäre, ihre Dokumente in einer Statue oder unter einem Monolithen zu verstecken: über die Jahrtausende weg würden Wind, Regen, Stürme und Gezeiten alles zerstören; Erdbeben und Flutkatastrophen würden jede Spur auslöschen, und was nach Naturkatastrophen übrigbliebe, würden Kriege zuunterst wühlen.

Wohin also mit Dokumenten oder Mitteilungen über die Vergangenheit für die Zukunft? Wo gab und gibt es Sicherheit für ein Depot, das die Zeiten überdauert?

Nur an einem Punkt X in unserem Sonnensystem! An einem Punkt, der durch logisch-mathematische Überlegungen berechenbar ist, etwa im Schwerkraftfeld eines Planetendreiecks, etwa innerhalb eines weiten Orbit um Erde, Mond, Mars oder Venus, etwa zeitüberdauernd vergraben im Schwerpunkt der Kontinente, etwa am magnetischen Nord- oder Südpol; aber das sind nur einige der möglichen logisch-mathematischen Punkte. Damit aber wären immer noch keine Schnitzel für die Jagd auf diesen Punkt hin ausgelegt.

Die Hinweise für das Jagdziel der Menschen wurden, davon überzeugten mich die Indizien, in Mythologien, Heiligen Büchern und in Religionen ausgelegt. Weil die »Götter« den Menschen nach ihrem Ebenbild herstellten, konnten sie Denken und Operieren ihrer Produkte vorempfinden und prognostizieren. Neugier, wußten sie, war eines der virulenten Charaktermerkmale und der Wunsch nach Mehr-Wissen ein anderes. Mit den Gehirnwindungen ihrer Erzeugnisse vertraut, wußten die Extraterrestrier genau, daß Entdeckung und Entwicklung von Technik programmiert waren. Stets würde man nach einem gelösten Problem ein anderes suchen – das Perpetuum mobile der spekulativen Gedankenakrobatik würde in Gang bleiben. Einmal würde der Wunsch zur Eroberung des Weltalls da sein, Raumfahrt würde das erstrebte Ziel sein.

Erst zu diesem Zeitpunkt, das war ihnen klar, würden ihre Ebenbilder die Spuren begreifen, die sie in Überlieferungen versteck hatten. Mit dem dereinst gewonnenen technischen Know-how der Raumfahrt würden ihre Produkte alle Mythologien, Legenden und Religionen mit neuen (mit ihren!) Augen prüfen, modern interpretieren und darum zwangsläufig, nämlich dann, wenn die Zeit reif dafür sein würde, die Frage stellen: Wo finden wir den Beweis dafür, daß unsere Vorfahren Besuch aus dem Weltall hatten? Wo können wir offene oder versteckte Hinweise zutage fördern?

Die Zeit für die Entdeckung unserer frühesten Vergangenheit ist reif. Verpassen wir die Chance nicht, an unserem Part des Erbes im Kosmos teilzuhaben.

Ich liebe die Götter mit kleinen Fehlern

Kürzlich fragten Meinungsforscher auf den Straßen von Zürich die Passanten, wie sie sich den »lieben Gott« vorstellen. Von »als Geist« gingen die Antworten bis zum »alten Herrn mit weißem Bart hoch über den Wolken«.

So komisch sich das auf den ersten Blick liest, so logisch scheint mir die krause Verwirrung vor der komplexen Frage. Die Verwirrung ist die Folge einer jahrhundertelangen Indoktrination aller Religionen. Jedem Erdenwurm wurde suggeriert, daß er sich überall von Gott umgeben zu fühlen habe und daß er sich noch am verborgensten Ort von Gott beobachtet wissen müsse. Diese milliardenfachen Bilokationen erheischten einen Gott-Geist, der allgegenwärtig und allwissend zu sein hatte. Nur dann kann Gott über alles, was da kreucht und fleucht, informiert sein, nur dann lassen sich einheitliche Wertungen für Gerechte und Ungerechte, lassen sich Dogmen setzen. Nur ein Gott-Geist kann alles und jedes durchdringen: das All ist Gott. Pantheismus, Allgottlehre, ist in allen religionsphilosophischen Lehren dominierend, in denen Gott und Welt identisch sind. Im Sinne dieser Lehre muß Gott unpersönlich sein. Das ist eine Auffassung, die der große Philosoph Arthur Schopenhauer (1788-1860) als »höflichen Atheismus« apostrophierte. Selbst im Christentum, das Gottvater und Gottessohn als menschlich handelnde Personen auftreten läßt, steckt eine gute Portion Pantheismus, sonst nämlich könnte auch der Christengott nicht allgegenwärtig sein. Gott muß Geist sein. Allgegenwärtig, allmächtig und allwissend, besitzt er die omnipotente Gabe, im voraus zu wissen, was je geschehen wird. Derart über allem stehend, sind ihm menschliche Nöte, Fehler und Irrtümer fremd. Als Gott-Geist allerdings würde er keine sichtbaren Vehikel benötigen, sich von einem Ort zum anderen zu bewegen. Nur Geist kann überall sein.

Das ist eine Definition, der ich durchaus folgen könnte, wenn es in den früheren Überlieferungen, in der Bibel etwa, nicht Widersprüche gäbe, die unauflösbar sind und die die geläufige Definition ad absurdum führen.

Biblischer Gott mit menschlichen Regungen

Der biblische Gott ist beim genauen Hinsehen nämlich nicht allwissend. Der Prophet Esra weiß es. Gott gesteht dem Menschen gegenüber:
Die Zeichen, nach denen du fragst, kann ich dir zum Teil beantworten. Über dein Leben aber kann ich dir nichts sagen, denn ich weiß es selber nicht.

Der biblische Gott ist auch nicht frei von Irrtümern!

Bei Mose stellt Gott zunächst fest, daß »sein Werk gut« ist, nämlich die Erschaffung des Menschen:
Und Gott sah an alles, was er gemacht hatte, und siehe da, es war sehr gut. 1. Mos. 1, 31 f.

Bald schon packt ihn Reue über seine Leistung:
Da reute es den Herrn, daß er den Menschen geschaffen hatte, und es bekümmerte ihn tief. 1. Mos. 6, 6

Gott ist sich seiner Tat also nicht sicher. Schließlich scheint es ihm derartig mißlungen, daß er seine eigenen Geschöpfe mit dem gewaltigen Aufwand einer Sintflut wieder vernichtet.

Mit der durch Allgegenwart bedingten Allwissenheit hat es auch so seine Haken und Ösen. Nachdem Adam den Apfel vom Baum der Erkenntnis, von Eva serviert, verspeist hat, versteckt er sich »aus Scham« im Gebüsch. Gott aber weiß nicht, wo Adam geblieben ist:
Und Gott, der Herr, rief den Menschen und sprach zu ihm: Wo bist du? 1. Mos. 3, 9

Adam versichert dem Herrn, daß er ihn zwar kommen hörte, sich aber aus Scham versteckte:

Wer hat dir gesagt, daß du nackt bist? Hast du etwa von dem Baume gegessen, von dem ich dir zu essen verboten habe?
Adam sprach: Das Weib, das du mir zugesellt hast, das hat mir von dem Baume gegeben; da habe ich gegessen. 1. Mos. 3, 11-12

Gott war eindeutig nicht im Bilde. Er wußte nicht, wo Adam steckte, und er hatte keine Ahnung, daß Eva ihren Adam zum Apfelschmaus verführt hatte.

Nicht nur diese Uninformiertheiten sind bemerkenswert. Es paßt auch nicht zur Vorstellung vom zeitlosen Gott, daß er nicht im voraus wußte, was geschehen würde. Die Welt des Paradieses war ja noch übersichtlich. Er selbst hat, so steht es in der Schrift, Adam und Eva hervorgebracht, also hätte er ihre Aktivitäten überschauen müssen. Der Reim reimt sich nicht.

Nachdem Adam nun spitzgekriegt hatte, wie das anzustellen war, brachte Eva Kain und Abel zur Welt. Abel wird Schäfer, Kain Ackerbauer, zwei krisenfeste und stets subventionierte Berufe, eine kluge Wahl. Die beiden Knaben bringen dem Herrn ein Opfer dar. Und wie sieht der Herr ohne Fehl es an?

Wohlgefällig sah er auf Abel und sein Opfer, auf Kain aber und sein Opfer sah er nicht. 1. Mos. 4, 4

Bis zu diesem Moment hatten weder Kain noch Abel anlaß für zweierlei Maß gegeben. Kein Wunder, daß Kain mürrisch auf den parteiischen Gott reagiert:

Und der Herr sprach zu Kain: Warum ergrimmst du, und warum blickst du so finster? 1. Mos. 4, 6

Ein allwissender Gott hätte es wissen müssen. Aber der verhindert nicht mal, daß Kain seinen unschuldigen Bruder Abel umbringt! Er muß sich sogar erkundigen:

Wo ist dein Bruder Abel? 1. Mos. 4, 9

Der Herr ist unfähig, einen scheußlichen Mord zu verhindern! Zu guter Letzt mißfällt Gott sein Menschenwerk derart, daß er beschließt, dem Ganzen ein Ende zu machen:

Da reute es den Herrn, daß er den Menschen geschaffen hatte auf Erden, und es bekümmerte ihn tief. Und der Herr sprach: Ich will die Menschen, die ich geschaffen habe, vom Erdboden vertilgen, die Menschen sowohl als das Vieh, auch die kriechenden Tiere und die Vögel des Himmels; denn es reut mich, daß ich sie gemacht habe. 1. Mos. 6, 6-7

Man kann Gott ob der mißratenen Brut gut verstehen. Aber hätte der Allwissende nicht wittern müssen, was ihm ins Haus stand? Der Reue und des Irrtums nicht genug! Nach der allesvernichtenden Sintflut reut es ihn neuerlich, daß er nun seine ganze Schöpfungspracht zerstört hat. Nachdem Noah mit seiner Arche auf einem Berg vor Anker gegangen war, entfachte er zum Dank ein Opferfeuer:

Da roch der Herr den lieblichen Duft und sprach bei sich selbst: Ich will hinfort nicht mehr die Erde um der Menschen willen verfluchen; es ist doch das Trachten des menschlichen Herzens böse von Jugend auf. Ich will hinfort nicht mehr schlagen, was da lebt, wie ich getan habe. 1. Mos. 7, 21 f.

Späte Erkenntnis, daß das eigene Werk faule Zähne hat! Der vielgepriesene Allwissende wußte nicht, was und wie sein Werk gelingen würde? Seltsam.

Akzeptiert man die biblische Genesis, dann sind alle Menschen Nachkommen von Noah und von dessen Schwiegersöhnen und Schwiegertöchtern, die er mit an Bord hatte. Es handelte sich um eine Elite, die der Herr für überlebenswert gehalten hatte. Entgegen seinem Schwur, fühlte sich Gott gezwungen, diese Nachkommenschaft mit der totalen Vernichtung von Sodom und Gomorrha abermals schwer zu »schlagen«.

Meine Bibellektion soll nicht mehr und nicht weniger als eine Beobachtung festhalten: Es wird eine Gottesfigur geschildert, die Fehler machte, die sich irrte, die Reue empfand, die blutiger Aktionen fähig war. Es wurde in den alten Beobachtungen ein Gott abgelichtet, der so ungeheuer menschlicher Regungen fähig war wie der des Zorns, der parteiischen Liebe, der Herzlosigkeit. Das scheinen mir völlig ungöttliche Attribute zu sein, mindestens passen sie nicht zur Vorstellung von einem imaginären, über den Dingen stehenden, allwissenden Wesen, wie es uns nahegebracht wurde. Ich möchte nichts als klarmachen, daß der alttestamentarische Urgott weder zeitlos noch allwissend oder abstrakt war. Ich möchte Hinweise darauf geben, daß er sehr real ins Geschehen trat, daß er in menschenähnlicher Gestalt sogar »in der Abendkühle im Garten wandelte« (1. Mos. 3, 8).

Ich wählte aus den religionskundlichen Quellen die Bibel aus, weil jedermann meine Zitate in seiner Hausbibel nachlesen kann.

Tatsache ist, daß die Götter in den Mythen sich keinen Deut anders verhalten. Griechische und römische Gottheiten werden zwar als unsterblich, im Gegensatz zur Bibel jedoch nicht als »ewig« charakterisiert: sie werden lediglich ungleich älter als die Menschen, unter denen sie sich zeitweilig aufhalten. Die Mythen aus der antiken Welt schildern denn auch die Götter als sympathisch menschliche Gestalten, die über die Stränge schlagen, die im Zorn willkürliche Entscheidungen treffen, die sie hernach reparieren müssen, die oft ihre Ansichten ändern und die ganz offen Reue über schiefgegangene Unternehmungen äußern.

Manche dieser Götter werden sogar auf der Erde geboren, geben sich bisexuell mit Mädchen und Knaben ab und lehnen sich oftmals rebellisch gegen ihre Eltern auf. Generationskonflikte in Götterfamilien, wie sie immer schon auch in den feinsten Kreisen vorkamen. Göttervater Zeus, Beherrscher des Himmels und des Universums, verliebte sich abgründig in seinen Mundschenk, den wegen seiner Schönheit in den Olymp erhobenen Ganymed, wohin Zeus ihn auf ganz und gar ungöttliche Weise mit sanfter Gewalt entführt haben soll. In dieser Götterfamilie tat sich überhaupt einiges. Der Zeus-Sohn Apoll verliebte sich in den schönen Jüngling Hyakinthos, der nebstbei als Fruchtbarkeitsgott tätig war. Auf eine einem Gott nicht anstehende Art und Weise tötete Gott Apoll seinen Geliebten: durch einen handfesten Diskuswurf! Ob absichtlich oder unabsichtlich, göttlich war das nicht.

Der römische Supergott Mars, zuständig für Krieg, Fluren und Wachstum, ließ sich von der alten Göttin Anna Perenna kräftig hereinlegen. Um auch einen germanischen Mythengott in die erlauchte Runde aufzunehmen, sei an Odin (Wotan) erinnert, der Allvater genannt wurde. Dieser Papa aller Götter und Menschen hatte eine schier perverse Vorliebe für Verkleidungen, mal zeigte er sich als Schlange, mal als Adler, mal mischte er sich als Rabe unters Volk. Ungöttlich warf er den Speer, ritt er das achtbeinige Pferd Sleipnir. Odin war ein ängstlicher Gott. Als er sich nach Walhall zurückzog, nahm er von den Schlachtfeldern Recken mit, die ihn bewachen sollten. Letztlich wurde er trotz seiner Sicherheitstruppe von dem Wolf Fenrir aufgefressen. Falls Odin Geist war, hat

Fenrir Luft geschluckt oder was von den Materialisationen so eines Gottes sonst übrigbleiben mag.

Ich habe nichts gegen Götter, im Gegenteil, ich »liebe« sie. Aber ich liebe sie in ihrer ganzen Fehlerhaftigkeit, in ihrer Unzulänglichkeit, mit allen ihren liebenswerten Schwächen und Irrtümern. Es macht sie so menschlich, diese Göttersorte steht uns doch so viel näher! Nicht umsonst schufen sie uns nach ihrem Ebenbild. Vor allen Dingen aber: so und nicht anders »geistern« sie durch die mythischen Berichte aller Völker und Zeiten.

Alle Texte sprechen dafür: die Götter waren körperlich!

»Die Gesetze der Vererbung sind ziemlich unbekannt. Keiner weiß, weshalb das gleiche Merkmal von verschiedenen Individuen der gleichen Spezies und von Individuen der gleichen Art mal vererbt ist und mal nicht, warum ein Kind oft mit bestimmten Kennzeichen auf seinen Großvater oder seine Großmutter oder noch weiter entfernte Vorfahren herauskommt.«

Dies offene Bekenntnis legte Charles Robert Darwin (1809–1882) im Jahre 1859 in seinem Hauptwerk » Die Entwicklung der Arten durch natürliche Zuchtwahl« ab. Klar, denn Darwin standen die Erkenntnisse heutiger biologischer Forschung nicht zur Verfügung. Im wesentlichen gelangte er durch biologische Beobachtungen auf einer fünfjährigen Weltreise in Südamerika und auf den Galapagos-Inseln zu seiner Evolutionstheorie, die seither zum Glaubensbekenntnis einer Abstammungslehre zementiert wurde.

Was hat die Evolutionstheorie mit der Beweislegung *meiner* Theorie zu tun?

Ohne Netz und doppelten Boden sage ich frank und frei: ALLES. Ich postuliere, daß unbekannte Wesen die menschliche Intelligenz durch eine gezielte, künstliche Mutation schufen und daß Außerirdische die Hominiden »nach ihrem Ebenbild« veredelten.

Ich entziehe mich deshalb der Beweispflicht nicht, mit Tatsachen zu belegen, daß an der Evolutionstheorie manches windig und falsch sein muß, sofern meine Theorie Anspruch erheben darf, im philharmonischen Konzert der Theorien eine erste Geige zu spielen. Die Notenköpfe der bisherigen Theorie ergeben – um im Bilde zu bleiben – keinen harmonischen Akkord, sondern Disharmonien, die allerdings mehr im Verstand als in den Ohren weh tun.

Knüpfen wir also das Stahlnetz der Beweise.

Einige Fragen vorweg, die letztlich den »Tätern« die Spur verlegen. Was ist überhaupt »Leben«? Entsteht es durch Zufall? Entsteht es gar von selbst? Kann sich so ein Zufall überall ereignen, wo die Voraussetzungen für diesen Zufall günstig sind? Oder: ist der Zufall ein einmaliger, singulärer Vorgang für Lebensbildung gewesen?

Wenige Fragen sind das nur, aber sie teilen die Gelehrtenwelt in zwei Gruppen, deren jede kennerisch über die andere lächelt.

Beispielsweise ist eine Gruppe von Molekularbiologen um Professor Manfred Eigen, im Jahre 1967 Nobelspreisträger für Chemie, Abteilungsleiter für physikalische Chemie am Max-Planck-Institut, Göttingen, überzeugt, die wesentlichen Zusammenhänge der Lebensentstehung im Griff zu haben – während eine Gruppe von organischen Chemikern um Professor A. E. Wilder-Smith [1] und um James F. Coppedge, Direktor des Zentrums für biologische Wahrscheinlichkeitsforschung in Northbridge, Kalifornien, die genau gegenteiligen Auffassungen vertritt [2].

Um verständlich zu machen, worum es bei dieser Kontroverse geht, und um zu erklären, weswegen meine Außerirdischen wieder einmal mitgemischt haben, muß ich versuchen, in einigen vereinfachenden Etappen die Lebensentstehung gerafft darzustellen.

Das große Drama der Schöpfung

Chemie am Anfang des Lebens

Vor Jahrmilliarden bestand die Uratmosphäre, aus der erstes Leben gekommen sein muß, vorwiegend aus Wasserdampf, Methan, Ammoniak, Kohlendioxyd und Mineralien aller Art. Mineralien wurden von Vulkanen aus dem Erdinnern in die heiße Atmosphäre geschleudert, Stürme wirbelten sie in die höheren Schichten, dort kühlten sie ab, um mit dem gewaltigen Urregen wieder auf den Planeten niederzuprasseln. Der wilde urweltliche Regen löste anorganische Stoffe, Stoffe aus dem unbelebten Reich der Natur, aus heißen Gesteinskrusten und schwemmte sie ins Urmeer. Dort entstand eine Art chemischer Nährlösung, in der einfache Moleküle* durch den Druck der entfesselten Urkräfte gezwungen wurden, sich mit anderen Molekülen zu verbinden. Es entstanden Aminosäuren (organische Säuren), Lipoide**, Nukleotidbasen***, Mineralsalze und Phosphate, die zu den für Pflanzen unentbehrlichen Stoffen gehören. Eines haben sie alle gemeinsam: es sind Chemikalien, die nicht »leben«. Nach der heute obwaltenden Lehrmeinung spielte sich der erste Akt der großen Dramas so ab:

Unter dem physikalischen Dauerbeschuß der Entladung von Urgewittern, kuppelten sich die Aminosäuren zu großen Mehrfach-Molekülen (Makromoleküle) zusammen, und die Makromoleküle bildeten lange Reihen von Proteinen. Proteine sind einfach Eiweiße, lebenswichtige höhermolekulare Naturstoffe der Organismen, jeder Zeitgenosse weiß davon aus seinen Diättabellen; sie bestehen aus Kohlenstoff, Wasserstoff, Sauerstoff und Stickstoff in einem ziemlich festen Verhältnis.

Die emsigen chemischen Paarungen gingen weiter. Die Phosphate vereinigten sich mit Zucker zu Zuckerphosphaten, und diese wiederum zeigten eine Zuneigung zu einer der vier sattsam bekannten Basen: Adenin, Guanin, Cytosin und Thymin. Sie taten sich mit ihnen zusammen. Aus diesen Vereinigungen entstanden die bereits erwähnten Nukleotiden, die sich zu langen Ketten aneinanderreihten, den Nukleinsäuren. Das also waren die Stars im ersten Akt des irdischen Werdens.

Bis zu diesem Augenblick, da die Ursuppe angerichtet war, müßten längst einige Wunder zelebriert worden sein! Ehe ich sie aufs Korn nehme, muß ich im Telegrammstil die Entwicklung bis zur ersten Zelle notieren, um dann mit frechem Finger in den »Wunden« zu bohren.

---

   * Moleküle: Kleinster Teil einer einheitlichen Substanz, der noch deren chemische Eigenschaften besitzt. Ein Molekül besteht mindestens aus zwei, in der Regel aus mehreren Atomen, die gleichwertig sein können, meistens aber verschiedenartig sind

  ** Lipoide: Eine auf Grund äußerer Ähnlichkeit gebräuchliche Bezeichnung für in Tier- und Pflanzenkörpern vorkommende, äußerlich fettähnliche Substanz, die in ihrem chemischen Aufbau nur z. T. mit Fetten verwandt ist

*** Nukleotide: Bausteine der Nukleinsäuren

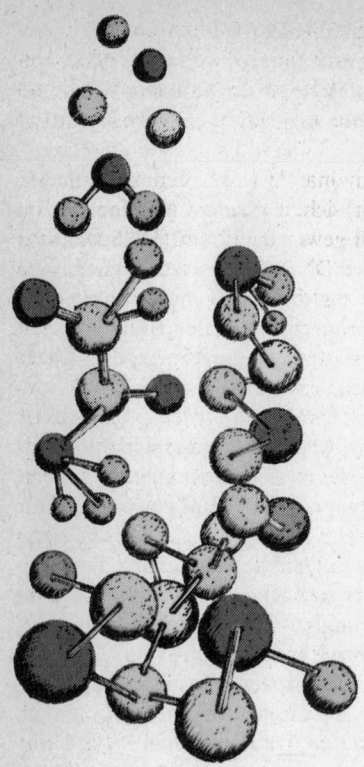

Programme für alle Arten

Ich muß den Fall rückwärts aufrollen, dann nämlich treibt der berühmte springende Punkt deutlich sein Unwesen. *Nukleinsäuren*, darf ich erinnern, bilden sich aus Ketten von Nukleotiden, deren einzelne Einheit eine Phosphorsäure-Zucker-Basis hat, die mit Adenin, Guanin, Cytosin oder Thymin zusammenklebt. Der sture Blick auf diese vier Basen ist wichtig. Eine Nukleinsäure, die im Urmeer dahinschwamm, so steht es in der einschlägigen Literatur [3], fand stets irgendwo eine andere Nukleinsäure, mit der sie sich prompt zu einer Kette verband. Weil aber jede Nukleinsäure die

Großen Vier der stickstoffhaltigen Basen – Adenin/Guanin/Cytosin/Thymin – enthält, konnten sich diese Basen zu großen Nukleinsäurenketten verklammern: Adenin ist scharf darauf, sich mit Thymin zu verbandeln, und wie magnetisch angezogen strebt Guanin zum Cytosin.

Mit diesem einträchtigen Aneinanderschmieden zu Nukleinsäureketten bildeten (und bilden) sich Doppelstränge, eine Art von Doppelspirale – die so berühmt gewordene DNS (DNS steht für Desoxyribonukleinsäure). Diese DNS ist der letzte chemische Vorposten vor dem Leben und zugleich der genialste Einfall der Natur! *Jeder* Organismus hat seine ureigene DNS, und jede enthält einen Code, in dem alle Charakteristika der jeweiligen Art gebucht sind. Jede Art ist in ihrer Einmaligkeit programmiert. Das Ungeheuerliche aber ist, daß dieses komplexe Programm in jeder Zelle gespeichert ist! Der Mensch beispielsweise trägt in seinen 50 Billionen Zellen 50 Billionen mal »sein« Programm mit sich herum. Eine Billion ist gleich 1000 Milliarden = 10^{12}.

Die DNS ist also der Schlüssel zum Leben, doch was ist »Leben«?

Es heißt, Leben wäre stets an einen Organismus gebunden, im einfachsten Fall an den Organismus: Zelle. Ob ein Organismus lebt, beweist sein Stoff- und Energiewechsel, zeigt sich aber auch in seiner Entwicklung und in seiner Vermehrungsfähigkeit. Funktionen machen Leben aus.

Tatäschlich reicht diese Definition heute nicht mehr. Ein Virus etwa hat für sich allein keinen Stoff- und Energiewechsel; das Virus frißt nichts und scheidet auch nichts aus. Seine Vermehrung (Verdoppelung) erfolgt innerhalb fremder Zellen, in denen es als Schmarotzer haust. Auch ohne Stoff- und Energiewechsel »funktioniert« das Virus. – Ich hörte auch schon, daß alles, was sich unter dem Mikroskop bewege, Leben sei. Es läßt sich leicht beweisen, daß auch das nicht stimmt: unter einem starken Elektronenmikroskop werden sich nämlich auch Chemikalien bewegen, denn sie sind, physikalisch betrachtet, negativ oder positiv geladen, ziehen sich an oder stoßen sich ab. Man kann deshalb Bewegungen feststellen, obwohl das Substrat nicht »lebt«. Eine Trennung zwischen belebter und unbelebter Materie ist heute kaum noch möglich. Am besten einigt man sich darauf, *organisches* Leben als ein Phänomen zu begreifen, das Energie aufnehmen und sich teilen, das heißt, sich selbst reproduzieren kann.

In diesem Sinne stellt die Zelle die erste Form primitiven Lebens dar.

Wie entsteht sie?

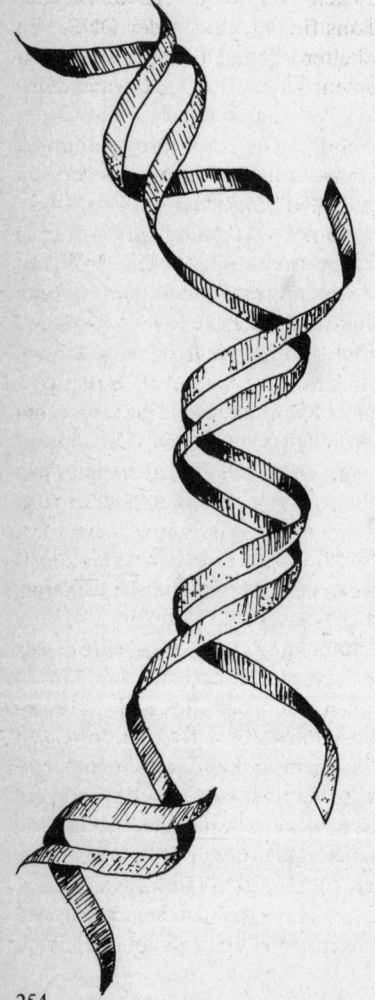

*Doppel-Helix, die
DNS-Doppelspirale*

Inflation der großen Zahlen

Jeder Lottoeinsatz ist vergleichsweise ein sicherer Gewinn

Wer Sinn für das Abenteuer der großen Zahl hat, der wird nun auf seine Kosten kommen.

»Helix« bedeutet im Lateinischen »Windung«. Als die Biochemiker Watson, Crick und Wilkins für ihr Modell der DNS, den doppelstrangigen Nukleinsäureketten, 1962 den Nobelpreis bekamen, tauften sie es auf den Namen: Doppel-Helix, Doppel-Windung.

Die Stränge dieser Doppel-Windung können ihre Kettenverschlüsse öffnen und mit den sie umgebenden Bausteinen der Nukleinsäuren, den Nukleotiden, Nachbildungen ihres Modells herstellen. Die DNS-Stränge trennen sich. Nukleotid für Nukleotid stöpselt sich sozusagen an die zu ihm passsende Base an. (In Klammern vermerkt: Basen sind Verbindungen, die mit Säuren Salze bilden.) Logischerweise haben die nun neuentstehenden Moleküle einen Strang vom Muttermolekül und den neugebildeten Strang, der durch Verbindung mit vorhandenen chemischen Basen entsteht. Die neuen Moleküle sind mit den »alten« identisch, es hat lediglich eine Verdoppelung (Replikation) stattgefunden. Damit wäre dann aus nichts anderem als »toten« Chemikalien erstes primitives Leben entstanden, die Zelle. Und diese Zelle wäre, folgt man willig diesem Schema, durch reinen Zufall »geboren« worden.

Aber, Freunde, auch der Zufall hat seine eigene Art von Gesetzen: für die erste Zellbildung hätten sich Moleküle der *richtigen, zueinanderpassenden Art* binden müssen.

Wie hoch aber ist der Grad der Wahrscheinlichkeit für diesen Zufall?

Vor uns liegt ein Würfel mit den Zahlen eins bis sechs. Um mit einer gewissen Wahrscheinlichkeit die Ziffern 1+2 *nacheinander* auftauchen zu lassen, sind 216 Würfe notwendig. Nach den Regeln der Wahrscheinlichkeitsrechnung müssen sechs mal sechs mal sechs multipliziert werden, weil kein Spielteufel den Würfel dazu bringen kann, die 1+2 schon bei weniger Würfen zu zeigen. Selbst 216 Würfe bringen 1+2 nur mit einem gewissen Grad der Wahrscheinlichkeit – *auf sicher* schaffen sie die Folge 1+2 immer noch nicht [4]. Man muß nur die Gesichter von Spielern, die »nach System« spielen, am Roulettetisch beobachten, um zu wissen, wie unsicher die Wiederkehr oder das (berechnete!) Eintreffen gesetzter Zahlen bleibt. Um die Jahrhundertwende erschossen sich die Wahrscheinlichkeits-Spieler im Schatten der Spielkasinos. Heute reisen sie ab, ohne die Hotelrechnung zu bezahlen, und tauchen unter. Ihr Bündnis mit der Wahrscheinlichkeit ist gleich unzuverlässig geblieben.

Um die Ziffern 1 + 2 + 3 in dieser Folge zu erspielen, müßten schon – ohne »auf sicher« gehen zu können – 1296 mal die Würfel trudeln!

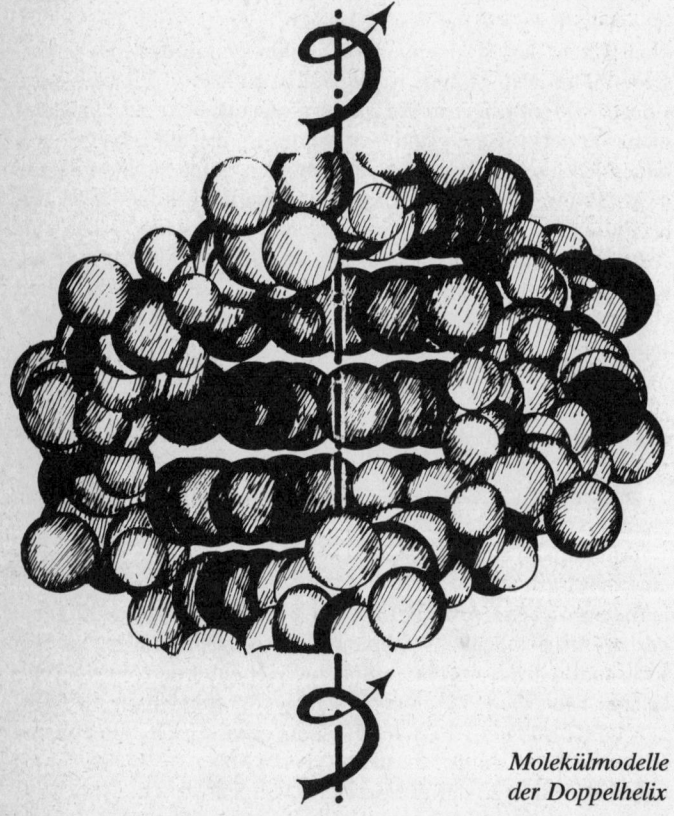

Molekülmodelle
der Doppelhelix

Evolution ist unmöglich

Dr. James F. Coppedge macht ein lustiges mathematisches Spielchen auf [2]:

Unser Alphabet hat 26 Buchstaben. Schreibt man diese 26 Buchstaben auf kleine Kärtchen, gibt sie in einen Hut und mischt sie gut durcheinander, dann läge die Chance, das A herauszuangeln, bei 1:26.

Das Wort EVOLUTION besteht aus neun Buchstaben in einer festliegenden Reihenfolge. Die Wahrscheinlichkeit, diese neun Buchstaben in der richtigen Reihenfolge aus dem Hut zu fischen, läge bei

1:542 950 367 897 6.

Diese irre Zahl kommt zustande, weil man neunmal hintereinander die Buchstabenzahl 26 mit dem jeweiligen Resultat multiplizieren muß.

Würde ein Mensch alle fünf Sekunden, Tag und Nacht und ohne Pause, einen Buchstaben aus dem Hut klauben, könnte er – vielleicht! – in 800000 Jahren rein zufällig das Wort EVOLUTION zusammensetzen.

Der Mathematiker in Coppedge trieb das Spiel auf die Spitze. Dazu scheint er mir ein Wissenschaftler der raren Sorte zu sein: er hat Humor! Er nahm seine These: EVOLUTION IST UNMÖGLICH gleich als Gegenstand seiner Rechenaufgabe.

Der Satz besteht aus 21 Buchstaben und aus zwei weißen Feldern zwischen den Wörtern. Dafür kommen zwei Kärtchen mit je einer 0 in den Hut.

Wie hoch ist die Wahrscheinlichkeit, den provokativen Satz EVOLUTION IST UNMÖGLICH in der richtigen Buchstabenfolge zu ziehen?

1:834 390 000 000 000 000 000 000 000 000 0!

Um sich überhaupt eine ungefähre Vorstellung von der Größe dieser Zahl machen zu können, schlägt Coppedge eine Maschine vor, die mit Lichtgeschwindigkeit arbeitet und dadurch fähig ist, binnen jeder Sekunde eine Billion (= 1000 Milliarden) Buchstaben aus dem Hut zu holen, sie zu sortieren und wieder in den Hut zu feuern, wenn die Reihenfolge nicht stimmt. Um den knappen Satz EVOLUTION IST UNMÖGLICH in korrekter Folge zusammenzusetzen, müßte die utopische Maschine volle

260 000 000 000 000 000 00 Jahre

ungestört vorsichhinrasen. Trotzdem: Der Zufall ist immer dabei.

Für die Behauptung der Evolutionslehre zum Nachweis des Entstehens von Leben auf unserer guten alte Erde aus toten Molekülen steht der Zufall in ungleich gigantischeren Ausmaßen immer und überall Pate. Im Urmeer, heißt es, bildeten sich Aminosäuren zu langen Reihen von Proteinen. Proteine entstehen aber nicht durch Wunder, dazu sind Enzyme (Fermente) notwendig. In der Ursuppe war aber die unlimitierte Umbildung von Aminosäuren zu Enzymen und danach zu Proteinen unmöglich, weil ein handfestes Gesetz dagegen steht: das Massenwirkungsgesetz der physikalischen Chemie.

Diesem völlig unbestrittenen Grundgesetz zufolge läuft eine chemische Reaktion – ob in der Gasphase oder in einer Lösung – niemals vollständig ab, sie bleibt vielmehr schon vorher stehen, sobald das chemische Gleichgewicht erreicht ist. Man könnte in einen Wasserbehälter Bakterien geben und beobachten, wie sich diese kleinen einzelligen Lebewesen durch Teilung ungeheuer rasch vermehren. Wasser hindert Bakterien nicht an Replikationen, doch: Moleküle, und mit denen haben wir es ja vorerst immer noch zu tun, sind »tot«, sie vermehren sich nicht. Im Urmeer erlaubte (und da ist endlich mal ein Gesetz total zu verstehen) das Massenwirkungsgesetz keine unbegrenzten chemischen Reaktionen: das Wasser stoppte sie. Man stelle sich nur einmal den Titanenkampf vor: Ungeheure, heutzutage unvorstellbare Wassermengen standen gegen *einzelne* mikroskopisch feinste Teilchen der Aminosäuren!

In diesem kurzen Abriß kann ich bei weitem nicht alle Zufälle auch nur antönen, die bei der Entstehung von Leben mitgewirkt haben sollen. Aber: in der trächtigen Ursuppe sollen sich ferner Zuckerphosphate mit einer der vier Grundbasen Adenin/Guanin/Cytosin/Thymin verbunden haben und zu Nukleotiden geworden sein. Die Nukleotiden wurden umgetrieben, bis sie – freilich zufällig – auf passende Nukleotiden trafen, mit denen sie sich glücklich vereinten! Diese Vereinigungen brachten endlich, zufällig, das Lebenselixier, die Nukleinsäuren, hervor.

Nein.

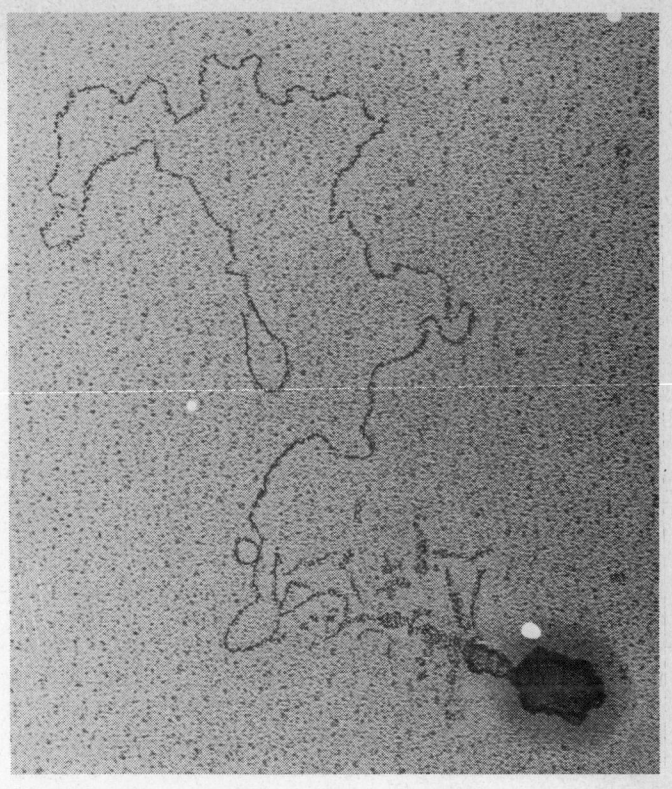

Bakterienfresser, der einen DNS-Faden ausstößt

Wissenschaft geriert sich so gern als exakt und weist Zufälle in ihren Beweisen weit von sich. Wie kann sie, wenn's in die Landschaft paßt, damit hantieren als wären es Bausteine aus Stahlbeton? Wie kann sie gegen eines ihrer eigenen hehrsten Gesetze derart verstoßen, gegen das Massenwirkungsgesetz? Wie kann sie sich so hemmungslos gegen die Gesetze der Entropie benehmen, die neben den Energiegesetzen doch zu den wichtigsten Pfeilern der

Physik gehören? – Bei Energieumsetzungen dient Entropie zur Berechnung des Teils der Wärmeenergie, die nicht in mechanische Arbeit umgesetzt werden kann. Um dieses komplizierte Gesetz in seiner Wirkung zu erahnen, muß man sich vorstellen, daß Wärme als eine ungeordnete Bewegung von Atomen und Molekülen aufgefaßt wird. Die verschiedenen denkbaren Verteilungen von Geschwindigkeiten und räumlichen Lagen werden in der Häufigkeit ihres Vorkommens verglichen. Man nimmt an, daß bei einer Zustandsänderung der theoretisch weniger wahrscheinliche Zustand in den theoretisch wahrscheinlicheren Zustand übergeht. Die Wahrscheinlichkeit der zufälligen Versammlung eines überwiegenden Teiles der Moleküle in der Hälfte des verfügbaren Raumes ist ungleich geringer, als die andere Wahrscheinlichkeit, daß sich die Moleküle über den ganzen verfügbaren Raum verteilen. Auf der seliggesprochenen Linie der Evolution wird aber stillschweigend die weniger wahrscheinliche Möglichkeit der entropischen Gesetze angenommen und vorausgesetzt. Zufall über Zufall. O meine Herren!

Sind Wunder legitime Beweismittel?
Gegen die so leichtfertig angenommenen chemischen Reaktionen im Urmeer sprechen meiner Überzeugung nach nicht nur die chemisch-physikalischen Grundgesetze. Auch die mathematische Wahrscheinlichkeit, richtiger: Unwahrscheinlichkeit, läßt sie nicht zu. Schon jede einzelne Kopplung von Molekülen wäre jede für sich, purster Zufall. Wenn sich dann aber auch noch Moleküle – und das in der gebotenen notwendigen Reihenfolge! – untereinander verbunden hätten, wären das Serien von Zufällen in höchster Potenz. Da muß man schon Wunder zu Hilfe rufen. Wunderglaube paßt nicht zur Wissenschaft.

Das empfanden wohl auch Darwins Gralshüter, als sie diese Position der Evolutionslehre aufgaben. Sie boten flugs eine neue *Theorie* an: Proteine haben sich nicht im Urmeer gebildet, sie sind an den Rändern der Krater entstanden. Unbehelligt vom Massenwirkungsgesetz haben nun, quasi im Handumdrehen, chemische Reaktionen in porösen Spalten und Ritzen stattgefunden.

Ein Phänomen, ein Wunder. Proteine, wir wissen es, sind Eiweiße, und Eiweiße vertragen keine Hitze. Hätte Proteinbildung tatsächlich an diesen obskuren Orten stattgefunden, wären die Eiweißstoffe aber ganz schnell denaturiert. Jede kluge Hausfrau weiß, wie hitzeempfindlich Eiweiße sind, sie läßt sie darum nur erhitzen, nicht kochen.

Die Zelle aber, von der DNS produziert, braucht unerläßlich lebensfähige Proteine, weil es ja – potztausend! – keine Zelle ohne Eiweiße gibt. Ich schwöre es: es ist nicht meine Schuld, daß es so ist, es ist nun mal so, auch wenn es in irgendeinem klugen Buch anders stehen sollte.

Panorama der Evolution

Folgen wir getreulich dem Panorama, das die Evolutionslehre vor uns ausbreitet.

Danach lag über dem Urmeer eine dünne Schicht, ein Film von Lipoiden, von fettähnlichen Substanzen. Darunter schwammen DNS-Stränge und Trauben aus Aminosäuren. Als der große urweltliche Platzregen einsetzte, durchschlugen dicke Wassertropfen den Lipoidfilm. Es bildeten sich Blasen mit einem Inhalt von DNS, Aminosäuren, Proteinen und Nukleotiden.

Das chemische Labor im Blaseninnern stabilisierte sich, aber schließlich platzten die Blasen ob der rumorenden Tätigkeit in ihrem Innern. Weil die DNS über die Fähigkeit zur Replikation gebot, wiederholten sich diese Vorgänge am Fließband, womit dann auch eine einfache Art von Fortpflanzung in Gang gekommen sein soll.

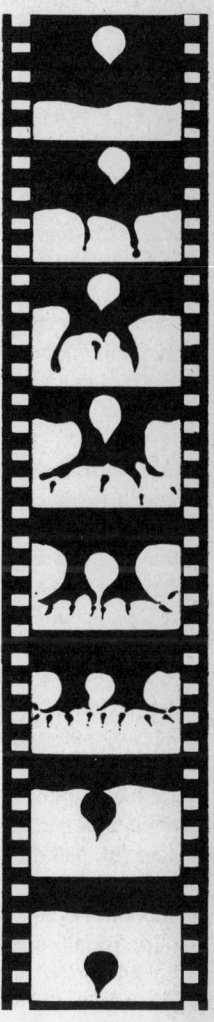

Die Zutaten zu diesen Vorgängen, die eben erst an den Kraterrändern deponiert wurden, müssen nun plötzlich wieder in ungeheuren Mengen im Urmeer schwimmen, in ganz unvorstellbaren
Mengen sogar, weil man den Regentropfen kaum zutrauen kann,
daß sie sich unter dem Lipoidfilm haarscharf an jenen Stellen nie-
derfallen ließen, an denen sie auf die berühmte DNS trafen. Oder
werden auch noch Regentropfen ins große Zufallsspiel aufgenommen? Viele Köche verderben den Urbrei . . . Freilich sind die Un-
gereimtheiten in der *Theorie* für erste Lebensbildung auf der jungen Erde auch den Molekularbiologen bekannt. Es gibt noch viel
mehr solcher Punkte, ich griff nur wenige heraus.

Wie kann man die wunden Punkte wenigstens zu kosmetisch
nicht mehr wahrnehmbaren Narben irrtümlicher Forschung verheilen lassen? Der größte Monolith im Raum der Forschung steht
nämlich immer noch da: Irgendwann im Laufe von Jahrmilliarden
müssen sich unbelebte chemische Substanzen zu einer Ordnung
gefügt haben, die »Leben« hervorbrachte. Aber: wie?

Nobelpreisträger im harten Clinch

Professor Eigen brachte eine geniale Idee ins große Ratespiel ein.
Der Physiker postulierte, daß die Chemie physikalischen Gesetzen
unterworfen wäre. Jedermann weiß, daß die Physik in jedem Teilchen negative oder positive elektrische Ladungen nachwies. Da
dieses Wissen auch auf Moleküle zutrifft, müßten sich diese je nach
ihrer Beschaffenheit anziehen oder abstoßen. Damit könnte der
Zufall in Pension geschickt werden! Die Vorgänge in Makromolekülen liefen dann nach meßbaren physikalischen Gesetzen ab. Die
Schöpfung hätte ihre Verfahrensregeln. Ideal.

Der physiologische Chemiker Jacques Monod, ehemals Leiter
der zellbiologischen Forschung am Pasteur-Institut, Paris, wie Eigen Nobelpreisträger (für Medizin, 1965), war zu der Erkenntnis
gelangt [5], daß die Entstehung von Leben auf unserem Planeten
derart kompliziert und »unmöglich« sei, daß wir unsere Existenzen
als durchaus einmalig im Universum annehmen dürften:
Der alte Bund ist zerbrochen; der Mensch weiß endlich, daß er in
der teilnahmslosen Unermeßlichkeit des Universums allein ist, aus
dem er zufällig hervortrat.

Monods Buch »Zufall und Notwendigkeit«, das weltweit Aufsehen erregte, war kaum drei Jahre alt, als Eigen mit seiner Theorie [6] die Fachwelt überraschte:
Die Untersuchung der Dynamik der der Selektion und Evolution zugrunde liegenden Prozesse zeigt, daß die von Monod apostrophierte, völlig ungesteuerte Zufallssituation in der Evolution nicht vorliegt.

Es gibt Kreise, die Eigens Theorie eine Bedeutung vom Range von Einsteins Relativitätstheorie zumessen.

Weshalb?

Bei der Entstehung und Entwicklung von Leben sind drei Ebenen zu unterscheiden:

I *Chemische Evolution.* – Darunter versteht man die Loslösung von chemischen Materialien aus dem Gestein, wie dies auf dem Urplaneten Erde der Fall war.

II *Selbstorganisation der Moleküle zu vermehrungsfähigen Zellen.* – Dabei handelt es sich um den ungeklärten Komplex, von dem ich bisher sprach: Wie wurde aus »toter« Chemie die »lebende« Zelle?

III *Entwicklung der individuellen Arten.* – Darunter ist Darwins Evolutionstheorie (nicht: Lehre!) zu begreifen, die es gern sähe, wenn sich die Arten auf hübsche Weise mittels verliebter, zeugungsbereiter Pärchen zu ihren derzeitigen Erscheinungsbildern entwickelt hätten.

Es ist Professor Eigens Verdienst, eine Brücke gebaut zu haben, die die zweite Ebene verständlich machen soll.

Seit den Stanley-Miller-Experimenten* weiß man, daß unter ähnlichen Bedingungen, wie sie vor Jahrmilliarden auf der Erde bestanden haben, moleklulare Verbindungen entstehen. Miller und alle, die am Ursuppen-Experiment weiterarbeiteten, hatten freilich keine Originalabfüllung der Nährlösung zur Verfügung, eine Schöpfungs-Spätlese sozusagen; sie scherte auch das Massenwirkungsgesetz nicht. Trotzdem bewiesen die Labortests eindeutig, daß komplizierte molekulare Verbindungen selbständig entstehen. Als man vor der Wand des Schweigens stand und nicht

* Vergleiche Seite 123 – Zurück zu den Sternen, Seiten 39 ff.

wußte, *weshalb* sich diese Verbindungen bildeten, brachte Eigen mit seiner *chemischen Evolutionstheorie* die mögliche Lösung [6]: Die exakt definierte Verteilung der Atome im Molekül, die räumliche Struktur des Proteins, die symmetrische Anordnung der Bausteine im Kristallgitter, die bizarre Form eines Gebirgsmassivs oder das am Nachthimmel sichtbare Muster eines Sternbildes – sie alle resultieren aus *statischen Kraftwirkungen zwischen materiellen Teilen*, die dem jeweiligen Ganzen ihre mehr oder weniger symmetrische Gestalt aufprägen.

Kraftwirkungen scheinen also des großen Rätsels einfache Lösung zu sein. Negativ oder positiv geladene Teilchen. Magnetfelder.

Sind damit alle Rätsel gelöst? Ist nun das Wunder: Leben begreifbar?

Wer ein rundes »Ja« hinter die Frage setzen will, der muß, und das halte ich, pardon me!, für gänzlich unwissenschaftlich, die milliarden- und billionenfachen Zufälle als »gesetzmäßig« akzeptieren. Ich bin nur ein schlichter Bürger, aber Zufälle in ungleich geringerer Potenz sind mir schon zuwider. Ich mag und will sie nicht schlucken. Streicht man aber aus der so imponierend einfachen und darum überzeugend scheinenden Rechnung die Position: Zufall, dann gehört hinter die Frage ein rundes »Nein«.

In dieser meiner Skepsis wurde ich durch Gespräche mit Professor Ernest Wilder-Smith bestätigt, einem Fachgelehrten von hohen Graden, der die neue Theorie kritisch unter die Lupe nahm.

Ein dicker springender Punkt

Als ich Professor Wilder-Smith in seinem Haus am Thuner See besuchte, trug er keinen seiner drei Doktorhüte: den ersten erwarb er mit einer Dissertation in organischer Chemie, den zweiten bekam er von der naturwissenschaftlichen Fakultät der Universität Genf, den dritten von der Eidgenössisch Technischen Hochschule (ETH) in Zürich. Unter den über 50 wissenschaftlichen Publikationen nimmt sein bekanntes Werk MAN'S ORIGIN, MAN'S DESTINY einen besonderen Rang ein.

Professor Dr. A. E. Wilder-Smith

Da Wilder-Smith Gastprofessor an mehreren Universitäten ist, braucht man Beharrlichkeit und Glück, ihm zu begegnen. Ich lernte ihn nach einem faszinierenden Vortrag an der ETH über »Die Entwicklung des Lebens« kennen und bat ihn um ein Gespräch. Es folgte einige Wochen später. Dann ergab sich eine Korrespondenz und schließlich die gründliche Aussprache am Thuner See. – Im Laufe der Jahre lernte ich viele hervorragende, sympathische Wissenschaftler kennen, aber nur wenige mit einer so souveränen, in sich selbst ruhenden Ausstrahlungskraft. Professor Wilder-Smith ist ein sehr, sehr religiöser Mensch, ein Standort, der ihn nicht hindert, exakte Wissenschaft zu treiben und nach dem Wesen der Dinge bis auf den Grund durchzufragen. Er hält nicht viel von den Theorien seines Fachkollegen Professor Eigen. Er sagte mir, warum.

Linksdrehend – rechtsdrehend!
Ich ärgere mich selbst, daß ich meine Leser auf so rauhen Pfaden zum Verständnis meiner Theorie führen muß. Wenn auch manche

Begriffe, ohne die man die Vorgänge nicht abhandeln kann, heute aus Zeitungsmeldungen schon geläufig sind, erleben wir sie doch nicht in Funktion. Es sind halt Begriffe, die unbenutzt in der Garderobe des heutigen Weltverständnisses abgelegt werden. Ich muß sie in Gebrauch nehmen. In Dreiteufelsnamen.

Alle Moleküle, die Hülle, in der sich viele Atome finden, wie auch Stanley Miller sie untersuchte, erwiesen sich *ausnahmslos* als rechts- *und* linksdrehende Moleküle. Solche Drehneigungen sind Eigenschaften, wie sie feste Stoffe, Flüssigkeiten, Gase und Lösungen aufweisen.

In grober Vereinfachung kann man sich eine Strickleiter vorstellen, deren rechtes oberes Sprossenende die rechte Hand festhält, während die Linke den linken unteren Strick ergreift. Dreht nun die rechte Hand die Strickleiter, windet sie sich zu einer nach rechts drehenden Spirale und vice versa – kann die Linke unten die Sprossen zu einer nach links drehenden Bewegung bringen. Die Strickleiter (die in diesem »Paradebeispiel« als Struktur etwa des chemischen Aufbaus eines Moleküls mitspielt) samt ihren Sprossen und Fasern hat sich, bis auf die bewirkten Drehungen, in ihrer Substanz nicht verändert. Es möge bei dieser sehr vereinfachenden

Erklärung bleiben, weil die Erläuterung der Abläufe in Molekülen nach den Gesetzen der Polarisation und der optischen Aktivität nun doch zu weit vom Thema wegführen würde.

Auch Professor Wilder-Smith erhielt bei unzähligen Laborversuchen stets rechts- *und* linksdrehende Moleküle.

Fest steht aber, daß *alle* Moleküle, die auf unserem Planeten am Aufbau von Leben beteiligt sind, *ausschließlich linksdrehende* Aktivitäten besitzen. Zwar existieren auch rechtsdrehende Moleküle*, aber das sind wenige Ausnahmen unter Abermilliarden von Molekülformen.

Wenn aber, und hier liegt der Hund begraben, die Molekülketten von Aminosäuren, Proteinen, Nukleinsäuren oder die DNS sich wirklich nur per Zufall zusammengetan haben, dann müßten am Anfang aller Dinge links- *und* rechtsdrehende Molekülformen vorhanden gewesen sein. Kann man dafür die Erdrotation verantwortlich machen? Wohl nicht, weil dann ja auch in Laborversuchen, die der Erdrotation unterliegen, ausschließlich *linksdrehende* Formen produziert werden müßten. Tatsächlich zeigen sie aber stets und immer beidseitig drehende Formen vor!

Ärgerlich. Damit muß die Rolle des Zufalls aus dem großen Drama vom Entstehen des Lebens gestrichen werden:

Links *und* rechtsdrehende Moleküle hätten sich niemals miteinander verbinden können, denn sie wirken toxisch (giftig) aufeinander!

Darum wirkt Penicillin tödlich auf Bakterien, die, wie alles Leben, *nur* über linksdrehende Moleküle gebieten. Wäre beim Werden von Leben alles mit rechten Dingen zugegangen, dürfte es *eigentlich* bloß Lebensformen geben, die aus rechts- *oder* linksdrehenden Molekülen zusammengesetzt sind.

Ob die linksdrehenden alle rechtsdrehenden Moleküle »aufgefressen« haben? Geht ja nicht, weil die eine Sorte Gift für die andere ist!

Linksdrehende, rechtsdrehende Moleküle . . .

---

* Rechtsdrehende Moleküle gibt es etwa in Penicillin, D-Glutaminsäure in der Kapselsubstanz von Milzbrandzellen wie in einigen in Antibiotika vorkommenden Stoffen wie Gramicidin oder Tyrocydin

Als ich einem Freund den Text vorlas, sagte er mir, er habe meinen Strickleiter-Vergleich nicht ganz kapiert. Betrachte deine Hände, sagte ich ihm. Jedes deiner Greifwerkzeuge ist, jedes für sich, gleich konstruiert: je vier Finger, links ein Daumen, rechts ein Daumen. Obwohl gleich gemacht, kannst du die Handflächen auch dann nicht übereinander legen, wenn du deine Hände drehst! Obwohl sie prachtvoll gleich sind, kannst du diese Deckungsgleichheit nicht erreichen. Genauso, mein Freund, benehmen sich Moleküle. Aminosäuren können in Rechts- wie in Linksdrehungen und in derselben Molekülkonstellation existieren, trotzdem ist ein *links*drehendes Molekül von anderem »Charakter« wie ein *rechts*drehendes. Mein Freund sagte mir, er hätte es nun verstanden. Uff!

Ich halte mir in aller Bescheidenheit zugute, daß ich mit Theorien großzügig umgehe, im besonderen Fall also sogar bereit bin, über die unsagbar vielen Zufälle nicht zu stolpern, vielmehr sie großzügig zu umgehen. Aber ich kann nicht in dem Dunkel, das die Theorie verbreitet, einfach den Verstand abschalten. Ich will es auch nicht. Den Hinweis, den mir ein bedeutender Wissenschaftler auf das Faktum der *ausschließlich links*drehenden Moleküle gab, den kann ich nicht verdauen! Exakte Wissenschaft, das ist mein »Glaube«, beweist ihre Theorien durch das Experiment. Bisher ergaben sich in *keinem* Laborexperiment – zufälligerweise! – *nur* linksdrehende Moleküle. Wieso macht sich die Wissenschaft in diesem Fall stark und argumentiert gegen ihre eigenen eindeutigen Resultate der Forschung?

»Musik liegt in der Luft!« Die Antwort ist zum Greifen nahe, ja, es ist ein Hauch des Unheimlichen auf der Haut zu spüren. Das Einmaleins des Forschens ist zu Ende buchstabiert. IRGENDWER oder IRGENDWAS hat beim Abkochen der Ursuppe mitgerührt. Da helfen weder Zufälle noch Geister noch Wunder. Wir werden diese Wesen dingfest machen. Bevor wir die Handschellen anlegen, wollen wir den »Delinquenten« gegenüber eine schier parzivalische Fairneß walten lassen und noch mal für einen Moment unterstellen, es wären tatsächlich ausschließlich *links*drehende Moleküle entstanden, die über die vielen – Augen zu! – Zufälle zum Protein gefunden hätten.

Von Wahrscheinlichkeit keine Rede!

Die kleinste, überhaupt denkbare »lebende« Einheit besteht aus mindestens 239 Proteinmolekülen. So ein Proteinmolekül setzt sich aber allein bereits aus 20 verschiedenen Aminosäuren zusammen, und viele komplizierte Enzyme gehören auch dazu, die sich nicht nur in einer feststehenden Reihenfolge, sondern alle miteinander in *links*drehendem Zustand aneinanderketten müssen. Zufälle über Zufälle.

Die Wahrscheinlichkeit, daß sich die einfachste Zelle *nur* aus *links*drehenden Aminosäuren bildet, ist mit $1:10^{123}$ errechnet worden [2]. Die hochgestellte Zahl sieht ausgeschrieben nicht nur lustig aus, sie macht dann auch deutlich, *wie* unwahrscheinlich solche Zufallstreffer sind:

1 : 000 000 000 000 000 000 000 000 000 000 000 000
    000 000 000 000 000 000 000 000 000 000 000 000
    000 000 000 000 000 000 000 000 000 000 000 000
    000 000 000 001

Das (Un-) Wahrscheinlichkeitsspiel wird noch absurder!

Sollte die erste Zelle, die sich so herrlich zufällig aus nur *links*drehenden Aminosäuren, Proteinen etc. bildete, nun auch noch eine Artgenossin »hervorgebracht« haben, die ihre chemische »Umwelt« ihrerseits dem großen Bruder: »Zufall« verdankte und drum auch nur aus *links*drehenden, organisch-aufbauenden Makromolekülen bestand, dann ist die Wahrscheinlichkeit für diesen Vorgang mit

$1:10^{22117769304}$

errechnet worden.

In meinem Vokabular führe ich ungern das Wort UNMÖGLICH. Hierher gehört es. Dick und dreifach. Während ich dies schreibe, versuchte ich, mir die unvorstellbare Zahlenreihe einmal plastisch vorzustellen.

In einer Zeile meiner Manuskriptseite bringe ich 75 Buchstaben unter. So eine Seite hat 37 Zeilen, sie »trägt« demnach 2775 Buchstaben. Um es wie auf einem Scheck »in Worten« auszuschreiben: auf einer Seite könnte ich zweitausendsiebenhundertfünfundsiebzig Buchstaben unterbringen. Auf 100 Manuskriptseiten ständen schließlich bereits über eine Million Buchstaben. Ich gab es auf, weiterzurechnen. Die monströse Zahl mit den hochgestellten Ziffern läßt sich an der Buchstabenzahl von Büchern überhaupt nicht zu Ende denken. »In Worten« wären es: zweiundzwanzig Milliarden, einhundertsiebzehn Millionen, siebenhundertneunundsechzig Tausend, dreihundertvier Buchstaben. Es gibt Zahlen, die für uns normale Sterbliche unvorstellbar sind, dies ist so ein Ungetüm. Vorstellbar wird jedoch schlagartig, daß sich mit derartigen Unwahrscheinlichkeiten, mit einer solchen Massierung von Zufällen keine angeblich hochwissenschaftliche Theorie »belegen« läßt. Aber: die Evolutions»lehre« schluckt jede Unwahrscheinlichkeit um ihres Überlebens willen.

Energieprobleme in Urzeiten

Unterstellen wir brav, die erste lebende Zelle hätte sich unter dieser non-stop-Serie von Zufällen gebildet. Dann tauchte aber sofort ein neues Problem auf! Die Zelle brauchte zur Existenz Energie.

Dem klassischen Lehrbuch folgend, wurde es durch eine Reihe von positiven Mutationen* gelöst. Einmal unter 20 Millionen Mutationen ist *eine* positive zu erwarten! Großzügig, wie wir immer sind, nehmen wir an, daß alle anfänglichen Mutationen günstig verlaufen sind, so daß schließlich die Zellen Chlorophyll** produzieren konnten, das einen winzigen Teil des Sonnenlichts in chemische Energie umsetzte. Zwar wäre damit auch das Energieproblem nur zufällig gelöst worden, doch diese Lösung hat den Schönheitsfehler, daß bei diesem Umwandlungsprozeß als Nebenprodukt Sauerstoff anfällt!

Unsere chemische Exkursion führt uns aber immer noch durch die Uratmosphäre! Die hat mit der Atmosphäre, die wir heute atmen, überhaupt nichts zu tun. Daran müssen wir denken und wissen, daß die Uratmosphäre überwiegend aus Methan (etwa Grubengas) und Ammoniak (mit Stickstoffatomen) bestanden hat, Sauerstoff in dieser Atmosphäre also wie tödliches Gift wirkte.

---

* Mutation: Entwicklungsgeschichtlicher Vorgang, der zum Entstehen eines abgeänderten Erbmerkmals in einer Zellgruppe oder in einem Individuum führt, ein Evolutionsmechanismus

** Chlorophyll: Ein Pigment der Photosynthese mit lebensentscheidenden chemischen Verbindungen, die die Zelle in den Stand setzen, Lichtenergie zu absorbieren

Falls die ersten Zellen in einer Methan-Ammoniak-Atmosphäre gediehen, hätte sie hinzutretender Sauerstoff sofort wieder umgebracht. Das ist so, und niemand kann das ernsthaft bestreiten.

Warum wird in Lehrbüchern nicht und nie darauf hingewiesen? Warum verheimlicht man die Fakten aus chemobiologischen Experimenten, warum leugnet man die mathematischen Berechnungen, die die Unhaltbarkeit der Zufälle beweisen!?

Noch mal springe ich über den Schatten, den die »Lehre« wie eine majestätische Schleppe hinter sich herzieht, und unterstelle, die erste Zelle wäre so entstanden, wie man es uns weismachen will. Es bleibt unmöglich! Denn: alle organischen Reaktionen, die zur Bildung von Eiweißen und DNS-Molekülen führen, sind reversibel (umkehrbar). Bedeutet: Chemikalien, die sich binden, können sich genau so schnell voneinander lösen. Die Annahme einer Wahrscheinlichkeit für »konstante« Entwicklung von Enzymen, Proteinen und der DNS wird damit ein weiteres Mal als unakzeptabel bloßgestellt.

Zu dieser kniffligen und im wahrsten Sinne des Wortes weltbewegenden Angelegenheit erbat ich die Meinung von Professor *Manfred Eigen*. Auf meine beiden grundsätzlichen Fragen antwortete er mir mit seinem Brief vom 15. 9. 1976:

Sind die chemischen Prozesse in der Ursuppe, die schließlich zur ersten Zelle führten, reversibel? Wenn ja, stimmen dann die physikalischen Spielregeln noch?

Eigens Antwort: Die Prozesse, die zu einer chemischen Evolution und zur Selektion im Sinne Darwins geführt haben, sind immer irreversibel gewesen. Mit anderen Worten: Es handelte sich dabei um Reaktionen energiereicher Moleküle, die sich unter Freisetzung von Energie spontan zu makromolekularen Gebilden zusammengeschlossen haben. Man kann zeigen, daß ein Evolutionsverhalten nur weitab vom Gleichgewicht möglich ist – dazu bedarf es immer eines Umschlags von freier Energie. Die physikalischen Spielregeln, die wir für die Evolutionsprozesse erarbeitet haben, basieren gerade auf dieser Irreversibilität der zur Selbstorganisation führenden Prozesse.

Meine Frage: Ihre Theorie macht aus Monods »Zufall« eine »Notwendigkeit«. Könnte man daraus schließen, daß diese Notwendigkeit bei allen anderen, erdähnlichen Planeten zutrifft?

Eigens Antwort: Unsere Theorie macht keineswegs generell aus Monods »Zufall« eine »Notwendigkeit«. Wir zeigen lediglich, daß es Gesetzmäßigkeiten gibt, die auch bei statistischer Unbestimmtheit der Einzelprozesse zu einem notwendigen Verhalten der Gesamtheit führen. Trotzdem muß man hier sehr sorgfältig unterscheiden. In den Gleichgewichtsprozessen bleibt vom Zufall schließlich – außer ganz geringfügigen Schwankungen – nahezu gar nichts mehr übrig. Bei den Evolutionsprozessen werden immerhin noch zufällige Schwankungen, etwa Mutationen, bis auf die makroskopische Ebene hinauf verstärkt. Wir machen damit keineswegs aus Monods »Zufall« generell eine »Notwendigkeit«, sondern wir behaupten lediglich, was eigentlich in Monods Buchtitel schon zum Ausdruck kam, daß die Entstehung des Lebens ein Wechselspiel zwischen Zufall und Gesetz oder Zufall und Notwendigkeit ist.

Wenn wir weiter ins einzelne gehen, dann kommen wir zu dem Schluß, daß auf erdähnlichen Planeten, d. h. auf Planeten, die eine ähnliche Chemie durchlaufen haben wie unser Planet, lebensähnliche Prozesse auftreten müssen, die in ihrer Detailstruktur sich aber stark von den auf diesem Planeten anzutreffenden unterscheiden.

Prof. Eigens Antworten haben mich einigermaßen verblüfft. Es ist zwar richtig, daß *die Enzyme* gewisse Reaktionen bei der Bildung von Eiweißen und DNS-Molekülen *de facto* irreversibel machen, indem sie gekoppelte Energie in das System einspeisen. *Aber: Enzyme bilden sich nicht spontan!* Das ließ ich mir von mehreren organischen Chemikern bestätigen. Was nützt demnach die postulierte *Ir*reversibilität, wenn sie erst in einem Stadium der chemischen Entwicklung zur Tatsache wird, zu dem es gerade wegen der *Re*versibilität gewisser chemischer Substanzen gar nicht kommen wird?!

Für meine Beweise *gegen* das, was man allgemein für eine »natürliche Evolution« sprechen läßt, kann das Hohe Gericht die Ergebnisse von Experimenten überprüfen – es sollte allerdings indoktrinierende Fachbücher außer acht lassen. Das Hohe Gericht wird dann objektiv feststellen können:

1 Das Massenwirkungsgesetz wie die Lehrsätze der Entropie stehen gegen die bisherige Annahme für die Bildung von Proteinen.

2 Proteine können sich nicht an heißen Kraterrändern gebildet haben, sie wären zerstört worden. Denaturiert.

3 Alle am Lebensaufbau beteiligten Molekülketten sind *links*drehend – ein Ergebnis, das experimentell bisher nicht erreicht worden ist. Experimente, dem Zufall überlassen, ergeben links- *und* rechtsdrehende Molekülketten.

4 Die Wahrscheinlichkeit von durch serielle Zufälle gebildete Makromolekülketten zur Zelle ist *statistisch* unglaublich gering, um nicht zu sagen: von einer Chance, die bei Null liegt.

5 Die in der Ursuppe vollzogenen organischen Reaktionen, die zur Bildung von Enzymen führten, sind reversibel, die mühsam-zufällige Entwicklung von Chemikalien zur Zelle ist unakzeptabel.

Diese Erkenntnisse entstammen nicht meiner kühnen Phantasie. Ich verdanke sie in erster Linie meinen Gesprächen mit Professor Wilder-Smith.

Diese Grenzsituationen mit ihren undefinierten Schwierigkeiten stellt wohl auch Professor Eigen in Rechnung:

Der Bruchteil von Proteinstrukturen, der in der gesamten Erdgeschichte je entstanden sein kann, ist tatsächlich so verschwindend klein, daß die Existenz effizienter Enzymmoleküle an ein Wunder grenzt.

Gibt es denn überhaupt eine Erklärung für das große Wunder des Werdens des ersten Lebens?

In der Definition von Professor Hans Kuhn [7] vom Max-Planck-Institut für Biophysikalische Chemie, Göttingen, ist die Entstehung von Leben . . .

. . . ein gesetzmäßiger, unter geeigneten äußeren Bedingungen notwendigerweise eintretender Vorgang.

Kuhn stört die Tatsache kaum, daß aller Lebensaufbau aus *links*drehenden Molekülen besteht, denn sie beruht . . .

. . . auf dem Zufall, daß sich zuerst ein reproduktionsfähiges System aus d-Ribose* durchsetzen konnte. Das Problem des Ursprungs der optischen Aktivität erscheint, so betrachtet, einfach.

---

* Ribose: Wichtiger Baustein zu Nukleinsäuren mit Spuren von Zucker

Es wird also schlicht und einfach unterstellt, daß sich der ersten Aminosäurekette, die rein zufällig *links*drehend war, später alle anderen Moleküle im *Links*verbund angepaßt haben. Moleküle sind »tot«. Sie multiplizieren sich nicht aus sich selbst. Erst viel spätere und ungleich kompliziertere DNS-Strukturen werden Replikationsfähigkeit besitzen. Bis der Vorhang zu diesem Akt des Dramas aufgeht, würden noch x-Milliarden Zufälle nötig gewesen sein. Die Gelehrten operieren hier ungetarnt mit dem *Deus ex machina* des antiken Theaters, dem »Gott aus der Maschine«, der – wenn es nicht mehr weitergeht – »unerwartete oder künstlich bewirkte Lösungen von Problemen liefert«. Ich zitiere Sokrates: Wir müßten uns denn auch unsererseits mit der Sache so abfinden wie die Tragödiendichter, die ihre Zuflucht zu den Maschinen nehmen, wenn sie in Verlegenheit sind.

Ich bin nicht in dieser Verlegenheit. Es gibt zwei dicke Kondensstreifen, die »meine« Götter am Urhimmel zurückließen.

Spuren für Leben im Weltall

A   Seit 1937 werden Moleküle im Weltall nachgewiesen. Durch radioastronomische Messungen sind besonders in den vergangenen sechs Jahren Moleküle unterschiedlicher Beschaffenheit in interstellaren Wolken registriert worden. Über 20 organische Moleküle* stehen bereits in den Annalen. Die Professoren Ronald Brown und Peter Godfrey von der Monash-Universität in Melbourne wiesen 1972 in einer 30 000 Lichtjahre von der Erde entfernten Gaswolke FORMALDIMIN nach. Auch das ist ein organisches Molekül, das Kohlenstoff, Wasserstoff und Stickstoff enthält; es gehört zu den Grundstoffen des Lebens. – Besteht die Möglichkeit, daß »Leben« – zufälligerweise! – aus dem Weltall auf die Erde importiert wurde?

B   Die Mitentdecker der Doppel-Helix (DNS) Francis Crick und Leslie Orgel veröffentlichten 1972 in der wissenschaftlichen Zeitschrift ICARUS den Artikel: DIRECTED PANSPERMIA

---

* Organische Moleküle verfügen über ein oder mehrere Kohlenstoffatome

[8], in dem sie die Theorie aufstellten, eine fremde, unbekannte Intelligenz habe im Weltall dafür gesorgt, daß überall *Leben nach demselben Bauplan* entstehen konnte. Die Fremden hätten ein Raumschiff ausgesandt mit verschiedenen Mikroorganismen. Wörtlich schrieben sie:

Eine Nutzlast von 1000 Kilo könnte 100 Proben mit ihrer Nährlösung transportieren, wobei jede Probe 10^{15} Mikroorganismen enthalten würde. Es wäre nicht einmal notwendig, dieses Raumschiff auf extreme Beschleunigung zu bringen, denn die Ankunftszeit ist unwesentlich. Der Radius unserer Galaxis beträgt etwa 10^5 Lichtjahre. Also könnte man innerhalb von 10^8 Jahren viele Planeten dieser Galaxis infizieren, auch wenn sich das Raumschiff nur mit einem Tausendstel der Lichtgeschwindigkeit bewegen würde. In einem Umkreis von 100 Lichtjahren liegen mehrere tausend Sterne, und diese könnten in etwa einer Million Jahren Raumschiffzeit infiziert werden.

Erstes Leben aus Raumschiffen gesät?

Es ist freilich ein großes Vergnügen für mich, wenn ich aus dem Munde von Kapazitäten vom Range der Crick und Orgel solche Theorien höre und meinen Lesern unterbreiten kann. Da solche Statements, die meine Annahmen stützen, kaum über Fachkreise hinaus publik gemacht werden, sollen sie hier zwischen den Dekkeln dieses Buches stehen.

Im Klartext besagt die ICARUS-Veröffentlichung, daß die Schöpfung planvoll stattgefunden hat. Der Zufall ist aus dem Spiel. Im Gegensatz zu dem Lösungsangebot, wonach rein zufällig alle möglichen Sonnensysteme mit Bakterien infiziert worden sein sollen, bietet sich hier die für mich überzeugendere Möglichkeit an: Die Erde (und wahrscheinlich auch weitere Planeten in anderen Sonnensystemen) wurde von Besuchern aus Raumschiffen *gezielt* mit Lebenskeimen versorgt!

Wir wissen, daß zwischen den Sternen unvorstellbare Entfernungen liegen. Um derartige Entfernungen *in bemannten Raumschiffen* zurücklegen zu können, sind Antriebssysteme notwendig, die außerordentliche Beschleunigungen garantieren. Mit ihnen treten die mehrfach angesprochenen Zeitverschiebungseffekte auf. Kehren Weltraumfahrer von ihrer interstellaren Reise in ihr heimatliches System zurück, mag es sein, daß sie erst »am jüngsten Tag« landen. *Zu Hause* können Jahrmillionen vergangen sein. Von ihrer Generation, die ihnen beim Abschied »Guten Flug!« wünschte, wird dann keiner mehr leben.

Diese »Gefahr« umgehen die Außerirdischen, sobald sie in fremden Sonnensystemen Lebenskeime ihrer Machart deponieren. Haben sie erst einmal solche Keime ausgesetzt, läuft die Entwicklung – ohne Zufälle! – in einer Art von Automatismus ab: in der Tiefe der Galaxis entwickeln nun diverse Planeten Lebensmodelle im Stile des Heimatplaneten. So schaffen sich die Fremden im Fluge und im Zuge der Zeiten ihnen adäquate Lebensbedingungen. Und auch die Gesetze der Zeitdehnung sind schachmatt gesetzt. Eine genialer Plan von zwingender Logik.

Was Mutmaßung sein könnte, kriegt realistische Dimensionen, weil *alles* Leben auf unserem Planeten nach ein und demselben genetischen Code entsteht, wächst und vergeht. Es sprechen also Fakten für die Annahme, daß irdisches Leben – weil modellhaft gleich – von einem anderen Planeten »eingeflogen« wurde. Steht gleich die Frage im Raum: Ja, wie ist es denn dort entstanden?

Leben – Kreis ohne Anfang?

Dieses Fragezeichens nahm sich schon Ende des vorigen Jahrhunderts der schwedische Physikochemiker Svante August Arrhenius (1859–1927) an. Irgendwo, sagte er, müsse Leben ja begonnen haben, und postulierte, das Leben sei ewig, und damit stelle sich die Frage nach dem Ursprung nicht [9]. Natürlich habe auch eine Kreislinie irgendwo einen Anfang, doch sobald sie geschlossen sei, stelle sich die Frage nach ihrem Anfang nicht mehr, sie sei belanglos geworden und ließe sich nicht mehr beantworten, weil der Kreis ein in sich geschlossenes System darstelle. Man müsse, sagte Arrhenius, an den »Anfang« des Kreises mit allem Respekt einen Schöpfer setzen oder eben das, was man allgemein mit GOTT bezeichne.

Die Naturwissenschaft ist inzwischen über glaubensmäßige Apelle hinausgediehen.

Technik wäre theoretisch heute schon in der Lage, den Nachbarplaneten Venus künstlich bewohnbar zu machen! Vor einigen Jahren schlug der amerikanische Astronom Carl Sagan vor,

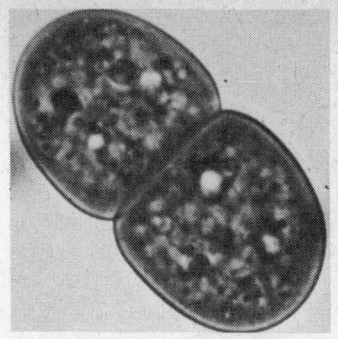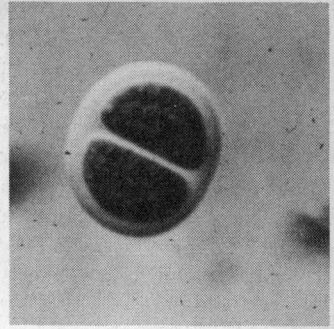

1 Blaualge (Synechococcus) in Teilung, 200fach vergrößert.
2 Blaualge (Chroococcus) nach Teilung, 200fach vergrößert.

Raumschiffe mit einigen Tausend Tonnen Blaualgen auszusenden und diese Ladung in der Venusatmosphäre abzublasen. Warum? Blaualgen, einzellige Algen ohne echten Zellkern, haben die phänomenale Eigenschaft, auch unter relativ hohen Temperaturen nicht einzugehen. Mit ihrem Stoffwechsel reduzieren sie den hohen Anteil an Kohlendioxyd, das der Atmung feindliche Gas, in dem menschliche Lebewesen ersticken. Daher Sagans Vorschlag. Die Stoffwechselabsonderungen würden allmählich die Oberflächentemperaturen sinken lassen und schließlich unter 100 °C bringen. Blaualgen würden also die nämliche chemische Umsetzung bewirken, wie sie dereinst in der Ursuppe vor sich ging: Mit Hilfe von Licht und Wärme würden große Mengen von Kohlendioxydteilen in Sauerstoff umgewandelt. Der Planet Venus würde nach und nach bewohnbar werden.

Praktizierten Außerirdische vor Jahrmilliarden bereits das Blaualgen-Experiment mit unserer Erde? Warum nicht? Was Carl Sagan einfiel, kann zu Olims Zeiten schon Klügeren sinnvoll erschienen sein.

Möglich wäre es. Blaualgen haben eine steinalte Vergangenheit. In 3,5 Milliarden alten Hornsteinen – dichtem Kieselgestein, dem

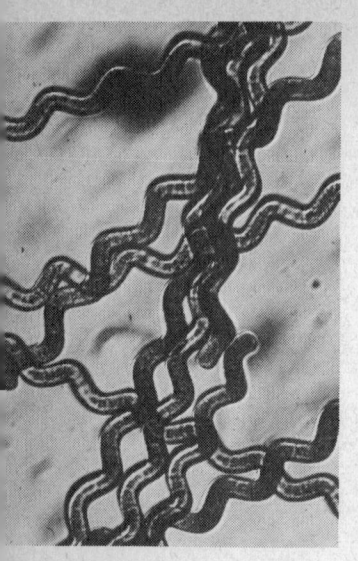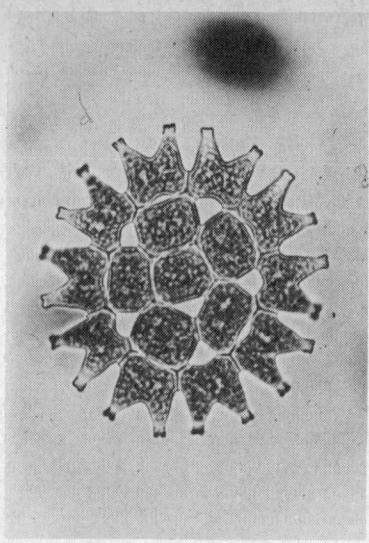

Links: Fadenbildende Blaualge (Spirulina) – 120fach vergrößert
Rechts: Kolonienbildende Grünalge (Pediastrum): 16 im Verbund
schwebende Zellen, 300fach vergrößert

Feuerstein ähnlich – in der sogenannten Onverwachtstufe in Transvaal, Südafrika, wurden Reste von Blaualgen gefunden. Nach Angaben von Professor H. D. Pflug, Universität Gießen, entspricht die Entwicklungsstufe den heute lebenden Blaualgen [10]. Demnach existierten vor 3,5 Milliarden Jahren Lebewesen, die der Photosynthese fähig waren. Damals war die Erdatmosphäre so gut wie ohne Sauerstoff. Wurde erstes irdisches Leben von außen her mittels eines gezielten Experiments möglich gemacht?

Wer diese Möglichkeit rundweg ablehnt, der muß dann aber fairerweise dartun, woher die 3,5 Milliarden Jahre alten Blaualgen stammen! Zu jener Zeit, aus der die in Transvaal entdeckten Blaualgen stammen, war doch angeblich die chemische Evolution erst

in vollem Gang. Nach Lehrmeinung existierten im Urmeer irgendwelche primitiven einzelligen Lebensformen. Wie aber gerieten
Blaualgen auf festem Grund und Boden in Sedimentschichten, die
ein Alter von 3,5 Milliarden Jahren signalisieren?! Ohne »Entwicklungssprünge« geht die Chose nicht . . . wenn man nicht weiter
und nach vorn zu denken bereit ist. Ab der ersten Zelle soll der
»kleine Rest« von selbst abgelaufen sein? O mama mia!

Spielregeln!
Nach anthropologischer Kathedermeinung haben sich die Arten
im riesigen Gewächshaus nach den von Darwin vermuteten Spiel-
regeln [11], freilich ausgiebig von Zufällen begossen, entwickelt.
Eins aus dem andern:
Alle Individuen derselben Arten sind aus einer gemeinsamen
Stammform hervorgegangen und von einem Entstehungsmittel-
punkt ausgewandert. Und:
   Da alle lebenden Formen die unmittelbaren Nachkommen der-
jenigen sind, die lange vor der kambrischen Epoche* lebten, so
können wir sicher sein, daß die regelmäßige Aufeinanderfolge der
Geschlechter nie unterbrochen war, und daß keine Sintflut die
Erde verwüstete.

Affenforschung

Darwins Theorie ist das Credo der Anthropologie. Es gilt als Sakri-
leg, nicht daran zu »glauben«. Selbst wer die Theorie in Teilen als
verifiziert zu betrachten bereit ist, darüber hinaus aber begründete
Zweifel anmeldet, wird mit Killerphrasen bedacht und an den

---

* Kambrische Epoche: Abschnitt der Paläozoischen Formationsgruppe, die reich an
  Versteinerungen ist, in denen alle Stämme der Tierwelt vertreten sind

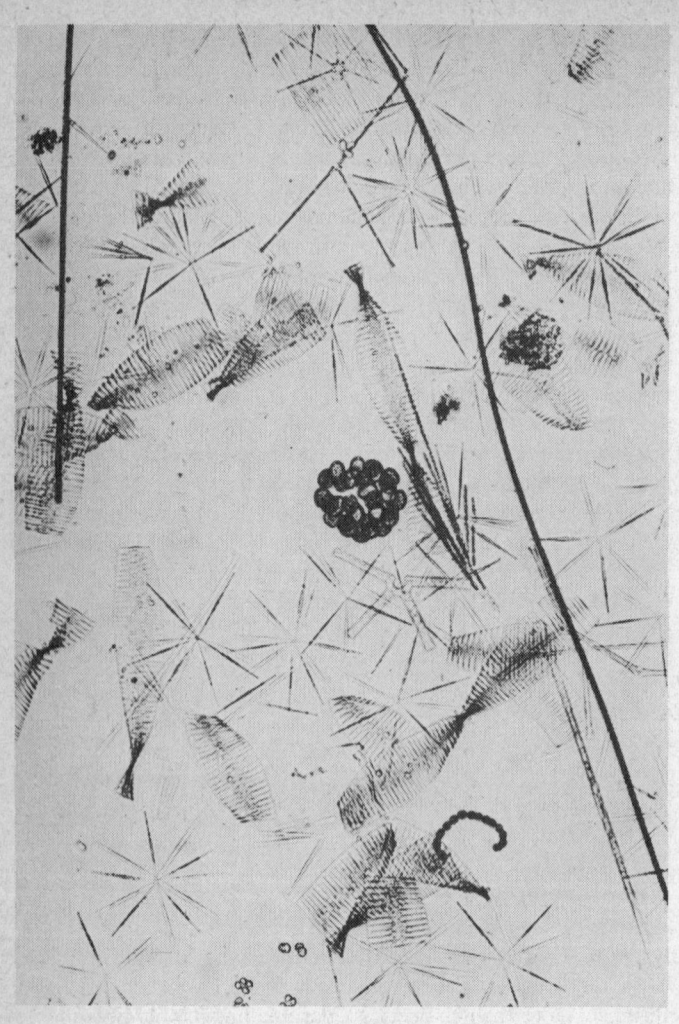

*Mikroskopaufnahme von Zellformationen
in stehenden Gewässern:
Kieselalgen, Panzerflagellaten, Grünalgen*

Pranger gestellt. Solange nicht diktatorisch der »Glaube« an eine Theorie verordnet werden kann – und dahin wollen wir es doch nicht kommen lassen! –, muß es doch möglich bleiben, zu diskutieren, in Frage zu stellen, zuzuhören, andere Wege zu suchen.

Es vergeht kaum ein Monat, in dem nicht mit einer juchzenden Meldung der Fund eines Schädels kundgemacht wird, und der jeweilige Schädel bezeugt dann allemal den nunmehr allerneuesten »Vormenschen«. Was da so an Anthropologie betrieben wird, gilt, genau betrachtet, gar nicht mehr der Forschung nach der Frühgeschichte des intelligenten Menschen. Da werden Affenableger studiert! Ist es denn so wichtig, ob ein Schädel fünf oder zehn Millionen Jahre alt ist? Es mag zwar hochinteressant sein, aber es bleibt kolossal unwichtig, seit wann eine Affenart auf den Hinterbeinen stehen konnte. Bei dem Eifer, mit dem diese Affenforschung betrieben wird, müßte man annehmen, irgendwelche Frechlinge würden bestreiten, daß sich über Jahrmillionen die Affen verändert haben. Alle Säugetiere, Fische oder Insekten haben durch Mutationen andere Formen bekommen. Warum soll das edle Affentier da eine Ausnahme gemacht haben? Wer bestreitet das?

Bestreiten möchte ich, daß sich irgendwann im Laufe der Evolution eine Art mit einer anderen hat kreuzen können! Ist es schon ein rechtes Kreuz mit der chemischen Evolution, so müßte den Verfechtern der Lehre die biologische Evolution wirklich zum Alptraum werden. Mir ist klar, daß ich mit dem Anbieten eines Alptraums provoziere. Warum sollen die Verfechter dieser Lehre auf den Ruhekissen ihrer vergilbten Erbschaft sanft schlafen, derweil ich mir das Gehirn zergrüble, wie es wirklich gewesen sein könnte?!

Ich provoziere nicht mit leeren Taschen. Um deren Inhalt auspacken zu können, muß ich, nolens volens, klarmachen, wie die genetische Information von der einfachen Zelle zum hochkomplizierten Lebewesen übergeleitet wird.

Siamesische Zwillinge

Die DNS ist Trägerin der genetischen Information. Aus DNS werden Zellen, und die enthalten als »Ableger« der DNS einige tausend Gene, die Chromosomen bilden, in denen die Erbfaktoren lokalisiert sind.

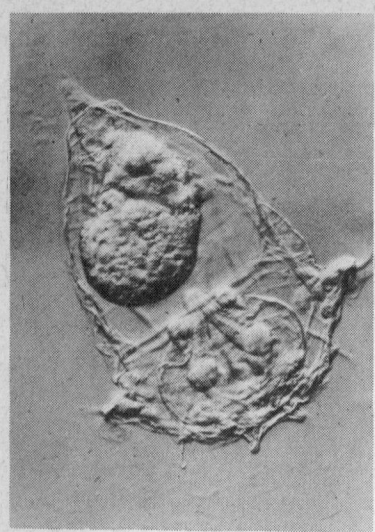

Rädertier (Synchaeta):
eine Lebensform, die sich
bereits von Bakterien er-
nährte. 100fach vergrößert

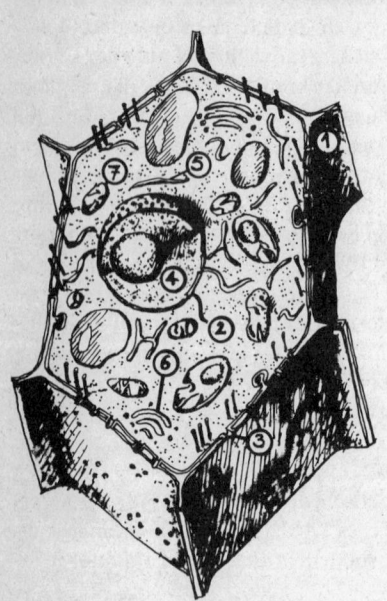

Zelle im Querschnitt mit
ihren wichtigsten Bestand-
teilen: 1 Zellwand –
2 Flüssigkeit, die die Zelle
anfüllt (Cytoplasma). Das
Zellplasma umgibt den
Zellkern – 3 Verbindungen
zur Nachbarzelle – 4 Zell-
kern: das genetische
Steuerzentrum mit einem
sehr hohen Gehalt an
DNS, in der für die Ver-
erbung wichtige Informa-
tionen gespeichert sind.
Die DNS ist in den Chro-
mosomen lokalisiert, die
bei der Zellteilung die
Form relativ kurzer, ge-
drungener Stäbchen an-
nehmen – 5 Verzweigtes
System von Kanälchen,
durch die das Zellplasma
zieht – 6 Der sog. Coli-
Apparat kommt in der
Zelle dort vor, wo Stoffe
synthetisiert werden –
7 Körper, in denen die
Zellatmung stattfindet. Sie
liefern die Energie zum
Funktionieren der Zelle

Die Zelle ist ein höchstkompliziertes Gebilde. Die Gene (die in ihr in Chromosomen hausen) sind wie siamesische Zwillinge: bei Zellteilungen wandern sie aneinander gekoppelt weiter. Die Markenzeichen eines Chromosoms mit allen Erbanlagen gelangen zusammen in die gleiche Keimzelle. Aber: die Zelle reagiert empfindlich auf alle möglichen Umweltreize. Treffen etwa ionisierende Strahlen, gewisse chemische Substanzen oder auch Viren in den Zellkern, dann kann die gehütete genetische Information verändert werden. Nach einer derartigen Veränderung (Mutation) reproduziert plötzlich die DNS nicht mehr dieselben Muster wie die ursprüngliche DNS. – »Druckfehler« haben sich eingeschlichen. Falls die Zelle an dem Druckfehler nicht zugrunde geht, wird er künftig bei allen Zellteilungen im Programm stehen bleiben. Ad infinitum.

Durch die Bank sind Mutationen von Nachteil: nur eine unter 20 Millionen verläuft positiv, eine Lotterie mit sehr vagem Resultat. Trotzdem wimmelt es in der biologischen Entwicklung von positiven Mutationen. Sie müssen zufälligerweise samt und sonders günstig verlaufen sein, denn schließlich bildeten sich ja erste, komplizierte Lebensformen.

Unter den ersten derartigen Lebensformen, die sich in Versteinerungen des Erdaltertums nachweisen lassen, sind Trilobiten (krebsähnliche Tiere). Vor ihnen muß es »natürlich« zahllose andere Lebensformen gegeben haben, doch die sind nicht mehr nachzuweisen. Die Urozeane haben ihre Spuren überschwemmt.

Die vielen positiv verlaufenen Mutationen ließen also die vielfältigen Lebensformen entstehen, »natürlich« auch hochkomplizierte, die sich nicht mehr durch Zellteilung, sondern durch Befruchtung vermehrten. Damit wird Darwins Vermutung, daß die regelmäßige Aufeinanderfolge der Geschlechter nie unterbrochen wurde, zur Groteske. Warum?

Weil jede Art eine bestimmte, unveränderliche Chromosomen-Zahl und -Form hat!

Die menschlichen Keimzellen haben 46 Chromosomen. Eine reife Eizelle birgt 22 Autosomen* plus ein X- oder Y-Chromosom

---

* Autosom: Chromosom, das im Unterschied zu den Geschlechtschromosomen in den einander entsprechenden Zellen beider Geschlechter paarweise vorkommt

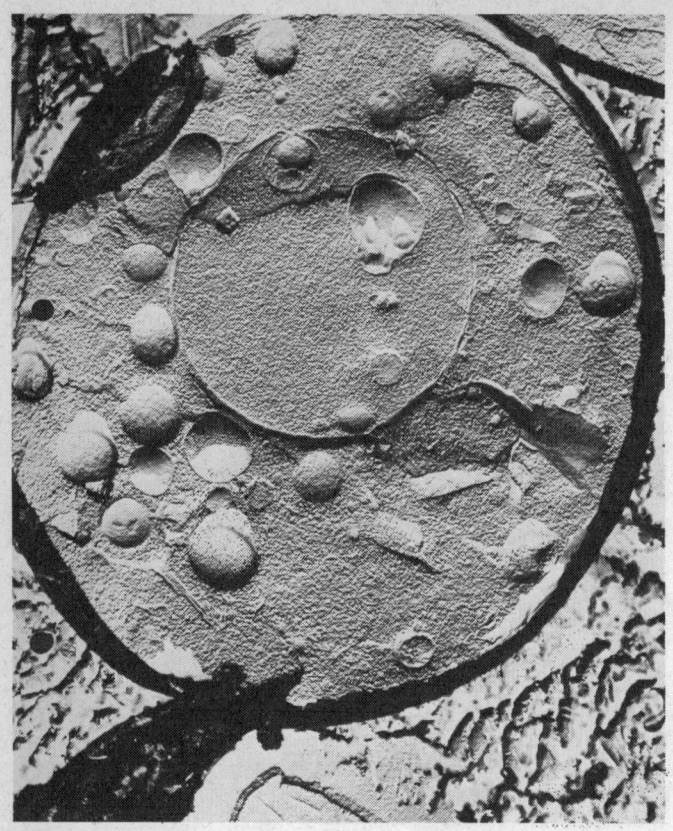

Aufgeschnittener Zellkern – elektro-mikroskopische Aufnahme der ETH, Zürich

in dieser einfachen Rechnung: 2×22 = 44 Autosomen + 2 Geschlechtschromosomen = 46 Chromosomen in jeder Körperzelle. – Bei der Paarung finden sich 2×22 Autosomen mit dem 23. Paar aus dem Chromosom der weiblichen und männlichen Zelle. Die Gene mischen sich und leiten die Zellspaltung ein.

So wie für den Menschen, sind Form und Zahl der Chromosomen *für jede Art* spezifisch.

Numerische Chromosomen-Mutationen sind alltäglich durch Druckfehler in der DNS. Plötzlich baut eine Zelle ein Chromosom zuviel auf. Allein in der Bundesrepublik Deutschland schätzt man die Zahl solcher numerischer Chromosomen-Mutationen auf 125 000 Fälle jährlich; sie träfen damit rund 9 Prozent aller Geburten. Träger derart mutierter Chromosomen sind gemeinhin nicht zeugungsfähig, denn die anomale Zahl wird von der intakten Eizelle abgestoßen. (So kann sich, wenn es einem in den perversen Sinn käme, kein Mensch mit einem Schimpansen kreuzen, obwohl beide vom gleichen Stamm sind. Ihre Chromosomenzahlen passen partout nicht zusammen!)

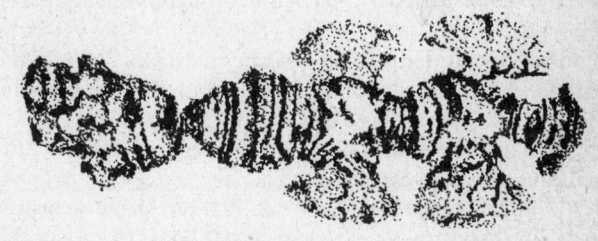

Zeichnung nach einer 1500fachen Vergrößerung eines Riesen-chromosoms, in dem das Erbmaterial aktiviert wird

Freilich wäre es denkbar, daß unter vielen Geborenen mit anomaler Chromosomenzahl sich zufällig die passenden zusammenfinden, Kinder zeugen und eine neue Spezies entstehen lassen. Diese Spezies kann sich dann aber nur in der Inzucht der Druckfehlerbehafteten vermehren. Der Genosse Zufall hält die Lampe, und niemand weiß, wie lange das gut geht.

Neue Arten führen nicht nur zu numerischen Chromosomenmutationen, sie verändern auch den Körperbau jeder Spezies, die sich jeweils auch ihres Geschlechtsapparates bedient. In einer Fernsehsendung vernahm ich, daß es über 20 000 Spinnenarten gibt . . . und daß keine Art die andere begatten kann!

Zwischenstufen

Wie lassen sich die Zwischenstufen, die von einer Art zur anderen überleiten, erklären?

Professor Wilder-Smith erlaubte mir, dazu aus seinem Buch »Herkunft und Zukunft des Menschen« zu zitieren [12]:
Die auf dem Wege einer Evolution entstehenden Zwischenstufen würden keinen Zweck erfüllen können, da sie vollkommen nutzlos sind. Als Beispiel möge die komplexe Struktur dienen, welche das Walweibchen besitzt, um seine Jungen unter der Wasseroberfläche zu säugen, ohne sie dabei zu ertränken.

Man kann sich keine intermediäre Entwicklungsstufe auf dem Wege von einer gewöhnlichen Zitze bis hin zur voll entwickelten Walzitze denken, die an das Unterwassersäugen angepaßt ist. Sie war entweder komplett vorhanden und funktionsfähig, oder sie war es nicht.

Wenn man meint, ein solches System entwickle sich allmählich aufgrund von Zufallsmutation, dann bedeutet das, während der Tausende von Jahre langen Entwicklungsperiode alle Walsäuglinge zu einem wässerigen Grab zu verurteilen. – Bei der Erforschung eines solchen Systems die Planung zu leugnen, strapaziert unsere Gutgläubigkeit mehr als die Aufforderung, an einen intelligenten Zitzenkonstrukteur zu glauben, der übrigens auch noch auf dem Gebiet der Hydraulik recht gut Bescheid gewußt haben muß.

Eine allerneueste Lehrmeinung vertritt die Ansicht, der Wal habe, da Säugetier, ursprünglich auf dem Lande gelebt und sei erst später ins Wasser gewatschelt. Ich kann es nicht beurteilen, ob das eine akzeptable Idee ist, mindestens aber erkenne ich, daß sich an der Ansicht von Professor Wilder-Smith dadurch nichts ändert. Im Gegenteil! Welch tollkühnen Standortwechsel mutet man dem Säugetier zu, das an Land seine Kinder zur Welt brachte und sich plötzlich – zitzenbewehrt!! – in die Fluten begibt, um dort unter Wasser seine Jungen säugen zu lassen. Phantastisch!

Die Zahl der heute auf der Erde existierenden Arten von Lebewesen wird auf runde drei Millionen geschätzt. Keine davon war ehemals so, wie sie sich heute darbietet. Sie gewann folglich über viele Zwischenstufen die jetzige Form. Diese Folge von Entwicklungen gilt gleichermaßen für die Pflanzenwelt.

Setzt man hinter jede Art der um uns herumlebenden Tier- und Pflanzensorten je eine gelungene Mutation auf die Chance von 20 Millionen, unter denen sie vorkommt, dann hätte die Mutter Natur über mehrere hundert Millionen Jahre hinweg das wirkliche Kunststück fertiggebracht, lauter millionenfache Chancen von 1 : 2 000 000 in endloser Folge auf Treffer zu spielen! Ein wirklich tolles Ding, das uns da zu »glauben« zugemutet wird.

Aus Quallen und vielfüßigen Polypen entwickelten sich im Urmeer Plattwürmer, Ringelwürmer, Blutegel und schließlich Krebse, Spinnen und ein Riesenheer von Insekten. Aus bestimmten Wurmarten sollen erste Wirbeltiere hervorgegangen sein. Alles selbstverständlich unter der stillschweigenden Annahme von zufällig positiv verlaufenen Mutationen und unter Duldung der »keinen Zweck erfüllenden« Zwischenstufen. Mit wem paarte sich der erste, aus der Lotterietrommel des unbeschreiblichen Zufalls »gezogene« Krebs? Darf man ernsthaft erwarten, daß in der Nachbarschaft des ersten zufälligerweise sich gleichzeitig mehrere zu ihm passende Krebse aufhielten? Es gehört zum kleinen Einmaleins der Fortpflanzung, daß nur Paare sich vermehren können. Gottseidank, möchte ich meinerseits einfügen. Es hätte nicht nur eine x-beliebige Krebsproduktion anlaufen müssen, sie hätte sich auch aus weiblichen und männlichen Krebsen rekrutieren müssen.

Konstruktionsentwürfe

Die ersten »Konstruktionsentwürfe« frühester menschlicher Entwicklungsstufen sollen, einer maßgeblichen Theorie nach, auf den Knochenfisch zurückzuführen sein, dem Knorpelfisch mit einem weitgehend verknöcherten Skelett. Irgendwann, dann aber ziemlich plötzlich, wurde die Konstruktion derart umgestaltet, daß die Schwimmblasen den Sauerstoff nicht mehr nur aus dem Wasser, sondern aus der Luft beziehen konnten. Die Lunge war – pardauz! – kreiert! Es hört sich sehr larifari an, wie so was vor sich gegangen sein soll [13]:

Von diesen lungenatmenden, das Wasser verlassenden Quastenflossenfischen war es dann nur noch ein kleiner Schritt zur Ichthyostega, dem ersten Lurch, der noch keinen richtigen Fischschwanz hatte, bei dem aber die Flossen schon umgewandelt waren zu wirklichen Gliedmaßen.

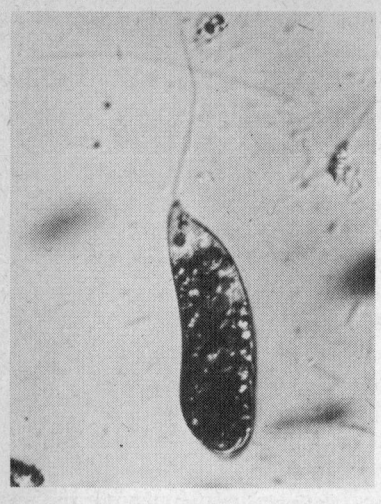

Augentierchen (Pexanema) – auch Flagellaten oder Geißeltierchen genannt – mit Geißel zur Fortbewegung, eine Zwischenstufe zwischen Tier und Pflanze, 300fach vergrößert

Was trieb unser häßlicher Ururahn in seiner endlosen Einsamkeit? Was meldeten seine Zellen für eine Chromosomenzahl? Mit wem konnte sich dieser Lurch paaren? Diesen Urdrang muß er ja wohl entwickelt haben, weil seine Art sonst schon ausgestorben wäre, ehe sie überhaupt Fuß gefaßt hatte. Vor der Ablage arterhaltender Eier mußten diese befruchtet werden. Wer besorgte dieses mühsame Geschäft?

Olympische Sprünge der Evolution

Mit Riesensprüngen kam es vom Knochenfisch zum Lurch, vom Lurch zum Kriechtier, zu Säugetieren usw. usw. Die ersten Lurche waren keine rechten Landbewohner, sie watschelten zur Eiablage zurück in ihr eigentliches Element, ins Wasser. Man darf diese Lurche nicht unterschätzen: So vor 230 bis 205 Millionen Jahren entschlossen sie sich, Kriechtiere zu werden, um fortan ihre Eier auf dem Trockenen abzulegen. Der letzte Lurch – oder das erste Reptil! – dieser Entwicklungslinie war ein kleines Wesen, das auf den hübschen Namen Seymouria hörte. Seymouria war die Übergangsform von Amphibien zu Reptilien.

Von Stund an konnte sich das Reptil nicht mehr mit den alten Kameraden, den Lurchen, im Wasser paaren. Es war auf seine neuen Artgenossen angewiesen, und die waren, es ist nicht zu glauben!, sofort überall zur gefälligen Auswahl an Land unterwegs.

Gern folge ich dieser biologischen Linie, die im Laufe vergangener Erdperioden durch Mutationen neue Arten entstehen ließ. Ohne die Forschungen der Paläontologie ankratzen zu wollen, möchte ich auf die extrem schwierigen Bedingungen hinweisen, mit denen jedes neue Lebewesen zur Arterhaltung konfrontiert wurde.

Im Ablauf der Geschichte der biologischen Evolution traten vor etwa 200 Millionen Jahren erstmals verschiedene Saurier auf. Es gab Hunderte von Arten, darunter 12 m lange, fleischfressende Ungetüme wie den Spinosaurier in Ägypten – schnellschwimmende Plesiosaurier mit kleinem Schädel, kurzem Schwanz, die ihre Flossen als Paddel benutzten – mit Stacheln und Schuppenpanzern bewehrte Kentrurosaurier und sogar einige Flugsaurier. Während 140 Millionen Jahre dominierten Saurier das Bild der belebten Erde.

All die Hunderte von Saurierarten entstammten zwar ein und derselben Familie, aber paaren konnten sie sich untereinander nicht! Allein die unterschiedlichen Dimensionen dieser Urviecher unterbanden bei jeder nur denkbaren Paarungsgymnastik jede Begattungschance. Wie hätte sich ein Monstrum von 30 m Länge, 100 Tonnen Gewicht bei einer Schulterhöhe von 12 m – der Brachiosaurus – mit dem winzigen, nur 35 cm langen Compsognathus vermählen sollen? Nein, jede Art blieb unter sich.

Sag mir, wo die Saurier sind, wo sind sie geblieben?

Vor 64 Millionen Jahren passierte das, was in der Paläontologie als ein einziges, großes Rätsel gilt:

Auf dem ganzen Globus, in allen Kontinenten, starben *alle* Saurierarten plötzlich aus! Von Hunderten überlebte nicht eine einzige.

Es wurde mit unterschiedlichen Theorien versucht, dieses Phänomen aufzuklären. L. B. Halstead [14] stellte diese Theorien zusammen, um sie gleich wieder zu verwerfen.

Am Ende der Saurierzeit waren Säugetiere entstanden, die für die Dinosaurier zu intelligent gewesen wären – aber, sagt Halstead, die damaligen Säugetiere wären eher Spitzmäusen und Igeln ähnlich gewesen und darum keine Gegner, die die Saurier hätten gefährden können.

Populär wäre auch die Meinung, das Aussterben der Dinosaurier könnte mit der Verbreitung neuartiger Blütenpflanzen zusammenhängen. Von diesem neuen Pflanzenangebot hätten sich die Saurier vorzugsweise von Koniferen, Palmfarnen und Farnen ernährt, und diese Nahrung hätte abführende Öle enthalten. Mit der Nahrungsumstellung sei es zu Stuhlverstopfungen gekommen. Nach dem tödlichen Ende der Pflanzenfresser hätten auch die Fleischfresser keine Nahrung mehr gefunden und wären nun gleichfalls dahingeschieden. Gegen diese Theorie spräche indes, so Halstead, daß sich einige Gruppen noch lange und mit Erfolg auf die »modernen« Futterpflanzen hätten umstellen können.

Eine andere Spekulation nimmt an, eine Hormonerkrankung unter den Dinosauriern habe die Schalen der Eier so dick geraten lassen, daß die Embryos darin weder hätten atmen noch daraus hätten ausbrechen können. Eine weitere Version bietet den Gedanken an, es wären Tiere erschienen, die aus den Gelegen mehr Eier verspeist hätten, als die Viecher hätten legen können.

Wenn auch die eine oder andere Theorie das plötzliche Verschwinden der Dinosaurier erklären könnte, schreibt Halstead, gäbe es damit aber immer noch keine Erklärungen für das Aussterben anderer Tiere, die gleichzeitig mit den Sauriern von der Bildfläche verschwanden. Neuerdings habe man die Verschiebung der Kontinente ins Gespräch gebracht: Die mit Beginn der Jurazeit einsetzende Bewegung der Festlandmassen habe sich in der Krei-

dezeit beschleunigt; schließlich wären die Kontinente auseinan-
dergebrochen; der Ozeanboden habe sich gehoben, die Meeres-
spiegel wären gestiegen; daraufhin habe sich das Klima mit so
stürmischen Wettern verändert, daß die Pterosaurier mit ihrem
zarten Knochenbau dem nicht hätten standhalten können. (In
Klammern: von so zartem Körperbau waren nur einige Arten,
monströse Saurier hätte auch ein harscher Klimawechsel kaum
tangieren können!) Gegen diese neueste Theorie führt Halstead
an, daß die Gesteine um die fragliche Zeit keine Spuren eines ge-
nerellen Klimawechsels aufzeigen.

Ich höre förmlich, wie man mir die Frage ins Ohr wispert: Haben
diese Exkursionen etwas mit der standardisierten Evolutionslehre
zu tun? Oder gar mit Ihren Außerirdischen? Ja, eine ganze Menge.
Mir wurde von einem Kritiker mal vorgehalten: Alles, was Herr
von Däniken nicht versteht, schiebt er seinen Göttern in die großen
Schuhe! Okay. Dann kann ich nur die Retourkutsche fahren: Alles,
was innerhalb der Evolutionslehre als unmöglich nachzuweisen ist,
das wird den Zufällen während der vergangenen Jahrmilliarden
untergejubelt. Den Zufällen nämlich, die offenbar die wirklichen
»Baumeister« unseres Lebens gewesen sein sollen.

Um die Zeiten des großen Sauriersterbens gab es erst sehr wenige Säugetiere, und nach der Darwinischen Theorie gab es etwas
mit Sicherheit nicht: den Menschen!

Halstead: Kein Mensch hat jemals einen lebenden Saurier gesehen, weil die Familie Mensch in jener Zeit noch nicht existierte!

Sehr peinliche Riesen

Irren ist menschlich, und es ist keine Schande, wenn man einen Irrtum zugibt. Hier irrt L. B. Halstead!

Fakten gegen Theorien!
Gegen diese von Darwin inspirierte »Lehre« kann man Fakten setzen, Fakten, die geflissentlich ignoriert werden, weil sie eine gehegte und gepflegte Theorie ins Wackeln bringen. Es handelt sich
um wortwörtlich harte Tatsachen.

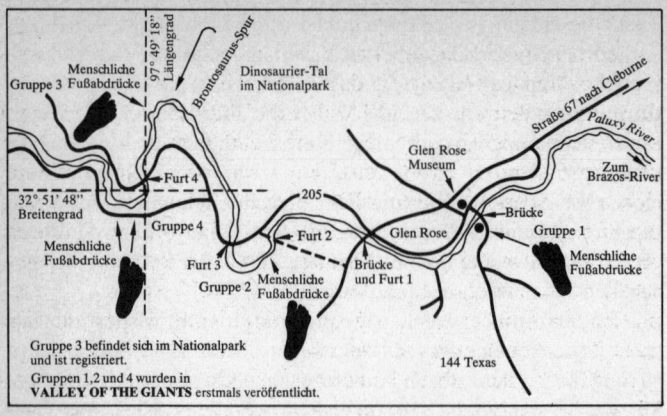

Am Flußbett des Paluxy River bei Glen Rose in Texas, USA, wurden sauber erhaltene Tritte von Dinosaurierfüßen freigelegt. Geologen sind sich darin einig, daß das Flußbett am Ende des Mesozoikums der Kreidezeit zugerechnet werden muß. Das war vor 140 Millionen Jahren.

In derselben Schicht, dicht neben den Dinosaurier-Fußspuren, fand man die Fußabdrücke eines Menschen! Es sieht ganz so aus, als hätte der Mensch den Dinosaurier verfolgt. Ganz gewiß hat dieser Mensch einen lebenden Dinosaurier gesehen!

Dieses gleichzeitige Auftreten von Mensch + Dinosaurier paßt nicht in die Darwinische Theorie. Da die Evolutionstheorie mit ihren milliardenfachen, immer wiederkehrenden Zufällen operiert, könnte diese unangenehme Spurensicherung natürlich als ein lustiger Zufall abgetan werden – wenn diese Tritte ins Fettnäpfchen der Evolution einmalig wären.

Wie Dr. C. N. Dougherty [15] einwandfrei nachgewiesen hat, gibt es im »Tal der Riesen« in Texas Hunderte von Saurierfußspuren verschiedener Arten und zwischen und neben ihnen stets auch Abdrücke von großen Menschenfüßen. Ich war dort und habe mir diese außerordentliche paläontologische Entdeckung angesehen. Die dem Text beigegebenen Fotos sind eindeutige Dokumente.

Also:

Geologen und Paläontologen stellen übereinstimmend und verbindlich im Paluxy River fest, daß die Schichten, in denen die Abdrücke gefunden wurden, 140 Millionen Jahre alt sind. Die klaren Abdrücke ermöglichten es, die wahrscheinlichen Fundstellen der nächsten Fußspuren »vorherzusagen«. Die Laufrichtung des Sauriers war bestimmbar, und der Riesenmensch folgte ihm. Schichten um Schichten des ausgetrockneten Flußbettes wurden behutsam abgeschabt. Am angepeilten Ort hatte der Saurier seinen Fußpetschaft in den Untergrund gestempelt, und: dort, wo man sie vermutete, in gleicher Richtung etwa 30 m entfernt, hatten sich menschliche Fußspuren verewigt.

Klar, auch solche Tatsachen dürfen eine angebetete Theorie um keinen Preis gefährden. Vorsichtshalber erklärte man darum solche Funde als Fälschungen. Ich sprach mit einem bei Glen Rose arbeitenden Paläontologen:

Wie erklären Sie sich diese Abdrücke?

Es gibt dafür nur eine Erklärung: der Fußabdruck des Sauriers oder der Fußabdruck des Menschen muß gefälscht sein.

Hier gibt es Hunderte solcher Saurierspuren der verschiedensten Arten. Die ältesten Einwohner von Glen Rose und Walnut Springs kennen sie aus Großvaters Zeiten. Ebenso die Abdrücke von Menschenfüßen, die die Leute hier »Riesenfüße« nennen. Man hat mit viel Mühe die unberührten Schichten des Bodens abgehoben, um die Fußabdrücke freizulegen. Wer könnte ein Interesse daran gehabt haben, zu fälschen? Wie konnte irgendwer in derart alte Bodenschichten solche Abdrücke hineindrücken? Macht man es sich nicht zu leicht, hier von Fälschungen zu sprechen?

Wenn Sie eine Ahnung von der Evolutionstheorie und fossilen Datierungsmethoden hätten, würden Sie zugeben müssen, daß es sich hier um Fälschungen handeln muß.

Weil nicht sein kann, was nicht sein darf!

Der wackere Gelehrte – warum arbeitet er eigentlich hier, wenn er nur Fälschungen finden kann? – hat seinen Darwin gründlich inhaliert, denn auch die fossile Datierungsmethode, die ein Heilssatz für ihn ist, gedieh wesentlich unter dem Druck der Evolutionstheorie. Sie läßt nämlich lediglich zu, daß in den ältesten geologischen

Geologisch-fossiles Dokument aus der Zeit, als Mensch und Dinosaurier gemeinsam marschierten

Rechte Seite:
Fossile Überlieferung: Saurierabdruck (links) und Riesenfußspur (rechts) in derselben geologischen Schicht

Schichten ausschließlich einfache, primitive Organismen enthalten sein können. »Logisch«, weil es kompliziertere Lebensformen (wie etwa hier vor 140 Millionen Jahren) in den uralten geologischen Formationen nicht gegeben haben darf. Diese fossile Datierungsmethode will, daß in ältesten Schichten ausnahmslos Fossilien primitiver Lebensformen vorkommen. Basta. Stimmt denn das?

Ich lasse den Fachmann Professor Wilder-Smith zu Wort kommen [12]:

Im Grunde haben wir nämlich die Richtigkeit der Evolutionstheorie postuliert, um die Richtigkeit der Evolutionstheorie unter Beweis zu stellen; *denn wir nehmen an,* daß die ältesten Formationen nur die primitivsten Organismen, dem Darwinismus gemäß, enthalten. Wenn wir dann Formationen entdecken, die nur primitive Organismen enthalten, dann behaupten wir, diese Formationen seien alt. Man argumentiert im *Circulus vitiosus*: die ältesten Schichten allein enthalten nur primitive Organismen; deshalb ist, wenn eine Formation nur primitive Organismen enthält, diese alt und primitiv. Doch ist diese Datierungsmethode (Leitfossilien) eine der wichtigsten der modernen Geologie geworden. So felsen-

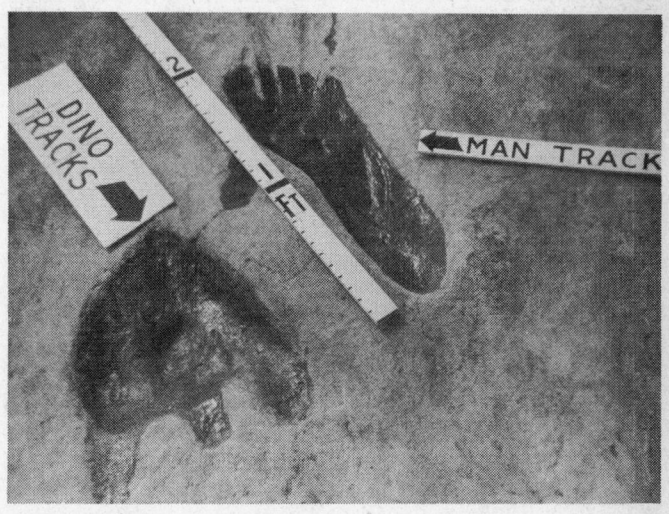

Fußspuren von Riesen in trauter Nachbarschaft mit Dinosauriern sind im Tal des Paluxy-River vielfach registriert worden. Dr. C. N. Dougherty veröffentlichte sie erstmals 1971 in seiner Dokumentation ›Valley of the Giants‹ (Tal der Riesen)

hart ist die Überzeugung, daß der Darwinismus wissenschatlich unumstößlich sei, daß man den Darwinismus ruhig benützt, um die Richtigkeit des Darwinismus unter Beweis zu stellen.

Professor Wilder-Smith kann über 500 Objekte vorzeigen, die seine Meinung empirisch belegen: Es können in *jüngeren* geologischen Schichten primitive, unentwickelte – aber in viel *älteren* hochentwickelte Lebensformen gefunden werden. Das ist überhaupt nicht verwunderlich, weil sich im Laufe der geologischen Erdenentwicklung bis zur heutigen Stufe oftmals Schichten über- oder untereinander schoben. Verwunderlich ist es jedoch, mit solchen Leitfossilien die Stimmigkeit des Darwinismus beweisen zu wollen.

Steinharte Spuren

Der Paluxy River ist nicht die einzige Gegend, durch die unerlaubterweise in Vorzeiten Menschen stapften. Dr. Wilbur G. Burroughs [16] von der Geologischen Abteilung des Berea-College, Kentucky, USA, berichtete schon 1931 von Funden über 250 Millionen Jahre alter menschlicher Fußabdrücke. Zehn davon fand er einige Meilen nordöstlich des Mount Vernon. Aber: vor 250 Millionen Jahren gab es weder Dinosaurier noch Säugetiere. Wenn es auch albern ist, bleibt es doch Chronistenpflicht, zu erwähnen, daß prompt auch hier von Fälschungen gesprochen wurde.

Jene, die immer mit dem Gerede von Fälschungen bei der Hand sind, müssen wohl allüberall auf der Welt eine Horde armer Irrer unterwegs vermuten, die nichts Besseres zu tun haben, als mit Fleiß, Spezialwerkzeugen und Kästchen voll »antiker« Erdschichten in nachtdunkler Einsamkeit Fußspuren ins Erdreich zu kratzen. Aber auch am Mount Vernon war mit dieser stereotypen Masche nicht zu landen. Bourrough's mikroskopische Aufnahmen zeigten vielmehr deutlich, daß dort, wo die Fußsohlen üblicherweise stärkeren Druck ausüben, auch mehr Sandkörner zusammengepreßt worden waren als zwischen den Zehen und unter dem Fußgewölbe. Die Abdrücke mit ihren fünf Zehen entsprachen in tadelloser Weise menschlichen Füßen mit einer Länge von 23,75 cm und einer Breite von 10,25 cm. Die Wesen, die sich dieser Pedale bedienten, sind eindeutig aufrechtgehende Zweifüßler gewesen. Und wenn Charles Darwin sich im Grabe umdreht! – Fußkonserven werden nicht erst heute geöffnet. Schon in seinem 5. Jahrgang vom Jahre 1822 meldete das unverändert hochangesehene »American Journal of Science«, daß im Mississippi-Tal bei Arizona und in Neumexiko in 140 Millionen Jahre alten Kreideformationen Fußspuren freigelegt wurden und daß sie, von den Abdrücken auf die zugehörigen Körper schließend, zu sehr großen Menschen gehört haben müssen. Falls unsere Ahnen je von den Bäumen heruntergekletterten, müssen sie diese Turnübung sehr frühzeitig gekonnt haben.

Als William Meister fündig wurde

Der darwinistisch-paläontologische Kriminalroman entblättert sich in seiner allzu durchsichtigen Konstruktion.

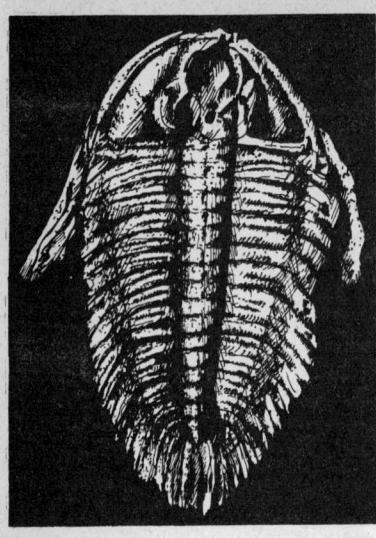

Trilobiten, Urkrebse, Tiere des Erdaltertums. Sie waren vorwiegend Bewohner küstennaher Flachmeere und breiter Flußtäler. Trilobiten gelten als »Leitfossilien«

Rechte Seite:
W. J. Meister fand in einer 500 Millionen Jahre alten Erdschicht bei Antelope Springs, USA, diese beschuhten Fußspuren

Gelobt seien die Außenseiter, die sich ihrem Hobby mit passioniertem Eifer hingeben. William J. Meister ist so ein Mann. Er sammelt Versteinerungen, besonders scharf ist er auf Fossilien von Trilobiten, jene vielfüßigen, hartschaligen Gliedertiere, die sich vor 500 Millionen Jahren in Urozeanen und Sümpfen tummelten. Seit mindestens 440 Millionen Jahren sind die von Mr. Meister begehrten Jagdtrophäen ausgestorben.

Am 3. Juni 1968 hielt sich William Meister mit seiner Frau, seinen beiden Töchtern und dem Ehepaar Francis Shape und dessen beiden Töchtern im Raume von Antelope Springs, 43 Meilen von Delta im Staate Utah, USA, auf. William Meister gab sich, mit einem Hämmerchen bewaffnet, der Suche »seiner« Fossilien hin. An diesem Tag wurde das Mädchenquartett eher fündig als der kundige Sammler, den sie lauthals herbeiriefen, als sie in einem Fels eine Versteinerung zu sehen meinten. Meister sah auf Anhieb nichts. Mehr, um den Mädels eine Freude zu machen, hämmerte er auf die Stelle, die sie ihm zeigten. Plötzlich blätterte eine Felsschicht ab »wie ein offenes Buch« [17]. Als der versierte Sammler die Felstafel in der Hand hielt, begann er an seinen fünf Sinnen zu zweifeln: Er sah Abdrücke menschlicher Füße, und der vorzeitliche Mensch, der diese Spuren hinterließ, *hatte Schuhe getragen!* Da gab's keine Fersen, Zehen oder Fußgewölbe, statt dessen aber deutliche Kanten spitzzulaufender Schuhe: 32,5 cm lang, 11,25 cm breit und 7,5 cm an den Fersen. Wie bei jedem Fußsohlenabdruck war der Druck des Körpergewichts auf den Untergrund wahrzunehmen: die Hacken hatten einen tieferen Eindruck als die Fußspitzen gemacht.

Wenn Schuhabdrücke auch bisher nicht ins Sortiment des Sammlers gehört hatten, kam er dennoch auch zu seinem besonderen Anliegen: Der linke Fuß hatte mit dem Absatz einen Trilobiten zertreten, dessen Reste zusammen mit den Fußabdrücken versteinert waren. Und mit Trilobiten hatte William Meister ja seine Erfahrungen.

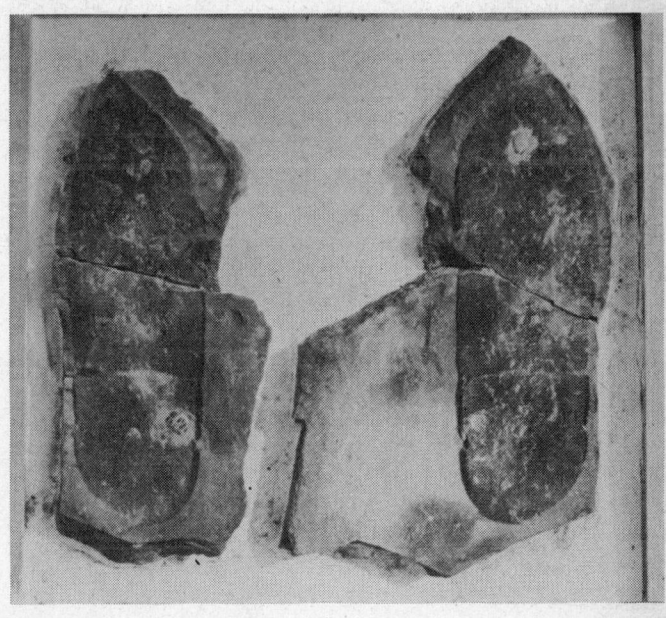

Er trug seinen Fund zu Professor Melvin A. Cook von der Universität Utah, der ihm empfahl, sich an einen Geologen zu wenden: »Ich bin zwar keine Autorität auf dem Gebiet der Fossilien, aber dieser Fund spricht für sich selbst!« Mein Freund Brad Steiger [17] sagte mir, daß der Wunderfund seit 1968 von vielen Wissenschaftlern betrachtet wurde, ohne daß sich einer mit einem klaren Kommentar festzulegen gewagt hätte; mindestens aber hätten sich die Geologen bereitgefunden, den fossilen Fund zweifelsfrei ins Kambrium zu datieren. Immerhin. Später wurden übrigens nicht weit von Antelope Springs entfernt zwei weitere Fußabdrücke gefunden. Dort zerquetschte der vorzeitliche Wanderer aber keinen Trilobiten.

Diese Sorte von steinharten Beweisen paßt überhaupt nicht ins Tableau der alleinseligmachenden Lehrmeinung. Ich fürchte, daß Darwins *Theorie* – immer wieder mit sich selbst und aus sich heraus »bewiesen« – Generationen von Paläontologen und Anthropologen betriebsblind gemacht hat. Die fossilen Funde stehen weit über dem Rang von bloßen Indizien. Sie sind da; man kann sie anfassen, unters Mikroskop legen und ihr Alter mit allen zur Verfügung stehenden chemischen Mixturen testen. Tatsachen nennt man das, was so unübersehbar auf dem Tisch liegt.

Wer kann mir verraten, welche Geisterwesen diese Fußspuren hinterlassen haben? Sicher würde man sich gern auf Geister berufen, wenn sie ins Schema paßten. Geister hinterlassen indes, soweit mir bekannt ist, keine Fußspuren, wenn sie verschwinden. Wer denn tummelte sich hier vor 140 Millionen Jahren zwischen den Dinosaurierstempeln?

Wessen Schuh zertrat hier vor 440 Millionen Jahren (!) einen Trilobiten?

Da es zu jenen fernen Zeiten bewiesenermaßen keine Menschen gegeben hat, können nur andere, aber doch menschenähnliche Wesen sich im Boden verewigt haben. Wie macht man die Delinquenten dingfest?

Wie sag ich's meinem Kinde, wer vor 400 Millionen Jahren irdischer Zeitrechnung auf der Erde mit menschenähnlichen Pedalen einherging? »Götter« waren es, die dem vergleichsweise jungen Sprinter, dem Propheten Hesekiel, den Tip gaben: »Wer Augen hat zu sehen, der sehe!«

Sandalen vom Fließband

Von einem jüngeren, sensationellen Fund berichtet Andrew Tomas [18]:

Professor Luther S. Cressman von der Universität von Oregon stieß im östlichen Nevada auf zweihundert Paar aus Fasern geflochtener Sandalen in der Lamos-Höhle. Sie waren von einem Handwerker so hervorragend gearbeitet, daß man sie für moderne Strandsandalen hätte halten können, wie man sie in St. Tropez oder Miami trägt. Nach einem Test mit der Radiokarbonmethode [C 14] wurde das Alter auf über 9000 Jahre festgelegt.

Aber diese Sandalen sind tatsächlich noch jung, wenn man sie mit dem Abdruck eines Schuhs in einem Kohlenflöz im Fisher Canyon, Pershing County, ebenfalls Nevada, vergleicht. Der Abdruck der Sohle ist so deutlich, daß sogar Spuren eines starken Zwirns zu sehen sind. Das Alter dieses Abdrucks wurde auf über 15 Millionen Jahre geschätzt.

Der Mensch erschien aber erst nach weiteren 14 Millionen Jahren. Oder mit anderen Worten tauchte der primitive Mensch nach der allgemeingültigen Ansicht vor rund zwei Millionen Jahren auf und begann erst vor 25 000 Jahren Schuhe zu tragen! Wessen Fußabdruck kann es also sein?

Andrew Tomas' Frage will ich beantworten, zuvor aber möchte ich noch in einer Starparade weitere Fußabdrücke aufmarschieren lassen und dazu auch Skelette, die zu den auf großem Fuß lebenden Vorzeitlichen, zu Riesen, gehört haben müssen, deren ehemalige Existenz von Anthropologen entschieden bestritten wird. Aber: auch diese Gebeine sind knochenharte Beweise.

Der deutsche Anthropologe Larson Kohl fand 1936 am Ufer des Elyasi-Sees in Zentralafrika Knochen von riesenhaften Menschen.

Die deutschen Paläontologen bzw. Anthropologen Gustav von Königswald und Franz Weidenreich (1873–1948), der lange in Peking lehrte, fanden in den Jahren 1937–1941 in Apotheken von Hongkong und in China mehrere Knochen von Riesenmenschen. Apotheken scheinen eigenartige Fundstellen zu sein, aber man muß wissen, daß in chinesischen Apotheken allerlei Pülverchen aus alten Knochen, Zähnen, trockenen Häuten etc. gemixt werden. Also liefert man dort verwendbare Materialien an, gleich, wo sie

Dr. Rex Gilroy, Direktor des »Mount York Natural-History-Museum«, fand in Australien diese fossile Riesenfußspur

gefunden wurden. 1944 berichtete Professor Weidenreich vor der »American Ethnological Society« über die Riesenknochen.

In jüngster Zeit entdeckte der australische Archäologe Dr. Rex Gilroy, Direktor des »Mount York Natural History-Museum«, in Mount Victoria fossile Fußspuren von Riesen. In die »Echtheit« der Riesenfußspuren werden nicht die geringsten Zweifel gesetzt!

Sechs Kilometer von Safita, Syrien, entfernt, gruben Archäologen Faustkeile von 3,8 kg Gewicht aus. Nicht von schlechten Eltern sind auch die in Ain Fritissa, Ostmarokko, gefundenen Faustkeile: 32 cm lang, 22 cm breit, 4,2 kg schwer. Es wurde errechnet, daß die Kerlchen, die mit diesen Geräten hantierten, gute vier Meter groß gewesen sein müßten. – Die Funde von Riesenskeletten auf Java, in Südchina und in Südafrika (Transvaal) stehen wie Fragezeichen in der einschlägigen Literatur.

Weidenreich [19] wie Professor Denis Saurat [20] legten in guter wissenschaftlicher Manier in ihren Büchern die Erträge ihrer Forschungen über die ehemalige Existenz von Riesen vor. Zweifel an diesen gründlichen Studien sind nicht nur unfair, sie sind unanständig. Aufgrund solcher Belege schrieb der ehemalige französische Delegierte der »Prähistorischen Gesellschaft«, Dr. Louis Burkhalter, 1950 in der »Revue du Musée de Beyrouth«:

Wir wollen doch klarstellen, daß die Existenz von riesenhaften Menschenwesen in der Acheuléen-Epoche* als eine wissenschaftlich gesicherte Tatsache betrachtet werden muß.

Es ist mehr als merkwürdig, daß im darwinischen und anthropologischen Modell der frühesten Menschheitsgeschichte kein Platz für Riesen vorhanden ist. Mit welchem undelikaten Trick will man auf Dauer die fossilen Funde von Fußabdrücken, die riesenhaft sind, von Knochen, die über einem heutigen Menschen zukommenden Maß liegen, und von Geräten, die menschliche Wesen von normalem Wuchs nie hätten benutzen können, verschwinden lassen?

Dabei »rehabilitieren« die handfesten Funde lediglich, was in Mythen noch angezweifelt wird. Henoch behauptet, die Götter hätten ein Geschlecht von Riesen gezeugt. Die Apokryphen des Baruch wissen sogar, wie viele Riesen es vor der Sintflut gegegen hat: 4 090 000. Das Gilgamesch-Epos weiß wie das Popol Vuh von Riesen zu berichten. Die Bibel ist stellenweise eine Riesen-Veranstaltung. Selbst die Eskimos sagen in ihren Mythen: »In jenen Tagen waren Riesen auf Erden« [21]. Nordische, germanische, griechische, sumerische – um nur einige zu nennen – Mythen haben es permanent mit Riesen. Warum überlieferte man leibhaftige Existenzen, wenn es sie nicht gegeben hat?

Mamelucken nicht in Sicht!

Mamelucken waren ganz arme Schweinchen, es waren Kaufsklaven türkischer oder tscherkessischer Herkunft. Im 12. Jahrhundert leisteten sie zwangsweise Kriegsdienste in Ägypten und Syrien. Sie riskierten Kopf und Kragen, wenn sie den Mund auftaten. Es war

* Acheuléen: Kulturstufe der Altsteinzeit, die die größte Spanne des Eiszeitalters ausfüllte

ein »Kampf mit dem Drachen«, trotzdem sagte Schiller von ihnen:
Mut zeiget auch der Mameluck,
Gehorsam ist des Christen Schmuck.

Ich sehe, trotz Freiheit der Lehre, keinen Mamelucken unter
den Paläontologen. Warum riskiert denn keiner, die Echtheit der
Funde zu bestätigen? Weil das Eingeständnis nur in einem einzigen
Fall das Gebäude der ganzen Paläontologie samt der Darwinischen
Theorie zusammenstürzen ließe? Weil man mit dem Latein am
Ende wäre? Ich warte auf einen Mamelucken. Auf einen ungehor-
samen Christenmenschen. Wie finden wir aus dem Dschungel ins
Licht, das die Tatsachen erhellt?

Mythen wissen, daß Götter Menschen und Tiere erschufen, daß
sie die irdische Schöpfung einleiteten und deren Produkte zerstör-
ten, falls die Entwicklung nicht nach Wunsch und Plan verlief. Und
sie sagen, zur Kontrolle ihres Werkes wären die Götter zurückgekehrt.

Wissenschaftlich motivierte Indizien lassen nunmehr den Schluß
zu, daß Außerirdische die Erde bewohnbar machten, so wie es
schon heute theoretisch möglich wäre, durch Abstrahlung von
Blaualgen die Venus kolonisierbar zu machen (Carl Sagan). –
Planvoll verbreiteten Außerirdische Lebenskeime im Kosmos
(Crick/Orgel), deren biologische Entwicklung sie über Jahrmillionen aufmerksam verfolgten. Würde die Paläontologie nur endlich
die Zeitverschiebungseffekte zur Kenntnis nehmen und damit den
Mief von 150 Jahren aus den Talaren wedeln, würde sie nicht mehr
so unverständig die klugen Köpfe schütteln müssen. Es ist im
Grunde so simpel, was zu begreifen ist: *Zeit läßt sich durch Geschwindigkeiten manipulieren! Zeit ist keine konstante Größe!*

Zufall – nicht gefragt

Die Außerirdischen haben nichts von Spekulationen mit dem großen Unbekannten: Zufall gehalten. Sie gingen auf sicher. Sie arbeiteten nach Plan. Sie warteten nicht den Ablauf zufallsbedingter
Evolutionen ab, sie züchteten Leben und Artenformen nach Plan.
Drohte eine unerwünschte Art die Erde zu beherrschen und anderes Leben zu gefährden oder es in der Entwicklung zu stören, dann

vernichteten sie diese Spezies. Heute wissen wir, daß durch eine Berieselung von Viren, den Erregern von Infektionskrankheiten bei Mensch und Tier, bei Pflanzen und Bakterien, beispielsweise alle Saurierarten schlagartig hätten vernichtet werden können. Liegt hier des Rätsels Lösung für das Verschwinden der Urviecher? Mehr als »nicht-gewußt-wie« biete ich allemal an. Während ich diese kühne Frage stelle, bin ich 41 Jahre alt, jung genug, um warten zu können, ob man sich bequemen wird, unbequeme Neuigkeiten ins Bemühen um die Lösung des großen Rätsels einzubeziehen.

In meinem Denkmodell, das die Außerirdischen am Drama der Schöpfung beteiligt, sind Jahrmilliarden der Evolution, zu jedem Zeitpunkt randvoll gespickt mit Zufällen, nicht notwendig.

Wie kann man als Gewißheit nehmen, was nach Lage der Dinge Theorie sein muß? Und wohl auch bleiben muß, weil eine biologische Evolution à la Darwin sich in keinem Labor der Welt jemals »beweisen« lassen wird. Der Prozeß läßt sich nicht nachvollziehen, weil die Zeit nicht reicht, die Abläufe mit all ihren unwägbaren Zufällen zu registrieren, auch dann nicht, wenn sich Hunderte Generationen von Forschern Stafetten übergeben, in denen sie die Ergebnisse ihrer Forschungen bis zum Punkt X weitergeben. Jahrmilliarden soll das große Zufallsspiel gebraucht haben . . .

Sagt man: Trilobiten lebten vor 500 Millionen Jahren oder: Dinosaurier gab es vor 140 Millionen Jahren, dann sind das allemal kühne Ableitungen aus fossilen Funden in geologischen Schichtungen. Aber: es sind *Annahmen* für den Zeitpunkt der Entstehung der Schichten, deren Richtigkeit sich praktisch nicht überprüfen läßt. Verschiebungen in alle Richtungen im Gefüge geologischer Schichten, Kontinentalbrüche mit totalen Veränderungen, klimatologische Katastrophen lassen nur ganz vage, ungefähre Schätzungen zu, in die Irrtümer stets einzukalkulieren sind. Die Schlange beißt sich in den Schwanz: Die Zeitbestimmung geologischer Schichten beruht auf der Datierung von Leitfossilien – die Bestimmung des Alters der in Fossilien konservierten Lebewesen richtet sich nach geologischen Altersangaben. Eine Hand wäscht die andere, aber keine wird sauber dabei.

Im großen Stil, wie ich ihn postuliere, wären künstliche Mutationen und Züchtungen undenkbar, kann man entgegenhalten.

Warum eigentlich? Wurden nicht allein in den letzten hundert Jahren zahllose Sorten von Bäumen, Blumen und Früchten gezüchtet? Wurden nicht ganze Rassen von Kühen, Pferden und Hunden im Erbgefüge verändert? Dabei sind die dafür bisher angewandten Verfahren umständlich, zeitraubend und langweilig: sie gehen über Paarungen. Genetiker wissen längst, daß sich derartige Entwicklungen schneller, einfacher und sicherer manipulieren lassen. Was in der »Natur« über Jahrmilliarden der Evolution durch Billionen zufällig positiv verlaufener Mutationen zustande kam, das ist in genetischen Laboratorien binnen Wochen zu schaffen. Ohne von Zufällen abhängig zu sein.

Sensationen, die leicht übersehen werden

Ein Gen aus der Retorte

Professor Har Gobind Khorana, Nobelpreisträger für Medizin von 1968, gelang es, am »Massachussets Institute of Technology«, dem MIT, in Cambridge, USA, ein Gen in der Retorte zu synthetisieren. (Als ich 1969* diese Möglichkeit anvisierte, verspottete man mich als unverwüstlichen Spinner.)

Im MIT setzte Khorana mit seinem Team ein aus 126 Nukleotiden bestehendes Bakterien-Gen in der Retorte zusammen. Dieses künstliche Gen fügte man in eine Virus-Phage (Phi = 80) ein. Virus-Phagen bestehen nur aus DNS, dem Erbinformationsträger, mit einer Eiweißhülle (Protein). Wir erinnern uns: DNS verdoppelt sich durch Auflösung eines ihrer beiden Stränge. Der Trick der MIT-Leute war, ihr künstliches Gen in die DNS einzuschmuggeln. Es gelang. Als die so manipulierte DNS sich weiterverdoppelte, ließ sie das neue, künstlich geschaffene Programm ablaufen.

Erbanlagen – gezielt verändert

In Publikationen kaum weniger zitiert und auch von nicht geringerer Bedeutung wie die DNS ist die RNS (Ribonukleinsäure): sie vermittelt in einer Zelle die DNS, indem sie Formationen von Pro-

* ZURÜCK ZU DEN STERNEN, Seiten 54ff.

Nobelpreisträger Professor Har Gobind Khorana gelang es 1968, ein Gen in der Retorte zu synthetisieren. Am 30. August 1976 konnte er mit seinem MIT-Team ein künstliches Gen in eine lebende Zelle einsetzen

teinen, die durch die DNS bestimmt werden, dirigiert. – Schon ein Jahr nach Khoranas Retorten-Gen gelang es Professor Charles Weissmann, Dirketor des Instituts für Molekularbiologie an der Universität Zürich, Erbanlagen *gezielt* zu verändern. Aus einem Molekülverband konnte er Teile der DNS und der RNS herauslösen und durch andere molekulare Bausteine ersetzen: die Zürcher Forscher wechselten den 16. von 4500 Bausteinen der Nukleinsäure aus. Das war 1974.

1975 richtete der britische Chemiekonzern ICI das erste Speziallabor für Gen-Manipulationen ein. In dieser unter strengsten Sicherheitsvorschriften experimentierenden Forschungsstätte wird das Erbgut von Zellen hochentwickelter Organismen auf Bakterien übertragen. Dadurch bekommen die winzigen, einzelligen Lebewesen, die sich durch Teilung vermehren, einen »höheren« genetischen Code, der sie dann auch prompt organische Materialien produzieren läßt – etwa andere Bakterien oder sogar Medikamente. Gespenstisch?

Um es nur mit einem Schlaglicht anzudeuten, sei erwähnt, daß Forschergeist, frei von Hemmungen, manipulierend auch in die Entwicklung der Pflanzen eingreift. Im Rahmen der botanischen Entwicklungsphysiologie der seit über 150 Jahren renommierten Universität Hohenheim in Baden-Württemberg waren die Bemühungen erfolgreich, aus isolierten Protoplasten* fortpflanzungsfähige Pflanzen zu ziehen [22]. Indem die DNS bestimmter Gattungen unmittelbar in den Zellinhalt der Protoplasten eingesetzt wird, entstehen neue Pflanzen.

Genetiker spielen Gott

Die Forschung hat begriffen, wie künstliche Mutationen zu bewerkstelligen sind, sie ist auf dem Wege, auch den Menschen zu »vervielfältigen«. Dazu braucht man ja »nur« eine Zelle mit ihren Erbinformationen, und schon ist ein menschlicher Körper nach »diesem Ebenbild« aufgebaut. So ist es denn auch mehr als ein bloßer Aphorismus, wenn der spanisch-amerikanische Biochemiker Severo Ochoa, Träger des Nobelpreises für Physiologie und Medizin von 1959, feststellt:

Die Genetiker fangen langsam an, Gott zu spielen!

1975 prophezeite Nobelpreisträger Manfred Eigen [6]:

Es wird möglich sein, *jedes* Lebewesen aus seinem natürlichen Erbmaterial »künstlich«, das bedeutet, auf einem anderen als dem natürlichen Wege, zu reproduzieren.

Ich darf hier im Sinne Arthur Koestlers [23] einfügen, daß ich häufig Nobelpreisträger erwähne, um damit zu belegen, daß einige seltsam scheinende Theorien nicht von verschrobenen Außenseitern, sondern von hervorragenden Wissenschaftlern vorgelegt werden.

Gezielte künstliche Mutation gelungen!

Am 30. August 1976 stand in nur wenigen Zeitungen [24] eine sensationelle Meldung dort, wohin sie gehörte: auf Seite 1!
KÜNSTLICHES GEN IN LEBENDE ZELLE EINGESETZT

---

* Protoplasten: Zell-Leiber, die im Gegensatz zur Zell-Wand die eigentlichen Lebensträger der Zelle sind, sie erfüllen deren Innenraum

Eine Nachricht dieser Qualität ist für die Zukunft der Menschheit von viel größerer Bedeutung als jedes politische Gerangel oder als alle Tagesberichte von den viel zuvielen Kriegsschauplätzen unserer so aufgeklärten Zeit.

Dem Team von Professor Khorana vom MIT, Cambridge, USA, war es nach neunjährigen Forschungen und Versuchen gelungen, erstmals ein künstliches Gen in eine *lebende* Zelle einzupflanzen, wo es wie ein natürliches Gen weiterwirkt. Gene sind Träger der Erbanlagen. Die *gezielte, künstliche Mutation ist damit zum erstenmal von Menschen erfolgreich angewendet worden.* Dazu Nobelpreisträger Khorana:

Diese Entwicklung öffnet neue Türen zum Verständnis darüber, wie Gene arbeiten und wie sie reguliert werden, das heißt, was ihre Funktionen auslöst und was nicht.

Das bei den Versuchen verwendete Gen wurde der im menschlichen Darm lebenden Bakterie Escherichia entnommen, die aus nur 126 Nukleinsäuren besteht, von denen aber jedes Gen mehrere Millionen besitzt. In der sensationellen Nachricht hieß es:

Schon in den letzten Jahren war es gelungen, den Hauptteil eines Gens – eine lange chemische Kette mit dem Vererbungscode für die Struktur eines im wesentlichen aus Protein bestehenden Moleküls – zu entwickeln. Allerdings fehlte bisher der »Auslösemechanismus« des »Start« und »Stop«, um sie funktionstüchtig zu machen. Das Gen des MIT besitzt jetzt zum erstenmal diesen funktionierenden Kontrollmechanismus. Bei weiteren Experimenten wollen die Wissenschaftler zu ergründen versuchen, warum die Gene nur zu einem bestimmten Zeitpunkt tätig werden.

Neun Jahre sind eine lange Zeit

Dieses Forschungsresultat beweist: Gene können gezielt von denen eingesetzt werden, die eine Änderung der Erbmerkmale nach Plan erzwingen wollen, von jenen, die ihr Ziel kennen. Fehlgehende Experimente werden korrigiert, bis sie zum gewünschten Ergebnis führen.

Was bleibt von allen Spekulationen übers Intelligentwerden des Menschen?

Es »steht« nur eine Tatsache: daß wir uns mit dem Menschen als einzigem intelligenten Lebewesen auf diesem unserem Planeten abfinden müssen. Nimmt man all die genetischen Unterschiede zwischen dem Menschen und seinem äffischen Vorfahren zusammen, dann bleibt vom gemeinsamen Stammbaum lediglich ein Skelett übrig. Der Mensch hat ein Sprachzentrum und kann Worte artikulieren – der Affe kann nicht sprechen. Der Mensch kann Sex betreiben, wann immer es ihm lustvoll in den Sinn kommt. Affen (wie andere Tiere) können Sexspiele nur während der Brunft üben. Zum Beispiel.

Der Mensch lernt, betet, arbeitet. Er befleißigt sich der Künste. Mir sind Affenschulen, Affentempel, Affentheater (diese mit Einschränkungen) oder Affenfabriken unbekannt. Woher also bezog der Mensch seine Ausnahmefähigkeiten?

Vor neun Jahren wagte ich meine Ansicht zu äußern*, Außerirdische hätten Kenntnisse, wie wir sie eben erst erwerben, auf die Erde mitgebracht und sie unseren Vorfahren mittels Manipulationen am genetischen Code zum Intelligentwerden »eingeimpft«.

Um diese persönliche Überzeugung in ihrem hypothetischen Charakter kenntlich zu machen, zitierte ich Professor Max Perutz: In einer einzigen menschlichen Keimzelle liegen etwa 1000 Millionen Nukleotid-Basenpaare, auf 46 Chromosomen verteilt. Wie könnten wir ein spezifisches Gen eines bestimmten Chromosoms auslöschen oder hinzufügen oder ein einziges Nukleotidpaar ausbessern? Es scheint mir kaum realisierbar.

Nun, damals standen Perutz die Arbeitsergebnisse etwa des Khorana-Teams für seine skeptischen Zukunftsprognosen noch nicht zur Verfügung. Vielleicht nahm er am 31. August 1976 am Kongreß der »American Chemical Society« in San Francisco teil Dort legte sein Nobelpreisträger-Kollege Khorana dem erlesenen Gremium von Experten das Ergebnis seiner epochalen Experimente vor. Damit weiß er, daß die gezielte künstliche Mutation möglich geworden ist: ein spezifisches Gen eines bestimmten Chromosoms *kann* in die DNS eingefügt werden.

Sicher hat Perutz auch von seinen Nobel-Kameraden Crick und Orgel vernommen, daß sie angesichts der Unlösbarkeit des großen Rätsels das Postulat, fremde Intelligenzen hätten PANSPERMIA auf die Erde importiert, nicht für unter ihrer makellosen akademi-

* ZURÜCK ZU DEN STERNEN, Seite 51

schen Würde halten. Vielleicht hat Perutz inzwischen seine Skepsis
abgelegt. Ich weiß es nicht. Neun Jahre sind eine lange Zeit, es hat
sich inzwischen viel ereignet, und manche Hypothesen wurden
derweil zu Tatsachen.

Gleichnis einer Schöpfung

Fern der präpotenten und wirklich sehr theoretischen Annahme,
der Erdenmensch wäre das hervorragendste Produkt aller Schöpfung, postuliere ich, daß vor Urzeiten Außerirdische längst erfolgreich am Ende des Weges angelangt waren, auf dem wir im Stile
einer Springprozession, vor und zurück, erste zaghafte Schritte riskieren.

Diese unsere absurde Situation möchte ich in einem »Gleichnis«
schildern, das mir der Reporter des wissenschaftlichen Magazins
FUTURUM freundschaftlicherweise zur Verfügung stellte. Ob
diese Reportage je anderswo zu lesen sein wird als an dieser Stelle,
wage ich zu bezweifeln. Spaßhafte Futurologie mit bitterernstem
Hintergrund hat Seltenheitswert.

Reportage von einem Ereignis,
das stattgefunden haben könnte
Der Pressechef des Biolabors PHI-X-2117 hatte nicht über-
trieben, als er mich zur Teilnahme an einem unerhörten Versuch einlud, der in einem Bau an geheimgehaltenem Ort statt-
finden sollte.

Drei Tage vor Beginn hatte ich mich einzufinden. Als ich in
meinem Wagen auf das in einer Lagekarte angegebene Ziel
zufuhr, es war ein Tag, an dem keine Wolke den Himmel
trübte, nahm ich keine »Gebäude« wahr, wie sie im allgemeinen Labors signalisieren. Ich glaubte schon, ich hätte mein
Fahrtziel verfehlt, als ich nach einer Wende an der Bergkuppe
ein weites, endlos scheinendes Tal unter mir liegen sah. Weit
und breit kein Haus, kein Werk, nur die wundervoll neue
Straße, auf der mein Wagen fast geräuschlos dahinfuhr. Und,
die ganze Weite des Tales überspannend, eine riesige Glaskuppel, eine Arena, eine Kathedrale aus Glas. Mir fehlen die

Worte, um die unermeßliche Größe des Glaspalastes zu schildern.

Drei Tage lang wurde ich vorbereitet. Man immunisierte mich mit allen möglichen Injektionen, deren Inhalte man mir zwar nannte, die ich aber nicht behalten habe. Das sei, sagte man mir, unerläßlich notwendig, weil das Experiment, an dem ich als einziger Reporter teilnehmen durfte, beileibe nicht ohne Gefahren für die Teilnehmer sei. Schließlich wurde ich am Tage X (ich hatte in dieser unheimlichen Welt schnell jedes Zeitgefühl verloren) eingekleidet. Weiße, hautenge Overalls. Hautatmung über eine an Sensoren angeschlossene Sauerstoffkapsel. Sauerstoffmaske.

Ich wurde durch mehrere Schleusen in die Glaskuppel geführt, wo ich zu meiner grenzenlosen Überraschung feststellte, daß in dem gewaltigen Gewölbe ein zweites, nur wenig kleineres, weites Glasgewölbe installiert war. Zwischen den beiden Glaskuppeln liefen die Wissenschaftler in großer Zahl hin und her. In dem rund um das Versuchs»gewächshaus« laufenden spiegelblanken Gang standen Apparate, Computer, überdimensionierte Behälter für Chemikalien. Metropolis.

Über ein Kehlkopfmikrofon sagte mir ein junger Wissenschaftler, was nun vor sich gehen würde. Nach einem bis in alle Einzelheiten berechneten und festliegenden Programm würde nunmehr aus Zutaten, rein chemischen Ingredienzen, unter der Glasglocke ein Ur-Cocktail gemischt werden, wie er zum Aufbau organischer Moleküle notwendig wäre. Da ich ein perfekter Laie in Sachen Chemie und Biologie bin, will ich hier keine falschen Begriffe anführen, vielmehr nur sagen, daß aus vielen Düsen Wasserdämpfe in die Kuppel einströmten, daß Wolken von gelber und brauner Tönung sich untermischten, daß – um es zu sagen, wie wir es gewohnt sind – es aussah wie am Anfang aller Tage, so, wie man Rekonstruktionen urweltlicher Vorgänge darstellt. Wild. Unheimlich. Gewalttätig.

Den Wissenschaftlern schien dieses Rumoren noch nicht auszureichen, denn auf ein Signal hin wurden zunächst die grellen Spots von sonnenähnlichen Scheinwerfern auf die brodelnde Suppe von Wasser und Dämpfen gestrahlt. Dann zuckten sogar Blitze zwischen den Elektroden von allen Seiten her auf. Hatte ich schon geglaubt, der Wirbel würde gleich die Kuppel zersprengen, mußte ich nun wahrnehmen, daß der Ur-Cocktail gemixt, geschüttelt, gequirlt wurde wie in tausend Geysiren.

Sehr zufrieden erklärte mir mein Begleiter, daß nunmehr erst der molekulare Prozeß seinen Kreislauf begänne. Nerven haben die Männer! Man wolle, hörte ich, den Beginn alles Lebens im größten chemischen Prozeß aller Zeiten nachvollziehen. Bitte, sagte ich, wenn ich lebendig wieder hier wegkomme . . .

Von Zeit zu Zeit nahmen die Herren, die die gleichen weißen Overalls trugen wie ich, »Kostproben« aus dem Ur-Cocktail. Zufrieden stellten sie fest, während sie schmunzelnd ihre Elektronenmikroskope bedienten, es hätten sich tatsächlich einzelne Moleküle zu Aminosäureketten verbunden, und das wäre ein guter Anfang, nicht nur für ihr gezieltes Experiment. So nämlich wäre es am Beginn der Entstehung allen Lebens gewesen, erläuterte mir mein Begleiter, merkte aber besorgt an, daß das alles viel zu langsam vor sich ginge, denn schließlich könnten sie nicht Jahrmilliarden auf das Ergebnis ihres Versuchs warten. Diese Möglichkeit habe es für den langsamen Prozeß der Lebenswerdung gegeben; sie hätten selbstverständlich weniger Zeit, und sie wären eben dabei, zu überlegen, wie man die Sache beschleunigen könnte.

Ich weiß nicht, wieviel Zeit vergangen war, als bekannt wurde, wie man eine Beschleunigung herbeiführen wollte. Die Biochemiker hätten beschlossen, sagte mein Mann, einige Millionen linksdrehender Proteine der Suppe beizumischen. Übrigens könnten sie nur diese Sorte von Proteinen nehmen, weil es in den Regalen ihrer chemischen Bar überhaupt keine rechtsdrehenden Proteine gäbe. Und, sagte er und versah seine Erklärung mit einem bedeutenden Blick, sie alle wollten wie ich das Experiment überleben, deswegen würden sie sich hüten, selbst wenn sie vorhanden wären, rechtsdrehende Proteine beizumischen: man würde alles, was inzwischen Ansätze von Leben zeige, vernichten, und sogar die Veranstalter des Experiments begäben sich in Todesgefahr, weil ja – auch meine! – alle Zellen nur aus linksdrehenden Molekülen beständen. Als ich ganz naiv fragte, warum man denn nicht beide Sorten mischen könne, sagte mein Begleiter (und er schüttelte den Kopf ob meiner Dummheit), ich möge verzeihen, wenn er so rüde spräche, aber es wäre geradezu idiotisch, rechts- und linksdrehende Moleküle mischen zu wollen; Feuer und Wasser wären nichts gegen die Feindseligkeit dieser beiden Arten. Aber, meinte er, es bestünden nun gute Chancen, daß der Versuch zügig voranginge.

Wie ein Lauffeuer verbreitete sich die Kunde, es würden sich nun DNS-Ketten bilden, und die hätten die prachtvolle Fähigkeit, sich emsig zu verdoppeln. Die Wissenschaftler klopften sich gegenseitig vergnügt auf die Schultern: Zellen, ja ganze Zellverbände begannen, einfache Lebewesen zu bilden! Ihre einhellige Freude wurde nur durch Blicke auf den Kalender getrübt: es ging alles immer noch viel zu langsam.

Wieder fand ein Colloquium statt. Von dem mir zugewiesenen Standort aus sah ich, wie sie heftig auf einander einsprachen, sich offensichtlich sogar stritten. Schließlich, ich sah es, stimmte man ab: einige senkten den Daumen nach unten, die meisten erhoben ihn siegessicher nach oben.

Mein Mann kehrte zurück und meldete, daß sich die Genspezialisten durchgesetzt hätten. Die wollten nunmehr eine Batterie von Zellen mutieren, indem sie ihnen gezielt genetische Informationen einbauen würden. Diese Fachleute wären sogar zuversichtlich, Zellen auf bestimmte Arten von Lebewesen programmieren zu können. Zunächst wolle man Lebewesen mit harten Schalen produzieren, dann eine Sorte, die darauf eingestellt sei, den Sauerstoff im Ur-Cocktail zu vermehren, und letztlich sei vorerst eine Art von Lebewesen geplant, die sich binnen kürzester Frist millionenfach vermehren könne. Man sei überzeugt, alle Lebensarten herstellen zu können, von denen man im Labor über die entsprechende DNS verfüge; eine Grenze sei nur dort gesetzt, wo einschlägige Samen nicht disponibel wären.

Ich starrte also gebannt durch die Wände der Glaskuppel. Was sich tat, mutete wie Wunder an, und wenn ich nicht beobachtet hätte, daß dies alles das Werk der vielen weißen Männer gewesen wäre, hätte ich auch an ein unfaßliches Wunder glauben müssen. Plötzlich sprossen aus dem munteren Cocktail Lebensformen unzähliger Arten. Wie im Zeitraffer eines Trickfilms beobachtete ich die Entstehung einer herrlichen, wilden Urlandschaft. Pflanzen schossen aus dem Boden. Da, dort und hier krochen und hüpften Tiere. Manchmal angelten kleine metallene Greifarme junge Brut aus dem Riesenzoo. Ich wollte wissen, warum. Doch mein Begleiter, der ganz hingerissen war ob des Geschehens, sagte ärgerlich: »Sie sehen es doch! Die Brut zeigt Fehler. Und diese Fehler korrigieren die Genchirurgen mit anderem genetischen Material. Das DNS-Programm muß Fehler gehabt haben!«

Ich war sehr froh, daß man mir diese Exklusiv-Reportage aus dem Biolabor PHI-X-2117 gegeben hatte. So was kriegt man nicht alle Tage geboten. Ich vermutete, daß es wirklich eine einmalige Reportage werden konnte. Denn: die Wissenschaftler erreichten ihr Ziel! Ein experimentell aufgebauter Zoo, der, wie ich beobachtet hatte, *teilweise* von selbst entstanden war, füllte die Glaskuppel. Unheimlich, ich gebe es offen zu, war mir schon zumute. Es ging dort unten alles derart turbulent zu, daß ich Sorge hatte, die seltsamen Tiere würden sich gegenseitig umbringen oder die schöne Urlandschaft zerstören. Ich durfte mit Genugtuung feststellen, daß ich kein Feigling war, denn meine Sorge bewegte auch die abgeklärten Wissenschaftler. Wieder saßen sie zusammen und grübelten, was nun zu tun wäre.

Bald brachte denn auch mein Berater die Nachricht, daß man die Dinge nicht so laufen lassen wolle. Nunmehr würde man zum letzten Akt des Versuchs kommen, in dem derart intelligentes Leben hervorgebracht werden solle, das imstande wäre, in der Turbulenz wieder Ordnung zu schaffen, und das die niederen Lebensformen zu beherrschen in der Lage sei. Ja, fragte ich neugierig, wie will man denn das machen? Diesmal lächelte mein Mann zum erstenmal: »Das, mein Freund, ist im Grunde die einfachste Sache von der Welt! Wir müssen halt den am weitesten fortgeschrittenen Lebensformen da unten lediglich genetisches Material aus unseren eigenen Zellen einpflanzen. Wir werden Lebewesen nach unserem Ebenbild herstellen!«

Das ging schneller und besser, als die Herren erwartet hatten. Sie warfen sich auch sichtbar in die Brust, als sie auf die Lebewesen hinweisen konnten, die sie nach ihrem eigenen Strickmuster entworfen hatten. Es gab im weiteren Verlauf, so sagte mir mein ständiger Begleiter, sogar eine wesentliche Vereinfachung im Experiment. Nunmehr wußte man mindestens von einer Art, wie sie sich verhalten würde, sie hatte alle Merkmale der Wissenschaftler selbst. Man wußte schon vorher, wenn irgend etwas denen dort unten Lust- oder Unlustgefühle bereiten würde, waren es doch Anlässe, wie sie die Erzeuger selbst empfanden! Wie es geplant war, begannen die intelligenten Schöpfungen auf der Stelle damit, Ordnung im Zoo zu schaffen. Zugleich begannen sie, sich lustvoll in Massen zu vermehren. Ich kann nur in Sekundenbildern festhalten, wie alles ablief. Man schaffte Formen des Gemeinschaftslebens, nahm sich einer ersten Infrastruktur an, um bald danach erste Dokumente einer künstlerischen Regung zu offenbaren. Einige Gruppen sonderten sich ab: Sie betrieben wissenschaftliche Forschung. Die Herren in den weißen Overalls grinsten: Seht ihr, Freunde, unsere Ebenbilder!

Eine andere Clique wurde mit Argwohn beobachtet. Die nahm Kontakt mit Ingenieuren auf, die aus Werkshallen gerufen wurden. Junge, kräftige Männer wurden in einheitlichen Dreß gesteckt, begannen rhythmisch zu marschieren, bekamen dann eindeutig Waffen in die Hand. Wie die Ebenbilder inszenierten sie den ersten Krieg.

Wie gesagt, nichts verlief mehr unerwartet. Die Produkte verhielten sich haargenau so wie ihre Erzeuger. Zeitweilig vergnügten sie sich ungetrübt und ungestört am eigenen Fortschritt, auf den sie unsagbar stolz zu sein schienen.

Ich vergaß zu erwähnen, daß wir alle in der Beobachtungskuppel über Raummikrophone hörten, was da unten geredet wurde. So nahmen wir dann auch an dem großen Unbehagen teil, das sich da unten breitmachte. Ein ungeheuerlicher Gedanke scheuchte die Retortenzivillisation auf. Es wurde noch und noch diskutiert. Manche schienen sich förmlich die Köpfe einschlagen zu wollen. Was war da für eine Revolte in Gang gekommen?

Die Wissenschaftler ließen alle Maschinen, die Geräusche machten, abstellen, um verstehen zu können, was ihre Geschöpfe beunruhigte.

Die wollten erfahren, wie sie entstanden waren – die wollten wissen, woher sie kamen, wer sie so gemacht hatte, wie sie waren, wo sie früher lebten und wer sie eigentlich in diese Welt gepflanzt hatte.

So richtig überrascht waren die Experimentatoren nicht, denn sie hatten ja im Programm die ihnen selbst eigene NEUGIER mitablaufen lassen. Nur: hier hatten sie keine Möglichkeit, einzugreifen. Im Programm, das sie beherrschten, waren Antworten auf solche Fragen nicht vorgesehen. Sie *wußten* exakt, wie diese Wesen entstanden waren.

Die gescheitesten unter den Wissenschaftlern rieten, man solle sich totstellen und gar nicht hinhören. Die Unruhe würde sich schon wieder legen. Nur gewähren lassen . . .

Aber die intelligenten Kreaturen beruhigten sich nicht. Als sie von keiner Seite her Antwort auf ihre dringenden Fragen bekamen, begannen sie, Löcher in den Boden ihrer Erde zu bohren, weil sie – so hörten wir sie reden – hofften, dort unten Aufschlüsse zu finden. Dann bauten sie sich immer bessere Mikroskope, unter die sie zwischen Glasplättchen Zellen der anderen Arten schoben. Aber sie beobachteten auch Zellen ihrer eigenen Art, entdeckten Moleküle und anaysierten sie. Längst perfekt des Schreibens kundig, verfaßten sie dicke Bücher über das, was vielleicht Aufschluß geben könnte. Da Tatsachen nicht aufzutreiben waren, entwickelten sie massenweise Theorien über ihre mutmaßliche Herkunft und Abkunft.

Nach endlosen Streitereien setzte sich die allgemeine Ansicht durch, jede Art habe sich vermutlich aus der anderen entwickelt, und die jeweils stärkere habe sich gegenüber der anderen durchgesetzt und überlebt. Selbstverständlich erhoben einige Intelligenzen ihre Stimme gegen diese Lehre und wiesen darauf hin, daß es doch eigentlich nicht möglich wäre, weil die Arten untereinander sich ja nicht hätten kreuzen können, wie man das immer wieder beobachtet habe und täglich feststellen könne. Diese Warner wurden mit der Anmerkung überrollt, die Entwicklung in ihrem Zoo habe so lange gedauert, daß diese Tour »eins aus dem andern« schon möglich gewesen wäre.

Da ich selbst mir noch nie Gedanken über solche Fragen gemacht hatte, interessierte mich besonders der Einwand, den ein junger Mann vorbrachte. Der sagte, es wäre doch seltsam, daß sich im Laufe ihrer Geschichte nur eine Art, nämlich die, der sie angehörten, intelligent entwickelt habe und daß alle anderen Lebensformen weit »unter Niveau« immer noch um sie herumwimmelten. Man fuhr dem Revoluzzer über den Mund, denn sie alle, die da diskutierten, hielten sich längst selbst für das Meisterstück der Schöpfung. Diese Sonderstellung wollten sie sich nicht mehr absprechen lassen. Basta.

Es war ausgesprochen ulkig, mitanzuhören, wie die unter der Glaskuppel zum Teil chemisch, zum Teil durch genetische Manipulation entstandenen Intelligenzen zu dem Resultat kamen, ihre Entstehung und Entwicklung habe sich rein zufällig ergeben, daß die Arten in langer Entwicklung eine aus der anderen entstanden und daß sie selbst durch eine Serie von glücklichen Zufällen die einzigen intelligenten Wesen geworden wären. Wenn ich dem Experiment nicht von Anfang an beigewohnt hätte, hätte ich der absurden Idee vielleicht sogar einen Krümel von Möglichkeit abgenommen. Aber: Ich war ja Augen- und Ohrenzeuge des verwunderlichsten Experiments aller Zeiten. Drum konnte ich nur darüber lachen, was die Leutchen da so redeten.

Ein kaum zu beschwichtigender Tumult entstand zu einem Augenblick, als die Diskussion schon beendet schien. Da fragte irgendeiner, ob denn nicht vielleicht »von außen her« kluge Leute mitgewirkt haben könnten. Dieser Gedanke wurde als pure Zumutung weit weggewiesen. Schließlich weiß man, wer man ist und wie große Stücke man auf sich selbst zu halten hat. Ganz schön arrogant, diese Produkte eines Experiments!

Ich war ja nur ein unbeteiligter Beobachter, trotzdem aber hatte ich Verständnis, ja, sogar eine Art von Mitleid mit den armen, braven Wissenschaftlern, die Tag und Nacht um den Experimentierraum herumgerast waren, und sich so um all ihre

Mühen geprellt sahen. Schließlich hatten sie sich mit dem Mixen des Ur-Cocktails so große Mühe gegeben, und auch die Gene-Manipulationen hatten ihre Augen tränen lassen, gar nicht zu reden von den Zellen, die sie sich aus dem Leibe rissen.

Und nun wollten ihre Produkte plötzlich von all dem nichts mehr wissen. Im Gegenteil zeigten sie sich undankbar und hochnäsig. Sie verleugneten rundweg ihre Schöpfer, deren Gast ich gewesen war.

Wenn ich auch, wie jeder Reporter, gern gewußt hätte, ob die Geschichte ein Happy-End haben würde, hatte ich doch alles Verständnis dafür, daß der Chef die Beendigung des Experiments anordnete.

Der Punkt, an dem wir stehen

Konsequenzen

Das ist ein Gleichnis, das nur spaßig zu sein scheint. In ihm stecken die Ingredienzen empirischer Erkenntnisse. Benehmen wir uns ähnlich wie die Geschöpfe unter der Glaskuppel? Sind wir nicht wie sie erschaffen worden? Beobachten uns *unsere* Schöpfer von Zeit zu Zeit? Ärgern sie sich über unsere Arroganz und Blindheit? Zürnen sie uns, weil wir selbstherrlich die »Geburtshilfe« zurückweisen, die sie uns angedeihen ließen? Könnten *unsere* Schöpfer eines Tages auch das »Experiment Erde« abbrechen?

Auch unsere Forscher bohren tief in den Boden des Experimentierfeldes, um vielleicht in verborgenen Schichten Aufschlüsse über die Frühgeschichte der Erde und die Rangfolge des Entstehens von Leben zu finden. Kilometertief dringen Bohrsonden in die Meeresböden ein. Bei jüngsten Bohrungen vor den Küsten Australiens stellte man fest, daß alle gefundenen Sedimente entweder älter als 45 oder jünger als 30 Millionen Jahre sind. – Ozeanographen von der Universität Hawaii fanden vor Australien, Neuseeland und Neu-Guinea Meeresfossilien, die gleichfalls älter als 45 Millionen Jahre oder jünger als 30 sind.

James Andrews, der die Expedition mit dem Bohrschiff GLOMAR CHALLENGER leitet, weiß keine Lösung für das Rätsel, weshalb eine »Menopause« von 15 Millionen Jahren in der Erdgeschichte eingetreten ist. Während dieser enormen Zeitspanne muß auf der Erde IRGEND ETWAS passiert sein, sie kann nicht den Atem angehalten haben. Vielleicht klärt sich beim Zergliedern der Erdschichten diese Frage.

Im Jahre 1856 machte ein Skelett Furore, das der Lehrer J. C. Fuhlrott im Neandertal zwischen Düsseldorf und Wuppertal fand. Der englische Anatom King machte den Neandertaler zur Gattungsbezeichnung für eine ganze Menschenrasse, die im Pleistozän des quartären Eiszeitalters unsere Ahnherren gestellt haben soll. Vielleicht wäre die Rechnung aufgegangen, wenn man nicht herausgefunden hätte, daß der Neandertaler vor 50 000 Jahren ausstarb und keine Nachfahren oder Nebenlinien hinterlassen hat. Von einer Evolution dieses Prototyps war fortan nicht mehr die Rede, obzwar ich an das völlige Aussterben der Neandertaler nicht recht zu glauben vermag, denn ich kenne noch einige dieser Eiszeitwesen, deren angeblich voluminöse Gehirnmasse immer noch nicht aufgetaut ist . . .

Vom Homo erectus zur kleinen Lucy

Der Neandertaler wurde abgeschrieben. Bienenfleißig suchte man weiter nach »Vor-Menschen«. Man sucht und sucht und sucht und findet dann auch alle Nase lang wieder irgendeinen Affenschädel, der dann lauthals zum allerneuesten und nunmehr effektiven Ahnherrn unserer hehren Rasse deklariert wird. Vorübergehend spielt der *Homo erectus (erectus* = aufgerichtet) eine Starrolle als Ahn, der sich schon eines aufrechten Ganges befleißigt haben und mit dem Feuer umgegangen sein soll. Experten gaben ihm bis vor wenigen Jahren das runde Alter von 1,5 Millionen Jahren. Inzwischen mußte man es um eine Million Jahre zurückverlängern, weil 1975 in Kenya ein taufrischer Schädel gefunden wurde, der 2,5 Millionen Jahre auf den Knochen hat. Oder: haben soll. Auch er wird der Familie des *Homo erectus* ins Stammbuch geschrieben.

Bei der nächstfälligen Schädelauktion wurde das Alter noch mal höher getrieben. In der äthiopischen Afar-Region buddelte der amerikanische Paläontologe Donald C. Johanson den Schädel einer kleinen, jungen Frau aus, die er Lucy nannte. Für Paläontologen ist es keine Unhöflichkeit, wenn sie den Damen hohes Alter attestieren. Johanson traute Lucy glatte 3,5 Millionen Jahre zu. Lucys Schädelchen war kaum ein Etikett mit diesem Alter angeklebt, als Direktor Leaky vom »Nationalen Forschungszentrum für Prähistorie und Paläontologie« in Nairobi einen noch älteren Schädel präsentierte, den er weniger poetisch als sein amerikanischer Kollege einfach mit »ER 1470« bezeichnete. Der einstmalige Besitzer des Schädels starb vor 3,5 Millionen Jahren.

Des Spaßvergnügens ist kein Ende! Neue Schädel, neue Knochen, neue Datierungen. Und immer wieder redet man uns ein, die Knochen stammten eindeutig von unseren frühen Vorfahren, während es sich in Wahrheit um die Ableger diverser Affenarten handelt. Dirktor L. Leaky sagt, wie es ist:
Die frühere Ansicht, daß der Homo sapiens von Neandertalern abstamme, diese vom Homo erectus und der letztere seinerseits vom Australopithecinen*, ist ein Irrtum. Tatsachen lehrten, daß die Linie, die zum Homo sapiens führt, bereits vor zwei Millionen Jahren in Ostafrika vertreten war und den Australopithecinen zeitgenössisch ist. Etwas später kam die Linie auf, die zum Homo erectus führte. Wahrscheinlich existierten sowohl der eigentliche Homo als auch die primitiven Australopithecinen im späteren Pliozän vor vier Millionen Jahren.

Nichts Genaues weiß man nicht
Obwohl man nichts Genaues weiß, verkauft die einschlägige Literatur die Vermutungen über den Homo sapiens wie gesichertes

---

* Knochenfunde aus dem Tier-Mensch-Übergangsfeld, die bereits auf der menschlichen Seite stehen sollen, kleinhirnige Hominiden

»Götter« arbeiten am »Lebensbaum«. Könnte diese mythische Überlieferung nicht ein interessantes Studienobjekt für Genetiker sein?

Wissen. Selbst die unfehlbare Enzyclopaedia Britannica versteigt sich zu der Behauptung: »An der Tatsache der Evolution kann nicht der geringste Zweifel herrschen.« Professor Luis E. Navia vom »New York Institute of Technology« setzt eine massiv andere Meinung dagegen [27]:

»Es gibt Wissenschaftler, die von der Evolution als Tatsache sprechen und sofort bereit sind, den ›Mystizismus‹ und die ›Pseudowissenschaftlichkeit‹ anderer zu verdammen. Vielleicht sind sie sich nicht darüber im klaren, daß wissenschaftliche Hypothesen erst zu ›Tatsachen‹ werden können, wenn wir bestimmt wissen, daß wir alle möglichen und einschlägigen Informationen analysiert haben. Sie vergessen vielleicht, daß es unmöglich ist, alle evolutionären Informationen einzubeziehen, weil wir dazu alle geologischen Überreste entdecken und eine größere Zahl von Evolutionen beobachten müssen. Wie Darwin selbst eingesteht, sind die geologischen Funde recht lückenhaft, und selbst wenn wir das nicht gerne zugeben, müssen wir erkennen, daß wir in dieser Beziehung nur Spekulationen anstellen.«

Läßt sich mit so wenig effektivem Wissen die Entstehung von Intelligenz aus der Entwicklung eines Affenstammes herleiten?

Ich lese: »Die Vormenschen haben in Rudeln gelebt und dadurch ein soziales Verhalten entwickelt.« Das ist doch weniger als eine Theorie, das ist blanker Unsinn. Viele andere Tierarten außer Affen lebten und leben in Rudeln, aber außer einer sozialen Hackordnung haben sie doch keine Intelligenz entwickelt.

»Der Mensch wurde intelligent, weil er sich besser als andere Arten anpaßte.« – An was hat sich der Homo sapiens besser angepaßt? Da die Paläontologie im wesentlichen Affenabstammungsgeschichte eruiert, ist auch die Anpassungsmotivation nicht mehr als ein Luftballon. Und, wenn schon Anpassung unserer beharrten Ahnen, warum haben sich dann Primaten wie Gorillas, Schimpansen oder Orang-Utans nicht »angepaßt«? Den »Gesetzen« der Evolution folgend, hätten à la longue diese possierlichen Tiere »zwangsläufig« auch intelligent werden müssen. Evolution kann man nicht bedarfsweise für eine auserwählte (und: von wem auserwählte?) Spezies gelten lassen. Es gibt überdies ungleich ältere Lebensformen als die Primaten. Skorpione und Küchenschaben sind 500 Millionen Jahre zurück nachweisbar. Weil sie so tapfer überlebten, müßten sich diese Arten viel besser »angepaßt« haben als der ungleich jüngere Sprinter Homo sapiens. Sind denn bei aller Anpassung Skorpione und Küchenschaben intelligent geworden?

»Der Mensch hat kein Fell, weil er es verstand, sich mit anderen Fellen zu kleiden.« Man meint sich auf den Arm genommen, wenn man solche Sätze vorgesetzt bekommt. Weil der Mensch nicht behaart war, eben weil er kein Fell trug, bekleidete er sich mit anderen Fellen. Ihm fielen doch nicht die Fellhaare am eigenen Körper aus, weil er sich in Felle hüllte! Geschieht meiner Mutter ganz recht, wenn meine Hände erfrieren, warum zieht sie mir keine Handschuhe an?!

»Aus klimatischen Gründen ist der Vormensch von den Bäumen heruntergestiegen.« Ei der Daus! Das muß einem einfallen! Als hätte eine Affenspezies geahnt, daß sie dermaleinst in der Evolutionslehre für den Menschen vonnöten sein würde, kletterte sie von den Bäumen herab, ließ aber bis auf den heutigen Tag die Kollegen, die dem gleichen Klima ausgesetzt waren, weiter in den Ästen der Bäume hüpfen und hausen. Das soziale Verhalten unserer Affenahnen war total unterentwickelt.

»Aus Angst vor stärkeren Tieren sowie der leichteren Ernährung wegen war der Vormensch genötigt, sich auf die Hinterbeine zu stellen.« Sehr lustig. Affenartiger Nachahmungstrieb ist sprichwörtlich. Warum folgten die anderen Affenarten diesem gescheiten Verhalten nicht? Hatten sie weniger Angst vor wilden Tieren? Hatten sie weniger Hunger?

Primaten auf der Linie, die zum Homo sapiens geführt habe, hätten begonnen, Fleisch zu fressen, um sich leichter und besser ernähren zu können, ja, durch Fleischfressen hätten »unsere« Affen vor anderen Affenarten einen Intelligenzvorsprung gewonnen. Einmal leuchtet es mir nicht ein, daß es je »leichter« gewesen sein soll, eine Gazelle oder einen Salamander zu erlegen als Früchte vom Baum zu greifen, zum andern ist es eine ernährungsphysiologisch törichte und überholte Ansicht, Fleischfressen entwickle und konserviere besondere Intelligenz. Es gibt weise Gelehrte, ich lernte solche vor allem in Indien kennen, die nie Fleisch essen, und ich kenne Zeitgenossen, die sich von Steaks ernähren . . . Überdies: Wildkatzen und Raubfische fraßen Jahrmillionen nur Fleisch. Sind sie intelligent geworden?

Nein, nein. Nähme man diese und hunderte anderer Motivierungen aus der gleichen Schatzkammer zur Grundierung der Evolutionstheorie an, dann müßte es auf unserem Planeten nur so von intelligenten Lebensformen wimmeln, von solchen dazu, die viel älter waren als die Jahrmillionen, in denen unsere »Geburtsstunde« geschlagen haben soll.

Weil, weil, weil ...
Ins überdimensional Absurde führen die Behauptungen, Organe oder Fähigkeiten von Lebewesen hätten sich deshalb herausgebildet, *weil* diese Lebewesen sie gebraucht hätten. Das Wörtchen *weil* kann einen kausalen Zusammenhang herstellen, wenn es eine angenommene Möglichkeit aus einer erwiesenen Tatsache ableitet. *Weil* die Aminosäuren einen Schutzmantel brauchten, begaben sie sich in den Schutzverband einer Zelle. Woher, pardon, »wußten« die Aminosäuren, daß eine Zelle ihnen Zusammenhalt gab? *Weil* eine Zelle Energie brauchte, erzeugte sie Chlorophyll. Wieso »ahnte« eine Zelle, daß sie Energie brauchte? *Weil* die Zelle überleben und sich vermehren wollte, stellte sie über ihre Pigmente Chlorophyll her. *Weil, weil, weil ...*

Wirkung – ohne Ursache?

Das alles waren chemische Veränderungen des genetischen Codes. Hirnlose Lebewesen mutierten nicht, *weil sie etwas brauchten.* Läßt man die vielen *Weils* gelten, muß man auch gelten lassen, daß es vor dieser Causa einen disponierenden Befehl gegeben hat. *Weil* jede Wirkung eine Ursache hat.

Da wir alle an der Berichterstattung über erfolgreich verlaufene Manipulationen am genetischen Code teilnehmen, können wir Laien mindestens ahnen, wie schwierig es ist, ein einziges Nukleotid auszuwechseln, um ein DNS-Programm zu verändern. Was unseren perfekt ausgestatteten Wissenschaftlern nach Hunderttausenden von Versuchen im Einzelfall gelingt, das soll nach dem Gebetbuch der Evolutionstheoretiker während der Evolution per milliardenfachen Zufällen non stop geschehen sein. *Weil* ein entstehendes Lebewesen eine neue Information *brauchte*?

Um etwas genetisch zu verändern, um ein einziges Nukleotid an einer anderen Stelle zu ersetzen, ist eine Mutation notwendig. Ich habe erklärt, daß Mutationen auch spontan eintreten können – etwa unter ionisierenden Strahlen oder spezifischen Chemikalien, die auf den Zellkern einwirken. Aber: *Der Wunsch nach einer Mutation genügt nicht, um einzelne Nukleotide oder Basensequenzen auszuwechseln.* Wünsche können nur von einem Gehirn ausgehen, und Gehirne, die etwas *wollen*, sind noch lange nicht in der Lage, es auszuführen. Bekomme ich Widerspruch, wenn ich klipp und klar feststelle: Primitivste Lebewesen (ich denke an Einzeller oder erste Mehrzeller) hatten kein Gehirn, und sie haben kein Gehirn. Damit ist die Voraussetzung entfallen für *Wünsche* oder gar *Befehle* und auch die Möglichkeit, sie in die Tat umzusetzen.

Die Inkonsequenz der vielen *Weils* in den Lehrbüchern ist evident. In der logischen Folge wären die *Weils* nur dann am Platze, wenn nach dem Gesetz von Ursache und Wirkung hinter jedem *Weil* ein unbekannter JEMAND stände, der Wünsche aktiviert und ihre Erfüllung veranlaßt. Gehirnlose Lebewesen können Wünsche nach IRGEND ETWAS nicht virulent machen und darum auch keine Veränderungen im Zellkern initiieren.

Indem sie die nichtvorhandene Causa in ihre Rechnung aufnahmen, ist den Evolutionsdenkern das Wichtigste entgangen: das ausführende Organ – der Schöpfer – die Götter oder wie immer man das Unbekannte nennen mag.

Ganz im Gegensatz zu gehirnlosen Lebewesen wird bei intelligenten, gehirnbesitzenden Lebewesen der Wunsch nach Veränderung verständlich – *erklärbar* ist er deshalb immer noch nicht. Für diese Feststellung gebe ich Beispiele:

Weil ein winziges Kriechtier Schutz benötigte, entwickelte *(brauchte)* es einen Schutzpanzer. Leicht behauptet, schwer getan. Denn diese haarsträubende Logik verlangt nicht mehr und nicht weniger, als daß der genetische Code, die Basenreihenfolge der DNS, abgeändert werden muß, damit sich der Schutzpanzer um das Weichtier herum entwickelt. Man möge mir doch gnädigst erklären, wieso der Wunsch nach Schutz die Umgruppierung von Nukleotiden in der Zelle bewirken kann und soll?! Nicht irgendeine Umgruppierung, sondern eine auf das Ziel hin wirkende!

Weil der Vormensch plötzlich Fleisch fraß, entwickelte

(brauchte) er stärkere Zähne. Weil er die nach dieser verdrehten Logik benötigte, wuchsen sie ihm auch prompt. Hat also der Vormensch über parapsychologische oder sonstwie geartete transzendente Fähigkeiten verfügt, die seiner DNS in den Genen mitteilte: Ab der nächsten Generation brauchen wir unbedingt starke Zähne?! Begann sich die DNS in den Geschlechtszellen umzustrukturieren, damit, simsalabim, künftige Generationen mit Mustergebissen fürs Fleischfressen ausgestattet waren?

Ausgerechnet heute, da gezielte Mutationen vorgenommen werden, ausgerechnet jetzt, da die Kompliziertheit der genetischen Informationen mit Tausenden und Abertausenden von Genen in einem einzigen Chromosom begriffen wurde,

ausgerechnet im Jahre 1977, da der Mensch endlich weiß, wie ungeheuer schwierig eine einzige derartige *positive* Mutation in der Zelle zu bewerkstelligen ist,

ausgerechnet unter diesen Prämissen beharrt man immer noch auf dem Unverstand, Mutationen vollzögen sich nach Wunsch spontan von Generation zu Generation, *weil das jeweilige Lebewesen sie braucht.*

Nicht minder widersinnig scheint mir die fortdauernde Behauptung, durch jahrtausendelange Evolution entwickelte sich *von selbst*, was Lebewesen nötig hätten oder sie ließen über Bord gehen, was sich als überflüssig erweise. Ich lese, »die Natur« sorge in wunderbarer Weise für unsere Bedürfnisse. Dann hat aber, und ich muß das sehr bedauern, diese wunderprächtige und wunderträchtige Natur ziemlich jämmerlich versagt. Trotz ihrer ununterbrochenen, zufälligen Eingriffe in die DNS mit angeblich stets positiven Resultaten!

Dem Menschen hat sie – zufällig? – ein viel zu großes Gehirn besorgt, das er in keiner Weise benötigt. Sie verpaßte ihrem Spitzenprodukt miserable Augen, die nur gradeaus blicken können. Ihren minder entwickelten Erzeugnissen, den Insekten etwa, montierte sie Augen mit großem Blickwinkel – den Schnecken setzte sie gar eine Apparatur ein, mit denen sie die Augen ausfahren können, um in alle Richtungen zu beobachten. Der Mensch, ein Spitzenprodukt mit großen Mängeln.

Ist mir bei fleißigster Lektüre etwas Wesentliches entgangen? Nirgends fand ich einen Hinweis, daß der erste Affen-Adam sein

Baby gesäugt hätte. Das war, nach meinen Kenntnissen, stets Eva, die dem Kind die Brust reichte. Ist der Affen-Adam ein Irrtum der Evolution? Sollte er Kinder zeugen und säugen? Verkümmerten ihm etwa üppige Brüste im Laufe von Jahrmillionen, *weil er sie nicht brauchte*? Weshalb sonst blieben Adam die Rudimente eines Gesäuges erhalten?

Seit Urzeiten wünschten sich die Menschen ein Mehr an Lust. Die Natur ließ auch da den intelligenten Menschen arg im Stich. Drängend ist seit eh und je des Menschen Wunsch nach mehr Liebe, mehr Verständnis, mehr Frieden. *Weil* er dies und noch mehr dringend brauchte. Hier versagte die Causa, auf der eine Lehre aufgebaut wurde, eindeutig. Es wäre nicht nur im Sinne einer unhaltbaren Theorie nützlich, wenn die *Weils* aus den durchsichtigen Etagen ihres Gerüsts eliminiert würden. Es wäre für eine neue Diskussion fruchtbar, wenn man das noch nicht Gedachte endlich einbezöge.

Wie konnte die von Darwin selbst als Evolutions*theorie* bezeichnete Abstammungsvermutung zu einer Evolutions*lehre* avancieren?

Sie *scheint* logisch zu sein, weil alle Lücken in der Beweislegung mit dem Hinweis ausgefüllt werden können, es hätten für die Evolution Jahrmilliarden zur Verfügung gestanden, und in dieser schier endlosen Zeit wäre alles möglich gewesen. Offensichtlich auch das Unmögliche.

Wer bereit ist, einer Lehre so abnorme Zufälle in der Rechnung zu gestatten, der soll halt mit ihr glücklich werden. Vielleicht wird aber auch dem Letzten die Unwahrscheinlichkeit klar, wenn er bedenkt, daß sein eigener Körper aus 50 Billionen Zellen zustande gekommen ist. Darwins Theorievorschlag traf sozusagen in Niemandsland, man war beglückt, endlich ein Denkmodell zu haben, an dem man sich aufrichten konnte. Manche Spekulationen paßten auch hinein. Fortan mauerten renommierte Architekten mit, und weil sie so berühmt waren, fanden sie schnell Mitläufer, die die Gebetsmühle rotieren ließen: was haben wir für eine herrliche Theorie! Hinein damit, was reinpaßt!

In dieser Riesengemeinde von Anbetungsbereiten riskierten kritische Wissenschaftler keine Lippe mehr. Wer mag schon gegen Nobelpreisträger in den Ring steigen? Sie haben ja das Dynamit

in der Tasche, das sie jederzeit explodieren lassen können: Lehr-
stühle Mißliebiger können in Atome zerlegt werden. Da bleibt kein
Auge trocken. Dabei ist die »Vernichtung« Andersdenkender vergleichsweise human gegen die perfide Art, sie in den Platzregen des
Lächerlichmachens zu bugsieren. Es soll halt dabei bleiben, daß
chemische und biologische Evolution nicht nach Plan, sondern dem
Spiel irrsinnig unwahrscheinlicher Zufälle zu danken sind.

Dialektischer Materialismus contra Außerirdische

Leben ist Chemie, Chemie ist Materie, Leben ist eine durch und
durch materialistische Angelegenheit. Ins Ideologische transpo-
niert, ist diese Meinung das Spiegelbild des dialektischen Materialismus, einer Philosophie, deren Wesensbestandteile alle Erscheinungen der Welt selbst als materiell oder aber aus Materie
hervorgegangen annehmen. ». . . das herrschende Gesetz trennt
den Menschen von seinem allgemeinen Wesen, es macht ihn zu einem Tier, das unmittelbar mit seiner Bestimmtheit zusammen-
fällt.« [25]

Eine solche rein materialistische Theorie, in der immer der Stärkere obsiegt, hat freilich keinen Platz für einen Begriff wie Schöpfung, kann Übernatürliches nicht dulden und hat selbstverständlich
keinen Raum für die undefinierte Macht, die Gott genannt wird.
»Darwinismus ist die Basis ihrer Naturwissenschaft und auch die
Basis ihrer ganzen Weltanschauung, sei sie ökonomisch oder poli-
tisch.« [12] Einst blockierten kirchliche Institutionen fortschrittliche Erkenntnisse. An diesen Bremsen stehen heute Ideologien.
Früher glaubte man an Religionen und ihre Stifter, nach gleichem
Rezept glaubt man heute an Ideologien und deren Erfinder. Geglaubt wird immer noch.

Ich hatte nicht begriffen, weshalb man mich von meinem ersten
Buch an in kommunistischen Staatsländern in Kritiken als Anti-
marxisten bezeichnete. Nie und mit keinem Wort hatte ich etwas
gegen den Säulenheiligen Karl Marx gesagt. Erst als ich mich mit
der Evolutionstheorie beschäftigte, wurde mir der Grund klar: Im
dialektischen Materialismus darf es auch keine Mitwirkung der
Außerirdischen geben! Unfaßlich Übernatürliches ist gefährlich,
der Mensch könnte den Nimbus seiner Allmacht und seiner zentralen Bedeutung verlieren.

Professor Wilder-Smith deutet diese Lage:
Für Menschen, die zu dieser Überzeugung gekommen sind, daß Emporentwicklung nach Darwinischer Lehre »gut« sein muß, weil ihre »Früchte« gut sind, kann es nicht verwerflich sein, wenn man der Emporentwicklung ein wenig dadurch nachhelfen will, indem man die natürliche Selektion im Kampf ums Dasein fordert. Demnach muß es eine »gute« Tat sein, wenn wir gewisse minderwertige Individuen und Rassen aussterben lassen beziehungsweise »ausradieren«. Die Natur (beziehungsweise Gott) hat doch praktisch diese Methode selber benutzt, was können wir also auf intellektueller oder moralischer Basis dagegen einwenden? Dadurch, daß wir die gleiche Methode benutzen, werden wir die Entwicklung zu einem Supermenschen nur beschleunigen. Nach diesen Prinzipien müssen wir die Ausrottung minderwertiger Rassen oder Individuen zum Wohl der Massen gutheißen . . . Die »überholte« kapitalistische Welt wird sich nach den Prinzipien des politischen Darwinismus in die kommunistische umwandeln; auch diese Umwandlung stellt eine »Evolution« dar.

Mit dem Mut der Überzeugung, die mir die Beschäftigung mit dem Urthema der Menschheit liefert, habe ich versucht, exakt darzustellen, daß es nicht so gewesen sein kann, wie wir es lernten und lernen. Da aus einem totalen Vakuum weder Tier noch Pflanzen oder gar der Mensch entstanden sein können, da ein reales Ereignis reale Urheber haben *muß*, bleibt doch nur der Zugriff von Außerirdischen, die man in ältesten Überlieferungen GÖTTER nannte. Eine planvolle Schöpfung kann nur von Wissenden gekommen sein. Von Intelligenzen mit einem Kenntnisstand, der dem unseren weit überlegen war. Fraglos kann die Menschheit in kontinuierlicher Forschung diesen Status in sehr, sehr fernen Zeiten auch erreichen. Sie könnte aber dem erstrebten Ziel nahe sein, wenn sie das Undenkbare endlich mit in ihr Weltbild einbezöge. Denn dies halte ich für eine Gewißheit: *Durch Zufall und von selbst sind wir nicht entstanden!*

Wird – einst von Religionen, heute von Ideologien gehindert – die mögliche Wahrheit auf der Strecke bleiben? Ich hoffe es nicht und finde »Trost« bei dem Dichter Christian Morgenstern [26]:

Wenn leuchtend die Gestirne tauchen,
im dunklen Äthermeer empor,
und in geheimnisvollem Hauchen,
entschwebt der Geist zu wachen Träumen
ins große heilige Reich der Nacht,
beschwingt nach unermessnen Räumen
von tiefer Phantasien Macht.
Im weichen Zauber solcher Nächte
scheint sich die Schöpfung zu entfalten,
und dunkel ahnen wir die Mächte,
die über unserem Leben walten.

Hohes Gericht!

Meine Damen und Herren!

Trotz aller Angriffe in Zeitungen und Zeitschriften habe ich mir genug Humor bewahrt, die Rolle des Angeklagten zu akzeptieren, die ich hier vermutlich zu spielen habe. Mir ist klar, daß jene Publikationen, die meine Theorie ganz oder zum Teil akzeptierten, nicht zur Debatte stehen. Vielleicht macht aber gerade der Wirbel, den ich entfachte, das Hohe Gericht argwöhnisch. Vielleicht stellt es sich die Frage, ob nicht doch mehr als etwas dran sein muß, weil sonst wahrscheinlich die vielgeübte Methode des Totschweigens auch auf mich angewandt worden wäre.

Mit schmunzelndem Vergnügen nehme ich zur Kenntnis, wie viele hochmögende, sogar wissenschaftliche Publizisten sich nicht scheuen, ihre eigenen Bucherfolge sozusagen an meine Fersen zu heften. Hohes Gericht, wie tragfähig muß eine Theorie sein, wenn sich ihre Widersacher daran emporrangeln können, um noch in der Kontroverse aus dem Füllhorn meiner Argumente genug Honig saugen zu können!

Auch in der Härte der Auseinandersetzung habe ich mir Fairneß bewahrt. Deshalb sage ich dem Hohen Gericht, daß namhafte Kollegen seit Jahr und Tag und beharrlich Furchen in denselben Acker zogen, den ich bearbeite. Ich überlasse es dem Hohen Gericht zu entscheiden, warum sich die Gegner der Götter-Astronauten-

Theorie gerade auf mich eingeschossen haben. Ob sie wissen, daß ich – dank meiner Indizien! – eine kugelsichere Weste trage? Ob sie somnambul ahnen, daß ich den längeren Atem habe? Ich war schon als Schüler auf Kurzstrecken miserabel, doch auf Langstrecken nahezu unschlagbar. Ich darf um den Gong zur nächsten Runde bitten.

Man entgegnet mir: Weil interstellare Weltraumfahrt nicht möglich wäre, könnten uns folglich zu keiner Zeit Außerirdische besucht haben. Durch einen kompetenten Sachverständigen habe ich den Gegenbeweis antreten können: interstellare Raumfahrt *ist* möglich. Wir sind auf dem besten Wege dorthin.

Man sagt mir, es gäbe keine mythologischen Überlieferungen, die den *zwingenden* Schluß zuließen, unser Planet wäre je von Außerirdischen besucht worden. Mit einer Fülle von dokumentarischen Belegen habe ich diese krumme, windige Behauptung – das Hohe Gericht möge verzeihen! – widerlegt, versichere aber, daß ich die vorgelegte Fülle jederzeit ums Dutzendfache zu vermehren imstande bin. Die Gegenpartei möge entsprechende Wünsche dem Gerichtsschreiber zu Protokoll geben.

Man behauptet, die Entstehung von erstem Leben wie die Entstehung menschlicher Intelligenz sei einer Kette von Zufällen zu verdanken. Dank vieler Gespräche mit Biologen, Physikern und Mathematikern, vor allem aber durch die Unterweisung eines hervorragenden Sachverständigen konnte ich *beweisen*, nicht etwa nur behaupten, daß die landläufige Lehrmeinung ganz einfach falsch ist. Die Gegenpartei darf die Ergebnisse chemobiologischer und physikalischer Laborforschung nicht bestreiten, sofern sie nicht auf dem von ihr blankgeputzten Parkett puristischer Wissenschaft auf die Nase fallen will. Es täte mir leid um die so hoch in den Wind erhobenen Nasen!

Hohes Gericht, welche objektiven Beweise werden von mir verlangt? Soll ich eine Raumfahrermumie in den Saal fahren? Soll ich Teile eines ehedem abgestürzten Raumfahrzeugs auf den Tisch legen? Soll ich vermoderte Knochen eines Extraterrestriers in Spiritus vorführen? Will man eine Zeitkapsel mit Nachrichten für uns sehen und ticken hören?

Mit nur leidlich intaktem Menschenverstand müßte die Gegenpartei dies begreifen:

Wo soll man den objektiven Beweis suchen?

Die Landfläche unseres Planeten umfaßt 148,8 Millionen km². Landfläche ist nicht gleich bewohnbarer Fläche!

Man mindere die bewohnbare Fläche um die Eiswüsten der Nord- und Südpole. Man ziehe die unwirtlichen Wüstengebiete ab. Die Fläche schrumpft. Man subtrahiere die meist unbewohnbaren, unbegehbaren Dschungelgebiete etwa in Teilen Zentral- und Südamerikas, in Teilen Afrikas und Indiens. Die Fläche wird immer kleiner. Die Alpen und der Ural, die Rocky Mountains und die Gebirge Alaskas waren und sind nicht bewohnbar. Vergessen wir nicht, daß die wirklich bewohnbaren Erdteile in einem großen Teich schwimmen: 70,8% der Erdoberfläche nehmen Wassermassen ein. Wer wohnt schon im Wasser? Nur knappe 20% des Blauen Planeten sind bewohnt, und von dieser Restfläche wurde bislang nur 1% archäologisch erfaßt! Ist es, frage ich das Hohe Gericht, zumutbar, einen handfesten Beweis, eine Hinterlassenschaft der »Götter«, von mir zu verlangen?

Dabei kann dieser Beweis überall liegen! Ja, er könnte unter polarem Eis ebenso zu finden sein wie unter Sand- und Gesteinswüsten, er könnte im dampfenden Dschungel auf seine Entdeckung warten wie unter einem nicht beachteten, überwucherten Hügel irgendwo auf der Welt. Mir jedenfalls scheint es absurd zu sein, zu erwarten, zu erhoffen, daß der verlangte »objektive« Nachweis ausgerechnet an jenen archäologischen Punkten auftaucht, die in toto nur 1% der bewohnten Fläche ausmachen. Es ist leichter, in dunkler Nacht eine Stecknadel im Heuhaufen zu finden, als ein Relikt der Außerirdischen per Zufall an x-beliebigem Ort aufstöbern zu wollen. Nein, *zufällig* zurückgelassene und *zufällig* gefundene Götterrequisiten sind nicht das Phantom, dem ich nachstelle!

Gern gebe ich zu, daß eigentlich ein *absichtsvoll* zurückgelassener Beweis fällig ist! Die Außerirdischen mutierten den Menschen »nach ihrem Ebenbild«. Sie wußten also, was sie von ihren Produkten erwarten konnten! Weil der Apfel nicht weit von ihrem Stamm fiel, war ihnen klar, daß über kurz oder lang der Mensch anfangen würde, mit der Technik zu spielen, und daß am Ende dieses Spiels Raumfahrt das Ziel sein würde. Es wäre nur logisch, wenn die »Erzeuger« menschlicher Intelligenz in prähistorischen

Zeiten als Abschiedsgeschenk irgendwo einen Beweis deponiert hätten, der über ihr Wirken und ihre Absichten Auskunft geben könnte.

Wie sollte denn ein solcher Beweis beschaffen sein?

Zeitkapsel gesucht?

Ich bitte das Hohe Gericht, die Gegenpartei zu fragen, wie sie es denn gern hätte! Reicht eine Zeitkapsel mit Mikrofilmen und Tonbändern, mit technischen Konstruktionsplänen? Warum nicht? Mich würde ein solcher Beweis, wenn er eines Tages gefunden werden sollte, keineswgs überraschen. Ein prähistorisches Depot für zukünftige Generationen. Wenn man die Beleuchtung des Heiligenscheins um das Menschengnadentum ausknipst und den Mut findet, zuzugeben, daß es vor Jahrtausenden Klügere gab, als wir es sind, dann ist das keine Utopie, sondern eine echte Möglichkeit. Leider sind wir durch Erziehung ja alle zu Muhammed Alis geworden: Wir halten uns für die Größten!

Hohes Gericht! Ich bitte inständig, mir zu glauben: Wir sind es nicht.

Wo sollte denn, fragt man, ein *absichtsvoll* deponierter Nachlaß zu finden sein? Das frage ich mich auch. Gut sichtbar auf dem Gipfel eines Berges? Es wäre ein törichter Ort. Was an so prominenter Stelle ins Auge springt, hätten bestimmt schon Generationen zu viel früherer Zeit abgeräumt, und sie hätten nicht geahnt, was sie da gefunden hatten, wie kostbar ihre Entdeckung war. Von der *falschen* Generation zur *falschen* Zeit gefunden? Ein Nonsens. Die Außerirdischen kalkulierten in Kenntnis ihrer eigenen geschichtlichen Entwicklung auf ihrem Heimatplaneten mit langen Fristen. Ihr Depot widmeten sie sicherlich jenen Nachkömmlingen, die einst selbst Raumfahrt betreiben, die den Anschluß an ihre genetischen Konstrukteure gefunden haben würden. Sie deponierten keine Ware zum alsbaldigen Verzehr. Konsistenz, Verpackung und Inhalt der Hinterlassenschaft war für die späteren, viel späteren Generationen gemeint, und die, die es finden werden, können in den Botschaften immer noch eine ferne, für sie erstrebenswerte Zukunft erkennen.

Wohin also mit dem Depot? In einen Tempel? In eine Pyramide? Tief in das Grab eines alten Heiligen oder Patriarchen?

Oder gar in den teuren Boden Manhattans, der damals noch umsonst zu haben war?

Die Außerirdischen waren doch nicht von gestern! Denen war bekannt, daß Naturkatastrophen und Kriege die Tempel wie alle Sorten von Heiligtümern über die Jahrtausende hinweg vernichten könnten. Sie wußten von der Gewalt der Überflutungen und von der Vernichtungskraft von Erdbeben. Wohin also mit dem Beweis, den man in Sicherheit wissen wollte? Vielleicht in eine Höhle versteckt? Dann läge er noch dort, und wir wüßten es nicht.

Die Gegenpartei tut so, als ginge es um die Suche eines Ostereies, das pfiffige Eltern in einem Busch des Gartens versteckt haben! Ich versichere dem Hohen Gericht: Wenn es so einfach wäre, würde ich das Ei längst gefunden haben.

Hier geht es um ein »Versteck«, das Jahrtausende unentdeckt bleiben sollte.

Dafür kamen allemal nur logisch-mathematische Punkte in Frage – Orte auf der Erdoberfläche wie etwa der magnetische Nordpol oder auch Punkte am Äquator, an denen sich Land und Wasser die Waage halten. In dieser Richtung wären von ungefähr die erdgebundenen Möglichkeiten zu suchen. Mir scheint es allerdings plausibler zu sein, logisch-mathematische Punkte innerhalb unseres Sonnensystems zu vermuten – etwa im Librationspunkt L-5 oder im Zentrum eines Schwerkraftfeldes, das aus der Gravitation dreier Planeten gebildet wird. Ich darf zu den Akten geben, daß solche Überlegungen bereits von einem namhaften Wissenschaftler angestellt wurden [1].

Kosmisches Osterei?
Damit wäre das extraterrestrische »Osterei« an einem zwar berechenbaren, aber unbekannten Ort versteckt! Entspräche dieses Verfahren der hohen Intelligenz unserer außerirdischen Besucher? Wie soll man ihr Depot finden, wenn keine Spur dorthin führt? Deshalb, und das ist meine ebenso persönliche wie unerschütterliche Überzeugung, deshalb sind Spuren in den aus grauer Vorzeit überlieferten Mythen zu ermitteln, deshalb sind sie in den Niederschriften ursprünglich mündlich weitergereichter alter Religionen zu suchen, deshalb müssen die Zeichen und Chiffren in Fels- und Höhlenzeichnungen gedeutet werden. Freilich: Solange die Ge-

genpartei nicht bereit ist, diese indizierten »Mutmaßungen« zu verifizieren, vielmehr nur mokant darüber hinweglächelt, so lange werde ich mit meinen Beweisen für derartige Spuren attackieren. Ich werde die fruchtbare Unruhe in Gang zu halten wissen.

Irgendwann dürften die faktischen Belege der außerirdischen Besucher gefunden werden. Vieles von dem, was ich spekulativ in die Diskussion einführte, hat sich inzwischen als stichhaltig erwiesen. Man muß nur von der Konstitution her mit guten Nerven, einem dicken Fell und viel Sinn für Humor ausgestattet sein, um alle Attacken zu »überleben«, damit man sich letztendlich auch daran erfreuen kann, recht behalten zu haben.

Suchen wir nicht vielleicht nach einem objektiven Beweis, den wir dauernd vor Augen haben? Ist nicht der Mensch selbst als einziges intelligentes Lebewesen auf diesem Planeten *der* Beweis für den Eingriff Außerirdischer in die irdische Entwicklung?

Der Papagei, der Worte unserer Sprache krächzt, ist ein lebendiger Beweis dafür, daß er Umgang mit Menschen hatte. Wenn dermaleinst unsere Gen-Operateure durch gezielte künstliche Mutationen die Affen intelligent machen, ist dann nicht die neue Spezies das sichtbare Produkt menschlichen Handelns? Ohne unseren manipulativen Eingriff würden die Affen niemals intelligent werden.

Zeugt nicht allein das Vorhandensein des Menschen für den Eingriff außerirdischer Schöpfer? Wie denn sonst will man überzeugend dartun, weshalb und ausgerechnet nur der *Homo sapiens* aus der großen Affenfamilie ausscherte und intelligent wurde? Der Mensch mag als einziges intelligentes Wesen vergeblich nach seinem Schöpfer fahnden. Daß es ihn gibt, ist schon durch seine eigene Existenz bewiesen. Ist im Saal jemand, darf ich fragen, der es für möglich hält, daß der Mensch aus Lehm geknetet, dann mit seinen Innereien gefüllt und letztlich durch Mund-zu-Mund-Beatmung zum Leben erweckt wurde?

Der Hosenknopf auf dem Mars!

Man erlaube mir, eine Denkhilfe einzuführen. Wenn auf dem Mars ein Hosenknopf gefunden werden sollte, ist von diesem Moment an mit Sicherheit darauf zu schließen, daß irgendwann ein Kleidung tragendes Wesen auf dem Mars gewesen sein muß. Man kann dann zwar endlos darüber streiten, von welcher Rasse der Träger der Hose gewesen ist – allein die Tatsache, daß es ihn gegeben hat, steht außer Frage.

Der simple Hosenknopf läßt mehrere Analogieschlüsse zu: Es gab eine Werkstatt oder Fabrik, die ihn anfertigte – es stand ein Faden zur Verfügung, mit dem er an einen Stoff angenäht wurde – Stoff plus Knopf machen es zur Gewißheit, daß Menschen, die hier lebten, nicht nackt herumliefen. Falls in der Versteinerung noch das Material (Holz, Metall, Kunststoff etc.) feststellbar ist, aus dem der Knopf gemacht wurde, oder erkennbar ist, ob er per Hand oder maschinell gefertigt wurde, dann ergeben sich Rückschlüsse auf den Zustand der wirtschaftlichen Entwicklung des Landes, aus dem der Hosenträger stammte.

Bitte, Herr Generalankläger! Was der Hosenknopf vom Mars mit meiner Beweisführung zu tun habe? Der Knopf beweise nichts? Ich muß widersprechen.

Die menschliche Frühgeschichte ist ein einziger großer Laden von »Hosenknöpfen«! Ich zähl's ja an den »Knöpfen« ab, die ich in Mythen, Religionen und Volkslegenden en gros und en detail finde, wer die Fremden waren, wie sie aussahen, was sie trieben und taten, über welche Maschinen, Waffen und Kenntnisse sie verfügten, welche Machtmittel sie mehr oder minder rücksichtslos einsetzten, mit welchen Methoden sie unseren Planeten kolonisierten. Das sind keine »Knöpfe« von der billigen Sorte. Sie sind aus Gold und oft mit Edelsteinen verziert. Wenn sich niemand anders bückt – ich hebe sie auf!

Zum Verfahren darf ich erwähnen, daß der Wert von Analogieschlüssen für die Entdeckung neuer Erkenntnisse unbestritten ist. Ich nutze lediglich eine in der Wissenschaft gängige Methode.

Der Anklageschrift habe ich entnommen, daß die Gegenpartei – vertreten durch Kapazitäten wie die Professoren Fred Hoyle und Carl Sagan – immer wieder behauptet, es wäre bei der Vielzahl bewohnbarer Planeten in unserer Galaxis unmöglich, daß Außerirdische ausgerechnet die Erde angeflogen hätten und dies auch noch zu einem Zeitpunkt, an dem sich die erste menschliche Intelligenz zu regen begann. Da ich dieses Argument* ausführlich widerlegt

---

* ERSCHEINUNGEN, Seiten 271 ff.

habe, sei hier nur *der Schwachpunkt* in der Logik meiner Gegner herausgepickt: Die Außerirdischen besuchten ja nicht bereits intelligente Erdbewohner! Erst *seit* dem Besuch der »Götter« ist der *Homo sapiens* intelligent! Ich will mich hier nicht wiederholen, deshalb bitte ich das Hohe Gericht, meine früheren Ausführungen in die Akten zu nehmen.

Kompagnons von anderen Planeten

Basierend auf den von Hoyle und Sagan behaupteten zahllosen bewohnbaren Planeten prognostiziere ich: Die ersten außerirdischen Besucher oder deren Nachfahren werden wiederkommen! Es ist ja nicht nur ihnen unsere galaktische Position bekannt. Auch die *zeitlich vor uns* besuchten anderen intelligenten Lebensformen kennen sie. Ich sagte schon, daß es logisch wäre, wenn die fremden Besucher einen objektiven Beweis ihrer Anwesenheit hinterlassen hätten – nicht nur bei uns und für uns. Diese logische Vermutung gilt gleichermaßen für andere Sonnensysteme, in denen Außerirdische *vor* ihrem Erdenbesuch operierten und landeten! Ich weise ausdrücklich darauf hin, daß ich eine spekulative Möglichkeit anbiete: *menschenähnliche* Wesen auf anderen Planeten können die hinterlassenen objektiven Beweise längst gefunden haben! Sie genießen den Vorteil des erheblichen Zeitvorsprungs. Ich vermute deshalb, daß diese menschenähnlichen Kompagnons auf anderen Planeten vom gefundenen objektiven Beweis her auch wissen, wohin sich die Väter der Intelligenz, wenn ich die »Götter« einmal so nennen darf, beim Abschied gewandt haben. Also, schließe ich messerscharf, kennen nicht nur »unsere« Außerirdischen unsere galaktische Position, sondern auch alle anderen Menschenähnlichen, die sich zeitlich vor uns eines extraterrestrischen Besuchs erfreuen konnten. Damit aber stünden uns neuerliche Besuche nicht nur von den Erfindern der Weltraumfahrt ins Haus, vielmehr auch von denen, die dank Zeitvorsprung inzwischen über eine fortgeschrittene technische Entwicklung verfügen.

Herr Generalankläger? Nein, diese Äußerung soll nicht als »Beweis« ins Protokoll genommen werden. Ich sagte, daß es sich um eine Spekulation handelt. Daß sie *mir* logisch erscheint, erhebt sie nicht in den Rang eines Beweises. Das Hohe Gericht kann sich darauf verlassen, daß ich stets laut und deutlich sagen werde, wenn ich nicht Beweise, sondern Hypothesen anbiete. *Per definitonem* sind Hypothesen Vorentwürfe für eine Theorie. Ich bewege mich im Rahmen des Zulässigen. Nur in Diktaturen kann man verbieten, Theorien zu entwickeln. Danke!

Hohes Gericht, mir wird zum Vorwurf gemacht, ich bewege mich in menschlichen Denkkategorien und unterstelle den Außerirdischen Aktionen und Reaktionen, wie sie uns geläufig sind. Ich muß der Gegenpartei sagen, daß sie den springenden Punkt meiner Theorie übersehen hat . . . oder nicht sehen will.

Die Götter schufen den Menschen nach ihrem Ebenbild. Damit bewege nicht nur ich mich, damit bewegen wir uns alle im Bezirk »göttlichen« Denkens! Wir alle denken und handeln im Sinne des genetischen »Modells«, dem wir nachgeschaffen wurden. Seit Menschen Menschen zeugen, bringen sie »Götterkinder« hervor – nämlich Ableger ihrer Ebenbilder.

Möglicherweise – eine Hypothese, Hohes Gericht! – halten sich die »Götter« oder ihre Nachfahren wieder in unserem Sonnensystem auf und beobachten uns. Freilich weiß ich, daß die Gegenpartei diese Vermutung für absurd hält, doch Verantwortung veranlaßt mich, diesen möglichen Aspekt in dieses Plädoyer einzubeziehen.

Meine Damen und Herren, ich sehe, daß Sie lächeln, wenn ich von Verantwortung spreche. Viel zu oft werden Menschen enormen psychologischen Schocks ausgesetzt, ohne daß sie darauf vorbereitet wurden. Will man ihre Belastbarkeit erproben? Da *ich* die Rückkehr der Außerirdischen für möglich halte, empfinde ich meinen Zeitgenossen gegenüber eine Verantwortung, sie auf ein nicht unmögliches Ereignis vorzubereiten. Abermillionen Erdbewohner ständen geschockt vor dem welterschütternden Ereignis. Weil ich es für denkbar halte, gebe ich ihm einen Platz in meinem Plädoyer für die Zukunft. Als Prophylaxe für den Eventualfall. Nicht mehr, aber auch nicht weniger soll's sein!

Meine Ansicht über UFOs. . .
Hohes Gericht, ich bin kein UFO-Fan. Ich habe nie eine fliegende Untertasse auch nur von ferne gesehen, es sei denn jene, die mir bei einem Gewitterflug über den Kordilleren über die Hose trudelte.

Aus einer durchaus seriösen Literatur wie aus unzähligen Gesprächen mit Menschen, die alle ihre Tassen im Schrank haben, weiß ich, daß sich die bisher ungeklärten Phänomene in beängstigendem Maße häufen. Piloten, Radartechniker, stocknüchterne Wissenschaftler und Männer wie Barry Goldwater und Jimmy Carter versichern, UFOs beobachtet zu haben. Es gibt keinen Grund, an der Glaubwürdigkeit all dieser Menschen zu zweifeln. Oder hat die Gegenpartei die Stirn, diese ehrenwerten Leute der Lüge zu bezichtigen?

Noch – und darin sind wir uns einig – weiß niemand, worum es sich bei den Fliegenden Unbekannten Objekten handelt. Ich stelle klar: Ich behaupte nicht, UFOs wären à tout cas außerirdische Phänomene, aber ich plädiere im Namen aller, die sie gesehen haben, dafür, daß sie existieren!

Die Neunmalklugen fragen: Wenn sie existieren und vielleicht kosmischer Herkunft sind, warum landen sie dann nicht endlich offiziell? Warum lassen sich die Kommandanten der eigenartigen Himmelskutschen nicht vom Präsidenten des Staates über rotem Teppich offiziell begrüßen? – Die Ufologen versichern, daß zwar Landungen stattfanden, doch immer an entlegenem Ort, wo sich die Füchse Gutenacht sagen.

Da mir auch hier wieder die Frage gestellt wird: Was halten Sie von UFOs?, will ich die von Voreingenommenen errichtete Barriere durchbrechen und meine Ansicht zu dem großen Rätselraten bekanntmachen. Weshalb nehmen die UFOs, *sofern sie außerirdischer Herkunft* sind, keine *offizielle* Landung vor?

Beim Studium der Mythen fiel mir auf, daß »Götter« stets die Sprache der Irdischen beherrschten. Diese Sprachkenntnis setzte voraus, daß die prähistorischen Erdbewohner über lange Zeiten hin beobachtet und »studiert« wurden. Es gäbe sonst keine Erklärung dafür, wie sich die Außerirdischen polyglott der Erde zu nähern vermochten. Sie parlierten in der jeweiligen Umgangssprache, in der es selbstverständlich keine technischen Begriffe gab.

Wie viele Sprachen »damals« im Katalog standen, wird ewig unbekannt bleiben. Heute werden auf unserem Planeten 2986 Sprachen gesprochen – um es mit Mose (1.11,5) zu sagen: eine wahrhaft babylonische Sprachverwirrung. Unter den 2986 Sprachen gibt es ganze sechs Weltsprachen, und diese großen Sechs müssen die Au-

ßerirdischen beherrschen, damit sie die weltweiten Kommunika-
tionen über Radio, TV und die Hellschreiber der Presse verstehen.
An kleinen national-lokalen Eingriffen kann ihnen nicht gelegen
sein. Allein für diesen Teil der Spracherkundung sind lange Beob-
achtungsfristen nötig.

Seit dem Jahrtausende zurückliegenden Aufenthalt der »Götter« haben sich die bakteriologischen und virologischen Bedingungen auf der Erde erheblich verändert. Neue, gefährliche Krankheiten sind entstanden, ihre Überträger sind den Fremden unbekannt.
Ehe sie eine offizielle Landung planen – mit Shakehands, Bruder-
kuß, Warentausch etc. –, müssen sie sich Kenntnisse von den ihnen
unbekannten Krankheiten und den möglichen Infektionen verschaffen. Ich darf in Erinnerung rufen, daß die ersten Astronauten
nach der Rückkehr vom Mond schnurstracks in Quarantäne geschickt wurden – aus Furcht davor, sie könnten uns mit einer ge-
fährlichen, unbekannten Krankheit infizieren. Außerirdische, die
sich auf einen Besuch vorbereiten, werden mindestens gleich vorsichtig sein. Medizinische Patrouillen werden uns vor der Landung
gründlich beobachten. Oft und an vielen verschiedenen Stellen der
Erde.

Seit dem letzten Götterbesuch haben sich aber auch die Menschen rasant verändert. Deshalb werden die Außerirdischen wissen
sollen, wie weit und in welche Richtung die Fähigkeiten ihrer Ableger gediehen sind. Hantieren sie schon mit Atom- und Wasserstoffbomben? Bedienen sie sich bereits verheerender Giftgase und
übler bakteriologischer Vernichtungswaffen? Sind die Menschen
derzeit machtvoll genug, für die »Götter« eine potentielle Gefahr
darzustellen? Wie hat sich der Bewußtseinsstand verändert, zum
Positiven oder zum Negativen? Ist die Saat der künstlichen Mutationen planmäßig aufgegangen? Oder haben neue, spontane Mutationen aus dem menschlichen Gehirn eine streitsüchtige Kreatur
gemacht? Wie sind die politischen Machtkonstellationen? Wird
Macht diktatorisch oder demokratisch ausgeübt? Welche Religionen dominieren? Wir groß ist das Risiko einer Landung?

Das Brevier der Fragen wird vermutlich viele Seiten füllen, und
alle müssen vorab geklärt werden. Was ich hier vortrage, hört sich
phantastisch an. Hohes Gericht, ich konnte an Disputen seriöser
Forscher teilnehmen, die sich futurologisch mit interstellaren Ex-

peditionen befassen. Es ist ungeheuerlich, woran vorbereitend gedacht werden muß. Empirisch ist anzunehmen, daß Außerirdische ebenso methodisch und nach ähnlichen Strategien vorgehen. Schließlich sind wir ja ihre Ebenbilder.

Das aber könnte nebstbei ein Grund dafür sein, weshalb Patrouillen mit kleinen Zubringern irgendwo »am Ende der Welt« Recherchen anstellen. Dort holen sie sich möglicherweise erste Informationen. Niemand weiß es, aber ich denke, man bleibt auf dem Teppich, wenn man solche Vermutungen hegt. Auch scheint es mir im Sinne der modernen Verhaltensforschung nur richtig, wenn man uns in der Fasson studiert, wie wir wirklich sind. Sobald wir offiziell auftreten, sobald wir wissen, daß wir beobachtet werden, geben wir uns nicht mehr »natürlich«.

Um die Spekulationen um alle gesichteten UFOs dieser Welt aus meiner Sicht abzuschließen, möchte ich sagen: nichts GENAUES weiß man nicht, doch ALLES ist möglich. Warten wir's ab. Zwei Ziffern sollten das Hohe Gericht nachdenklich stimmen. Vor 20 Jahren wurde in den USA erstmals einem repräsenativen Bevölkerungsquerschnitt die Frage gestellt: Glauben Sie an UFOs und denken Sie, daß es sich dabei um außerirdische Lebewesen handelt? Vor 20 Jahren antworteten, 3,4% der Befragten mit JA. Im Herbst 1975 wurde die Umfrage im gleichen Sample wiederholt. 1975 bejahten 51,7% die Frage.

Falls Außerirdische mit UFOs eine psychologische Vorbereitung erreichen wollen, kann man nur sagen: Hut ab! Die Methode erfüllt ihren Zweck.

Wie man mich entlarvte!
Hohes Gericht, meine Damen und Herren!
Seit ich über unterirdische Tunnels in Ekuador schrieb*, können Schlagzeilen wie diese nicht sterben:

DÄNIKEN ENTLARVT!
DER SCHARLATAN BLAMIERT SICH!
DÄNIKENS HÖHLEN SIND LEER!

* AUSSAAT UND KOSMOS

Um was geht es immer noch? 1972 hatte ich geschrieben, ich wäre im Seiteneingang einer Höhle gewesen; dort unten läge eine »Metallbibliothek«, es gäbe da einen zoologischen Garten mit Plastiken von Tieren vielfacher Art. Das Buch war noch druckfeucht, als schon die ersten vehementen Angriffe gestartet wurden. Außer dem SPIEGEL, der mich um ein Interview bat, es bekam, aber nicht druckte, ging mich keiner der Kanoniere in den Feuerstellungen um eine Stellungnahme an. – Im Sommer 1976 machte sich eine schottische Expedition unter Förderung durch die Regierung von Ekuador auf, 5 km weit in eine der Tayos-Höhlen einzusteigen. Für Publizität war gesorgt, denn Neil Armstrong, der erste Mann auf dem Mond, war mit von der Partie. Diese Expedition fand »keine Spur von Außerirdischen«, sichtete »keinerlei Gold«, wohl aber »verschiedene interessante Kultgegenstände«. Wiedermal wurde Däniken entlarvt.

Neil Armstrong »auf Dänikens Spuren!« Das war natürlich ein Signal für weltweite Publicity dieser Expedition. Bilderartikel bis zu zehn Seiten Umfang erschienen an manchen Orten der Welt. Armstrong entlarvt Däniken!

Wußte Armstrong vor welchen Karren er gespannt wurde? Er wußte es nicht.

Am 24. Februar 1977 schrieb mir Neil. A. Armstrong, Professor an der Universität in Cincinnati, Ohio, unter anderem:

Die »Los Tayos«-Expedition, ein Gemeinschaftsprojekt der britischen und ekuadorianischen Expedition, wurde gebildet, um eine wissenschaftliche Studie über die »Tayos«-Höhlen zu erarbeiten. *Soweit ich es verstanden habe, ist die britische Armee mit rund 400 ähnlicher Expeditionen beauftragt gewesen.*

Wegen meiner schottischen Vorfahren sowie der Tatsache, daß das britische Projekt vorwiegend von Schotten durchgeführt wurde, bin ich eingeladen worden, als Ehrenvorsitzender der Expedition beizutreten, was ich annahm.

Ich besuchte das Expeditionsgebiet anfangs August letzten Sommers. *Ich hatte Ihre Bücher nicht gelesen und wußte nichts von irgendwelchen Verbindungen, die Sie mit den Höhlen haben. Ich habe*

keinerlei Kommentare bezüglich Ihrer Hypothesen in diesem Zu-
sammenhang abgegeben.

Es ist mir zugetragen worden, daß verschiedene Artikel in
Deutschland und Argentinien verbreitet worden sind, die über die
Expedition in Zusammenhang mit Ihren Theorien sprechen . . .
Ich bin von niemandem irgendeines Publikationsorgans befragt
worden. Man hat mich in Ekuador gefragt, ob ich in den Höhlen
irgend etwas von einer höherentwickelten Gesellschaft gefunden
habe, und ich antwortete nein.

Ich kann keinerlei Verantwortung für irgend etwas übernehmen,
was Sie in der europäischen Presse gelesen haben.

Selbstverständlich mache ich Armstrong nicht für den Unsinn verantwortlich. Er hat ihn ja nicht gesagt. Er wurde erfunden. Und
ihm in den Mund gelegt. Wenn man Däniken fertigmachen will,
sind alle Mittel tabu.

75 Expeditionsmitglieder lebten sechs Wochen lang im Höhlen-
gebiet von Ekuador. Es ist anzunehmen, daß es Armstrong erfahren hätte, wenn man ausgezogen wäre, um Däniken zu entlarven.
Vermutlich wußten, mit Ausnahme der tintenklecksenden
Pamphleteure, die Expeditionsteilnehmer überhaupt nicht, daß sie
micht entlarven sollten.

Es gibt hunderte von Höhlen in Ekuador. Armstrong weiß von
400 Höhlenbegehungen, ich kenne die Zahl nicht, halte sie aber
für realistisch. Woher wußte man denn, daß man auf *meiner* Spur
war? In den weltweit verbreiteten Artikeln – ich bekam sie alle
über mein Ausschnittbüro – hieß es, man habe »den kompetente-
sten Fachmann für Außerirdische ins Team aufgenommen« . . .
Neil Armstrong. Aber der wußte von seiner Aufgabe, Däniken
entlarven zu sollen, nichts.

Wer war wo?
Jeder Fachmann weiß, daß es in Ekuador Hunderte verschiedener
Höhlen gibt. Ich bitte das Hohe Gericht um Aufklärung darüber,
warum man in *irgendeine* Höhle krabbelte und nicht in *meinen* Seiteneingang eines Tunnels? Dessen Lage nämlich kann man nicht

Erich von Däniken mit dem Höhlenentdecker Juan Moricz und dessen Rechtsanwalt Dr. Matheus Peña am Seiteneingang einer Höhle

gekannt haben, weil ich dem Höhlenentdecker in die Hand versprach, sie niemandem zu bezeichnen. Ich pflege Wort zu halten.

Ich erlaube mir, dem Hohen Gericht ein Foto zu den Akten zu geben, das mich mit dem Entdecker »meiner« Höhle, Herrn Juan Moricz, und seinem Rechtsanwalt, Dr. Matheus Peña, vor einem Seiteneingang zeigt. – Wenn schon der Initiator der 76er Expedition, der schottische Ingenieur und Hobby-Archäologe Stanley Hall, sich durch die Lektüre meines Berichtes animieren ließ, hätte er sich dann nicht zweckmäßigerweise vor der Expedition mit mir in Verbindung setzen sollen? Ich hätte ihm viel Zeit, Geld und Mühen ersparen können, weil er bei mir erfahren hätte, ob es sich bei seinem Expeditionsziel um *die* oder um eine x-beliebige Höhle unter vielen anderen handelte! Ich nehme an, daß das Hohe Gericht diese vernünftige Ansicht zu teilen willens ist.

Warum nahm man, wenn schon nicht mich, nicht wenigstens den Entdecker und Kenner *der* Höhle – Juan Moricz mit? Schließlich ließ er sich doch die Existenz einer »Metallbibliothek« unter anderem in einer notariellen Urkunde bestätigen! Warum schaffte man es nicht, den Einheimischen und Höhlenkenner auf jene Spur zu setzen, der ich folgte?

Hohes Gericht, es ist gleichermaßen unfair wie unbequem, das Ergebnis der 76er Expedition in meine Schuhe der Größe Nr. 41 schieben zu wollen! Ich habe, das möchte ich einmal sagen, Respekt vor kritisch-objektiver journalistischer Arbeit, auch dann, wenn ich Haare dabei lassen muß. Es fehlt mir allerdings jedes Verständnis dafür, wenn nur eine »Partei« gehört, die andere aber negiert wird. Höhlenbegeher wie Journalisten können sicher sein, daß sie keinen interessierteren Partner für ihre Recherchen finden können als mich. Fairplay sollte doch in keiner Sprache ein Fremdwort sein, am wenigsten in der deutschen, die so viele Anglizismen und Amerikanismen aufnahm. Ob man nicht weiß, was Fairplay bedeutet? Ich steht nicht nur zur exakten Übersetzung, sondern auch zum Praktizieren dieser schönen Maxime Tag und Nacht zur Verfügung.

Wenn schon unter Generalanklage, muß endlich einmal dieser *casus belli* vom Tisch.

Sie sahen Crespis Schätze nicht

Es gibt noch einen zweiten, ähnlich gelagerten Fall, den ich dem Hohen Gericht zur Beurteilung anheimgeben möchte.

Zweimal war ich mehrere Tage bei Pater Carlo Crespi in seiner Wallfahrtskriche Maria Auxiliadore in Cuenca, Ekuador. Crespi ist heute ein weit über 80 Jahre alter Herr, ziemlich senil und von einer schier infantilen Schadenfreude, die sich in einem breiten Grinsen immer dann zeigt, wenn er einen Besucher tüchtig über den Löffel balbiert hat. Aber: Als Crespi jünger war – er lebt seit 50 Jahren in Cuenca –, galt er als unumstrittener Experte für Indio-Kultur. Er sammelte deren alte Kunstwerke und errichtete mit vatikanischer Unterstützung ein Museum. Sein Lebenswerk brannte aus nie geklärten Gründen nieder. Er konnte nur einige kostbare und einmalige Stücke retten. Die hütet er seitdem wie seinen Augapfel. Mißtrauisch, wie er ist, zeigt er sie Fremden nie. Ich

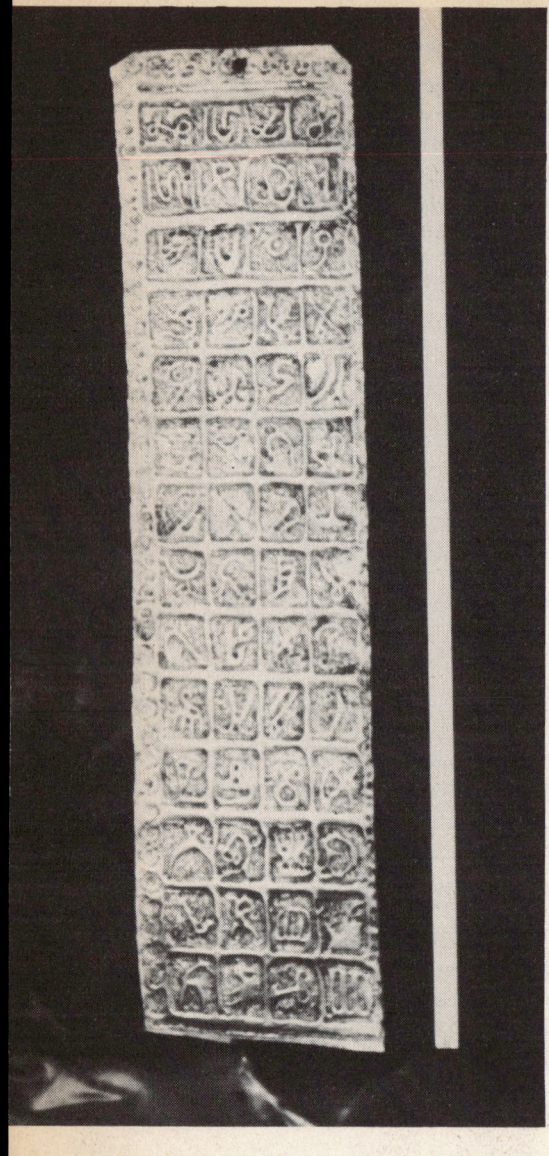

Professor Kanjilal, führender Sanskrit-forscher, konnte den überwie-genden Teil der Zeichen als alt-indische Schrift-zeichen brahmanischer Herkunft identifizieren

kam nicht wie ein Tourist oder Wallfahrer, der schnell ein paar Fotos vom skurrilen Seelenhirten und seiner Kirche schießt. Ich blieb Tage und gewann das Vertrauen des übelriechenden alten Herrn. So nahe kam ich ihm! Nach langem Zögern zeigte er mir Goldplatten, Indio-Arbeiten, die er gerettet hatte. *Darüber* berichtete ich. Insgesamt machte ich ein paar hundert Fotos. Auch von der Massenware, die im Hof der Kirche herumliegt. Worum es mir ging, stellte ich einer breiten Öffentlichkeit vor.*

Was geschah?

Von ihren Heimatredaktionen mit Eilaufträgen versehen, spurteten Journalisten zu Crespi. Im Ausnahmefall waren sie, wie mir berichtet wurde, einige Stunden bei Drespi, meistens kürzere Zeit. Die schnelle Truppe sah nur das, was Crespi allen Touristen zeigt: billigen Plunder, viel Gerümpel, Indio-Kultur in Massenanfertigung für Touristen!

Das schwarz auf weiß fixierte Echo?

Däniken sprach von Goldplatten und Goldstelen – wir sahen nur Blech! Bums! Dem Märchenerzähler hatte man's wiedermal tüchtig gegeben. Um im Jargon zu bleiben: entlarvt.

Um nur einen »Fall« zu erwähnen: Ich fotografierte und veröffentlichte eine Stele, die in 56 Quadraten 56 verschiedene Zeichen trägt. Ich stellte die Frage, ob hier Schriftzeichen, Buchstaben eines unbekannten Alphabets, von den alten Indios ins Metall gehämmert wurden. Ich höre noch das Hohngelächter. Inzwischen konnte Professor Kanjilal, Kalkutta, den überwiegenden Teil der Zeichen als altindische Schriftzeichen brahmanischer Herkunft verifizieren. Es wäre eine tolle Aufgabe für Reporter, herauszukriegen, woher die »Fälscher« ihre Kenntnisse brahmanischer Schriftzeichen bezogen haben! An diese Arbeit werden sie sich nicht machen, weil sie keine Munition für Attacken auf Däniken liefern wird.

Als Charles Berlitz sein Buch »Geheimnisse versunkener Welten« [2] erscheinen ließ und darin *dieselben* Gegenstände aus Crespis Schatz ablichtete wie ich, gab es keinen Protest, keine Verleumdung, keine »Entlarvung«. Ich bin froh, daß Berlitz der widerliche Ärger erspart blieb.

* MEINE WELT IN BILDERN

Es drängt sich mir die einfache Frage auf: Welch eigenartige journalistische »Gerechtigkeit« waltet hier ob? Gibt's einen Spezialmaßstab für Däniken? Liegen im Schreibtisch Maßstäbe, die unterschiedlich geeicht sind? Ohne das Hohe Gericht beeinflussen zu wollen, darf ich erwähnen, was mir ein berühmter amerikanischer Journalist sagte, mit dem ich über die besonders liebevolle Art sprach, mit der mich manche Journalisten behandeln. Er meinte: »Wissen Sie, mein Lieber, Ihr Pech ist es, daß Sie schreiben müssen, um Ihre Theorie unters Volk zu bringen! Schreiben ist das Handwerk der Journalisten. Wenn aber einer mit dem gleichen Handwerk so erfolgreich ist wie Sie, dann mögen wir das auf die Dauer nicht. Da holen wir Sie von der hohen Leiter herunter, bis Sie auf unserem Level sind. Das scheint mir das ganze Geheimnis der exzeptionell liebevollen Behandlung zu sein, der Sie sich bei einigen meiner Kollegen erfreuen! « – Hohes Gericht, ich will und mag diese Erklärung nicht akzeptieren. Ich bin Philantrop!

Genug der Querelen aus dem Souterrain!

In welchem Tempel landete Hesekiel?

Es hieße Raketen nach Houston tragen, wenn ich an dieser Stelle ausführlich darauf eingehen würde, wie es dem ehemaligen NASA-Ingenieur J. Blumrich gelang, anhand des Hesekiel-Reports der Bibel das vom Propheten beschriebene Raumschiff zu rekonstruieren. *Nicht* bekannt ist, daß Hesekiel vom Raumschiffkommandanten auf verschiedene Flüge mitgenommen wurde. Nach einer dieser Luftfahren wurde der Prophet bei einem Tempel abgesetzt. Dies ist seine Schilderung:

Im 25. Jahr unserer Verbannung, im Anfang des Jahres, am 10. Tag des Monats, im 14. Jahr nach der Einnahme der Stadt, kam die Hand des Herrn über mich, und er führte mich in Gottesgesichten in das Land Israels und ließ mich nieder auf einem sehr hohen Berg; auf dem stand mir gegenüber etwas wie der Bau einer Stadt. Dorthin führte er mich. Und siehe, da war ein Mann, der war anzusehen wie Erz, und er hatte eine leinene Schnur in der Hand und eine Meßrute; und er stand am Tor. Und der Mann sprach zu mir: Menschensohn, schaue mit deinen Augen und höre mit deinen Ohren, und achte auf alles, was ich dir zeigen werde; denn dazu bist du hierher gebracht worden . . . Hesekiel, 40,1–4

Anschließend nennt Hesekiel die genauen Daten, die am Ort vermessen werden. Er beschreibt die vier Haupttore eines Tempels, gibt die Himmelsrichtungen an, in denen die Tore liegen, und erwähnt schließlich einen kleinen Bach, der an der Tempelseite entspringt und in einem großen Tal zu einem riesigen Strom wird. Deutlich vermerkt der Chronist, daß er auf einen »sehr hohen Berg« gebracht wurde.

Blumrich warf bereits die Frage auf: Wo befand sich Hesekiel? Wohin wurde er gebracht? [3]

Der Prophet kennt den Namen des »sehr hohen Berges« nicht. Also kann sich der nicht in der Nähe Jerusalems befinden, denn Hesekiel ist in Jerusalem aufgewachsen. In der Umgebung der Stadt gibt es nur wenige Hügel, und die waren dem Berichterstatter fraglos namentlich bekannt. Bei dem angesprochenen Tempel kann es sich auch nicht um den Judentempel handeln, denn Hesekiel ist am Jerusalemer Tempel als Oberpriester tätig. Zwar scheint das fremde Bauwerk dem ihm genau bekannten Tempel ähnlich zu sein, doch er begegnet ihm mit großer Neugier und gibt Detailbeschreibungen.

Wohin flogen die Außerirdischen den Propheten? Welcher Tempel entspricht der vom ihm exakt gegebenen Schilderung?

Diese Kernfragen stellte ich mir immer wieder. Ich schleppte archäologische Wälzer in meine Werkstatt und suchte sie nach dem Tempel ab. Vier Tore mußte er haben, über einen Vorhof verfügen, Säulenhallen vorzeigen und einen Bach, der direkt neben dem Tempel entsprang und sich im Tal zum Strom ausweitete. Und: In der Nähe des Tempels existierte »ein sehr hoher Berg«.

Kam ein Inka-Tempel irgendwo in Südamerika in Frage? Nein, die dortigen Tempel haben weder vier Tore noch Säulen oder einen Vorhof. Unterliefen dem biblischen Reporter (oder den Bibelbearbeitern) Schnitzer, dachte der Prophet an eine Pyramide, als er seinen Tempel beschrieb? Sprach er vielleicht von einer Pyramide in Zentralamerika? Ich fand keinen »sehr hohen Berg« in Pyramidennähe. Müßte man den Tempel in Babylonien oder Persien suchen? Auch in diesen Ländern war kein sehr hoher Berg aufzutreiben, außerdem waren Hesekiel die babylonischen Tempelanlagen vertraut: Er war ja in babylonischer Gefangenschaft.

Oben: Der Judentempel (Sonnentempel) bei Martand liegt in der größten Ruinenlandschaft Kaschmirs
Unten: Das Heiligtum liegt beherrschend inmitten der Tempelanlage. Auf der Linie, die vom Zentrum durch das Hauptportal ins Freie führt, sind radioaktive Spuren festzustellen

Dem Tempelsteckbrief auf der Spur

Ich begann, nach Tempeln in Hochtälern zu forschen. Die Post brachte mir den heißen Tip eines Lesers aus Deutschland. Karl Maier hieß der Wegweiser, der mir schrieb: »In Srinagar, im Hochtal von Kaschmir, gibt es verschiedene Tempel. Einer davon heißt seltsamerweise ›Judentempel‹, und dieser Tempel hat vier Tore, einen Vorhof und dazu eigentlich alles, was zu einem jüdischen Tempel gehört.« Der liebenswürdige Leser fügte seinem Brief den Grundriß dieses Tempels bei Marand bei, 30 km von Srinagar entfernt.

Genauestes Kartenstudium ergab die frohstimmende Entdeckung, daß unmittelbar beim Tempel a) ein Bächlein entsprang, das sich b) im Kaschmir-Tal zu einem ausgewachsenen Fluß »mauserte«, und c) leuchtete im Hintergrund wirklich ein »sehr hoher Berg«, der Himalaya nämlich. War Hesekiel hierher verschleppt worden?

Tatsächlich ist der Judentempel von Srinagar, auch »Sonnentempel« genannt, die größte Tempelruine von Kaschmir. Nachdem irgendwann gläubige Hindus den Tempel für ihre Zwecke umgebaut haben, sind heute nur noch drei Tore zu erkennen. Aber als ich im Sommer 1976 dort stand, sah ich den Vorhof mit dem Haupttor, auch die sieben Stufen, das Heiligtum im Innern. Da war das Bächlein neben den Ruinen, und da leuchtete der Himalaya, der »sehr hohe Berg«. Falls Hesekiel hierher gebracht worden war, hatte das Zubringerschiff im Tempelvorhof landen müssen. Ich zitiere:

Alsdann führte er mich zu jenem Tor, das in östlicher Richtung lag. Und siehe da, der Lichtglanz des Gottes Israels brach aus östlicher Richtung herein. Das mit seinem Erscheinen verbundene Geräusch hörte sich an wie das Rauschen großer Wassermassen. Die Erde erstrahlte von seinem Lichtglanz . . . Auch das fahrbare Gerät, das ich sah, glich jenem Bild, das ich am Flusse Chebar geschaut hatte. Ich sank auf mein Antlitz nieder . . . Der Lichterglanz des Herrn zog in den Tempel ein auf dem *Weg über das Tor*, dessen vordere Seite in östlicher Richtung lag . . . Hesekiel 43, Vers 1–4

Deutlich steht es in dem Bericht: Das Zubringerschiff gelangte *über* das Tor in den Tempel hinein. Waren hier noch Spuren meßbar?

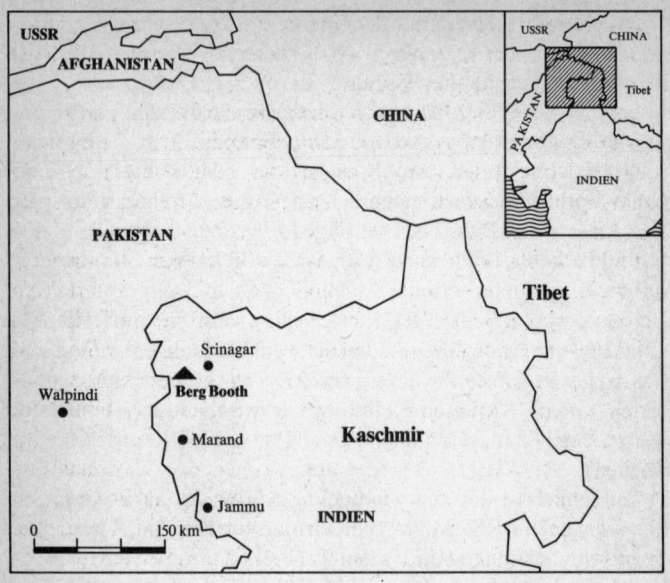

Zwei Tage lang gingen wir mit unseren Meßgeräten über das Gelände. Sie schlugen nicht aus. Meter für Meter nahmen wir das Terrain vor. Plötzlich, in einer verlängerten Linie des Haupttores, vibrierten die Zeiger wie närrisch. Für Sekunden dröhnte in unseren Kopfhörern unangenehm lautes Knistern. Ich ging mit der Apparatur an den Start zurück. Das Phänomen wiederholte sich im Voranschreiten präzise an derselben Stelle. Die Fläche der radioaktiven Strahlung war 1,50 m breit. Wie lang war sie? Langsam scherte ich im rechten Winkel nach links aus. Das Knistern im Kopfhörer dauerte an, war allerdings unregelmäßig und verschwand manchmal ganz. Die Instrumente schienen verrückt zu spielen. Ich benutzte hier eine tragbare Monitor-Elektronik vom Typ TMB2.1 der Firma Münchner Apparatebau. Diese Apparatur dient zur Messung und Überwachung von Alpha-Beta-Gamma- und Neutronenstrahlung.

Ich reduzierte die einfallende Strahlenmenge pro fünfzigstel Sekunde. Es änderte sich wenig. An bestimmten Stellen verharrten die Zeiger am Ende der Skala.

Was ging hier vor? Bewegten wir uns zufällig über einer tiefliegenden Uranader? Gab es im Boden radioaktive Erze? Spielte uns in dieser Höhe in der klaren Bergluft die reflektierende Sonnenstrahlung einen Streich? Alles Überlegungen, die nicht von der Hand zu weisen waren.

Im Heiligtum der Tempelruine lag ein mächtiger Steinquader, der äußerlich eine verteufelte Ähnlichkeit mit einem perfekten Betonguß hatte. Seine Seitenlänge maß 2,80 m. Seine Höhe ließ sich nicht messen, weil der Sockel tief im Boden versank. Über dem Steinblock wirbelten die Zeiger unserer Detektoren mit besonderer Heftigkeit. Vermutlich hatte er einen Kern aus metallischem Material.

Unsere Begleiter, die Archäologen Professor Hassnain und Professor Kohl, führten uns einen Tag darauf zum Ruinenfeld von Parhaspur, das auch nicht weit von Srinagar entfernt ist. Sie zeigten uns dort in drei verschiedenen Tempelruinen die gleichen, mächtigen Steinquadern, wie wir sie in Marand untersucht hatten. Bargen diese Steine ein Geheimnis? Wiederum war es der Hesekiel-Text, der mich stutzig machte. Behauptete er doch, der »Höchste« habe ihm gesagt:

Menschensohn, hast du gesehen die Stätte meines Thrones und die Stätte meiner Fußsohlen, wo ich für immer inmitten Israels wohnen will? Hesekiel 43,7

Konnte mit dem Wort »Fußsohlen« eine falsche Übersetzung des ursprünglichen Wortes in den Text geraten sein? Offensichtlich hatte der »Höchste« sie sichtbar in den Boden gedrückt. Hätte es vielmehr heißen müssen: Hast du gesehen ... die Stätte meines Abdrucks? Prägte der »Höchste« vielleicht eine Spur in den Boden des Heiligtums, die zu einem Depot führen sollte? Hatten die fremden Besucher in die so ähnlichen Steinquader ETWAS hineingegeben, das sich noch nach Jahrtausenden »melden« könnte?

Ich weiß es nicht. Ich weiß auch nicht, ob die Radioaktivität im Tempel von Marand und über den Steinen von Parhaspur irgend etwas mit meinen Göttern zu tun hat. Diese Beobachtungen will ich neuerlich nicht als Beweise gewertet wissen. Trotzdem erwähne

*Im Ruinenfeld von Parhaspur, Kaschmir, sind deut-
lich die Reste dreier Tempel zu erkennen. Eine Landschaft, wie
von einem Bombenangriff heimgesucht. Tatsächlich werden
in Mythen Angriffe mit unbekannten Vernichtungswaffen
erwähnt*

ich die Phänomene in meinem Plädoyer, weil ich so sehr wünsche,
daß die indischen Gelehrten sich daranmachen, einen der Steine
aufzubrechen, um die Ursache der Strahlungen zu ermitteln!

Fast alle von Hesekiel gegebenen Daten des Tempels, in den er
verbracht wurde, lassen sich in den Ruinen des Marand-Tempels
verifizieren. Ich übergebe die Stafette an die zuständigen Wissenschaftler.

Es ist, meine Damen und Herren, für den, der hier vor Ihnen
steht, immer wieder ein eigenartiges Unterfangen, auf Merkwür-
digkeiten hinweisen zu müssen, die in unserer hastigen Zeit übersehen und vergessen werden, die aber insgesamt stets vor Rätsel
führen, die zu lösen für uns, für jede Generation eine wichtige Aufgabe sein sollte.

*Im Zentrum der Ruinen von Parhaspur liegen drei Stein-
quader, wie es einen davon in verblüffender Ähnlichkeit in Marand
gibt. Sie muten wie Betongüsse aus der gleichen »Fabrik« an. Die
Meßgeräte zeigten an, daß in den Steinen irgendwelche Metall-
formen stecken müssen*

Hohes Gericht, jedermann hörte im Religionsunterricht vom
MANNA, das die Juden auf ihrer langen Wüstenwanderung er-
nährte. So recht ist nie geklärt worden, worum es sich bei diesem
unerschöpflichen Nahrungsmittel wirklich gehandelt hat.

Wurde Manna maschinell hergestellt?

Vielleicht ist *dieses* Rätsel einer Lösung zugeführt worden. Ich darf
darüber berichten:

George Sassoon ist Engländer. Er ist Berater für Elektronik von
Beruf und Linguist aus Passion. Sassoon las meine Bücher. Wir
korrespondierten und lernten uns auf der Insel kennen. Wie er mir
sagte, fand er unter den Indizien, mit denen ich meine Theorie

fundiere, einige Anhaltspunkte, die ihn vermuten ließen, daß es in den bisher lediglich mystisch-religiös ausgelegten alten Schriften ganz gegenständliche Dinge zu »enthüllen« gab.

Sassoon nahm sich eine englische Ausgabe der Kabbala* vor, stellte aber bald fest, daß die Übersetzung viel zu kompliziert und wolkig war, als daß er damit etwas hätte anfangen können. Er begann, Aramäisch zu lernen, um das Original studieren zu können. Dort stieß er auf die Story vom biblischen Manna, und die elektrisierte ihn, weil er im Text die Konstruktion einer Manna-Maschine zu erkennen glaubte.

Mit seiner exakten Übersetzung suchte er den Biologen und technischen Schriftsteller Rodney Dale auf. Wie Sassoon witterte Dale in der verschlüsselten Beschreibung die Schilderung eines biochemischen Labors. Als die beiden Männer ihre Vorstellungen aus dem Kabbala-Text koordiniert hatten, baten sie den technisch-wissenschaftlichen Zeichner Martin Riches, Konstruktionspläne nach ihren Angaben zu fertigen. Ein biochemisches Labor stand auf dem Papier! Diese Vorgeschichte einer Entdeckung erzählte mir George Sassoon.

Da ich ohnehin davon überzeugt bin, daß in alten Überlieferungen viel technisches Wissen verborgen ist, war ich über den Fund zwar erstaunt, doch nicht verblüfft. Ich hatte die Geschichte fast vergessen, als mir im Frühjahr 1976 die Wissenschaftszeitschrift NEW SCIENTIST mit einem Artikel von Sassoon–Dale unter der

---

Deus est machina?

Was manna from heaven really single-cell protein manufactured in a special fermentation unit, long interpreted in Aramaic texts simply as a god called "Ancient of Days"? But if it was a single-cell protein plant, a light source akin to the laser would have been needed to operate it

"And the Children of Israel did eat Manna forty years until they come to a land inhabited" *(Exodus 16:35)*

George Sassoon is a linguist and electronics consultant, and **Rodney Dale** is a biologist and freelance engineering writer

There has long been speculation as to what the "manna" which fed the Children of Israel in the desert was. One tradition is that the biblical manna was from the secretion of *Coccidae* which parasites on tamarisk trees *(Tamarix mannifers)*. The insects extract the sap (which is rich in carbohydrates) of the branches of the tree, and the excess which their bodies

the books of *Sepher-ha-Zohar (The Book of Splendours)*, most of which was apparently written from oral traditions by a Spanish jew, Moses ben Shem Tov of Leon, in the 13th century.

Our earliest source is the Aramaic *Cremona Codex* (1558), from which was derived the Latin *Kabbalah Denudata* (1644) and the English *Kabbalah Unveiled* (1892). Our original work was carried out using the English translation, and we are currently verifying the uses of the various words involved by retranslating the early Aramaic

---

* THE KABBALAH UNVEILED. Containing: The Book of concealed Mystery – The greater holy assembly and The lesser holy assembly. By S. L. Macgregor Matheus.

Headline: DEUS EST MACHINA? (Ist Gott eine Maschine?) in die Hand kam. Wenn ein solches Blatt einem Thema drei Seiten widmet, muß schon etwas dran sein.

Sassoon erlaubte mir, aus dem sehr langen und sehr wissenschaftlich verfaßten Bericht eine verständliche Kurzfassung zu formulieren; er stellte mir auch die beiden Zeichnungen zur Verfügung. Nach Kenntnis der Forschungsergebnisse wird jedem klar sein, daß Manna nicht vom Himmel fiel, wie es im 2. Buch Mose, 16.4–25 zu lesen ist.

War Manna ein einzelliges Eiweiß, das durch eine besondere Gärungseinheit hergestellt wurde?

War Manna identisch mit dem Gott, der lange Zeit in aramäischen Texten als »Der Uralte der Tage« bezeichnet wurde? Ein Gott also als Synonym für eine Sache?

Falls dieser »Uralte« für eine Fabrik stand, in der einzelliges Eiweiß produziert wurde, müßte zu jener Zeit, als Manna Grund- und Massennahrung war, eine Lichtquelle (Photosynthese) von der Kraft der Laserstrahlen zur Verfügung gestanden haben.

Jahrtausendelange Bemühungen, zu klären, was es mit dem Manna wirklich für eine Bewandtnis hatte, brachten kein definitives Resultat. Gemeinhin wird es (oder: sie) als ein Sekret der Coccidien, Schmarotzern an den distelstrahligen Tamariskengewächsen *(Tamarix mannifera)*, beschrieben. Insekten saugen diesen an Kohlehydraten reichen Saft aus den Zweigen; was ihre Körper nicht absorbieren, wird in Form von durchsichtigen Tropfen ausgeschieden: Sie erstarren zu weißen Kügelchen, die Trauben- und Fruchtzucker und geringe Mengen an Pektin (wie es zur Zubereitung von Gelee genommen wird) enthalten. Diesen Stoff sammeln nun Ameisen und tragen ihn in ihre Hügel. Übrigens verwenden Beduinen heute noch dieses Manna als Honigersatz, sie nennen es *man.*

Obwohl zwischen diesem Stoff und dem biblischen Manna eine Ähnlichkeit besteht, fehlen ihm charakteristische Merkmale der von Mose gerühmten Kost. Er enthält kein Eiweiß, während Manna im Pentateuch als »Brot« und Grundnahrungsmittel beschrieben wird. Außerdem wird *man* nur während einiger Monate gefunden und dann in so geringen Mengen, daß man ein in der Wüste wanderndes Volk damit zu keiner Zeit sattmachen konnte. –

Manchmal wird das biblische Manna auch als Lecanorales (*Aspicilia esculenta* – Mannaflechte) identifiziert, die größte Ordnung der nacktfrüchtigen Flechten, aber es ist nicht bewiesen, daß diese Pflanzengattung jemals auch nur in der Nähe Israels gefunden worden wäre. Sie ist in Tundren und auf Alpenheiden zu Haus.

Woher also kam das Manna, das, weil Volksnahrung, täglich in ausreichenden, großen Mengen verfügbar sein mußte? Sassoon–Dale sind überzeugt, die Antwort in der Kabbala gefunden zu haben.

Kabbala wird bekanntlich seit dem 12. Jahrhundert als Sammelbegriff für die esoterischen Lehren des Judentums benutzt. Der Begriff wird vom hebräischen *QBLH* = »Jenes, das empfangen wird« abgeleitet. Ein Teil des Kompendiums traditioneller jüdischer Mystik ist in den drei Büchern des *Sepher-ha-Zohar* (Buch des Glanzes) zu finden, das Simon Bar Jochai im 2. Jahrhundert niedergeschrieben haben soll, wahrscheinlich aber von dem spanischen Juden Moses Ben Schemtob de Leon im 13. Jahrhundert verfaßt wurde. Von den frühesten Quellen, dem aramäischen Cremona Codes (1558), stammen die lateinische Kabbala Denudata (1644) und die englische Kabbalah Unveiled (1892).

Der Gott war eine Maschine!

Die Zohar-Texte bringen die genaue körperliche Beschreibung eines Gottes, des »Uralten der Tage«. Ein beachtenswerter Uralter! Er besteht aus einem männlichen und einem weiblichen Teil. Diese eigenartige Methode, einen Gott in Teile zu zerlegen und wieder zusammenzusetzen, machte Sassoon-Dale stutzig. Sie eliminierten Randbemerkungen im Text und erkannten, daß kein Gott, sondern eine Maschine beschrieben wurde. Auch hier behalfen sich die Kabbala-Verfasser, die von Technik keine Ahnung hatten, mit der Schilderung ihnen vertrauter menschlicher Eigenschaften, um eine Vorstellung von einem Apparat zu geben, der ihnen unbekannt war. Ich darf erwähnen, daß die Apachenindianer heute noch diese Methode üben. Um etwa ein Auto vorstellbar zu machen, bezeichnen sie die Scheinwerfer als *india* = Auge, elektrische Leitungen als *tsaws* = Venen, den Kühlerschlauch als *chin* = Eingeweide.

Der Linguist Sassoon versuchte die Schilderung des »Uralten der Tage« mit adäquaten technischen Vokabeln. Es stellte sich

heraus, daß Magier die alten Texte im Laufe der Jahrhunderte my-
stifizierten, so daß wortwörtlich harte Tatsachen hinter esoteri-
schem Nebel verschwanden. In der Tat ist es ja erst heute möglich,
alte Texte technisch zu interpretieren.

Ich zitiere die Verse 51 bis 73 des Buches HADRA ZUTA
ODISHA (Die kleine heilige Verherrlichung): Der Schädel.
Der obere Schädel ist weiß (1). In ihm ist weder Anfang noch Ende.
Das hohle Ding seiner Säfte ist ausgedehnt und zum Fließen be-
stimmt (2) . . . Von diesem hohlen Ding für den Saft des weißen
Schädels fällt der Tau jeden Tag in den Kleingesichtigen (3) . . .
Und sein Kopf ist gefüllt, und vom Kleingesichtigen fällt er auf ein
Feld von Äpfeln (oder Blasebälgen). Und das ganze Feld von Äp-
feln fließt von jenem Tau (4). Der Alte Heilige ist geheimnisvoll
und verborgen. Und die obere Weisheit ist im Schädel verborgen
(5), der gefunden worden ist (gesehen wird), und von diesem zu
jenem ist der Uralte nicht geöffnet (d. h. es gibt keinen sichtbaren
Durchgang) (6). Und der Kopf ist nicht für sich (oder: allein), da
er der oberste Teil (oder: Kopf) des ganzen Kopfes ist. Die obere
Weisheit ist in dem Kopf (7): Sie ist verborgen und wird das obere
Gehirn genannt (8), das verborgene Gehirn (9), das Gehirn, das
mildert und ruhig ist (10). Und es gibt keinen (Menschen-)Sohn,
der es kennt (d. h. es ist niemandem verständlich). Drei Köpfe sind
ausgehöhlt: dieser (11) in jenem (12) und dieser über dem anderen
(13). Ein Kopf ist Weisheit (14); er ist versteckt von dem, der bedeckt ist (15). Diese Weisheit ist verborgen, sie ist die oberste aller
seiner Köpfe der anderen Weisheiten. Der obere Kopf ist der »Uralte und der Heilige«, der Verborgenste aller Verborgenen. Er ist
der obere Teil des ganzen Kopfes, des Kopfes, der kein (herkömm-
licher) Kopf ist und unbekannt. (Die Beschreibung verstärkt das
vorher Gesagte: Es handelt sich nicht um einen normalen, des
Denkens fähigen Kopf. Um was es dabei geht, ist unbekannt, weil
der Kopf verborgen ist.) Und deshalb wird der »Uralte Heilige«
NICHTS genannt. Und alle jene Haare (16) und alle jene Schnüre
(17) vom Gehirn sind verborgen und glatt im Behälter (18). Und
der Hals kann nicht ganz gesehen werden (19) . . . Es gibt einen
Pfad, der in der Teilung der Haare vom Gehirn fließt (20) . . . Und
von diesem Pfad fließen alle restlichen Pfade, die in den Kleingesichtigen hinabhängen (21) . . .

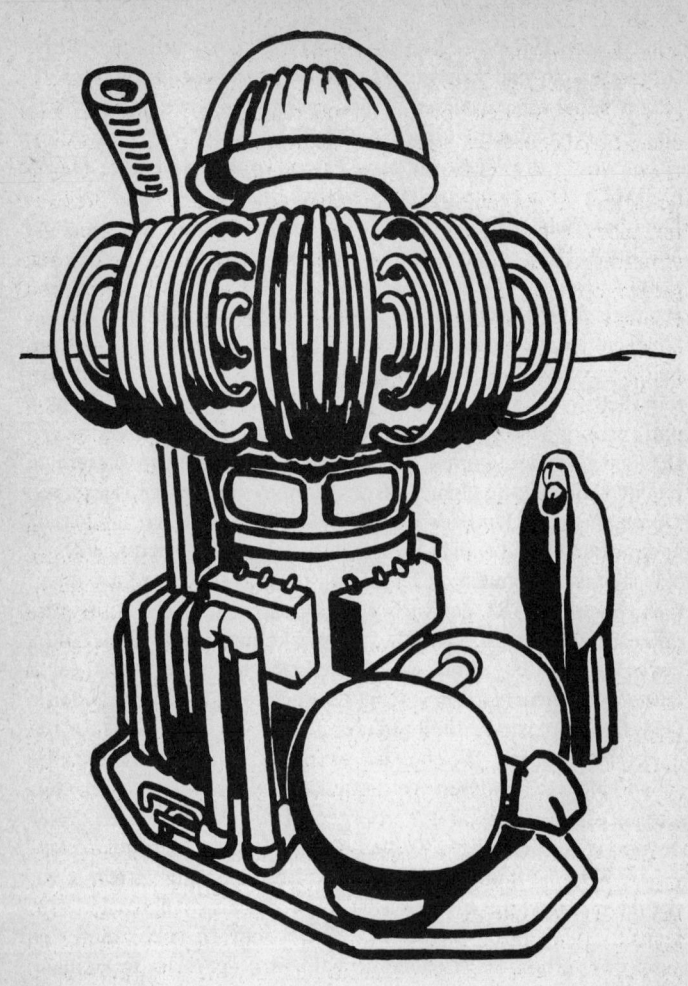

*Ein künstlerischer Eindruck der Manna-Maschine, zu dem Martin
Riches nach Lektüre des Kabbala-Textes inspiriert wurde*

Aus dem Kontext der Kabbala ergibt sich diese Situation:

Der »Uralte der Tage« hatte zwei Schädel, einen über dem anderen; beide wurden von einem äußeren Schädel umgeben. Der obere Schädel enthielt das obere Gehirn, auf dem Tau destilliert wurde; das untere Gehirn enthielt das himmlische Öl. Der Uralte besaß vier Augen, eins davon leuchtete von innen heraus, drei waren nicht selbstleuchtend; von links nach rechts scheinen sie schwarz, gelb und rot gewesen zu sein. Wie sich's für einen Uralten gehört, besaß er einen umfangreichen Bart in 13 verschiedenen Formen; die Haare schienen aus dem Gesicht heraus und wieder ins Gesicht zurück zu wachsen. Die Haare waren weich, und das heilige Öl rann durch sie hindurch.

Das besondere Charakteristikum des Kleingesichtigen war sein harter Schädel, in dem sich auf der einen Seite Feuer, auf der anderen Luft entwickelte; außerdem wirbelte er feine Luft von der einen, feines Feuer von der anderen Seite herum. Das Öl floß vom oberen in den unteren Schädel und wechselte dort seine Farbe von weiß auf rot. Um den harten Schädel herum lag das untere Gehirn, das den Tau, der ihn täglich füllte, über seine äußere Form destillierte. Was da herabtroff, war das Manna. Es wurde unterhalb in Hostien (Hoden) gesammelt und durch einen Penis abgesogen.

Über den weiblichen Teil des »Uralten der Tage« gibt es nur wenige Details in der Kabbala: Er hatte vielfarbige Haare, die aber letztlich alle in einer Goldfarbe endeten und, zu einer Schnur vereinigt, in den oberen Schädel zurückführten. An jedem Sabbat fiel der »Uralte« in Trance. Dann wurden seine Teile gereinigt und wieder zusammengesetzt.

Die englischen Forscher fanden heraus, daß es sich bei dem oberen Teil um ein Destilliergerät handelte – mit einer welligen, gekühlten Oberfläche, über die Luft geführt und mittels Wasser kondensiert wurde. Das Wasser wurde in einen Behälter geleitet, in dessen Mitte sich eine starke Lichtquelle befand, die eine Kultur bestrahlte, möglicherweise eine Grünalge vom Chlorella-Typ. Es gibt Dutzende Arten der Chlorella. Gleichgewichte von Eiweiß, Kohlehydraten und Fett können variiert werden, indem man passende Wachstumsbedingungen schafft.

Algenkulturen, die das gewünschte Produkt hervorbrachten, zirkulierten in einem Röhrensystem, das einen Austausch von

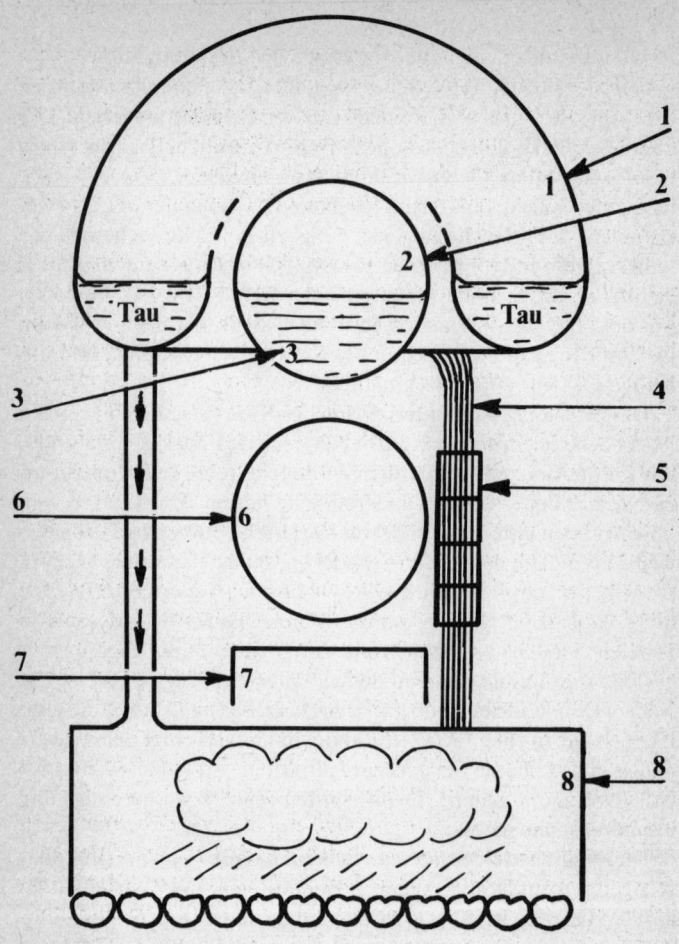

Technische Zeichnung der Manna-Maschine, die Rodney Dale
nach den Beschreibungen des »Uralten der Tage« in der Kabbala
anfertigte:

1 Oberer Schädel mit gewellter, Wasser kondensierender Oberfläche – 2 Behälter mit Lichtquelle, die
eine Algenkultur bestrahlt – 3 Behälter, in dem das Trockenprodukt entsteht – 4 Haare, Schnüre,
Leitungen, die ... 5 in ein Röhrensystem führen – 6 Der unsichtbare »Kopf«, in dem Malzzucker
hydrolisiert wird – 7 Durch den »Hals« wird das Produkt ins Sammelbecken abgeleitet – 8 Becken,
in dem die Produktion gesammelt wird

Sauerstoff und Kohlendioxyd mit der Atmosphäre ermöglichte und überschüssige Wärme ausströmte. Der Chlorellaschlamm wurde in ein anderes Gefäß abgezogen, wo er so behandelt wurde, daß die Stärke teilweise in Malzzucker hydrolisierte, der dann, leicht gebrannt, den Honigwaffelgeschmack bewirkte: »Er war weiß wie Koriandersamen und hatte einen Geschmack wie Honigkuchen« (2. Mos., 16,31).

Das Trockenprodukt wurde in zwei Gefäße gegeben; eins davon wurde für den Tagesbedarf geleert, das andere füllte sich allmählich auf, damit für den Sabbat (an dem auch die Maschine nicht arbeiten durfte) ein Zweitagevorrat vorhanden war. Während der wöchentlichen Sabbatpause stand die Maschine still und wurde gewartet, damit sie ab Sonntag wieder produzieren konnte.

Die Maschine hatte ein *omer** pro Tag und je Familie zu liefern, und weil sie 600 Familien zu versorgen hatte, entsprach ihre Tagesleistung 1,5 Kubikmeter Manna.

Was geschah mit der Machine, als die Israeliten die Wüste verlassen hatten, als sie nicht mehr gebraucht wurde? (Jos. 5,12: »An ebendiesem Tag hörte das Manna auf«) – Nach der Einnahme von Jericho wurde die Maschine als heiliger Gegenstand in Silo aufgestellt (1. Sam. 4,3). Später wurde sie von den Philistern erbeutet, aber schleunigst zuzurückgebracht, weil sie viele von ihnen tötete. Klar, die Philister sahen die Manna-Maschine nie in Betrieb, sie hatten auch keine Gebrauchsanweisung bekommen, als sie den Apparat klauten. Das war schon immer so: Technik, mit der man sich nicht auskennt, ist gefährlich. – Josephus Flavius, der römisch-jüdische Geschichtsschreiber des ersten nachchristlichen Jahrhunderts, notierte, daß die Philister nach dem Genuß der Produkte der Maschine allesamt an Durchfall litten. – Nach der Rückgabe stellte König David den Apparat als Ritualgegenstand in einem Zelt in Jerusalem aus (1. Chr. 15,1). Sein Sohn Salomon ließ für die unheimliche Maschine eigens einen Tempel bauen (2. Chr. 2,5). Bei einer Plünderung des Tempels wurde auch die Maschine zerstört.

* Omer: ein hebräisches Hohlmaß von etwa drei Litern

Waren Außerirdische die Konstrukteure?

Sassoon-Dale schließen ihren Bericht im NEW SCIENTIST so:

Maschinen dieser Art wären eine notwendige Ausstattung in Raumschiffen, da sie eine Doppelfunktion ausüben: sie beschaffen nämlich Sauerstoff zum Atmen *und* Nahrung. Sowjetische Wissenschaftler haben eine solche Maschine konstruiert und benutzen sie zur Reinigung von Luft in einer geschlossenen Umgebung an Bord des SALJUT-Labors, in dem Menschen mehrere Monate lang lebten. Allerdings wurden die Kulturen durch die Exkrete der Astronauten befruchtet und deshalb wahrscheinlich nicht gegessen. Unsere derzeige Gärungstechnologie ist noch nicht so weit fortgeschritten wie jene, die in der Manna-Maschine angewandt wurde. Die hauptsächlich fehlende Komponente ist eine Lichtquelle von hoher Intensität und Leistungsfähigkeit. Laser-Optik mag gerade diese Anforderungen erfüllen.

Die Frage bleibt: woher kam die Manna-Maschine der Israeliten? Man ist versucht, zu spekulieren, daß die Erde vor ungefähr 3000 Jahren von Wesen aus dem Weltall besucht wurde und daß diese Besucher die Maschine mitbrachten. Diese Spekulation bringt ebenso viele Probleme mit sich, wie es sie löst. Wir möchten vorziehen, diese Hypothese heute nicht vorzulegen. Wenn wir eines Tages unsere Forschungen beendet haben, können wir die Frage vielleicht beantworten.

Dieser Artikel erschien in der Ausgabe vom 1. April 1976 des NEW SCIENTIST. Hyperschlaue Journalisten gingen auf die Spur und auf den Leim. 1. April – da muß es sich um einen Aprilscherz gehandelt haben! Sie recherchierten nicht gründlich genug und wußten deshalb nicht, daß Sassoon–Dale vielfach unter anderen Daten die Ergebnisse ihrer Arbeit publizierten, beispielsweise in INTERFACE, The House Journal of Cambridge Consultants. Sie hatten keine Ahnung davon, daß Sassoon–Dale in der Juni-Ausgabe 1976 der Zeitschrift ANCIENT SKIES, Chikago, berichteten wie, daß sie an vielen Orten Vorträge über ihre Forschungen hielten. Vor allem aber war den Aprillustigen unbekannt, daß Sassoon–Dale ein umfangreiches Buch THE LORD OF THE MANNA-MASCHINE in Vorbereitung haben. Hohes Gericht, warum eigentlich fragt man nicht die, die es allein wissen können, ob sie die Menschheit mit Aprilscherzen beglücken wollen oder ob sie Ernsthaftes im Sinn haben. Ist in diesem Catch-as-catch-can eigentlich alles erlaubt?

Ich beanspruche nicht, den Bericht der Engländer als Beweis für meine Astronautentheorie zu werten. Für wichtig aber halte ich es, daß aus alten Überlieferungen die sachlichen Angaben herausgeschält werden, daß man, wo es legitim ist, falsche und überholte Vokabeln aus modernem technischen Wissen interpretiert. So, wie es Sassoon und Dale mit dem Kabbala-Bericht unternommen haben. Aus kleinen Steinchen müssen wir in einem Riesenpuzzle das Bild unserer frühen Vergangenheit rekonstruieren.

Hohes Gericht,

bitte, werten Sie derartige Hinweise als Zeichen meines ständigen Bemühens, die Vergangenheitsforschung auf interessante Spuren aufmerksam zu machen. Wenn ich auf silbernem Tablett Fragezeichen serviere, möge man sie zur Kenntnis nehmen!

Ein riesiges Fragezeichen steht vor unserer Haustür! Indien ist weit, und die Tempel von Kaschmir werden noch lange, fürchte ich, ihre Geheimnisse bewahren, weil Forschung nicht bis zu ihnen reicht. Arme, vergessene Welt.

Nah aber ist die Türkei, nur anderthalb Flugstunden von uns weg.

Unsterbliche Botschaft vom Nemrud Dag

Dort liegt der Nemrud Dag, der heilige Berg von Kommagene. 2150 m hoch, erhebt er sich weit im Südosten der Türkei inmitten des Taurus-Massivs. Die Archäologie weiß wenig über die Rätsel

2150 m hoch erhebt sich der Nemrud Dag mit seiner aufgeschütteten Schotterpyramide im Südosten der Türkei. – Antiochos I. ließ hier ein Heiligtum errichten

auf dem Nemrud Dag zu berichten. Sauber gemeißelte Inschriften auf den Kolossen berichten zwar, Antiochos I. (324–261 v. Chr.) habe hier für sich eine Grabstätte, für die Götter ein Heiligtum errichten lassen, Anlagen, die von den Nachfahren renoviert und vergrößert worden wären, aber niemand weiß so recht, ob diese Inschriften stimmen.

Eine Inschrift halte ich für besonders bemerkenswert. In ihr heißt es, Antiochos hätte diese Bauten errichten lassen, um »ein unerschütterliches Gesetz der Zeit zu hinterlassen, indem er einem unantastbaren Monument unsterbliche Botschaften anvertraute«.

Was für ein unerschütterliches Gesetz der Zeit, was für eine unsterbliche Botschaft vertraute Antiochos dem Berg an?

368

Am Boden verrottet eine Galerie steinerner Monumente . . . Götter und ein monolithischer Adler

Die Kuppe des Nemrud Dag ist wie eine aufgeschüttete, gigantische Schotterpyramide. Ehe nicht von der Spitze des Kegels her eine Tiefenbohrung ins Innere des Berges niedergelassen wird, wird nicht zu ermitteln sein, ob und welche Botschaften des Antiochos darin beherbergt werden. Ich halte über 2000 Jahre alte Inschriften für bedeutende Hinweise. Man sollte sie nicht übersehen.

An der Senke der Bergpyramide sind zwei, einander gegenüberliegende Terrassen. Dort verrotten am Boden Köpfe, die einstmals auf großen Steinquadern gestanden haben. Von links nach rechts stehen da in einer eindrucksvollen Galerie: ein steinerner Löwe, ein monolithischer Adler, daneben die stolzen Götter Apollo, Fortuna, Zeus, Herakles und Antiochos. Adler und Löwe, herrliche

Steinmetzarbeiten, sind doppelt vertreten. Weiter unten am Berg ist ein Ochse in eine Wand eingemeißelt.

Was las ich bei Hesekiel?

Ihre Gesichter aber sahen so aus: ein Menschengesicht nach vorn bei allen vieren, ein Löwengesicht auf der rechten Seite bei allen vieren, ein Stiergesicht auf der linken Seite bei allen vieren, und ein Adlergesicht bei allen vieren nach innen. Hesekiel 1,10

Es wurde ermittelt, wann Hesekiel seinen Bericht verfaßt haben soll. Er wurde nach 592 v. Chr. datiert. – Antiochos I. soll mit den Riesenbauten auf dem Nemrud Dag um 320 v. Chr. begonnen haben. Zwischen Hesekiels Schilderung und dem Bau der Grabstätten lagen rund 290 Jahre. Antiochos war der letzte in der Reihe der Könige von Kommagene, seine Vorfahren regierten mit Sicherheit zu Lebzeiten des Propheten. Das Reich Kommagene nahm den weiten Raum zwischen dem oberen Euphrat (der damaligen römischen Provinz Kleinasien) und dem heutigen Persien ein. Die Hauptstadt des Reiches war Samosata.

Ein Blick auf die Landkarte macht deutlich, daß die königlichen Vorfahren des Antiochos I. in unmittelbarer Nachbarschaft des Propheten regierten. Hesekiel soll während der Zeit seiner babylonischen Gefangenschaft die ersten Kontakte mit den »Göttern« gehabt haben. Von Babylonien nach Persien war es nur ein Katzensprung. Hesekiel spricht von vier symbolischen Gesichtern. Antiochos ließ solche Köpfe als neun Meter hohe Kolosse aus dem Fels herausschlagen und auf den Nemrud Dag transportieren, auf die höchste Bergspitze seines Reiches. Warum? Er wollte »den Göttern nahe sein«, den Göttern, die vom Himmel kamen. Bewacht von symbolischen Figuren, die heute gestürzt am Boden liegen, hütet der Nemrud Dag ein Geheimnis. Ist es vielleicht identisch mit dem Rätselhaften, das Hesekiel überlieferte? Die Monumente vom Nemrud Dag, kombiniert mit den Texten des Propheten, geben einen Fingerzeig. Sollte man ihm nicht folgen? Sollte man nicht zu enthüllen versuchen, was der Berg birgt? »Ich habe diesem unantastbaren Monument eine unsterbliche Botschaft anvertraut.«

Hohes Gericht,
falls sich aufgrund dieser Ausführungen eine Kommission auf den Weg zum Nemrud Dag machen sollte, schlage ich vor, daß sie dann

Neun Meter hohe Kolosse hüteten die »Unsterbliche Botschaft« des Nemrud Dag

zugleich ein weiteres Rätsel begutachtet, das ebenfalls in der Türkei sein Fragezeichen in den Himmel reckt. Für den Lokaltermin mache ich diese Angaben: Die unterirdischen Städte Kaymakli und Derinkuyu liegen zwischen den Orten Neveshir und Nigde. Sie sind nicht zu verfehlen, weil sie seit der Freigabe durch die türkische Regierung zu Fremdenattraktionen geworden sind. Begreiflicherweise, denn, was man dort sieht, ist schon bei nur oberflächlicher Betrachtung eine Reise wert.

Die unterirdischen Städte in der Türkei
Für andere unterirdische Städte, an deren Freilegung gearbeitet wird, möchte ich hier exemplarisch von Derinkuyu sprechen!

Hier gab es ehedem eine unterirdische Stadt, die 20 000 Menschen in ihren tief in den Boden reichenden Stockwerken beher-

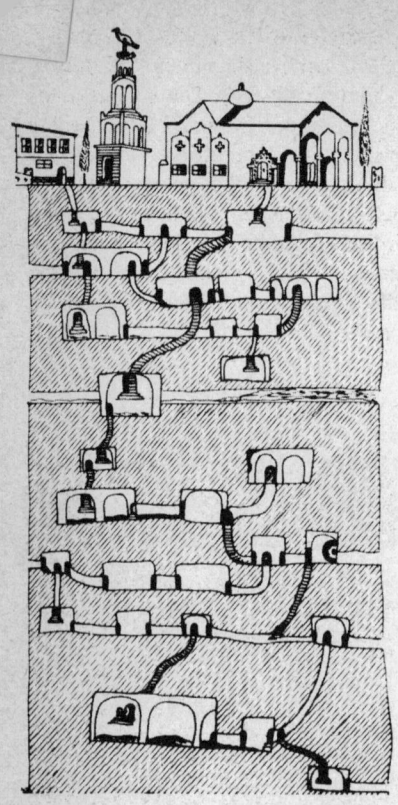

*Tiefenquerschnitt durch
eine Wohnanlage in
Derinkuyu*

*Rechte Seite: Eingänge
und Verbindungswege
wurden durch große,
runde Steine verschlossen,
die von innen verriegelt,
von außen aber nicht
geöffnet werden konnten*

bergte. Es hat sich, als die Stadt bewohnt war, um kein improvisier-
tes Fluchtasyl gehandelt. Das Gemeinwesen verfügte über eine
verfeinerte Infrastruktur. Es gab riesenhafte Gemeinschaftsräume,
Wohnungen mit Schlaf- und Wohnzimmern, Ställe und sogar einen
umfänglichen Weinkeller, von Geschäften und anderem gar nicht
zu reden. Die Räume liegen auf verschiedenen Stockwerken, bisher hat man in Derinkuyu deren 13 tief ins Erdreich hinein freige-
schaufelt. Die einzelnen Wohnsilos sind untereinander mit
Schächten verbunden, die Eingänge durch große, runde Türen

verschlossen, die von innen verriegelt wurden, aber von außen her nicht zu öffnen waren. In tief gelegenen Etagen fand man Brunnen, Grabstätten, Waffenlager ... und Fluchtwege. Die genialen Architekten verstanden sogar was von Air condition: 52 Luftschächte wurden bisher freigelegt, durch die mit einem raffinierten Zirkulationssystem Frischluft bis in die letzten Winkel gelangte. Derinkuyu – von dem ich eben sprach – und das sehr ähnliche Kaymakli sind nur zwei jener 14 unterirdischen Städte, mit denen türkische Archäologen mindestens rechnen. Die Ausgräber kennen schon die Verbindungswege, die alle Städte unterirdisch miteinander verbanden. Schätzungen zufolge sollen beachtliche 1,2 Millionen Menschen in diesen »Katakomben« lange Zeit gelebt haben.

1,2 Millionen Menschen! Bedeutet, daß auch Nahrungsmittel in ausreichenden Mengen beschafft werden mußten. Wie? Woher?

Archäologen sind der Ansicht, diese Städte wären in den ersten nachchristlichen Jahrhunderten in den Boden gestampft worden: Christen hätten sich hier aus Angst vor ihren Verfolgern eingebuddelt.

An dieser Deutung nagt der Wurm des Zweifels. Die Unterirdischen mußten leben. Felder, die Früchte trugen, konnten sie bei aller Cleverneß nicht unter der Erde anlegen: es fehlte das Licht zum Wachstum. Mußten sie aber oberirdisch Ackerbau und Viehzucht betreiben, dann war auch die Wohnung unter der Erde keine sichere Zuflucht mehr! Felder und Ställe hätten verraten, daß hier

So sieht die Landschaft über Derinkuyu aus! Nichts deutet auf die unterirdische Stadt hin
Linke Seite: Blick in einen der riesigen Gemeinschaftsräume in Derinkuyu. Hier hatten sich Menschen Unterkünfte für lange Zeiträume gebaut

Menschen leben. Belagerer hätten sich in aller Ruhe vor den Eingängen niederlassen können, um abzuwarten, wann die hungrigen menschlichen Wühlmäuse ans Licht drängten. Sie hätten mit den Verfolgten nicht mal zum Kampf antreten müssen: sie konnten den Feind aushungern. Blockade!

Außer diesen Überlegungen spricht gegen die derzeit offerierte Lehrmeinung auch, daß der Aushub so gigantischer unterirdischer Stadtsiedlungen Berge aus Schutt und Sand an der Oberfläche hätte wachsen lassen. Wer einmal in diesen Städten gewesen ist, dem ist klar, daß hier keine schnellen Provisorien entstanden. Hier wurde über Jahrzehnte, vielleicht über Jahrhunderte, geplant und gebaut. Wo derart gebuddelt wurde, gab es Aushubberge, und die wiederum wären jedem Feind verdächtig vorgekommen. Der archäologische »Braten« stinkt mir in die Nase.

375

Ich biete aus dem Arsenal meiner Götter-Theorie eine logischere Erklärung an:

Die Bewohner dieses Raumes hatten vor langer Zeit einen Besuch von Außerirdischen. Die hatten, als sie zum Rückflug starteten, angekündigt, daß sie mit ihren fliegenden Apparaten wiederkommen würden, um all jene zu bestrafen, die den Befehlen nicht folgten, die ihnen erteilt worden waren. Sporadisch auftauchend, stand also irgendwann ein Angriff »von oben« aus. Angst vor dem, was vom Himmel kam, trieb die Menschen hier wie in Südamerika in die phantastisch anmutenden unterirdischen Anlagen. Man muß sich sogar fragen, ob die Tiefbauten nicht überhaupt mit technischen Hilfsmitteln, die die Boten von fremden Sternen zurückließen geschaffen wurden. Mit primitiven Metallspaten 13 Stockwerke in die Erde wühlen? Mir scheint das eine allzu verwegene Zumutung an unsere Vorfahren zu sein.

Meine Damen und Herren,
es werden objektive Beweise für die ehemalige Anwesenheit der Außerirdischen gefordert! Ich kann, Einzelkämpfer, der ich bin, nicht mehr tun, als Offerten zu machen. Die Götter warfen Hesekiel vor: »Ihr Menschen habt Augen, um zu sehen, und ihr seht doch nichts.« Immer noch müssen wir uns diesen Vorwurf gefallen lassen.

El Fuerte, Rätsel im Dschungel

Lassen Sie mich in diesem Tour d'horizon meines Plädoyers auf eine weitere Merkwürdigkeit hinweisen. Sie ist im Dschungel Boliviens zu finden. 150 km von Santa Cruz entfernt liegt das Dörfchen Samaipata. Weitere 30 km entfernt liegt El Fuerte, ein eigenartiger Berg mitten im Dschungel. Über El Fuerte weiß die Archäologie wenig, sie bietet nur miserable bis lächerliche Theorien an. Es gibt keine brauchbare Überlieferung.

Vor uns liegt ein Berg im Dschungel. Zwei tiefe, künstlich geschaffene Rillen führen hinauf und enden abrupt. Oben, auf dem Plateau, gibt es in den Stein geschlagene Wannen unterschiedlicher Größe, ins Gestein gestemmte Kreise, Sickerbecken, ausgehobene Dreiecke, abgeschürfte Rondelle. Durch ein rätselhaftes Kanalsystem sind all diese Formen miteinander verbunden. Falls es ein Zweckbau war, hat man die Kunst nicht vergessen: am Fuße der

Mitten im Dschungel Boliviens erhebt sich der Berg El Fuerte mit seinen rätselhaften Narben, die künstlich entstanden sind

tiefen Rillen symbolisieren Panther und Jaguar die Kraft. Stufen und ausgewaschene Nischen lassen einen an ein prähistorisches Stadion denken. Die tiefen und symmetrischen Rillen sind Abschußrampen nicht unähnlich. Unbeachtet, döst El Fuerte im bolivianischen Urwald vor sich hin. El Fuerte, der höchste Berg bei Samaipata, trägt auf seinem uralten Rücken ein Geheimnis. Wird es eines Tages gelüftet werden?

Hohes Gericht,
es müssen nicht immer Berge oder voluminöse unterirdische Städte sein, denen wir unsere Neugier zuwenden sollten! Auf der Suche nach *dem* objektiven Beweis der Außerirdischen dürfen wir auch die kleinen Kritzeleien an Fels- und Höhlenwänden nicht außer acht lassen! Sie wurden noch nie unter dem Aspekt möglicher Botschaften der »Götter« registriert und untersucht. Ich habe solche Zeichen zu Tausenden archiviert, ich stelle sie ernsthaften Interessenten gern zur Verfügung.

Rechte Seite: Der Berg trägt in den Fels gestemmte Sickerbecken, exakt ausgehobene Dreiecke und Kreise, die durch ein unerklärliches Kanalsystem untereinander verbunden sind

Tiefe, symmetrische Rillen, die vom Fuß zur Kuppe des Berges führen, wo sie jäh enden, sehen wohlpräparierten Abschußrampen nicht unähnlich. – Es gibt Archäologen, die sie für Abfluß-leitungen für »rituelles Bier« halten. – Keine Offerte ist albern genug!

In Peru wurden in den vergangenen Jahren gravierte Steine zu Zehntausenden gefunden. Einige Muster davon erlaube ich mir, den Akten beizufügen.

Die echten und die falschen Steine von Ica
Die größte und interessanteste Sammlung trug Professor Dr. Janvier Cabrera zusammen. Seit Generationen lebt seine Familie in der alten Stadt Ica, südlich von Peru. Zum erstenmal erfuhr ich in

einem Buch meines Kollegen Robert Charroux [4] von den gravierten Ica-Steinen. Als ich die Bilder sah, wußte ich, daß ich dorthin gehen müßte. Aber, verehrte Damen und Herren, denken Sie nicht, daß ich mich blind in ein Abenteuer stürzte! Zunächst fragte ich beim Archäologen Dr. Henning Bischof, Völkerkunde-Museum in Mannheim, an, ob er die gravierten Steine von Ica kenne und was er davon hielte. Dr. Bischof schrieb mir, die Ica-Steine seien Fälschungen, die die Indios anfertigten, um sie für einige So-

Der Schreibtisch im »Eierladen« des prominenten Sammlers. Cabrera, trug in Jahrzehnten eine Sammlung von 14000 Steinen zusammen

Professor Dr. Janvier Cabrera, Ica, Peru

les (peruanische Währung) an Touristen zu verkaufen. Im Gegensatz zu meinen Widersachern höre ich mir stets beide Seiten an. Nun wußte ich, daß die offizielle Archäologie die gravierten Steine in Peru für Falsifikate hielt.

Ich flog nach Peru.

Die Familie Cabrera besitzt an der Plaza de Armas in Ica ein großes Haus, das sie auch braucht, denn die Cabreras sind sehr fruchtbar. Trotzdem sind drei große Räume vom Boden bis zur Decke hinauf mit Regalen versehen, in denen massenhaft Steine liegen. Von Fußball- bis Ballongröße. Jeder Stein ist mit anderen Motiven graviert. Den Raum, in dem zwischen Steinen und Regalen der Schreibtisch des Sammlers steht, muß man sich wie einen Eierladen vorstellen, nur sind die Eier Steine, und die sind mit den phantasievollsten Gravuren rundherum verziert. Man entdeckt Indianer, die auf Vögeln reiten. Es sind Indianer mit fremdartigen Werkzeugen in den Händen verewigt. Auf einem Stein bedient sich ein Indianer einer Lupe zum besseren Sehen. Ein Stein ist ein Globus im Taschenformat: die Umrisse fremder Länder, Kontinente und Ozeane sind sorgsam eingeritzt. Man erschrickt vor symbolischen Ungeheuern, wie man sie nie gesehen hat. Mit Bedacht zeigt Dr. Cabrera, der selbst führender Chirurg ist, eine Serie von Steinen, die den Hergang einer Herztransplantation darstellt. Dem Patienten, der auf einer Art von Operationstisch liegt, wird das Herz herausoperiert; Schläuche versorgen ihn mit Infusionen. Ein frisches Herz wird eingesetzt. Zwei Operateure schließen die Arterien. Die Brustöffnung wird geschlossen. Besser, als ich es schildern kann, zeigen die Bilder, die ich zu den Akten zu nehmen bitte, die ganze Prozedur.

Professor Cabrera ist ein eigenwilliger Mann, er duldet keine Gegenmeinung (was ich bedaure), aber er ist so passioniert bei seiner Sache, wie ich es bei meiner bin. Zwei Tage lang zerrte er mich von Stein zu Stein: »Look, Eric! Eric look here!« Hatte ich eben einen Stein im Visier, schleppte er mich schon zum nächsten. Besitzer- und Sammlerstolz. Cabrera hat rund 14000 Steine in seiner Sammlung. Die meisten haben ihm Indios ins Haus getragen, einige fand er selbst. Die Mehrzahl der Steine ist faustgroß und hat Motive wie Vögel, Blumen, mythische Bäume, Menschen. Die größeren Brocken sind mit so komplizierten, ineinander verschachtelten Motiven bedeckt, daß Picasso im Olymp nicht erröten müßte, wenn man ihm die Urheberschaft unterschieben würde.

Mich bewegte andauernd die Frage: Gibt es hier echte (alte) und gefälschte (moderne) Steingravuren? Und: falls es Fälschungen gibt, weiß Cabrera davon? Ist er ein gutgläubiges, blindes Opfer? Ich fragte Dr. Cabrera.

»In einem 26 km entfernten Dorf gibt es Fälscher, die Gravuren kopieren und mir verkaufen, aber an den Motiven erkenne ich sofort, welche Steine echt, also alt sind, und welche gefälscht wurden

Ein Indianer reitet auf einem Fabelwesen – dafür gibts in keiner Illustrierten eine fälschbare Vorlage!

Ein »Globus«, der unbekannte Kontinente zeigt. Lemuria? Die einstige Brücke zwischen Vorderindien und Madagaskar? Das versunkene Atlantis?

Ein Indianer beobachtet durch eine Lupe – wann sah man so was in einer Illustrierten?

und vielleicht erst gestern produziert wurden. In Zweifelsfällen, die auch unterkommen, lasse ich mir geologische Analysen erstellen.«

Ich bat Cabrera, mir leihweise einen Stein zu überlassen, den er mit Sicherheit als »echt« qualifizierte. Mit diesem Stein fuhr ich in ein winziges Wüstenkaff zum Fälscher Basilo Uschuya. Ich sagte ihm, daß ich einen seiner Steine kaufen würde, sofern ich dabei zusehen dürfe, wie er unter seinen Händen entstände. Nach langem Gefeilsche stimmte er zu. Während uns seine zwölf Kinder umtanzten, gingen wir in die Hütte. Der Meister angelte sich einen faustdicken Stein aus einem Korb, markierte mit einem Bleistift Linien darauf und begann, mit dem Rest eines Sägeblattes zu griffeln. Nach 40 Minuten drückte er mir den Stein mit den Umrissen einer Taube in die Hand.

»Stellen Sie auch Gravuren größeren Formats her?« fragte ich. Stolz lächelte der Steinmetz: »Alle!«

»Die großen Steine in Dr. Cabreras Sammlungen zeigen komplizierte, historische Muster. Woher haben Sie all die Kenntnisse?«

»Aus illustrierten Zeitungen!«

War ich einem Genie begegnet?

Während der Jeep uns wieder nach Ica zurückrumpelte, begann ich zu rechnen: Cabrera besitzt 14 000 Steine, sein Nachbar weitere 11 000. Macht rund 25 000 Steine. Für die einfachen Linien der Taube brauchte Basilo 40 Minuten. Es war eine primitive Arbeit, die mit dem überwiegenden Teil der Steingravuren bei Cabrera nicht zu vergleichen war. Dazu haben Cabreras Steine durchschnittlich einen Durchmesser von etwa 40 cm. Es passen deshalb fast 20 solcher Gravuren darauf, wie Basilo sie in den faustgroßen Stein ritzte. Und: die Steine der Cabrera-Sammlung sind ungleich kunstvoller in der Ausführung. Sorgfältiger, phantasiereicher.

Wenn für einen Stein von der Sorte, wie sie Cabrera sammelt, 20 mal 45 Minuten Arbeitszeit notwendig sind, würde ein Fälscher für einen Stein 15 Arbeitsstunden benötigen. Bei den angenommenen 25 000 Steinen ständen 375 000 Arbeitsstunden in der Rechnung, sofern man je Arbeitstag 12 Stunden ohne Pause zugrunde legt. 31 250 Arbeitstage ohne Unterbrechung. Der fleißige Fälscher der beiden Sammlungen hätte also 85 Jahre lang je 12 Stunden Arbeit pro Tag aufwenden müssen. Nimmt man aber an, daß die Sippschaft mitwirkte, ist der Ertrag schon zu schaffen.

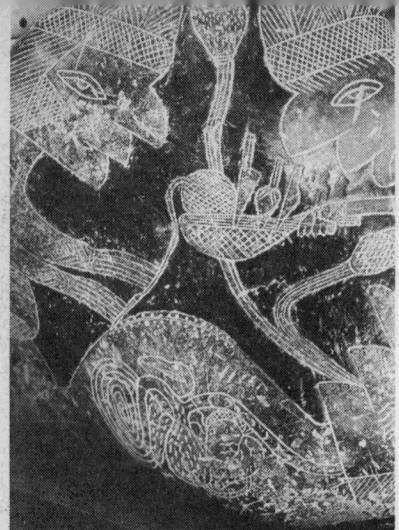

Drei der vielen Phasen, in denen Indios eine Herztransplantation darstellten

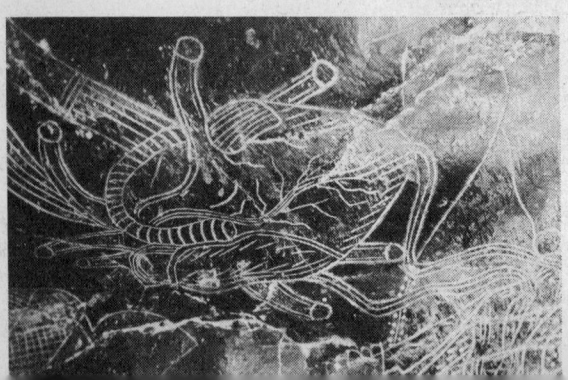

In grellem Licht verglichen wir den »echten« Stein, den Cabrera mir lieh, mit dem frischgebackenen Stein aus Basilos Hütte. Auf dem frischen Stein zeigten sich unterm Mikroskop rechtwinklige, saubere Ritzungen, während in den Rillen des Cabrera-Steines unter einer feinen Glasur Mikroorganismen zu sehen waren. Das war der kleine große Unterschied zwischen echten und falschen Steinen!

Es gibt, Hohes Gericht, ein ganz entscheidendes Argument gegen Basilos Behauptung, er nähme seine Motive aus Illustrierten. Bilderzeitschriften veröffentlichen Fotos von Gegenständen, die es gibt! Die komplizierten Motive auf Cabreras »echten« Steinen haben aber in dieser unserer Welt keine fotografierbare Vorlage! Um das verwegenste Sujet herauszugreifen: Als Dr. Barnard und andere seiner Kollegen begannen, Herztransplantationen vorzunehmen, sah man in Illustrierten aufregende Fotos dieses kühnen chirurgischen Unternehmens. Aber: die Gravuren auf Cabreras Steinen haben keinerlei Ähnlichkeit mit diesen dokumentarischen Reporteraufnahmen. Die moderne Chirurgie zapft, beispielsweise, Venen und Arterien an den Armen an. Auf den alten Steinen enden die Schläuche im Mund des Patienten. Wann je knipste ein Fotograf Vögel, die mit Pedalen gesteuert werden, und auf denen ein Wesen reitet? Wann je wurden feuerspeiende Drachen in unseren Blättern gedruckt? Wo traf ein Reporter auf Wesen, deren Kopf ein Heiligenschein umgab?

Es plagten mich, ich gebe es zu, noch Zweifel, als wir wieder in Cabreras Haus eintrafen. Ich sagte es ihm. »Kommen Sie, mein Freund!« forderte er mich auf und führte mich an seinen Schreibtisch. Er legte mir die Originale von geologischen Gutachten vor, die er inzwischen in seinem Buch* veröffentlichte. Das erste Gutachten stammt aus dem Juni 1967 und wurde von der Minengesellschaft »Mauricio Hochshild« in Lima erstellt. Unterzeichnet vom Geologen Dr. Eric Wolf, heißt es im Laborbericht:

Es handelt sich unzweifelhaft um einen natürlichen Stein, der durch den Transport im Fluß abgerundet wurde. Petrologisch läßt er sich als Andesit klassifizieren. Die Andesiten sind Steine, deren

---

* Janvier Cabrera: EL MENSAJE DE LAS PIEDRAS GRABADAS DE ICA, Lima 1976

1,41 m ist dieser Felsbrocken hoch – rundherum mit Gravuren übersät. Der gestirnte Himmel, durch Linien verbundene Sterne, ein Komet mit Schweif . . . und, wie auf sumerischen Rollsiegeln, ein symbolischer Lebensbaum. – So was sieht man selten in Illustrierten!

Komponenten durch mechanische Bewegungen und gleichzeitigen hohen Druck verursacht worden sind. Im konkreten Fall sind die Wirkungen einer intensiven Umwandlung von Feldspat in Sericit* nachweisbar. Dieser Prozeß erhöhte einerseits die Kompaktheit und das spezifische Gewicht des Steines und verursachte andererseits eine Oberflächenbeschaffenheit, welche die alten Künstler bei der Ausführung ihrer Werke zu schätzen wußten. Diese Begutachtung sollte nun durch ein präziseres Urteil der Technischen Hochschule bestätigt werden.

Festhalten kann ich, daß diese Steine durch eine feine, aber natürliche Oxydationsschicht umhüllt sind, *welche ebenfalls die Rillen der Gravuren bedeckt.* Das ist ein Umstand, der es erlaubt, das hohe Alter der Steine abzuschätzen.

---

* Sericit: Aggregate des Minerals Muskovit, einem hellen Glimmer

In den Ausführungen der Gravuren selbst lassen sich keine bemerkenswerten Unregelmäßigkeiten feststellen, woraus die Vermutung abgeleitet werden kann, daß die Gravuren nicht weit von den heutigen Fundstellen entfernt ausgeführt worden sein müssen.
Lima, 8. Juni 1967

Meine Damen und Herren, ich darf auf drei Feststellungen dieses Gutachtens besonders aufmerksam machen:

1. Die gravierten Steine haben ein größeres spezifisches Gewicht als andere Steine derselben Art mit abgeschliffenen Kanten. Steine dieser Art werden in heimischen Flüssen und Seen gefunden.

2. Die gravierten Steine sind sehr alt, eine Tatsache, die sich aus der natürlichen Oberflächenoxydation ableiten läßt. Die Oxydationen umhüllen die ganzen Oberflächen.

3. Die Oxydationen bedecken auch die Gravuren, ein unzweifelhafter Beweis dafür, daß die Gravuren vor der Oxydation in die Steine eingebracht wurden.

Dr. Cabrera ließ auch die Expertise, die der erste Gutachter anriet, von der Nationalen Technischen Hochschule (Facultad de Mi-

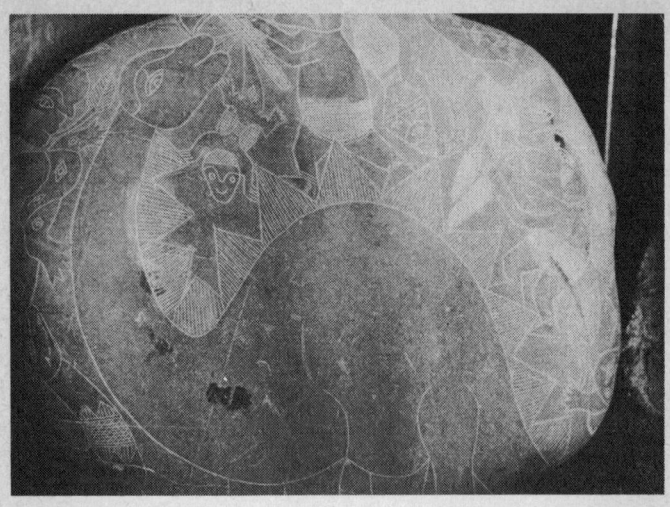

Saurier und Mensch in trautem Verein! Ein alter Stein aus der
Cabrera-Sammlung und . . .

nas) machen. Sie ist von dem Ingenieur Fernando de las Casas y
César Sotillo namens der Fakultät unterzeichnet. Ich zitiere:

Alle Steine sind stark karbonisierte Andesiten. Das läßt sich
eindeutig aus ihrer Farbe und ihrer äußeren Oberflächenschicht
ableiten. Die Steine entstammen Schichten, die durch ausgeflosse-
nes, vulkanisches Material gebildet worden sind, wie sie dem typischen Mesozoicum dieser Zone entsprechen.

Die verschiedenen Umwelteinflüsse haben die Oberflächen der
Steine angegriffen und die Feldspatschicht in Arcilla verwandelt.
Damit wurde der äußere Härtegrad geschwächt und bildete eine
weichere Schale um den inneren Teil des Steines. Die äußere Härte
entspricht im Durchschnitt dem Grad 3 nach der Mohn-Skala,
doch erreicht der Stein nach derselben Skala im Innern 4,5 Grad.

Die Steine können praktisch mit jedem härteren Material bearbeitet werden wie beispielsweise Knochen, Muscheln, Obsidian
wie auch mit jedem präspanischen, metallischen Instrument.

. . . eine Arbeit, die die Indios dem Pater Crespi vor Jahrzehnten schenkten!

Diese Feststellungen sollten einem den Atem verschlagen! Hohes Gericht, das Mesozoicum umfaßt das Jura- und Kreidezeitalter unseres Planeten, jene Zeit also, in der sich hier die Saurier tummelten, diese Urwesen, die angeblich nie ein Mensch zu Gesicht bekam, weil es – so die Lehrmeinung! – zur Zeit der Saurier keine Menschen gegeben hat.

Und wieder: Mensch und Saurier
Qualifizierte Fachleute attestierten, daß die Gravuren in die Steine geritzt wurden, *bevor* sich Oxydationsschichten bildeten. Hier, meine Damen und Herren, präsentiere ich *echte* Steine aus der Cabrera-Sammlung: Sie zeigen *eindeutig* Mensch und Dinosaurier in trautem Verein!

Pater Crespi zeigte mir Steinplatten, die ihm Indios zum Geschenk gemacht hatten. Auch dort: Saurier und Mensch in friedlicher Nachbarschaft!

Soll immer noch nicht sein, was nicht sein darf?

Am Paluxy-River: Dinosaurier- und Menschenfußspuren. Gleiche Funde in Südamerika. Professor Homero Henao Marin fand im April 1971 bei Ausgrabungen bei El Boqueron im Staate Tolima, Kolumbien, das 20 m lange Skelett eines Dinosauriers aus der Familie der Iguanodontes – daneben einen Menschenschädel! Jahrmillionen hatten den Schädel in eine feine Versteinerung von grauer Farbe mit zarten Verästelungen umgewandelt. Das, meine Damen und Herren, sind doch Funde, wie sie die Wissenschaft begeistert akzeptiert . . . sofern sie ins zementierte Weltbild passen. Saurier und Mensch in trautem Verein? Die passen nicht in den Kodex der Evolutionstheorie. Also macht man die Schotten dicht, um das Licht fernzuhalten, das hier so unangenehme Präsente vor Augen führt.

Es obliegt mir, der skeptischen Gegenpartei anzusagen, was das Steinbilderbuch von Ica wiederum mit meiner Theorie zu tun hat. Ich sah bei Cabrera einen *echten*, uralten Stein, in den der Fixsternhimmel graviert ist: mit einem Kometen, einigen größeren Sternen, die untereinander mit Linien verbunden sind . . . und zwischen denen Schiffe segeln. Zwischen Bergen und mythologischen Bäumen hocken Indios, die durch *Teleskope* zu diesem Himmel starren! Das sind handfeste Überlieferungen aus frühen Zeiten.

Gewitzt durch die Erfahrungen, die ich mit Pater Crespis Schätzen machte, sage ich deutlich und schreibe es den Journalisten, die sich nun auf die Fahrt nach Ica begeben, ins Stammbuch: Ich *weiß*, daß sie dort auf Fälschungen treffen werden, wie sie massenhaft für die Touristen im Eilverfahren produziert werden. Mit Serienmotiven von der Stange. Man komme mir nicht wieder mit der Platitüde: DÄNIKEN ENTLARVT – IN ICA GIBT ES NUR FÄLSCHUNGEN! Man packe die Koffer aus, knipse nicht auf die Schnelle im Vorbeigehen die Touristenwaren. Man bemühe sich, die *echten* Steine vor die Linsen zu bekommen.

Hohes Gericht, ich komme zum Schluß und stelle fest: Ich weiß mich frei von Schuld, daß die brasilianischen Kayapo-Indianer heute noch bei ihren Festlichkeiten von den Besuchern aus dem Weltall singen und dabei Strohgewänder tragen, die der Kleidung der frühen Astronauten, von denen ihre Legenden berichten, nachgebildet sind . . .

ich weiß mich frei von Schuld, daß die Vorzeitlichen rund um den Globus »Götter« an die Fels- und Höhlenwände malten, deren Häupter astronautenhelmähnliche Bedeckungen zieren und aus deren Köpfen Gebilde sprießen, die Kurzwellenantennen verdammt ähnlich sind . . .

ich weiß mich frei von Schuld, daß Henoch und Elias wie viele andere in »feurigen Wagen« im Himmel verschwanden . . .

ich kann nichts dafür, daß der türkische Admiral Piri Reis im Jahr 1513 Weltkarten anfertigte, in die er – vor Kolumbus – die Küsten Nord- und Südamerikas einzeichnete und sogar die Umrisse der Antarktis, die unter Eisschichten verborgen waren, Konturen, die *wir* erst während des Geophysikalischen Jahres 1957 durch Echolotungen entdeckten. Ich weiß es wirklich nicht, wer Piri Reis einen Beobachtungssatelliten und supermoderne Beobachtungsgeräte zur Verfügung stellte . . .

Man kann mich foltern und auf den Kopf stellen, und ich werde die Frage nicht beantworten können, aus welchem Impetus in 230 Sanskritverse des Samarangana Sutradhara verschiedene, exakt beschriebene Flugapparate gerieten. Ich nehme an, daß sie damals irgendwer gesehen hat.

Bei allem, was mir etwas gilt, schwöre ich, daß ich nicht der Verfasser des Henoch-Buches bin. Ich war auch nicht dabei, als der Prophet Hesekiel seine Begegnungen mit Raumschiffen hatte, die er so penibel genau beschrieb, daß ein NASA-Ingenieur unserer Tage sie rekonstruieren konnte.

Ferner habe ich die sumerischen Rollsiegel nicht angefertigt, die am Himmel fliegende Apparate in einer Vielfalt und mit einer so schönen Selbstverständlichkeit aufweisen, als wären diese Dinger täglicher Umgang der alten Herrschaften gewesen.

Man mag mir getrost viel Phantasie zutrauen. Trotzdem können die uralten Sagen von fliegenden Drachen und Himmelsschlangen nicht aus meiner Feder stammen. Ich kam ja erst 1935 zur Welt. Da hatten diese Überlieferungen schon einige tausend Jahre auf dem Buckel.

Ein Stein des Anstoßes: das Steinrelief auf dem Grab in Palenque! Ich bekenne mich dazu, daß ich es für die vortreffliche, technisch bewundernswert gelungene Darstellung eines Astronauten in der Raumkapsel halte – entgegen der archäologischen Deutung,

Ein Oberpriester am Altar sollte es gestern sein. Seit jüngstem interpretiert man dieses Relief als »junges Mädchen, das in den Rachen eines mythischen Wesens fällt« oder als einen »jungen Herrscher«! – Ob es nicht doch »mein« Astronaut in einer Raumkapsel ist?

daß dort ein Oberpriester auf einem Altar abgebildet wäre. So sicher scheinen sich meine Gegner in ihrer Version auch wieder nicht zu sein. NATIONAL GEOGRAPHIC, eine renommierte wissenschaftliche Zeitschrift, interpretierte kürzlich: nein, es handelt sich nicht um einen Oberpriester! Das ist ein junges Mädchen, das in den Rachen eines mythischen Wesens fällt! O Gott, das arme Ding. Man spricht auch von einem »jungen Herrscher«, der sich hier niederließ. Abwarten. Ich bin mir ziemlich sicher, daß man sich eines Tages auf meinen Astronauten einigen wird. Das braucht aber Mut und Entschlußkraft und einen Riesensprung über den eigenen Schatten.

Schadenfreude ist meinem Wesen fremd, aber es wäre unehrlich, wenn ich nicht zugeben würde, daß mich ab und zu Genugtuung wie ein Grog an kalten Winterabenden erwärmt.

Ich darf dem Hohen Gericht in Erinnerung rufen, was ich an anderer Stelle schon beiläufig erwähnte: Vor zehn Jahren sah ich zum erstenmal die schnurgeraden, kilometerlangen, in den Boden gezogenen Linien auf der Ebene von Nazca, Peru, im Vorgebirge der Anden. Vom Flugzeug aus muten diese Linien wie ein großer Flugplatz an, und weil das Netz der Linien in frühen Zeiten angelegt wurde und ausschließlich aus großer Höhe erkennbar ist, interpretierte ich die Anlage als »Flugplatz der Götter«, als deren Operationsbasis im südamerikanischen Raum.

Die Wissenschaft behauptete nach jahrzehntelanger Forschung, es handle sich hier um einen astronomischen Kalender. Für viele andere Zweifel in dieser Deutung möge hier nur die Frage stehen: Was sollten die Eingeborenen mit einem Kalender anfangen, der *nur* aus sehr großer Höhe erkennbar war? (Derart praktische Fragen scheren die Wissenschaft nie, sie ist stets selig, wenn sie eine »Erkenntnis« präsentieren kann.) Egal: in allen wissenschaftlichen Werken wurden die Linien auf der Ebene von Nazca als astronomischer Kalender verbucht.

Um so überraschter war ich, als mir der Archäologe Professor Barthel, Tübingen, nach einer TV-Diskussion sagte, die Deutung der Nazca-Linien als astronomischen Kalender könne man vergessen, denn ein Langzeitversuch habe ergeben, daß zwischen den Linien und Gestirnen keine Beziehungen beständen. Alle Daten aus den Standorten und den Bahnen der Sterne wie die Koordinaten der Linien seien einem Computer eingegeben worden, und der habe für keinen einzigen Fall einen Bezug von unten nach oben oder von oben nach unten errechnen können, der die Kalendertheorie rechtfertige. Das bedeute nicht, daß ich mit meinen Theorien recht habe, aber die bisher vorherrschende Ansicht sei nicht mehr zu halten. Ich las inzwischen das Buch*, von dem Professor Barthel sprach: es widerlegt ein für allemal die Kalendertheorie.

Amerikaner, neugierig und oft lustig in ihren Ideen, bastelten einen Heißluftballon aus Materialien, die den alten Inka zur Ver-

---

* ARCHAEO ASTRONOMY IN PRE-COLUMBIAN AMERICA, London 1976

Der Götterflughafen von Nazca

fügung gestanden haben. Damit stiegen sie über der Ebene auf. Finde ich als Experiment fabelhaft. Die Meldungen, die daraufhin um die Welt gingen, verstehe ich nicht: DÄNIKEN WIDER-LEGT! Habe ich je behauptet, die Inka hätten *keine* Heißluftballone besessen? Wenn ich mich zu dieser Behauptung verstiegen hätte, dann allerdings hätte mich der Flug der Amerikaner wider-legt. Mit ihrem Ballonaufstieg kratzten sie meine Hypothese nicht mal an der Oberfläche an: seit wann brauchen Heißluftballone denn Landepisten? – Wollten die Inka vielleicht aus dem luftigen Gefährt heraus nachschauen, welcher Wochentag im Kalender stand? Pardon, das kann ja nun auch nicht mehr so gewesen sein, weil die geometrischen Linien erwiesenermaßen keinen Kalender ergeben. Es war wohl doch ein Landeplatz der Außerirdischen. Wait and see.

Umkehr der Beweislast

Hohes Gericht,

ich halte es für unter der Würde und dem Vermögen der Gegenpartei, meine Indizien wie lästige, schillernde Seifenblasen purer Phantasie abzutun. Wann werden denn schon neue Theorien angeboten, deren Indizen und Bausteine sich *fotografieren* lassen? Ist es der Gegenpartei entgangen, daß nach meinen Büchern zwei abendfüllende *Dokumentarfilme* gedreht wurden? Filme, die an Ort und Stelle Fakten auf Zelluloid bannten und vor aller Augen auf die Leinwand projizierten? Keiner meiner Widersacher kann sich darauf hinausreden, diese Dokumentationen meiner Theorie wären ihm leider entgangen. Jeder kann sie in den USA, in der UdSSR und Rotchina ebenso sehen wie in weiteren 29 Ländern, in denen auch meine Bücher erschienen. Hohes Gericht, wer sich sogar filmbaren Beweisen entzieht, der kann doch nur wie Mr. Kimble auf der Flucht vor unbequemen Wahrheiten sein.

Hohes Gericht,

meine Damen und Herren!

In diesem Prozeß habe ich eine dichte Kette von Indizienbeweisen geflochten. Ich legte urkundliche Quellen vor. Ich zeigte das Beweisthema unterstützende Abbildungen. Ich ließ erstrangige Sachverständige zu Wort kommen.

Freiwillig begab ich mich in die Rolle des Angeklagten!

Nunmehr bitte ich das Hohe Gericht um die Umkehr der Beweislast:

DIE GEGENPARTEI MÖGE EBENSO SCHLÜSSIG *IHREN* INDIZIENBEWEIS FÜHREN, DASS DIE AUSSERIRDISCHEN *NICHT* AUF DER ERDE WEILTEN!

Literaturverzeichnis

1 Über rauhe Pfade zu den Sternen

Zitiert:
[1] Navia, Luis E.: Unsere Wiege steht im Kosmos, Düsseldorf 1976.
Allgemein:
Buchers Illustrierte Geschichte der Erfindungen, Luzern 1974.
Brugg, Elmar: Tragik und schöpferischer Mensch, Baden/Schweiz 1965.
Feldhaus, F. M.: Die Technik, Wiesbaden 1970.
Hiebert, Ray and Roselyn: Atomic Pioneers, USAEC 1974.
Kemmerich, Max: Kultur-Kuriosa I, München 1910.
Kemmerich, Max: Kultur-Kuriosa II, München 1910.
Larsen, Egon: Zwölf, die die Welt veränderten, München 1960.
Nagel, Heinrich: Die Grundzüge des Beweisrechts im europäischen Zivilprozeß, Baden-Baden 1967.
Pozniak, Heinrich von: Lexikon der Erfindungen, Frankfurt–Wien 1954.
Rödig: Die Theorie des gerichtlichen Erkenntnisverfahrens, Berlin 1973.
Rosenberg-Schwab, Leo: Lehrbuch des Zivilprozeßrechts, München 1974, 11. Auflage.
Szababdváry, Ferenc: Lavoisier, Stuttgart 1973.

2 Kosmische Dimensionen

[1] Harrison, Lee: Intelligent Life exists in outer space, NATIONAL ENQUIRER, Lantana, USA, 9. März 1976.
[2] Heuseler, Holger: Der zweiten Erde auf der Spur, Zürich 1976.
[3] Sagan, C., u. Drake, F.: SCIENTIFIC AMERICAN, Nr. 232, 80/1975.
[4] Freudenthal, Hans: LINCOS – Design of a language for cosmical Intercourse, Amsterdam 1960.
[5] Drake, Frank: Probleme eines Funkkontaktes. Aus: 11 Beiträge »Sind wir allein im Kosmos?« München 1970.
[6] Paul, Günter: Unsere Nachbarn im Weltall, Düsseldorf 1976.

[7] DER SPIEGEL: Hamburg, 1. 9. 1975: Weltraumkolonie im Jahre 2000?
NATIONAL ENQUIRER: Lantana, USA, November 1975: City could be built in space – A paradise for 10.000 people.
DIE WELTWOCHE: Zürich, 28. 1. 1976: Bahn frei für Weltraum-Kolonisten.
BILD DER WISSENSCHAFT: Stuttgart, 19. 5. 1976: Umzug ins All von Gerard O'Neill.

[8] DIE WELT: Hamburg, 15. 6. 1975: Spionagefotos aus dem Weltraum.

[9] DER SPIEGEL: Hamburg, Nr. 40, 1974: Panzer mit Todesstrahlen.

[10] DAILY EXPRESS: London, 22. 5. 1973: Death Ray – Britain's most secret weapon.

[11] DER SPIEGEL: Hamburg, Nr. 31, 1973: Wellen gestört.

[12] DIE WELT: Hamburg, 16. 6. 1975: Sieben neue schreckliche Waffen.

[13] BASLER NACHRICHTEN: Basel, 22. 3. 1975: Das Wetter als Waffe?

[14] NATIONAL ZEITUNG: Basel, 11. 11. 1973: Das Wetter als Geheimwaffe?

[15] UMSCHAU IN WISSENSCHAFT UND TECHNIK: Stuttgart, Heft 21, 1975: Hat der Energiesatellit eine Chance?

[16] Meadows u. a.: Die Grenzen des Wachstums – Bericht des Club of Rome, Stuttgart 1972.

[17] NEUE ZÜRCHER ZEITUNG: 8. 7. 1974: Die Wasserstoffwirtschaft.

[18] UMSCHAU IN WISSENSCHAFT UND TECHNIK: Stuttgart, Heft 13, 1976: H. W. Köhler: Raumfähre, Planeten-Sonden und Anwendungs-Satelliten.

[19] DIE WELT: Bonn, 4. 10. 1976: Fred de la Trobe: An Japans Auto-Fließbändern arbeitet Kollege Roboter.

[20] WESTDEUTSCHE ZEITUNG: 4. 3. 1975: Das Wissen der Welt in 16 Supergehirnen.

[21] NEUE ZÜRCHER ZEITUNG: 13. 8. 1973: Tiergehirne als Lenkwaffen-Computer.

[22] DIE WELT: Bonn, 25. 3. 1976: Ingenieure sehen Chancen für Erzbergbau im Weltraum.

[23] BREMER NACHRICHTEN: 12. 11. 1974: Anti-Schwerkraft-Motor soll einmal den Flug zu den Sternen ermöglichen.

Erläuterungen für Fachleute:

1

Der Bruchteil α der Treibstoffmasse m werde in Energie umgesetzt. Für Fusion beträgt optimistischerweise $\alpha = 3 \cdot 10^{-3}$. Diese ganze Energie finde sich wieder als Bewegungsenergie des Abgasstrahles mit der Masse m$(1-\alpha)$, der mit der Geschwindigkeit v abströmt.

Dann gilt: $\quad\quad v = \overline{c}\sqrt{2a-a^2}\quad\quad$ c = Lichtgeschwindigkeit.
Die relativistische Raketengrundgleichung lautet:

$$\frac{M_O}{M} = \left(\frac{1 + {}^u/_c}{1 + {}^u/_c}\right)^{c/2v}\quad \text{bzw. mit}\quad \frac{M_O}{M} = \gamma : u/c = \frac{\gamma\,2u/c - 1}{\gamma\,2u/c + 1}$$

u = Fahrzeughöchstgeschwindigkeit
Mit $\alpha = 3 \cdot 10^{-3}$ folgt ${}^v/_c = 0.0774$.
Wählen wir $\gamma = M_O/M = 10$, so ergibt sich ${}^u/c = 0{,}176$:
die Fahrzeuggeschwindigkeit beträgt 17,6% der Lichtgeschwindigkeit.
Mögliche Fusionsreaktionen (Auswahl nach nicht zu hohen Zünd-
temperaturen, schneller Reaktion usw.) sind:

$$D + D \quad \rightarrow \quad \begin{cases} T + p + 4{,}0\ \text{MeV} \\ He^3 + n + 3.27\ \text{MeV} \end{cases}$$

$$D + T \quad \rightarrow \quad He^4 + n + 17.59\ \text{MeV}$$
$$D + He^3 \rightarrow \quad He^4 + p + 18.35\ \text{MeV}$$

Für diese Fusionsreaktionen ergeben sich die Werte:

α	$v = \sqrt{\alpha\,(2-\alpha)}$	v (realist.)
$\left.\begin{array}{l} 1.05\cdot10^{-3} \\ 0.85\cdot10^{-3} \end{array}\right\}$	13 070 km/s	8000 km/s
$3.7\cdot10^{-3}$	25 780 km/s	5000 km/s
$3.9\cdot10^{-3}$	26 460 km/s	9000 km/s

(Vergleiche: Spaltung im Kernreaktor: $\alpha = 0.7\cdot10^{-3}$
$\quad\quad\quad$ Chemisch: $\quad\quad\quad\quad\quad\quad \alpha\,\text{max} = 2\cdot10^{-10}$)

Tritium T ist radioaktiv mit der Halbwertszeit von 12 Jahren, damit ist
es für uns wegen seiner Nicht-Lagerfähigkeit unbrauchbar. Deshalb wählen
wir zweckmäßig die letzte Reaktion – sie hat den zusätzlichen Vorteil, keine
der nur schwierig absorbierbaren Neutronen zu liefern. (Weil auch D + D
und mit produziertem T schließlich D + T ablaufen, ist Neutronenproduk-
tion nicht exakt Null!)

2

Triebwerktyp	v^{km}/s	Schubbeschleunigung
Festkernreaktor/ Wasserstoff als Ausströmmasse	7.5–10	$\sim /g_o$ (g_o = Erdschwere-beschleunigung)
Kugelbettreaktor/ wie oben	10–11	0.1–1

Triebwerktyp	v^{km}/s	Schubbeschleunigung
Flüssigkernreaktor/ wie oben	11–12	10^{-4}–10^{-3}
Gaskernreaktor/ wie oben	17–25	$\sim$ /
Pulsantrieb		
Spaltung	25–>50	~ 1
Fusion	50–>100	~ 1
Kontrollierte Fusion	100–>1000	10^{-4}–10^{-3}
Ionenantrieb/ Festkernreaktor (Spaltung)	50–300	$\sim 10^{-4}$

3
Reaktionswirkungsgrade $(D + He^3 \rightarrow He^4 + p + 18.35\ MeV)$ von über 40% scheinen schwierig zu erreichen, und der Abgasstrahl wird kaum in einem Winkel kleiner als 60° konzentriert sein – so ergibt sich eine effektive Strahlgeschwindigkeit von 10^7 m/s. Schreiben wir $v/c = \eta\ \varepsilon\alpha\ (2-\varepsilon\alpha)$, so ist $\varepsilon = 0.4$, $\eta = 0.6$ gewählt, mit $\alpha = 0.0038$.

Magnetfelder als Düse und in elektrischen MHD-Generatoren durch Ströme in Supraleitern (die bei 10 K gehalten werden müssen) und Induktion (zur Energieerzeugung für Zündung der Fusion, Transport der Treibstoffkugeln) spielen eine wichtige Rolle bei DAEDALUS.

Helium 3 ist schwierig zu erhalten; es wurde angenommen, daß dieses entweder auf dem Mond nuklear gebrütet oder aus der Jupiteratmosphäre gewonnen wird. (Wahrscheinlich ist es in der Natur sehr selten.) Das Fahrzeug wird im inneren Sonnensystem zusammengebaut, je nachdem wo zu dieser Zeit sich geeignete Anlagen befinden. Dann wird es – entweder in Umlaufbahn um den Mond oder um Jupiter – aufgetankt; aus dieser Parkbahn beginnt die Reise.

Fahrzeugdaten	1. Stufe	2. Stufe
Treibstoffmasse	46000	4000 t
Triebwerk/Strukturmasse	1500	900 t
v	10^7	10^7 m/s
Motor, Radius	50	20 m
Triebwerksbrennzeit	2.05	1.76 Jahre
Schub	$7.11 \cdot 10^6$	$7.2 \cdot 10^5$ N
Explosionsrate	250	250 pro sec.
Nutzlastmasse		450 t

4

Der Treibstoff besteht aus Kugeln von einigen cm Durchmesser und 2,844 g bzw. 0,288 g (Oberstufe) Masse; diese haben eine Deuteriumwabenstruktur, gefüllt mit He^3. (Es könnte billiger sein, nur den Kugelkern so aufzubauen und eine Wasserstoffschale vorzusehen.) Jede Kugel hat eine supraleitende Außenhaut (Speichertemperatur 2,5 K). Diese Haut braucht der Injektor, der seinerseits etwa 100 MW elektrischer Energie benötigt, die er aus der Wechselwirkung von Explosionsplasma und Magnetfeld bezieht. In Sonnennähe wird eine mächtige Kühlanlage (~ 100 t) benötigt – sie ist relativ bald abwerfbar.

Zur Fusion (nach NASA-JPL TM 33-722, Frontiers in Propulsion Research, herausgegeben von D. P. Papailiou, März 1975:

Um insgesamt Energie zu liefern, muß das Lawson-Kriterium erfüllt sein. Dies besagt, daß (n = Teilchenzahl pro cm^3, τ Einschußzeit in Sekunden) sein muß für:

D-T-Reaktion:

$n \cdot \tau > 10^{14}$, bei mindestens 10 keV Teilchenenergie (das entspricht einer Temperatur von $T = 10^8$ K)

für D-He: $n \cdot \tau > 10^{15}$, 100 keV ($T = 10^9$ K)

für D-D: $n \cdot \tau > 10^{16}$, 50 keV ($T = 5 \cdot 10^8$ K)

Bei stetigem Betrieb ist vielleicht n = 10^{15}, d. h. es muß $\tau = 0.1–10$ sec sein. Das ist bei den hohen Temperaturen schwierig realisierbar – deshalb der Pulsbetrieb, wo die »Kugeln« stark zusammengepreßt werden. Da kann n = 10^{26} werden, d. h. = 10^{-12} bis 10^{-10} sec genügen; die Verwirklichung sieht einfacher aus. Wegen der geringen Zündtemperatur könnte unser DAEDALUS mit D-T anfahren.

Für interplanetare Missionen reicht ein Antriebsvermögen von 1% der Lichtgeschwindigkeit völlig aus. Bei Hin- und Rückreise steht also pro Route $^c/200$ zur Verfügung, wenn am Ziel nicht nachgetankt werden kann.

Das ergibt für eine Distanz von n 1 astronomische Einheiten eine Ein-Weg-Flugdauer von

$T_1 = (n+1) \cdot 2.315$ [d]

Nehmen wir an, daß Hin- und Rückflug zu bewältigen sind und daß wir 30 Tage am Ziel bleiben. Dann ist die Dauer der Expedition gleich

$T_2 = 4.63 n + 35$ [d].

Für Mars ist etwa n = 2, d. h. $T_1 = 7$ d

$T_2 = 44$ d

Entsprechend ergibt sich für Pluto mit n = 50 (ungünstige Position)

$T_1 = 118$ d

$T_2 = 267$ d

Dabei wurde eine anfängliche Schubbeschleunigung von 3.45 m/s^2 vorausgesetzt.

3 Mythen sind Reportagen

Zitiert:

[1] Temple, Robert K. G.: The Sirius Mystery, London 1976.
[2] Journal de le Société des Africanistes: Tome XXI, Fascicule I, Paris 1951, Un système soudanais de Sirius.
[3] Griaule, Marcel: Schwarze Genesis, Freiburg 1970.
[4] NATURE: Vol. 261, Juni 17, 1976 / Mustard sees of mystery.
[5] Baumann, Hermann: Schöpfung und Urzeit des Menschen im Mythos der afrikanischen Völker, Berlin 1936.
[6] Frobenius, Leo: Volksmärchen und Volksdichtungen Afrikas, Jena 1921/1928.
[7] Tessmann, G.: Die Pangwe, Bd. II, Berlin 1913.
[8] Torday, E. and Joyce: Notes éthnographiques sur les Peuples communement appelées Bakuba, ainsi que sur les Peuplades apparantées les Bushongo, Bruxelles 1910.
[9] Gorju, P.: Entre le Victoria, l'Albert et l'Eduard, Marseille 1920.
[10] Müller, Prof. Max: Beiträge zu einer wissenschaftlichen Mythologie, Bd. 2, Leipzig 1899.
[11] Stucken, Eduard: Astralmythen der Hebräer, Babylonier und Ägypter, I. Teil, o. A.
[12] Ebermann, Prof. Oskar: Sagen der Technik, Leipzig 1930.
[13] Wendland, Prof. Joh.: Die Schöpfung der Welt, Halle 1905.
[14] Müller, Prof. Max: Einleitung in die vergleichende Religionswissenschaft, Leipzig o. J.
[15] Florenz, Karl: Japanische Mythologie, Tokyo 1901.
[16] Gundert, Wilhelm: Japanische Religionsgeschichte, Stuttgart 1936.
[17] Florenz, Karl: Die historischen Quellen der Shinto-Religion, Göttingen 1919.
[18] Roy, Potrap Chandra: The Mahabharata, Kalkutta 1891.
[19] Florenz, Karl: Japanische Mythologie, Tokyo 1901.
[20] Freuchen's, Peter: Book of the Eskimos, Greenwich, Con. 1961.
[21] Brugger, Karl: Die Chronik von Akakor, Düsseldorf 1976.
[22] Campbell, H. J.: Der Irrtum mit der Seele, Bern 1973.
[23] Feer, Léon: Annales du Musée Guimet, Extraits du Kandjour, Paris 1883.
[24] Laufer, Berthold: Dokumente der indischen Kunst, Heft 1: Das Citralakshana, Leipzig 1913.
[25] Olschak, Blanche: Tibet – Erde der Götter, Zürich 1960.
[26] Christie, Anthony: Chinesische Mythologie, Wiesbaden 1968.
[27] Deussen, Paul: Die Geheimlehre des Veda, Leipzig 1921.
[28] Ludwig, Alfred: Der Rigveda oder die heiligen Hymnen des Brâhmana, 1. Bd., Prag 1876.

[29] Simon, Pedro: Noticias Historiales de las Conquistas de Tierra en las Indias Occidentales, Bogota 1890.

[30] Grünwedel, Albert: Mythologie des Buddhismus in Tibet und in der Mongolei, Leipzig 1900.

[31] Bopp, Franz: Ardschuna's Reise zu Indra's Himmel, Berlin 1824.

Allgemein:

Behr, H. G.: Nepal, Geschenk der Götter, Düsseldorf 1976.

Biezais, H.: Die himmlische Götterfamilie der alten Letten, Uppsala 1972.

Däniken, Erich von: Zurück zu den Sternen, Düsseldorf 1969.

Däniken, Erich von: Aussaat und Kosmos, Düsseldorf 1972.

Däniken, Erich von: Meine Welt in Bildern, Düsseldorf 1973.

Dieterlen, G.: Les âmes des Dogons, Paris 1941.

Guerrier, Eric: Essai sur la cosmogenie des Dogon, Paris 1975.

Gary, John: Near Eastern Mythology, London 1969.

Griaule-Dieterlen, Le renard pâle. Le mythe cosmogonic Travaux et mémoires des l'Institut d'Ethnologie, Paris 1965.

Khuon, Ernst von: Waren die Götter Astronauten? Düsseldorf 1970.

Krassa, Peter: Als die Gelben Götter kamen, München 1973.

Leiris, M.: La langue secrète des Dogons, Paris 1948.

Müller, Prof. Max: Vorlesungen über den Ursprung und die Entwicklung der Religion, Straßburg 1880.

Müller, Prof. Max: Die Wissenschaft der Sprache, Bd. II, Leipzig 1893.

Müller, Prof. Max: The Upanishads, Teil II, Oxford 1884.

Müller, Prof. Max: The Dhammapada, Leipzig 1906.

Nicholson, Irene: Mexican and central american Mythology, London 1967.

Osborne, Harold: South American Mythology, London 1968.

Parrinder, Geoffrey: African Mythology, London 1967.

Paulme, D.: Organisation sociale des Dogons, Paris 1940.

FIPA-UGALLA: Die Urmutter Ekao fiel aus dem Himmel.

ITAWA: Das erste Paar kam mit Saaten im Haar vom Himmel auf die Erde.

BENA-MITUMBA: Gott Kamana schickte seine ersten Kinder aus dem Himmel auf die Erde.

TSCHOKWE: Gott sendet die ersten Menschen aus dem Himmel.

NYANJA-YAO: Die ersten Menschen fielen vom Himmel nieder.

VILI-FLOTE: Fünf oder zehn Menschen brannten dem Gott Nsambi durch und gelangten an einem Spinnfaden auf die Erde.

DKOI: Der Mann Etim-Ne und sein Weib Ejaw, beide Himmelsbewohner, kamen als erstes Paar auf diesen Planeten.

IBO: Ihre beiden ersten Könige setzten sich nach ihrer Ankunft aus dem Himmel auf einem Termitenhügel nieder und gründeten ihr Reich.

JUKUN: Der »Gründer« Afuma kletterte an einem Seil der Spinne aus den Wolken zur Erde herab.

EDO: Ursprünglich war der Himmel die Heimat aller Menschen.

EWE-HO: Einige geschwänzte Himmelsmenschen, die am Seil herabgeklettert waren, wurden gefangen und mußten auf der Erde bleiben.

LOBI: An Ketten ließen sich die ersten Menschen vom Himmel herab.

ZULU: Das Wort »Zulu« bedeutet »Himmel«. Alle reinrassigen Zulustämme führen ihre Abstammung auf himmlische Wesen zurück. Sie nennen ihr überkommenes Stammesgebiet am indischen Ozean in Südafrika das »Land des Himmelsvolkes«.

Weitere Beispiele für afrikanische »Himmels«mythen:

DSCHAGGA: Am Spinnfaden kommt der Ahnherr einer Sippe vom Himmel zur Erde herab. Man nennt ihn den »Geschwänzten«.

KAMBA: Das erste Paar wird von Mulungu aus den Wolken auf die Erde geworfen.

NDOROBO: Mit einem Ndorobo und einem Masai stieg Gott an einem Seil vom Himmel herab, wo sie vorher gemeinsam gewohnt hatten. Gott ließ anschließend einen großen Regen niedergehen, der die Jagdgründe des Ndorobo zerstörte. Ndorobo schnitt das Seil ab, und es hörte auf zu regnen. Von da ab war die Verbindung zwischen Himmel und Erde zerstört.

BANTU-KAVIRONDO: Das erste Paar erschien aus dem Himmel.

NUONG-NUER: Ehemals kamen die Bewohner des Himmels an einem Strick zur Erde herab, um dort Nahrung zu holen. Die Menschen gelangten auch ihrerseits an einem Strick in den Himmel. Zwei Monate lang galten sie während ihrer Abwesenheit als tot, kehrten aber stets gesund zur Erde zurück. Einmal fiel der Junge Rill mit einem Fisch in der Hand vom Himmel, ein Mandari fand den Jungen und zog ihn auf. Als Rill sich später in ein »Himmelsmädchen« verliebte, schnitten die Himmelsbewohner den Strick ab.

KUMBI: Die ersten Menschen, die Gott schuf, hatten Schwänze.

TUSI VON RUANDA: Alle Menschen lebten früher im Himmel. Das erste Menschenpaar fiel von dort auf die Erde herab.

4 Die »Götter« waren körperlich

Zitiert:

[1] Spiegel, Friedrich: AVESTA, Die heiligen Schriften der Parsen, Leipzig 1852.

[2] Dalberg, F. von: Scheik Mohammed Fani's Dabistan oder Von der Religion der ältesten Parsen, Aschaffenburg 1809.

[3] Ludwig, A.: Abhandlung über das Râmâyana und die Beziehungen desselben zum Mahabharata, Prag 1894.

[4] Jacobi, Hermann: Das Râmâyana, Bonn 1893.

[5] Roy Potrap Chandra: The Mahabharata, Calcutta 1896.

[6] Dutt, Nath. M.: The Râmâyana, Calcutta 1891.

[7] Kumar Kanjilal, Prof. Dr. Dileep / Mitteilung vom 17. 3. 1975.

[8] Berlitz, Charles: Geheimnisse versunkener Welten, Frankfurt 1973.

[9] Ditfurth, Hoimar von: Der Geist fiel nicht vom Himmel, Hamburg 1976.

[10] Biren, Roy: Das Mahabharata, Düsseldorf–Köln 1961.

[11] Grassmann, Hermann: Rig-Veda, 1876.

[12] Deussen, Paul: Sechzig Upanishad's des Veda, Leipzig 1905.

[13] Burrows, Millar: Mehr Klarheit über die Schriftrollen, München 1958.

[14] Riessler, Paul: Altjüdisches Schrifttum außerhalb der Bibel, Augsburg 1928.

[15] Kautzsch, Emil: Die Apokryphen und Pseudigraphen des Alten Testaments, Bd. 1+2, Tübingen 1900.

[16] Lunan, Duncan: Man and Stars, London 1974.

Allgemein:

Alfred, Ludwig: Die Nachrichten des Rig- und Atharvaveda über Geographie, Geschichte und Verfassung des Alten Indien, Prag 1875.

Dupont, A.: Les écrits esseniens découverts près la mer morte, Paris 1959.

Dutt, Romesh C.: The Râmâyana & The Mahabharata, London 1910.

Geldner, K., und Kägi, A.: Siebenzig Lieder aus Rigveda, Tübingen 1875.

Geldner, Karl F.: Der Rig-Veda, Leipzig 1951.

Ions, Veronica: Indian Mythology, New York 1967.

Krassa, Peter: Als die gelben Götter kamen, München 1973.

Krassa, Peter: Gott kam von den Sternen, Freiburg 1974.

Lohse, Eduard: Die Texte aus Qumran, München 1964.

Meyer, Eduard: Der Papyrusfund von Elephantine, Leipzig 1912.

Müller, Prof. Max: A History of Ancient Sanskrit Literature, London 1859.

Müller, Prof. Max: Rig-Veda oder Die Heiligen Lieder der Brahmanen, Leipzig 1856.

Rajagopalachari, C.: Râmâyana, Bombay 1975.

Sänger-Bredt, Irene: Ungelöste Rätsel der Schöpfung – Die kosmischen Gesetze, Düsseldorf 1971.

Schlisske, Werner: Gottessöhne und Gottessohn im A. T., Berlin 1973.

Sen Umapada: The Rig Vedic Era, Calcutta 1974.

Die Heilige Schrift des Alten und des Neuen Testaments, Verlag der Zürcher Bibel, Zürich 1942.

5 Eine Schöpfung findet statt

Zitiert:

[1] Wilder-Smith, A. E.: Die Erschaffung des Lebens, Stuttgart 1972.

[2] Coppedge, James F.: Evolution: Possible or Impossible, Grand Rapids 1973.

[3] Macdonald, M. R.: Woher kommt der Mensch? Zürich 1976.

[4] Adler, Irving: Probability and Statistics for Everyman, New York 1963.

[5] Monod, Jacques: Zufall und Notwendigkeit, München 1975.

[6] Eigen, Manfred: Das Spiel – Naturgesetze steuern den Zufall, München 1975.

[7] Kuhn, Hans: Zur Evolution eines sich selbst organisierenden präbiotischen Systems, Sonderdruck Nova Acta Leopoldina, Nr. 218, Bd. 42.

[8] Crick, F. H., und Orgel, L. E.: Directed Panspermia, ICARUS, Nr. 19, London 1973.

[9] Milton, S., and Lewin, Roger: Is anyone out here? New Scientist, August 1973.

[10] Leben – älter als die ERde? Erde? in Wissenschaft und Technik, Nr. 17, Stuttgart 1972.

[11] Darwin, Charles: Die Entstehung der Arten, Stuttgart 1974.

[12] Wilder-Smith, A. E.: Herkunft und Zukunft des Menschen, Stuttgart 1975.

[13] Die Welt in der wir leben – Die Naturgeschichte unserer Erde, o. N., München 1956.

[14] Halstead, L. B.: Die Welt der Dinosaurier, Hamburg 1975.

[15] Dougherty, C. N.: Valley of Giants, The latest Discoveries in Palaeontology, Cleburne, Texas 1971.

[16] Jack Bowman jr.: Ancient Astronauts, Vol. I, Nr. 4, 1976: The Footprints of the Gods.

[17] Steiger, Brad: Mysteries of Time and Space, New York 1974.

[18] Tomas, Andrew: Wir sind nicht die ersten, Bonn, o. J.

[19] Weidenreich, F.: Apes, Giants and Man, Chicago 1946.

[20] Saurat, Denis: Atlantis und die Herrschaft der Riesen, Stuttgart 1955.

[21] Freuchen's, P.: Book of the Eskimos, Greenwich, Conn. 1961.

[22] UPI, Honolulu, 17. Juni 1976.

[23] Koestler, A.: Die Wurzeln des Zufalls, Bern 1972.

[24] DIE WELT, Bonn, 30. 8. 1976, Seite 1.

[25] Marx/Engels, Staatstheorie, Berlin 1974.

[26] Morgenstern, Chr.: Gesammelte Werke, München 1965.

[27] Navia, Luis E.: Unsere Wiege steht im Kosmos, Düsseldorf 1976.

Allgemein:

Bender, H.: Biologie und Biochemie der Mikroorganismen, Weinheim 1970.

Bernal, J. D.: Der Ursprung des Lebens, Lausanne 1971.

Blühel, K.: Projekt Übermensch, Bern 1971.

Boschke, F. L.: Erde von anderen Sternen, Düsseldorf 1965.

Boschke, F. L.: Die Herkunft des Lebens, Düsseldorf 1970.

Calder, N.: Das Lebensspiel, Bern 1973.

Corliss, W. R.: The Unexplained: a Sourcebook of strange Phenomen, New York 1976.

Eibl-Eibesfeldt, I.: Der vorprogrammierte Mensch, Wien 1973.

Einstein-Infeld: Die Evolution der Physik, Hamburg 1956.

Eiseley, L.: Von der Entstehung des Lebens und der Naturgeschichte des Menschen, München 1959.

Flindt, M., und Binder, O.: Mankind – Child of the Stars, Greenwich, Conn., 1974.

Freese, W.: Die Sache mit der Schöpfung, München 1973.

Fuchs, W. R.: Leben unter fernen Sonnen? München 1973

Haber, H.: Der Stoff der Schöpfung, Stuttgart 1966.

Heberer, G.: Homo – unsere Ab- und Zukunft, Stuttgart 1968.

Heisenberg, W.: Schritte über Grenzen, München 1971.

Hemleben, Joh.: Darwin, Hamburg 1968.

Heuseler, H.: Der zweiten Erde auf der Spur, Stuttgart 1974.

Hübner, P.: Vom ersten Menschen wird erzählt, Düsseldorf 1969.

Koestler, A.: Die Wurzeln des Zufalls, Bern 1972.

Knaurs Tierreich: Niedere Tiere, München 1960.

Knaurs Tierreich: Amphibien, München 1961.

Knaurs Tierreich: Reptilien, München 1957.

Knaurs Tierreich: Insekten, München 1959.

Osten-Sacken, P. v. d.: Die neue Kosmologie, Düsseldorf 1974.

Paul, G.: Die dritte Entdeckung der Erde, Düsseldorf 1974.

Popp, G., und Pleticha, H.: Wir leben erst seit fünf Sekunden, Würzburg 1958.

Sänger-Bredt, I.: Spuren der Vorzeit, Düsseldorf 1972.

Schrader, H. L.: Der achte Tag der Schöpfung, Berlin 1964.

Sullivan, N.: Die Botschaft der Gene, Frankfurt 1969.

Taylor, G. R.: Die biologische Zeitbombe, Frankfurt 1969.

Vogt, H. H.: Das programmierte Leben, Zürich 1969.

Watson, J. D.: Die Doppel-Helix, Hamburg 1969.

Wilder-Smith, A. E.: Die Demission des wissenschaftlichen Materialismus, Heerbrugg 1976.

Wilder-Smith, A. E.: Grundlage zu einer neuen Biologie, Neuhausen–Stuttgart 1974.

6 Plädoyer für die Zukunft

[1] Duncan, Lunan: Man and the Stars, London 1974.

[2] Berlitz, Charles: Geheimnis versunkener Welten, Frankfurt 1973.

[3] Blumrich, Joseph: Da tat sich der Himmel auf, Düsseldorf 1973.

[4] Charroux, Robert: L'engime des andes, Paris 1974.

[5] Cabrera, Janvier: El mensaje de la piedras grabbadas de Ica, Lima 1976.

Alle Fußnoten dieses Buches wurden nach dem Großen Brockhaus bzw. dem Grand Larousse formuliert.

Bildquellenverzeichnis

13	Archiv für Kunst und Geschichte, Berlin	116	Museum of Fine Arts, Boston/USA
16	Archiv für Kunst und Geschichte	118	Erich von Däniken
16	Archiv für Kunst und Geschichte	120	Copyright Erich von Däniken
18	Archiv für Kunst und Geschichte	126	by Michael D. Coe: The Museum of Primitive Art, New York
20	Archiv für Kunst und Geschichte	134	Erich von Däniken
		138	Erich von Däniken
22	Archiv für Kunst und Geschichte (links)	140	Erich von Däniken
		142	Erich von Däniken
22	Hermann Oberth (rechts)	152	Copyright Erich von Däniken
36	NASA	156	Dr. F. Paolo Mastromatteo, Piacenza
42/43	NASA		
48/49	NASA	159	Joe Stone, Buckeye/ Arizona
52	Edgar Lüscher		
58	NASA	160	A. Peret, Brasilien
59	NASA	164	Erich von Däniken
60/61	NASA	177	Völkerkunde-Museum, Berlin
64	NASA		
66	NASA	178/179	»Botschaft der Götter«, Constantin-Film
74	NASA		
76/77	NASA	180	»Botschaft der Götter«, Constantin-Film
81	NASA		
85	G. W. Bachert	192	Erich von Däniken
88	H. O. Ruppe	209	NASA
90	H. O. Ruppe	224	NASA
98	Dr. G. Bonn	226	NASA
103	Dr. G. Bonn	248	Patrick Utermann
114	Erich von Däniken	252	Patrick Utermann

254	Patrick Utermann	362	Martin Riches
256	Patrick Utermann	364	Rodney Dale
259	Martin Müller, ETH, Zürich	367	Erich von Däniken
		368	Erich von Däniken
261	Patrick Utermann	369	Erich von Däniken
265	Copyright Erich von Däniken	371	Erich von Däniken
		372	Erich von Däniken
266	Patrick Utermann	373	Rudolf Rohr
277	H. Bachmann, EAWAG, Zürich	374/375	Rudolf Rohr
		376	Erich von Däniken
278	H. Bachmann, EAWAG, Zürich	377	Erich von Däniken
		378	Erich von Däniken
279	Patrick Utermann	380	Erich von Däniken
280	H. Bachmann, EAWAG, Zürich	382	Erich von Däniken
		384	Erich von Däniken
282	H. Bachmann, EAWAG, Zürich (oben)	386	Joseph Blumrich
		387	Joseph Blumrich
282	Patrick Utermann (unten)	388/389	Erich von Däniken
		392	Erich von Däniken
284	ETH, Zürich	394	Erich von Däniken
285	Patrick Utermann		
288	H. Bachmann, EAWAG, Zürich		
289	Patrick Utermann		
292	Copyright Dr. N. C. Dougherty		
294	Dr. N. C. Dougherty		
295	»Botschaft der Götter«, Constantin-Film		
296	»Botschaft der Götter«, Constantin-Film		
298	Patrick Utermann		
299	W. J. Meister, Antelope Springs, USA		
302	Dr. Rex Gilroy		
307	Associated Press		
319	Patrick Utermann		
322	Erich von Däniken		
332	Copyright OLS, Lauf		
346	Erich von Däniken		
348	Erich von Däniken		
352	Erich von Däniken		
356/357	Erich von Däniken		

Register

Abel 245
Abimelech 237ff.
Abraham 208, 234ff.
Abraham-Apokalypse 208
Acheuléen 303
Adam 208
Adenin 251, 252f., 258
Adi Parva 204, 209
Ägyptisches Totenbuch 171f., 185
Afar-Region 321
Afrika 117, 302
Ain Fritissa 302
Aka 158
Akakor 155, 157, 161f.
Alanin 34
Alpha-Centauri 50, 67
Alpha-Wellen 69
Alterungsprozeß 56
Altes Testament 212
Amaterasu 148
Ames 32, 47
Aminosäuren 33f., 251, 258, 267,
  269, 325
Ammoniak 270
Amphibien 289
Andesiten 385f.
Andrews, James 320
Anna Perenna 247
Antardhana 205
Antelope Springs 298, 300
Anti-Schwerkraft 83, 95
Antiochos I. 368, 370
Apoll 247

Apollo 62
Apollo 11: 23
Aräometer 21
Ardschuna 204
Arecibo 32, 37, 44
Arjuna 204f.
Armstrong, Neil 344
Arrhenius, Svante August 276
Artaxerxes 186
Artificial Intelligence (AI) 76
Assurbanipal, Assyrerkönig 135
Asteroiden 80
Atharwaweda 192
Atome 45, 172, 177, 186, 291, 264
Atomenergie 67
Atomkraftwerke 72
Atsuta-Tempel 148
Auramazdâ (Aura) 186f.
Australopithecinen 321
Außerirdische 32f., 47, 51, 67, 110,
  139, 240, 249, 276, 291, 304,
  310f., 329, 336f., 340ff., 351,
  376f.
Autosomen 284
Avesta 186f., 189
Babylon 238f.
Baeyer, Adolf von 96
Bakterien 258
Barthel, Archäologe 393
Barnards Stern 35, 89
Barthel, Archäologe 393
Baruch 237, 303
Bassari 25

Bat-Enosch 211
Baumé, Antoine 21
Bell, Alexander Graham 17
Bemba 123
Berlitz, Charles 349
Bessel, Friedrich Wilhelm 104f.
Bhima 148
Bibel 183f., 237, 304
Big-Bang 111, 143
»Big-Bang-Explosion« 111, 144
Billingham, John 32
»binärer Code« 40ff.
Bischof, Henning 379
Blaualgen 277ff., 304
Blitz 223f.
Blumrich, J. 350f.
Bolivien 376
Bond, Alan 89
Bovill, Charles 69
Bracewell, R. N. 241
Brachiosaurus 289
Brahmi-Zahlschrift 40
Brown, Ronald 274
Bruce, James 213
Brugger, Karl 155f., 163
Bruno, Giordano 13
»Buch des Adlers« 157
»Buch des Jaguars« 157
»Buch Henoch« 212
Buddhismus 173
Burkhalter, Louis 303
Burroughs, Wilbur G. 297
Buschongo 123
Cabrera, Janvier 378, 380ff.
Calame-Griaule, Geneviève 110
Campbell, H. J. 166
Chakra 204
Charroux, Robert 379
Chibcha-Indianer 172
Chlorophyll 270, 325
Chromosomen 281, 283f., 288,
    310, 327
Clarke, Alvan 104f.
Clausius, Rudolf 19

»Club of Rome« 72
Coccidien 359
Code, genetischer 276
Compsognathus 289
Cook, Melvin A. 300
Coppedge, James F. 250, 257
Cremona-Codex 360
Crespi, Carlo 347, 389f.
Cressman, Luther S. 301
Crick, Francis 255, 274f., 304, 320
Cytosin 251ff., 258
»Dabistan« 190
Dale, Rodney 358, 360, 366
Dareios der Große 186
Darwin, Charles Robert 19, 30,
    201, 249, 279, 283, 291, 296f.,
    300, 304f., 323, 328ff.
David, König 139, 208, 365
Dawe, Albert R. 82
»Der blasse Fuchs« 112
Derinkuyu 371f.
Dezimalsystem 39
»Die Chronik von Akakor« 155ff.
Dieterlen, Germaine 101f.
Digitaria 104, 107
Digitaria Exilis 104
Dillmann, August 213
Dinosaurier 290, 292, 297, 300,
    325, 390
Dinosaurierfüße 292
DNS 46, 253, 255, 261f., 274, 281,
    283, 285, 306ff., 310, 327
Doppel-Helix 25
Doppelsternsystem 110
Doppler, Christian 144
Dogon 100ff., 112ff., 147
Dogon-Mythen 107, 117, 165
Dogu 154, 179
Donner 223
Dougherty, C. N. 292
Doyle, Conan 169
Drake, Frank 32, 35, 44, 47
Dschagga 121, 125
Dualsystem, s. »binärer Code«

Edison, Thomas Alva 20
Ei, kosmisches 122, 170 ff.
Eigen, Manfred 250 262–265, 271 ff., 309
Einstein, Albert 53, 82, 85, 95, 150, 153
Eiseley, Loren 201
Eiweiße 306
Ekuador 344
El Boqueron 390
El Fuerte 376 f.
Elektron 92
Elias 174, 391
Elisa 175
Elyasi-See 301
Emma Ya 107 f.
Energiesatellit 71
Entropie 259, 272
Enzyme 273
Epoche, kambrische 279
Epsilon Bootes 241
Erbanlagen 306 f.
Erdatmosphäre 26, 44
Erdkern 145
Erdkruste 26, 145
ERTS-Programm 227
Escherichia 309
Eskimo 154, 304
Esra 231 ff., 244
Etana 135 f., 174
Etana-Epos 135
Euphrat 370
Evolution 257, 263
Evolutionslehre 30, 257, 260 f., 328
Evolutionstheorie 207, 295, 328
Extraterrestrier 38 f., 45, 121, 332, 336
Fani, Mohammed 190
Fargard 187
Faustkeile 302
Felsmalereien 178
Ferd 190
Fisher Canyon 301
Flavius, Josephus 365

Fonio 104
Formaldimin 274
Freudenthal, Hans 39 ff.
Fuhlrott, J. C. 320
Galaxis 35, 37, 39, 47, 111, 144, 275, 338
Galilei, Galileo 12, 231
Ganymed 247
Gefangenschaft, babylonische 238
Gen, künstliches 306 f., 309
Gene 306, 310
»Gesetz von der Erhaltung der Energie« 17
Gilgamesch-Epos 136, 195, 219, 303
Gilroy, Rex 302
Glen Rose 292 f.
Glutamin 34, 267
Glycin 34
Godfrey, Peter 274
Goethe, Johann Wolfgang von 183
Götter 183–186, 194, 246, 300, 330, 339 f., 342
Götter, Flugplatz der 393 f.
Gould, Stephen Jay 27
Greenbank 44
Griaule, Marcel 101 ff.
Grünalge 363
Guanin 251 ff., 258
Gudscharati 186
Guericke, Otto von 15
Gyelrap 173
Hadra Zuta Odisha 361
Halbkugeln, Magdeburger 15
Hall, Stanley 346
Halstead, L. B. 290 f.
Hassnain, Professor 355
»Helix« 255
Helmholtz, Hermann von 19
Hemrig, Richard 136
Henoch 211 ff., 215–218, 391
Heppenheim, Thomas 63
Hesekiel 139, 148, 154, 184, 222, 235, 300, 303, 350 f., 370, 376, 391

Hexateuch 213
Himalaya 353
Himmelfahrt 173 f., 176, 236
Hiroshima 194 ff.
Hogon 109
Hominiden 249, 321
Homo erectus 320 f.
Homo sapiens 321, 323 f., 337, 339
Hornsteine 277
Horror vacui 13
Houston 137
Hoyle, Fred 165, 338 f.
Hyaden 151
Hyakinthos 247
Ica 378 ff.
ICI 307
Iguanodontes 390
Illies, Joachim 165
Ina 157
Indianer 178
Indien 175 ff., 195
Indio-Kultur 349
Indra 175 f.
Inka 154, 351, 394
Insekten 287
Inselkind 150 ff.
Ionosphärenforschung 32, 87
Ise 148 f.
Jacobi, Hermann 198
Jadschurweda 192
Japan 143 ff., 179
Jaspers, Karl 115
Java 302
Jeremia 237 ff.
Jericho 365
Jerusalem 238
Jimmu Tenno 149, 154
Johanson, Donald C. 321
Johnson, Richard 65
Judentempel 353
Jung, Carl Gustav 181
Jupiter 26 f., 80, 84
Kabbala (h) 358, 360, 363
Kain 268

Kandschur 167, 175
Kanjilal, Dileep Kumar 192, 194, 349
Karna 210
Kaschmir 353
Kayapo-Indianer 179
Kaymakli 371, 373
Kentrurosaurier 289
Kepler, Johannes 12, 231
Khorana, Har Gobind 306 f., 309 f.
Khuon, Ernst von 165
Knochenfische 287 f.
Königswald, Gustav von 301
Kohl, Larson 301
Kohlendioxyd 277
Kojiki 143, 148
Kommagene 367
Kontinentalverschiebungs-Theorie 305
Kopernikus, Nikolaus 12, 231
Krebse 287
Kriechtiere 288
Küchenschaben 323 f.
Kuhn, Hans 273
Kujiki 143
Kunti 210
Kuru 176
Laithwaite, Eric 83
Lamech 212
Lamech-Rolle 211
Lamos-Höhle 301
Lateinamerika 155
Laurence, Richard 213
Lavoisier, Antoine Laurent 21
Leakey, L. 321
Lecanorales (Mannaflechte) 361
Lemaître, Georges 111, 144
Leon, de, Moses Ben Schemtob 360
Liao-Kultur 171
Librationspunkt 62
Lichtjahre 33, 44, 46, 86, 89, 97, 104
Linksdrehung 34, 265 ff.
Lipoide 251, 270

Luba 124
Lüscher, Edgar 52, 56
Lunan, Duncan 241
Lurch 289
»Lustgewinn« 166
Magma 145
Magnetfelder 26, 264
Mahabharata 148, 175, 191, 193 bis 196, 198, 204ff., 210
Makromoleküle 46, 251
Makromolekülketten 273
Mali, Republik 101, 109
Manna 358ff., 363, 365f.
Marand 356
Maria Auxiliadore 347
Marin, Homero Henao 390
Mariner 10: 28
Mars 80, 84, 190, 247, 337f.
Marssonde 43
Marx, Karl 329
Masai 119, 121, 127
Massenwirkungsgesetz 262–266, 273
Matalis 176
Materialismus, dialektischer 329
Maya 154
Mayer, Robert 17f.
Mazda 189
McCord, Thomas B. 80
Meeresfossilien 320
Meister, William J. 298
Mendel, Gregor Johann 19
»Mendelsche Gesetze« 19
Methan 270
Methusalem 217
Merkur 190
Mert 190f.
Mikroorganismen 275
Milchstraße 35, 37, 45, 83, 119, 144
Miller, Stanley 123
Mineralien 251
Mineralsalze 251
Mississippi-Tal 297

MIT 306, 309
Moleküle 34ff., 251, 255, 262ff., 266f., 271f., 274, 307
Molekülketten 46, 267, 273
Mond 28, 62, 84, 208
Monod, Jacques 262f., 271
Moricz, Juan 346f.
Moses, 139, 189, 211, 213, 234f., 244f., 341, 359
Mount Vernon 297
Müller, Max 125
Murchison-Meteoriten 34
Musala Parva 194
Mutationen 283, 295, 306, 327
Mutationen, künstliche 305, 308f.
Mythen, afrikanische 117ff.
Mythenforschung 26, 70, 99ff., 111, 125, 127, 131, 153, 167, 170f., 173, 175, 185, 187, 206, 243, 303f., 341
Nägeli, Karl Wilhelm von 19
Nagasaki 194ff.
Nandi 121
Narayana 205
NASA 33, 59, 85, 202, 209f., 227, 391
Navia, Luis 29, 181, 323
Nazca 202, 393
Nbonga-Ambo 127
Neandertaler 320f.
Nemrud Dag 367ff.
Neumexiko 297
Neutronensterne 94f.
»New Scientist« 358, 366
»New York Times« 28
Newton, Isaac 96
Nihongi 144f., 147
Ninive 137
Ningi 148f.
Noah 212, 246
Novae 83
Nukleinsäuren 251ff., 255, 258, 267, 307, 309

Nukleotidbasen 251, 310
Nukleotide 255, 258, 306, 310, 326
Oberth, Hermann 23
Ochoa, Severo 308
Odin (Wotan) 247
Oliver, Bernard M. 47
O'Neill, Gerard 63 f.
Onverwachtstufe 278
Orgel, Leslie 274 f., 304, 310
Orient, Vorderer 135
Ovenden, Michael 113
OZMA 44
Padmasambhava 173 f.
Palenque 391
Paluxy River 292, 390
P'an Ku 153
Pangwe 122 f., 172
Parabolantenne 37
Parhaspur 388
Parsen 186, 189 ff.
Pashupat 204
Pektin 359
Peña, Matheus 346
Pende 122
Pentateuch 359
Persien 370
Peru 178, 380
Perutz, Max 310
Pflug, H. D. 278
Phonograph 20
Phosphate 251
Photone 50, 203
Photonenantrieb 203
Pioneer F 37
Pioneer X 86
Planck, Max 181
Planeten 35, 39, 46, 110, 144, 158, 190, 242, 334, 338 f.
Plattwürmer 287
Plejaden 151
Plesiosaurier 289
Pliozän 321
Po 104
Po Tolo 104

Polypen 287
Ponnaperuma, Cyril 33
Popol Vuh 303
Porsche, Ferdinand 97
Portmann, Adolf 117
Positron 92
Primaten 323
Projekt Daedalus 89 ff.
Projekt Cyclops 47 ff.
Prolin 34
Proteine 251, 258, 260, 267, 273, 306
Proteinmolekül 267, 269
Protoplasten 308
Pterosaurier 291
Pygmäen 124
Quallen 287
Quastenflossenfische 287
Qumran 211
Radioastronomie 34
Radiosignale 27, 37
Radioteleskopen 27, 38 f., 43–46
Rama 197, 200
Ramayana 194, 196–200
Rasool, Ichtiaque 33
Raumfahrt, interstellare 37
Raumsonden 28, 222
Raumstation 59
Rawana 197, 200
Rechtsdrehungen 34, 265 ff.
Reis, Johann Philipp 16 f.
Reis, Piri 391
Relativitätstheorie 53, 56, 82, 95, 150
Reptilien 288
Riches, Martin 358
Riesen 218 ff., 292 f., 301 ff.
Rigweda 172, 185, 207 f.
Ringelwürmer 287
RNS 306 f.
Roboter 76 ff., 86
Rollsiegel 391
Ruppe, Harry O. 84 f., 96 f.
Sachi 205

Sänger, Eugen 203
Säugetier 288, 297
Safita 302
Sagan, Carl 27ff., 35, 276, 304, 338f.
Salomon 365
Samaipata 376
Samarânganasutradhâra 198
Samaweda 191
Samosata 370
Sandaller 301ff.
Sanskrit 192f., 197f., 200, 202
Santayana, George de 195
Sargon I. 137
Sassoon, George 358ff., 366
Satelliten 74f., 86, 110
Saturn 202
Sauerstoff 251, 270
Saurat, Denis 303
Saurier 289, 292, 305, 389f.
Selektion 297, 360
Selye, Hans 85
Sericit 386
Sepher-ha-Zohar 360
Seymouria 288
Shapley, Harlow 26
Shiva 204
Sigui-Feier 104, 109
Sigui-Zeremonie 104, 109
Silo 365
Simon Bar Jochai 360
Simon, Pedro 172
Sintflut 219, 230, 303
Sirius 100, 107
Sirius A 106
Sirius B 104ff., 113
Sirius-Kalender 112
Sirius-System 101ff., 112
Sita 197, 200
Skorpione 323f.
Sologehirne 80
Solotow, Alexej 196
Sonden, unbemannte 37
Sonne 62, 80, 144, 199, 242, 275

Sonnenkraftwerk 71
Sonnensystem 38, 50, 93
Sonnenwind 45
Sotills, Fernando de las Casas y César 388
Spin 91
Spinnen 287
Spinosaurier 289
Spionagesatelliten 68
Sprache, interkosmische 39
Sproull-Observatorium 35
Srinagar 353
Südchina 302
Suk 121
Schakta 173
Schintoismus 143
Schloken 197
Schopenhauer, Arthur 243
Schwarze Löcher 94f.
Schwerkraft, künstliche 60f.
Schwerta 158
Steiger, Brad 300
Stent, Günter S. 30, 181
Steinhoff, Ernst A. 203
Stephenson, George 21f.
Strahlungen 34
Tachyonen 95
Taiga 196
»Tal der Riesen« (Texas) 292
Talmimi, Fred 139, 141
Tamariskengewächs (Tamarix mannifera) 359
Tandschur 167, 171f., 175
Tango-Fudoki 150
Tatunca Nara 155f., 162f.
Tayos-Höhlen 344
Temple, Robert K. G. 100, 107
Tenno 143
Texas 292
Therach 234
Thymin 251ff., 258
Tibet 170, 172
Tistrya 189
Todesstrahlen 68f.

Tomas, Andrew 301
Tontafeln 135, 137
Transvaal 278, 302
Trilobiten 283, 299f., 305
Türkei 367, 371
Tunguska 196
Tussi 125
TV-Kamera 42, 225, 227
Tyndall, John 18
UFO 29, 147, 198, 340ff.
Ugha Mongulala 157f., 162f.
Uran 72
Uranbombe 196
Uratmosphäre 123, 250, 270
»Ur-Knall-Theorie« 111
Urmeer 262
»Ursuppe« 123, 137, 263, 271, 273, 277
Utopia 42
Valin 34
Vasudeva 204
Veda Vyasa 206
Velikowsky, Immanel 26ff., 61
Venus 26ff., 84, 190, 277, 304
Vimanas 148, 194, 199f.
Virus 253
Virus-Phage 306
Vishnu 153
Wad 191
Walnut Springs 293
Walweibchen 286
Wasserdampf 250
Wasserstoff 44f., 59, 73, 165, 251
Wasserstoff, neutraler 34
Wasserstoffwirtschaft 72
Watson, James Dewey 255
Weber, Joseph 82f.
Weda 191

Weden 191, 198
Wegener, Alfred 145
Weidenreich, Franz 301ff.
»Weißer Zwerg« 106
Weißmann, Charles 307
Welten-Ei 171
Weltraum-Kolonie 63f., 209
Wert 190
Wettersatelliten 75, 223f.
Widewat 186
Wilder-Smith, Ernest 250, 264, 286, 295f., 330
Wilkins, Maurice Hugh Frederick 255
Wirbeltiere 287
Wischnu 197
Wisprat 186
Wolf, Dr. Eric 386f.
Wotan, s. Odin
Xerxes 186
Yad 191
Ya-Luo 125
Yasna 186
Yima 187
Zad 191
Zarathustra 186ff.
Zeitrechnung, parsische 190f.
Zeitdilatation 52, 54, 56, 67, 150, 153, 237ff., 240ff., 275f.
Zeitverschiebungseffekt, s. Zeitdilatation
Zellbindung 255
Zelle 256, 263, 270f., 281
Zellkern 277
Zeus 247
Ziba 121
Zucker 251
Zuckerphosphate 251
Zufallsmutation 286